SHAKESPEARE
POETA E CIDADÃO

Editora UNESP

VICTOR KIERNAN

SHAKESPEARE
POETA E CIDADÃO

Tradução
Alvaro Hattnher

Editora
UNESP

Título original em inglês: *Shakespeare. Poet and Citizen.*

Praça da Sé, 108
01001-900 – São Paulo – SP
Tel.: (011) 232-7171
Fax: (011) 232-7172
Home page: www.editora.unesp.br
E-mail: feu@editora.unesp.br

Dados Internacionais de Catalogação na Publicação (CIP)
(Câmara Brasileira do Livro, SP, Brasil)

Kiernan, Victor
Shakespeare : poeta e cidadão / Victor Kiernan ; tradução Alvaro Hattnher.
– São Paulo : Fundação Editora da UNESP, 1999. – (Biblioteca básica)

Título original: Shakespeare. Poet and Citizen.
Bibliografia.
ISBN 85-7139-182-3

1. Shakespeare, William, 1564-1616 2. Shakespeare, William, 1564-1616 – Crítica e interpretação 3. Teatro inglês I. Título. II. Série.

98-1123 CDD-822.33

Índice para catálogo sistemático:

1. Shakespeare : Teatro : História e crítica 822.33

Editora afiliada:

Asociación de Editoriales Universitarias de América Latina y el Caribe

Associação Brasileira de Editoras Universitárias

SUMÁRIO

LISTA DAS ABREVIATURAS

1H.IV – *Henrique* IV *Parte 1*
1H.VI – *Henrique* VI *Parte 1*
2H.IV – *Henrique* IV *Parte 2*
2H.VI – *Henrique* VI *Parte 2*
3H.VI – *Henrique* VI *Parte 3*
AACW – *As alegres comadres de Windsor*
ACE – *A comédia dos erros*
AMD – *A megera domada*
CG – *Como gostais*
H.V – *Henrique* V
MBPN – *Muito barulho por nada*
NR – *Noite de Reis*
ODCV – *Os dois cavalheiros de Verona*
OMV – *O mercador de Veneza*
R.II – *Ricardo* II
R.III – *Ricardo* III
REJ – *Romeu e Julieta*
RJ – *Rei João*
SNV – *Sonho de uma noite de verão*
TAP – *Trabalhos de amor perdidos*
TA – *Tito Andrônico*
VA – *Vênus e Adônis*

PREFÁCIO

O primeiro dos vários rascunhos deste livro (e de sua planejada continuação a respeito da segunda metade da obra de Shakespeare) foi escrito há mais de quarenta anos. Um autor que apresente uma confissão dessas deve temer, como Marco Antônio, que ela seja entendida como apenas "uma entre duas formas ruins": ou ele tem sido deploravelmente indolente, ou está oferecendo sua obra como se ela fosse garantida pelo tempo, qual uma empoeirada garrafa de vinho do Porto, e como se isso a tornasse muito melhor do que é na realidade. E, ao longo de tanto tempo, ele deve ter tido muitos pensamentos inquietantes sobre se ainda havia algo a ser dito a respeito de um dramaturgo já tão "anagramatizado de trás para frente e vice-versa" – como o nome de Jeová em *Doutor Fausto*; ou se não estaria simplesmente se expondo à crítica de Swinburne contra o novato temerário que busca "acrescentar seu nome à longa relação de parasitas shakespearianos" (p.25). Ao longo destes anos, a opinião crítica passou por várias mudanças. De acordo com as observações de Levin em seu levantamento das três últimas décadas, comentaristas de muitos credos diferentes parecem propensos a oferecer "leituras" inéditas de qualquer peça que discutam, cada uma delas sendo uma "interpretação completa" com sua própria chave "temática" (*New Readings*, prefácio e capítulo 1). No decorrer da caça aos tesouros enterrados, alguns progressos representaram, na verdade, retrocessos. Meio século atrás, já se reconhecia mais ou menos que Shakespeare, assim como qualquer outro artista, era um produto de sua época. Desde então, alguns "Novos Críticos" parecem "ver a literatura como não-referencial, desconectada do mundo exterior" (Rabkin, p.32). Isso significa transformar Shakespeare em um adepto do solipsismo.

Felizmente, outros textos mais férteis também têm surgido e, nesse meio tempo, o conhecimento sobre o passado de Shakespeare tem se expandido muito. O entendimento sobre as condições profissionais nas quais ele trabalhava também aumentou. Os estudos sobre as condições da Inglaterra de Shakespeare e sobre o cenário europeu têm sido aprofundados. Em grande parte graças à erudição marxista, aquilo que Rabkin chama de "a inescrutabilidade da história" (p.61) tem diminuído consideravelmente. O tema deste estudo são os possíveis elos que existem entre o que Shakespeare escreveu e o ambiente em que viveu.

Não sabemos, na verdade, muito mais do que já sabíamos sobre sua vida; sua vida íntima permanece um mistério. Contudo, existem muitas evidências sobre as ligações entre arte e sociedade em outras épocas e lugares. É por meio de um questionamento maior da grande problemática de Shakespeare que podemos ter a esperança de aprender um pouco mais. Temos um ponto de partida seguro – por mais desanimador que possa parecer – no fato de que, durante um curto espaço de tempo e em um pequeno lugar, um poeta pôde compor as maiores tragédias e também as melhores comédias jamais escritas. O que tentaremos aqui é pesquisar o retrato da vida humana em seus aspectos sociais ou coletivos e suas oscilações sobre o indivíduo, que podem ser extraídos dos escritos de Shakespeare, com a ressalva de que suas impressões da vida não podem ser separadas do desenvolvimento de seus poderes de expressão como poeta.

Na Parte I são esboçados o cenário histórico de Shakespeare e algumas diretrizes para uma busca de significados nas peças. Não há uma seqüência ideal para sua leitura. Aproximadamente na última década do século XVI, Shakespeare estava escrevendo, ao mesmo tempo, dois grupos de peças muito diferentes: os Dramas Históricos ingleses e as farsas e comédias românticas – testemunhos da extraordinária diversidade de seu gênio e dos impulsos contraditórios, suscitados por um país no turbilhão da mudança, que o fomentavam. Deve ter sido interessante para ele dominar os dois territórios e ir e vir entre eles confortavelmente. Aqui, tais territórios são examinados separadamente, a começar pelos Dramas Históricos, um a um, e em seguida as contribuições de todos eles a temas centrais específicos. Quase todas as peças apresentam problemas quanto às datas de escrita ou produção, aspectos nos quais evitei me aprofundar. Mas os Dramas Históricos, com a exceção de *Rei João*, claramente se enquadram em duas seqüências, das quais a historicamente mais antiga foi escrita primeiro. Em conjunto, elas cobrem os anos de 1398 a 1485, terminando no limiar do período Tudor. Com relação às comédias, há mais incertezas, e nenhuma organização levou a uma linha coerente de desenvolvimento. Há, evidentemente, estágios iniciais, intermediários e posteriores, e, dentro deles, foi escolhida aquela que parece ser a ordem menos improvável. Devemos lembrar que Shakespeare não foi um escritor autônomo, mas que pertencia a uma companhia teatral, e nem sempre teve a liberdade de seguir suas próprias inclinações.

Entre os dois grupos principais situamos um conjunto heterogêneo de outras composições. Nele encontram-se duas tragédias mais antigas e dois longos poemas narrativos, publicados em 1593 e 1594, que cobrem o período de interdição dos teatros em razão da peste. Os Sonetos provavelmente estavam começando a ser escritos por volta dessa época – não para serem publicados – e devem ter ficado prontos em alguma data anterior a 1609, quando eles (ou todos os que conhecemos) apareceram impressos. Todos ou alguns deles são, ou podem ser, os únicos enunciados que temos de Shakespeare falando na primeira pessoa. Por fim, na Parte V, foram reunidas algumas reflexões gerais sobre o que parece ser sua reveladora perspectiva sobre a vida; sua opinião sobre como surgem os acontecimentos que afetam o ser humano, e a orientação de suas idéias ou sentimentos com relação às obras do fim de sua carreira, com foco sobre as tragédias.

Teria sido muito positivo poder incluir um número maior de citações; mas num estudo que busca abarcar tanto, somente há espaço para algumas muito breves. Esperamos que os leitores tenham cópias das obras de Shakespeare ao alcance e consultem algumas referências citadas no texto, que são da edição da Cambridge organizada por Quiller-Couch e Dover Wilson (os números de linha foram omitidos quando pertencem a cenas breves). Referências a livros e artigos são apresentadas entre parênteses, pelo nome do autor e um título abreviado, quando mais de uma obra do mesmo autor for citada. A bibliografia traz detalhes apenas dos escritores e obras citados.

A data aproximada em que cada peça foi escrita é tirada da última edição (1989) da listagem de Harbage; a ordem em que as peças foram organizadas não está em perfeita conformidade com essa fonte.

Eu aproveitei muito as enriquecedoras discussões que mantive com diversas pessoas no decorrer dos anos, mas o número de interlocutores é muito maior do que se poderia aqui registrar. Uma, porém, que não pode ser omitida, é minha esposa, que memoriza Shakespeare desde a infância, e cuja memória continua infalível, além de ser uma interlocutora entusiasmada. Uma segunda pessoa a ser mencionada é meu amigo Sydney Bolt, ele mesmo um autor que escreve sobre Shakespeare, e que me possibilitou o acesso a vários volumes úteis de sua coleção.

PARTE I

UMA ÉPOCA FORA DA ORDEM

CAPÍTULO 1

A INGLATERRA NO FINAL DO PERÍODO TUDOR

Se alguma vez houve uma "Inglaterra feliz", isso não ocorreu no tempo de William Shakespeare. No século XVI os níveis populacionais estavam crescendo na Europa e, entre 1500 e 1650, a população da Inglaterra deve ter aumentado de dois para cinco milhões. Esse fator criava grandes pressões sobre sociedades e economias rígidas. Um dos efeitos, recentemente enfatizado por J. A. Goldstone, foi o crescimento do número de jovens, que são sempre os mais inquietos; o fato de a maior parte das propriedades – em especial as terras – sempre ficar para os filhos mais velhos aumentava o número de jovens descontentes. O alto índice de desemprego, a existência de muitos desabrigados e a vadiagem eram evidências de quão gravemente o quadro social da Inglaterra estava desagregando-se. Havia muita migração do campo para as cidades, especialmente para Londres, cuja população, aumentada pela vinda de estrangeiros, aproximava-se de duzentos mil em 1600, sendo imensamente maior do que a de qualquer outra cidade inglesa. Dentro dos limites da "City" medieval, a capital era autogovernada, com uma constituição oligárquica elaborada; sua riqueza significava um fator político que não podia ser ignorado por nenhum governo. Fora dos muros estavam os subúrbios e as tristes áreas pobres.

Um número excessivamente grande de comentários sobre o contexto histórico de Shakespeare tratou a sociedade elisabetana como uma unidade, observa Krieger em seu estudo marxista, ao passo que muitas vezes é necessário pensar em classes sociais discordantes (p.66). A Inglaterra tinha uma nobreza de grandes proprietários de terras, poucos em número, mas poderosos em suas próprias províncias e influentes no quadro nacional. Abaixo dela havia uma classe grande e em contínuo crescimento, a pequena nobreza, cujo apoio – ou pelo menos anuência – era indispensável para o governo. Houve mais mobilidade social no final do século XVI do que em qualquer outra época, anterior ou posterior, especialmente com relação à propriedade de terras. Muitos estavam ascendendo à pequena nobreza, outros estavam decaindo dela. Estes eram poucos, mas havia lamentações veementes sobre a ruína de antigas famílias, desgastadas pelas dívidas ou pela dissipação, o que poderia ser visto como um indicador da decadência nacional. No campo, onde a maioria das pessoas vivia, as relações semicapitalistas se difundiam muito rapidamente. Os proprietários arrendavam suas propriedades aos fazendeiros com mais recursos, aqueles que trabalhavam o solo com a ajuda de mão-de-obra contratada – um sistema híbrido que nunca se difundiu tanto em nenhum outro lugar como na Inglaterra. O crescimento da população era seguido pela elevação de preços dos alimentos, o que beneficiava os grandes e pequenos proprietários de terras e os arrendatários, mas diminuía o valor real dos salários, ao passo que um número cada vez maior de arrendatários passava à condição rebaixada de trabalhadores rurais. Os que se saíam bem prosperavam mais à custa dos pobres do que em virtude de melhorias na produtividade. As privações a que os pobres eram submetidos foram ampliadas em razão de um prolongado período de condições climáticas adversas que atingiu seu pior momento durante a vida de Shakespeare; anos de más colheitas eram recorrentes, e uma série deles ocorreu no final do século XVI.

A penúria e a miséria lançavam uma sombra opressiva sobre o cenário no qual Shakespeare nasceu. "Mendigos robustos" ou vagabundos alarmavam a população e, em represália, eram tratados com brutalidade. Mas sempre havia os escritores prontos a protestar, mesmo que ineficientemente, contra a injustiça social que se alastrava. Em uma peça de autoria de Robert Wilson, o *clown* repreendia o rico ganancioso e profetizava que os opressores terminariam no inferno (Bradbrook, *Player*, p.189). Em 1608, um panfleto de Thomas Dekker expressava a desilusão de uma londrina com a idéia da felicidade rural, ao descobrir que "o pobre marido se transformou num escravo do rico administrador das terras; e este era oprimido pelo dono das terras" (*Belman*, p.109). A especulação excessiva podia ser condenada pelo próprio governo, uma vez que poderia provocar a desordem. Uma circular do Conselho Privado [Privy Council] destinada aos juízes de paz denunciava, em 22 de setembro de 1597, os "atravessadores", que tentavam esconder suprimentos alimentícios, como canalhas "mais semelhantes a lobos ou corvos do que ao homem". É improvável que tal documento tivesse qualquer efeito de abrandamento sobre os corações endurecidos. No ano seguinte, o prefeito de Dartmouth foi acusado de desvio de parte de um suprimento de grãos enviado aos pobres famintos (J. T. Kelly, p.126).

Para seus favoritos, a vida provia novas comodidades. Muitas famílias de todos os níveis, desde os *yeomen* (pequenos proprietários rurais), construíam novas casas, com chaminés e janelas de vidro. As mulheres das classes mais abastadas pareciam, aos olhos dos estrangeiros, surpreendentemente livres, embora estivessem constantemente sob a reprimenda do púlpito, por desejarem mais liberdade do que lhes seria conveniente. As "classes médias" eram multifacetadas, abrangendo desde os muito ricos até os mais modestos. Havia famílias e grupos que podiam ser chamados de "burgueses", mas ainda não existia uma "burguesia" com uma linha coletiva de desenvolvimento e ambições. O capitalismo se forjava dentro de um complexo de outros impulsos materiais ou morais que estavam em ação no início da Europa moderna, que podem ser resumidos como "individualistas".

Muitos homens que venceram por esforço próprio estavam ansiosos para se tornarem *bourgeois gentilhommes*, enquanto aqueles acima deles, que eram suficientemente astutos para se atualizarem com os tempos, já eram *gentilhommes bourgeois*, dando a mesma importância aos lucros e aos títulos. A competição era, de muitas maneiras, a tônica da época. Todo homem tem de abrir seu caminho até as primeiras fileiras, sem muitos escrúpulos quanto aos meios; caso contrário, será jogado de lado. Para alcançá-las, era indispensável um espírito bastante litigioso, e havia grande procura pelos serviços de advogados. Era uma sociedade que poderia gerar qualquer tipo de morbidez (Stafford-Clark, p.29), uma época de ansiedade. Homens loucos abundavam no drama. Contudo, era também uma época de oportunidade e progresso. Dificuldades e tensões não engendram por si mesmas a literatura; elas podem auxiliar a fazê-lo quando interagem com fatores opostos, novas inspirações, novos ideais. O individualismo separa, mas pode também recombinar, amplificando a capacidade dos homens de reagir a outras personalidades. Nenhuma era anterior à de Bacon e Shakespeare experimentara tão profundamente a verdade de que "nenhum homem é uma ilha".

O individualismo social na Europa ocidental nos séculos XVI e XVII tinha seu pólo oposto no governo autoritário. Era a época das monarquias "novas" ou "absolutas". Na Inglaterra, a dinastia Tudor tomou o poder e deu fim à Guerra das Rosas em 1485, estendendo-se até a morte de Elizabeth em 1603. Essa dinastia sempre foi bastante arbitrária quanto a seus métodos, mas diferia do modelo continental por ser menos despótica, menos bem preparada em termos de autoridade para cobrar impostos e, portanto, menos capaz de manter um exército permanente que assegurasse suas vontades. Os Tudor dependiam do Parlamento para obter rendas suplementares, o que manteve essa instituição viva, ao passo que muitos sistemas semelhantes estavam desaparecendo no continente. Só se reunia a intervalos irregulares, quando assim o desejava o governo, mas aos poucos sua importância foi aumentando. Havia uma cobiça cada vez maior por lugares na Câmara dos Comuns, onde a pequena nobreza possuía representação desproporcionalmente alta. Uma burocracia de peso, como a francesa, estava tão fora do alcance dos Tudor quanto um exército regular, e a administração local teve de ser delegada, sob a frouxa supervisão do governo, aos conselhos das cidades, que, sem dúvida, eram antidemocráticos, e aos proprietários de terras, ainda semifeudais, que atuavam como juízes de paz.

O nacionalismo servia de apoio ao autoritarismo e crescia, juntamente com o individualismo e as deliberadas divisões de classe, numa conjunção de opostos. Como em toda parte, era um produto de forças em mudança, tanto econômicas como culturais, e tinha fortes laços com a religião, em uma Europa amargamente dividida quanto ao controle dos caminhos que conduziam ao Paraíso e também às Índias. Na Inglaterra esse nacionalismo poderia ser identificado com uma mística Tudor e um "culto à personalidade" dos quais muito dependia Elizabeth. Era fácil idealizá-la como a defensora da Inglaterra durante muitos anos, mas o inglês comum parecia ter dúvidas quanto ao regime sob o qual vivia. A corte elisabetana era sinônimo de arrogância e depravação; deve ter havido uma forte mistura de sentimentos da classe média contra uma aristocracia suntuosa e suas pretensões. Entre as famílias nobres, novas ou antigas, as guerras civis tinham sido substituídas por uma forma mais moderna de luta pelo poder, sendo a corte uma arena de intrigas e hostilidades. A política ainda era um jogo perigoso, e, durante a era Tudor, formou-se uma longa fila de homens ambiciosos que rumaram para o cadafalso, terminando com o excêntrico Conde de Essex, o favorito de Elizabeth, em 1601.

Desde a morte de Maria Tudor, em 1558, uma Igreja da Inglaterra vinha se formando, de maneira espontânea ou não. Em seus primeiros anos, ela era um tanto improvisada, com uma estrutura episcopal conservadora e com uma teologia parcialmente calvinista. A freqüência à igreja era obrigatória (embora fosse impossível garantir que a obrigatoriedade fosse seguida à risca). A atividade principal do culto dominical era a leitura das homilias, que pregavam o dever de inquestionável obediência ao governo e à lei, sob pena de padecimento no fogo do inferno. No entanto, as repetidas mudanças oficiais de religião na metade do século levaram à indiferença. O número de católicos ou simpatizantes era grande, apesar de estar diminuindo lentamente; mas a guerra contra a Espanha, inicialmente não declarada, intensificou os sentimentos patrióticos, misturando-os com o protestantismo radical (ou puritanismo) e com sua crença calvinista. O ano de triunfo sobre a Armada, 1588, foi o ponto mais alto de influência puritana antes da década de 1630, provocando uma tentativa prematura de livrar a Igreja dos bispos, que sofreram um severo controle por parte das autoridades.

Em virtude disso, durante a década de 1590 e depois dela, o puritanismo – felizmente para o teatro, que nesse momento atingia seu auge – esteve na defensiva, sendo obrigado a se restringir a atividades pacíficas. Sua força estava nas classes médias, incluindo parte da pequena nobreza. Crescia a partir dos segmentos inferiores da sociedade – entre os artesãos urbanos, pequenos negociantes e outros, compelidos a praticar a parcimônia, a sobriedade e a prudência a fim de sobreviverem; crescia também nos segmentos mais elevados – patrocinado pelos grandes negociantes e pelos magistrados propensos à circunspecção, que consideravam as virtudes do puritanismo necessárias para a formação de bons cidadãos e de empregados zelosos. O progresso econômico, cada vez mais nos moldes capitalistas, não poderia continuar sem trabalhadores honestos e confiáveis (Collinson, capítulo 5). Bebedeiras, vícios, frivolidades como o teatro deveriam ser condenados porque tornavam os trabalhadores – os aprendizes londrinos, por exemplo – menos laboriosos e talvez pudessem torná-los desregrados. Apesar disso, a maioria dos pobres continuava a preferir a cerveja, quando conseguia obtê-la, às orações.

Um equilíbrio rudimentar de forças prevalecia, pelo menos em Londres, entre a aristocracia, liderada pela corte, e as classes médias, lideradas pela cidade, cada um desses grupos possuindo várias linhas divisórias de características próprias. Aliado a um governo desinteressado pela teologia na medida em que esta não perturbasse a ordem política, esse equilíbrio permitiu que a Inglaterra vivesse um precioso intervalo durante o qual houve uma significativa diminuição da pressão religiosa sobre as mentes mais abertas. Havia uma atmosfera apropriada para os homens que, como Shakespeare, estavam prontos a aproveitar esse grau de liberdade e a pensar por si mesmos – o que era incomum não só na Europa da época, mas também durante muito tempo depois. É possível que levassem a ética religiosa a sério, mas não se importavam muito com os dogmas. Na condição de usuários da língua inglesa, beneficiaram-se das várias traduções da Bíblia disponíveis, cuja fraseologia estava se incorporando à linguagem comum. Não podiam deixar de ser afetados pelas dúvidas a respeito da alma humana, que aumentavam e se aprofundavam juntamente com as tensões sociais que, por fim, irromperiam na "revolução puritana". Dentro de uma visão mais ampla, tais sensações incômodas e até mesmo mórbidas faziam parte de uma expansão geral da consciência humana. A auto-análise estimulava a curiosidade sobre as profundezas e sobre a estatura da personalidade humana, acompanhada por um questionamento do mundo e de todas as suas leis.

Era uma máxima da arte de governar, asseverada por Maquiavel, a de que a melhor maneira – se não a única – de evitar conflitos domésticos era engajar-se em guerras no estrangeiro (Hale, Kiernan, "War"). As novas monarquias estavam constantemente em guerra. Vitórias e conquistas eram seus meios mais potentes para impressionar seus súditos. A Inglaterra envolvia-se nos negócios da Europa ocidental e, ao mesmo tempo, forçava a conquista da Irlanda. As forças inglesas auxiliaram a revolta dos Países Baixos contra o domínio espanhol; na França, ajudaram o líder protestante Henrique de Navarra, que herdara o trono (como Henrique IV) e o assegurara convertendo-se ao catolicismo em 1598, mas garantindo a tolerância religiosa. Para preencher as fileiras inglesas, contava-se quase sempre com o recrutamento militar. O sistema, barato mas ineficiente, pressionava mais os pobres, e a guerra era mais popular entre aqueles que não tinham de lutar. Era condenada por alguns moralistas, e as posturas da classe média – a não ser em relação às ações defensivas, como contra a Armada – eram freqüentemente ambivalentes. A influência puritana favorecia a continuidade da guerra espanhola; a Espanha era a campeã do papismo e também representava o Império e seu ouro, que parte da classe mercantil estava ansiosa por partilhar.

Shakespeare pertenceu a um período de transição, no qual uma ordem antiga e seu panorama de vida estavam esmorecendo ou desmoronando, e uma nova ordem ainda estava tomando forma. Havia uma convivência entre a história e a mitologia, a magia e a ciência, a teologia e a razão. Tal situação poderia ser ideal para suscitar impulsos poéticos. Embora no início dos tempos modernos as classes mais altas da Europa ocidental estivessem passando por uma divisão, em termos de hábitos sociais e gosto cultural, ainda havia muito em comum entre elas. Já avançando no século XVII, havia um público leitor ávido por histórias que imitavam os antigos romances de cavalaria ou os contos de fadas ou que neles eram baseadas (Wright, especialmente capítulo 11). Elas conseguiam se mesclar bem com a literatura clássica. O repertório mitológico de Ovídio passou a ser traduzido após 1560 e conquistou muitos corações, inclusive o de Shakespeare.

Em seu canto remoto da Europa e com uma vida de trabalho não muito longa, de pouco mais de duas décadas, pode parecer que Shakespeare estivesse circunscrito a uma casca de noz. Contudo, que ele tenha podido tornar-se rei de um espaço infinito deveu-se, em muito, ao fato de que a cultura inglesa não sofria de insularidade, mas, em muitos aspectos, fazia parte de um todo cosmopolita. Shakespeare lia Montaigne, que colhia enredos nas novelas italianas; ele era bastante inglês, mas era também um fenômeno europeu, o que se confirma por sua posterior influência universal. As famílias ricas enviavam seus filhos para estudar no exterior. A palavra impressa desfrutava de um crescimento vigoroso. A alfabetização também aumentava, difundindo-se em todas as classes a não ser as mais baixas (Stone, p.68, 79), e, com ela, um alto grau de interesse pelas palavras, expressões e possibilidades da língua inglesa. A educação se tornara, para muitos empregos, um passaporte necessário (Trevor-Roper, p.27). Para a nata intelectual, cujos membros também podiam ser homens de negócios, os tempos ofereciam estímulos para imensos empreendimentos. Bush cita *Instauratio Magna*, de Bacon, *Faerie Queene*, de Spenser, *History of the World*, de Raleigh, como se fossem "a realização parcial de um projeto imensamente vasto" (p.262). Rowse escreve sobre o Dr. Dee e seu círculo como exemplos de "uma paixão insaciável por conhecer o desconhecido e o incognoscível" (p.285). O Tamerlão de Marlowe podia falar na "busca árdua do conhecimento infinito" (I.ii.7), palavras bastante impróprias vindas de boca tão bárbara, mas perfeitamente características da época de seu criador.

CAPÍTULO 2

SOCIEDADE E ARTE

R. H. Tawney, em uma conferência apresentada em 1949, afirmou que nada se sabe – e deduziu que nada se pode saber – sobre as ligações entre a arte de uma época e sua economia; nossa tarefa é admirar o gênio, não explicá-lo (p.33-4). Turgueniev mostrou maior discernimento ao elogiar o filósofo Belinsky, que ele admirava, por ter reconhecido que "no desenvolvimento dos povos, uma nova época literária sempre sucede a outra, e que sem experimentar ou ultrapassar a anterior, é impossível progredir" (p.115). Lukács creditou à arte uma contribuição ainda mais direta, ao escrever que, quanto mais intrincados os problemas de uma sociedade em mudança, "maior é o papel que a literatura pode exercer na evolução social, nas preparações ideológicas para alguma grande crise nas relações sociais" (*Realismo*, p.107).

Desde o final do século XVIII essa tem sido a tarefa especialmente do romance, com seu poder de explorar situações cujos fatos se tornam compreensíveis; uma era como aquela em que Shakespeare viveu, na qual os mapas ainda eram feitos com base em conjecturas, o drama poético oferecia um meio de expressão único, num plano menos realista mas intensamente imaginativo. Hazlitt contrastou as idéias de Chaucer, todas "separadas, etiquetadas, rotuladas", com a "sociabilidade" das de Shakespeare, que caíam umas sobre as outras (p.71). Em parte, tratava-se de uma diferença entre a narrativa e o drama, mas análoga também à que há entre a terra e o mar: as imagens infinitamente combinadas de Shakespeare têm o efeito da luz refletida nas ondas encrespadas, como em uma pintura impressionista. Essas imagens espelhavam uma Inglaterra em estado fluido de mudança, no qual sempre esteve a arte de Shakespeare. O drama poético possui uma natureza universalizante; os tempos inconstantes nos quais esteve inserido elevaram os homens, acentuando sua consciência, a um alto patamar de percepção das coisas elementares partilhada por todos.

Pode ser aceitável, ainda que extremamente improvável, que Shakespeare tenha escrito, como o fez, sobre a guerra, a morte, a propriedade, contemplando todo o tempo seus horrores do alto de um Olimpo de imparcialidade. Joseph Conrad repudiou qualquer intenção moralizadora em um de seus romances, mas acrescentou que "até mesmo o escritor mais habilidoso se revelará (e revelará sua moralidade) a cada três sentenças". Shakespeare cresceu na tradição das antigas peças de "moralidade". Fripp escreve: "A didática antiga agarra-se a ele, e ele não tem o desejo de abandoná-la" (p.66-70). Fazia parte de um consenso geral que só se poderia justificar a literatura por meio de um propósito sério. Os homens de letras do período elisabetano, e também Hamlet, comumente assumiam que a arte deveria servir de espelho para a natureza ou para a realidade social; e o espelho da arte é mágico, visto que não só fotografa, mas também seleciona, amplia, pinta e mostra coisas invisíveis. A mente de um poeta é "um espelho pelo qual a alma recebe visões", nas palavras de um crítico moderno (Beckerman, p.28). Parece equivocada a afirmação de um outro crítico de que "não havia nada fora de suas peças que Shakespeare quisesse 'dizer'". (Frye, *Shakespeare*, p.2). Muito pelo contrário, elas estão repletas de conceitos, interpolações, que pertenciam a ele e que podem ter pouco ou nada a ver com seus enredos.

Os Dramas Históricos, que constituíram sua produção mais substancial antes de 1600, suscitavam os problemas essenciais da natureza humana e da sociedade que subjazem a sua grandiosa obra ulterior. Em sua época, a atividade política existente não o atraía. Ele não poderia ter sido um cidadão político, fosse isso o seu desejo ou não, como ocorreu com seu principal sucessor, Milton, mas foi muito mais um poeta político – pelo menos de forma mais direta. Com poucos precursores, ele se interessou mais pela história nacional do que outros dramaturgos de sua época, o que é suficiente para provar sua grande preocupação com os problemas de Estado. O fato de ele ter escrito peças políticas inigualáveis só pode ser visto como "um estranho paradoxo" por um leitor disposto, como Palmer, a convencer-se de que o único interesse de Shakespeare residia "no espírito e no coração do indivíduo" (p.vi). Pope achava "deveras surpreendente" que Shakespeare demonstrasse tanta habilidade em apresentar "grandes cenas da vida pública", como fazia freqüentemente, podendo apenas conjecturar que o poeta conhecesse seu mundo "por intuição" (Smith, p.49). Parece mais natural supor que houvesse uma afinidade entre seu temperamento e interesses e o espetáculo dos assuntos públicos, dos homens em ação. Como disse Dover Wilson, as inúmeras alusões tópicas de Shakespeare demonstram quão grande era seu interesse pelos acontecimentos e personalidades de seu tempo, "o verdadeiro pano de fundo de suas peças" (*Shakespeare*, p.13). (A isso podemos acrescentar a advertência de Saintsbury de que, como evidência para a datação, elas estavam "sujeitas às mais graves suspeitas" ["Life and Plays", p.175-6].)

Kenneth Muir não conseguiu ver filosofia nas peças, além de "uma mistura de moralidade medieval, chavões dissimulados e lenitivos estóicos" (*Singularity*, p.135). Coleridge assumiu uma perspectiva mais ampla e proclamou que Shakespeare era "não só um grande poeta, mas um grande filósofo" (*Shakespeare*, p.58). Com relação à política, enquanto alguns sustentaram seu total desinteresse pela vida coletiva, outros lhe atribuíram arraigadas convicções políticas, mais adequadas ao mais filistino dos pequenos funcionários. L. B. Campbell descobriu nos Dramas Históricos "um padrão político dominante, típico da filosofia política de sua época" (p.6), ou seja, a da Igreja oficial e suas homilias. Caroline Spurgeon encontrou no conjunto de suas imagens um arraigado temor em relação à ruptura social, uma ligação quase mística com a harmonia social (p.75). Para todos os estudiosos conservadores, a palavra-chave tem sido Ordem.

Não é difícil citar passagens que incorporam tal mensagem – afirmações de um arcebispo em *Henrique V* ou de um *bon vivant* velho e feliz em *Coriolano* – e concluir que "o pensamento de Shakespeare estava essencialmente afinado com as idéias prevalecentes em sua época". (Phillips, p.4, 94). Mas Shakespeare era um dramaturgo, e era seu papel fazer que tais personagens falassem como o fariam na vida real. Não é, de forma alguma, fácil acreditar que o poeta mais proeminente da Inglaterra fosse, em um período de profundos distúrbios sociais e angústias, conservador por completo. É verdade que ele estava se tornando um homem de posses, mas a propriedade tinha muitas formas e em breve poderia estar situada em campos políticos muito diferentes. Com relação a princípios, pode-se recordar o comentário irônico do Príncipe Hal para Poins: "és um afortunado por pensares como todo mundo" (2H.IV, II.ii). Com certeza este é Shakespeare expressando, e negando por antecipação, as opiniões do homem mediano, que lhe eram tão freqüentemente atribuídas.

De maneira geral, pode-se adotar a regra de que as falas das personagens que têm um papel ativo na história pertencem a elas mesmas; quando se voltam para generalidades, é provável que as idéias sejam de Shakespeare. Somos favorecidos quando as duas coisas convergem. Às vezes ouvimos Shakespeare falando pela boca de seus vilões. É Shylock e não Pórcia que denuncia as crueldades e injustiças de Veneza. Os solilóquios de Ricardo Crookback [Ricardo "Corcunda", ou Ricardo III] não são só auto-reveladores, mas também um comentário corrente sobre as tolices e vícios de seu mundo feudal. O teste final sobre em quais momentos Shakespeare acreditava naquilo que seus homens e mulheres diziam (ou em que circunstâncias ele levava isso a sério) sempre deve ser sua linguagem e o quanto de convicção existe nela.

Sem dúvida, deve ser verdade que Shakespeare, como qualquer pessoa sensata, não aprovava a idéia da desordem anárquica. Mas deve ter discordado dos outros quanto às *causas* da desordem. É evidente que ele possuía uma forte percepção da fragilidade da civilização e do caos no qual ela poderia mergulhar. Às vezes ele se dispunha a pregar um nacionalismo de teor mais agressivo, como medida profilática. Era difícil encontrar uma garantia melhor e mais duradoura, um novo e melhor equilíbrio do indivíduo e da sociedade. Shakespeare explorava a confusão, a instabilidade dentro dos seres humanos e também do Estado que os dominava pela graça de Deus. Assim como o mais lúcido dos românticos do porvir, ele não lamentava o desaparecimento de uma rígida ordem feudal, mas sim a perda dos laços humanos genuínos que supostamente haviam existido. Seu ideal (que ao menos podemos vislumbrar) não era a ordem de um Estado policial nos moldes de Metternich, mas sim o de uma comunidade com harmonia natural própria, que se originava nos sentimentos dos homens por seus semelhantes e por suas tarefas comuns. Era um sonho ou fantasia sobre um futuro mais do que sobre o passado, que podia ser transposto mais convincentemente na imagem mítica da "música das esferas", na idílica cena do jardim no encerramento de *O mercador de Veneza*, após a raiva e o ódio da corte.

Pode-se esperar que uma sociedade ordeira – ou amante da ordem – como a França de Luís XIV apresente reflexos em um tipo de arte formal e bem disciplinada. O drama elisabetano combinava energia e imaginação com uma surpreendente indiferença pela forma. A intensidade dos sentimentos – imediatos, avassaladores – era sua essência. A Inglaterra combinava, assim como sua dramaturgia, "aspirações imortais" e muitas rupturas, um turbilhão de impulsos contraditórios. As peças de Shakespeare não eram exceção. E, nos últimos tempos, a "ordem" tem perdido terreno enquanto resposta a todos os seus questionamentos sociais; tem sido dada mais atenção ao "ceticismo, às tensões e aos equívocos do pensamento político de seu tempo" (Berry, p.231; cf. também Kettle), bem como à sua própria independência de julgamento.

Seria razoável chamá-lo de "progressista", isto é, um homem insatisfeito com as coisas da maneira como eram e ansioso por mudanças para o aperfeiçoamento dos seres humanos. Esse qualificativo só pode ser usado com cautela, uma vez que em seu tempo não havia linhas divisórias claramente delineadas, muito menos programas estabelecidos, a não ser em relação a alguns assuntos da Igreja e de política externa. Não havia dois "lados", em que um fosse mais claramente progressista que o outro. O que havia era uma crescente confusão de controvérsias a respeito de diversos assuntos polêmicos. Não podemos classificá-lo como se estivesse ao lado de uma classe definida, um propagandista de suas idéias. Não havia "partidos" aos quais ele pudesse se filiar, embora na época de sua morte ou pouco depois o início de uma divisão de caráter nacional estivesse se tornando visível. Enquanto isso, em vez de atitudes coerentes, o que existia eram "contradições irredutíveis dentro dos pontos de vista e dos códigos" (Heinemann, "Drama", p.162).

Em 1938, em um debate sobre Shakespeare entre estudiosos soviéticos, a idéia mais proveitosa (não a mais aceita) foi a de I. M. Lifshitz, que explicou as tentativas e incertezas dos grandes escritores do passado como "confusão objetiva de classe", ausência de uma nítida consciência de classe (p.11). Talvez o mesmo fator auxilie na explicação de sua grandeza: eles não possuíam xiboletes cunhados por outros nos quais se apoiar, nem laços para estabelecer vínculos. Brecht adotava uma perspectiva semelhante em relação a Shakespeare e aos escritores contemporâneos deste: a de homens que viviam num espaço não cartografado entre o feudalismo em declínio e o capitalismo nascente e que ecoavam o choque de valores entre esses dois sistemas (Heinemann, "Brecht", p.206-7). Um exemplo de indefinição dos horizontes sociais pode ser percebido na presteza com que os "aprendizes e civis patriotas de Londres apreciavam as histórias nas quais os grandes mercadores da cidade e os benfeitores de tempos passados eram enaltecidos como patrícios, considerados tão capazes de demonstrar bravura guerreira, quando fosse necessário, quanto qualquer conde cingido" (Stevenson, p.6ss.).

Até mesmo nos campos de batalha da década de 1640, as razões pelas quais os homens lutavam parecem muito menos claras aos historiadores do que pareciam aos combatentes, que pensavam – ou falavam – por meio daquelas abstrações características aos homens em ação por toda a história. A guerra civil foi uma "revolução burguesa" na medida em que deu à burguesia uma parcela maior de poder. Contudo, o burguês raramente era visto nesses campos de batalha, e o mesmo ocorre nas peças de Shakespeare. Não há "um único personagem burguês que seja significativo" nelas, diz-se, com a exceção de Shylock (Sinsheimer, p.84). De certa forma, parece difícil imaginar um homem de negócios falando em versos. Os nobres também nunca fizeram declarações metrificadas, mas aceitamos a ficção de que assim o façam porque pensamos neles como um grupo pequeno, remoto e poderoso, e também porque suas vidas se passaram sob as altivas bandeiras do conflito e da morte.

As fontes das quais Shakespeare extraiu seus enredos – crônicas históricas, lendas, contos folclóricos – nada tinham a lhe dizer sobre a classe média ascendente, à qual ele mesmo pertencia; mas foi um instinto bastante confiável que as manteve fora de seus Dramas Históricos. Os feitos dos homens de dinheiro, os empreendedores, tiveram grande importância histórica, mas nem sempre foram heróicos. Quando as espadas eram desembainhadas, eles geralmente ficavam em segundo plano, à espreita de propriedades perdidas, da mesma forma que os comerciantes seguiam os exércitos romanos e compravam o fruto da pilhagem dos soldados por preços muito baixos. Na época de Shakespeare, já havia uma burguesia governando a Holanda, mas a luta pela liberdade era, na maioria das vezes, conduzida por mercenários estrangeiros liderados pela grande casa feudal de Orange, que nem mesmo era holandesa. A burguesia na Inglaterra sempre se caracterizou pelo desejo de ingressar na aristocracia, e não de derrubá-la. Entre os contemporâneos de Shakespeare, a admiração pelo comércio, ou pelo capitalismo, só era compartilhada por poucos, "ao passo que sua desconfiança em relação a ele era comum a quase todos" (McVeagh, p.52).

De certa forma, é mais fácil perceber aquilo a que Shakespeare se opunha do que aquilo que apoiava. Havia tipos sociais pelos quais ele tinha notável aversão, como Túrio, o grosseiro senhor de terras em *Os dois cavalheiros de Verona*, ou o afetado cortesão em *Henrique IV Parte 1* – os quais teriam seguido o estandarte de Carlos I. Além dos realistas (*cavaliers*) e dos "cabeças redondas" (*roundheads*),[1] havia um terceiro grupo, o das pessoas comuns, uma maioria silenciosa na década de 1640, que não via com bons olhos os ricos indolentes, nem os avarentos ocupados. Shakespeare, às vezes, compadecia-se das dificuldades

1 Os cabeças redondas, defensores do Parlamento inglês durante a guerra civil, eram assim chamados, de forma derrisória, por cortarem o cabelo curto em sinal de desprezo à moda cortesã de usar cabelos anelados. (N. T.)

que incitavam esse grupo à revolta. Seu líder rebelde, Jack Cade, cuja simples missão era derrubar reis e pessoas eminentes e estabelecer nova roupagem para o Estado (*2H.VI*, iv.ii.5), pode ter sido tanto um fruto de sua mente, quanto ter saído da história inglesa. Na década de 1640, os *levellers* [niveladores][2] colocariam esse Estado em vestes mais modernas.

Shakespeare podia no mínimo recorrer ao estoque de vidas fantásticas das pessoas comuns e a um registro verbal de suas experiências da realidade. Os elisabetanos eram herdeiros de um tesouro de contos folclóricos e de mitos, cultuando os medos, os sonhos e as lendas de séculos, à espera da oportunidade de serem transformados em narrativa, o que só poderia ter ocorrido por meio de uma forma de arte como a dramaturgia de Shakespeare. Um outro meio pelo qual a sabedoria e a sensibilidade do passado eram preservadas era o provérbio. Shakespeare citou uma gama assombrosa de ditos proverbiais, excedendo todos os outros poetas ingleses, à exceção de Chaucer (Obelkevich, p.56). Não podemos acreditar que estivesse além do alcance de Shakespeare perceber que tudo aquilo que era desagradável na plebe, desde o pensar frívolo até o hálito de alho e gorros suados, não nascera com ela, mas lhe havia sido impingido pela degradação à qual a sociedade estratificada a havia condenado.

Escritores e artistas têm sido mais eloqüentes para negar ou protestar do que para fazer afirmações. Os males por eles atacados são conhecidos, tangíveis, ao passo que as melhorias pelas quais anseiam estão tão-somente flutuando no ar. Contudo, o antigo tem de se enfraquecer antes de ser demolido, para que algo melhor o substitua. O desmoronamento do antigo, moral quando não físico, é mais evidente que o germinar do novo. É daí que surge a tendência acentuada de um pensamento degenerescente na época de Shakespeare, que pode ser encontrado em algumas de suas peças, assim como a idéia de que o fim do mundo estava próximo. Tanto o bem como o mal estavam em decadência, e

2 Nome dado, na Inglaterra do século XVII, a grupos radicais que formavam a esquerda democrática do partido republicano, surgido por ocasião da guerra civil inglesa. (N. T.)

Shakespeare era visivelmente sensível ao enfraquecimento das antigas relações sociais, o que deve ter sido mais evidente em Londres do que em qualquer outra parte. Ainda assim, o clima de suas peças, quando comparado ao de outros escritores, parece muito mais sincronizado com o calor e o pulsar da vida. Sua gente demonstra mais interesse entre si como seres humanos, há maior consciência mútua. Eles nos parecem reais em virtude das imagens que constroem em outras mentes, e assim também nas nossas.

Por nascimento – e talvez por uma preferência que durou toda sua vida – ele não pertencia a Londres, onde o individualismo agressivo era mais forte, mas sim a Stratford, uma das muitas cidades de tamanho modesto que ofereciam microcosmos de um estilo de vida fadado a desaparecer. Com toda sua brutalidade e desigualdade, a ordem antiga havia conseguido unir o povo num modelo suavizado pelos usos e costumes, que tinha um lugar e uma função, por mais humilde que fosse, para todos. No entanto, ela ainda era, sob muitos aspectos, inerte, simplória, paralisada; a nova ordem que forçava a passagem era muito mais aberta mentalmente. Podia, pelo menos, despertar alguns para os anseios e preocupações dos outros de forma mais nítida do que a velha ordem, mesmo que sua tendência fosse atomística e freqüentemente encorajasse a separação egoísta do homem em relação ao homem. Podemos ler no pensamento de Shakespeare um desejo de preservar o que havia de melhor no antigo em benefício do novo, por meio da adaptação de suas virtudes a um cenário diferente.

Podemos vê-lo, em outras palavras, muito menos como um conservador do que como um "preservador", um apreciador dos valores civilizados derivados de todas as classes e gerações passadas e presentes. As linhas de divisão social entre a aristocracia e a camada endinheirada eram claras, mas ainda não tinham se fortalecido sob a forma de posturas políticas e, na verdade, isto nunca aconteceu totalmente, o que facilitou uma combinação das melhores qualidades contidas em cada uma delas. No auge do fascismo, um escritor socialista podia sentir que defendia não somente o socialismo, mas também o melhor de uma tradição liberal, à qual os herdeiros de seus fundadores burgueses davam as costas; Shakespeare talvez acreditasse que, enquanto desenhava alguns de seus retratos, estivesse restaurando o que havia de válido na velha tradição feudal e cavalheiresca, agora degradada pelos cortesãos e parasitas. De uma maneira ou de outra, ele lutou durante toda a sua vida com o conceito nobre de honra, um tipo de honra que não deveria ser tirada da lua, como a de Hotspur, mas que tivesse um papel vital num mundo real. Era uma questão de resgatar o homem impelido ao ceticismo moral ou ao niilismo; parte de uma "transposição de valores", que, por sua vez, era parte de uma longa transição de um período da história para outro.

Entre os dons do "tipo mediano", a *honestidade* era tida como importantíssima, assim como a honra o era para os de sangue azul. Partindo desse nível, a visão do poeta movia-se para o básico, para as qualidades simples das pessoas do tipo mais comum, que constituem o alicerce de qualquer cultura mais elevada. Talvez a grande arte sempre tenha mantido suas raízes no anseio do artista em se reunir ao povo, do qual é separado por uma sociedade dividida, de recapturar um todo primário, no qual um poeta possa dirigir-se a todos seus semelhantes, como fizeram seus antepassados. A divisão de classes traz consigo fissuras na consciência do artista; pode-se conjecturar que, ao tentar reconciliar os ideais ou padrões dos ingleses, Shakespeare estava, ao mesmo tempo, tentando instintivamente sobrepujar suas próprias discórdias íntimas.

É sugestiva, embora questionável, a opinião do romancista Somerset Maugham (p.316-7) de que todos os personagens de um escritor são aspectos ou partículas de si mesmo. Se houver pelo menos uma parcela de verdade nisso, o estudo desses personagens propicia a melhor pista para a descoberta de sua própria personalidade. Mas sua consciência pessoal e a de sua época não estão isoladas uma da outra; supõe-se que ele seja capaz de adentrar as sensações de outros, de maneira proporcional à extensão de sua própria sensibilidade. É por isso que Coleridge pôde dizer que a compreensão do poeta acerca de diversas emoções desenvolve-se menos pela visão que ele tem das pessoas ao seu redor do que pelo "poder da imaginação que atua sobre o *tudo em cada um* da natureza humana. Por meditação, mais que por observação" (*Shakespeare*, p.410). E ele mesmo pode achar a saída e o alívio de tudo aquilo que o perturbe ou excite, por sua capacidade de mesclar isso a uma consciência humana que é mais ampla que a sua própria. Se dessa forma ele conseguir superar seu próprio ser aprisionado, tanto um objetivo artístico como um terapêutico serão atingidos.

Era a tendência natural de uma sociedade baseada em um forte individualismo encarar cada personagem de Shakespeare como uma estátua rígida e isolada. Shakespeare não pode ter pensado ou sentido a vida em tais termos; e é exatamente por seus homens e mulheres estarem arraigados às condições de sua época, a maioria em sua complexa teia de relacionamentos, que eles são tão cheios de energia e vitalidade. Eles estão vivos, como disse Pushkin, vibrando com paixões diversas – não são apenas personificações de uma única qualidade, como as pessoas em Molière (Morozov, p.85). Shakespeare vivia em uma sociedade comparativamente aberta e expansiva, ao passo que a de Molière era mais estrita. Para o espectador elisabetano, as emoções reveladas no palco podiam ser semelhantes às suas próprias; a retórica de um Tamerlão faminto de poder ou a de Ricardo III poderiam assemelhar-se a "enormes símbolos nebulosos" de suas próprias ambições de ascender no mundo e de superar seus rivais. Walter Scott reconheceu Giles Overreach, o sanguessuga implacável na peça de Massinger, como o "Ricardo III da vida normal" (Lockhart, cap.25). As personagens da realeza em Shakespeare não são uma casta restrita, distanciada dos outros homens: bons ou maus, eles são humanos; e, como disse M. E. Prior, ele os usa para apresentar os sentimentos e ações humanos com intensidade máxima (p.102). Por essas mesmas razões eles também continuam a ter mensagens para nós, homens e mulheres de qualquer parte.

No entanto, devemos ser cautelosos quando buscamos "significados" precisos nas peças. É preciso que tenhamos em mente "um dos princípios do Shakespeare maduro, o da indeterminação", uma atitude de abertura a interpretações discrepantes (Daniell, p.109). Muitos se surpreendem com o aparente desprendimento com que ele permite que cada participante, por sua vez, diga o que pensa. Ele com freqüência

– ainda que isso não ocorra em relação às questões morais essenciais – lança sugestões antagônicas em relação àquilo que deveríamos pensar, deixando-nos livres para escolher. Essa abertura para as idéias faz dele um homem do "interregno" entre o velho e o novo, num tempo em que a rigidez medieval sucumbia e o pensamento moderno ainda não havia tomado forma, um tempo em que as janelas cobertas por teias de aranha se abriam e as visões de horizontes mais amplos já eram possíveis.

Pode ser útil conjecturar que aquilo que absorvia sua mente durante o ato de composição não eram os indivíduos para quem ele estava procurando palavras, mas sim um complexo em que cada indivíduo era um componente. Como se explica que um autor totalmente envolvido – ou que até se identificava – com Hotspur e em seguida com Glendower pudesse passar de um para o outro a cada minuto? Sua consciência parece ter-se espalhado por sobre algo maior, abarcando a ambos, de maneira que ele se ocupasse mais com sua interação única do que com cada um isoladamente, assim como Bach, que, ao improvisar uma fuga, teria em mente seu sujeito e contra-sujeito atuando juntos.

Shakespeare não era um pregador com um evangelho preciso e convencional, como acontecia com muitos de seus contemporâneos, mas sim um homem que, da mesma forma que Otelo, deve ter ficado "perplexo ao extremo" com a vida humana, e em particular com seus compatriotas. Ele, da mesma forma que muitos daqueles que viveram em uma época na qual tudo ao seu redor estava se alterando, deve ter sentido intensamente a falta de relação entre os princípios nos quais crescera acreditando – e pelos quais ainda ansiava – e as novas realidades ou racionalidades para as quais ele não podia fechar os olhos. Ele pode com freqüência ser citado contra si próprio, visto que sentia atrações, podemos supor, e dolorosamente, antagônicas a respeito de diversas questões fundamentais. Uma sanidade enorme lhe é creditada, e muitas vezes ele parece possuí-la; mas é preciso considerar que esse dom estava em constante conflito com estados de profunda depressão. Sua natureza deve ter sido extremamente complexa. Sem suas contradições e extremos fundamentais, ele talvez não fosse, ao mesmo tempo, um magnífico autor de tragédias e de comédias. Devem ter havido nele qualidades de equilíbrio, um senso de ridículo, bem como do que há de sublime na existência humana, que impediam sua autodestruição.

Os grandes poetas, em especial os ingleses, têm sido capazes de se destacar em momentos de levantes revolucionários. Shakespeare não viveu um período de conflito aberto, como Milton, embora nas Ilhas Britânicas e no continente houvesse problemas. Mas sua vida coincidiu com um grande divisor de águas e terminou com uma revolução que já se vislumbrava: um retorno – sob forma diferente, mas não muito – aos tumultos civis sobre os quais ele tanto havia escrito. Sua consciência fragmentada combinava com o cisma cada vez maior vivido por sua Inglaterra. Não se podia esperar que ele decifrasse os enigmas que o futuro traria. Nenhuma outra pessoa, nem mesmo Bacon, o estadista-filósofo, tinha a menor idéia do que os esperava além das nuvens escuras. Ninguém tem, nem mesmo hoje, uma compreensão muito clara de por que aquilo aconteceu.

CAPÍTULO 3

A VIDA DE SHAKESPEARE

Kenneth Muir estabeleceu uma distinção válida quando confessou que havia passado a duvidar da possibilidade de "relacionar as obras de Shakespeare à sua vida pessoal", algo que ele e O'Loughlin já haviam tentado fazer anteriormente, embora ele ainda afirmasse que as linhas gerais do "desenvolvimento de Shakespeare como artista e de sua maneira de pensar" podiam ser descobertas em suas peças ("Shakespeare the Man", p.9). É claro que o pouco que sabemos de outras fontes sobre a vida de Shakespeare não deve ser negligenciado. Os fatores externos da carreira de qualquer artista podem ser importantes para ajudar a determinar quais aspectos da vida a seu redor possibilitarão que seu ímpeto artístico se instale.

Em meados do século XVI, o pai de Shakespeare, John, trocou a vila em que nascera, Snitterfield, pelos arredores de Stratford, "uma rica cidade mercantil de aproximadamente dois mil habitantes" (Lee, *Life*, p.4), onde se envolveu com diversas atividades comerciais, entre elas a de fabricante de luvas, e prosperou durante três décadas. Stratford recebeu uma carta patente em 1553, o que significa que William estava familiarizado desde a infância com uma comunidade que governava a si própria, ainda que não muito democraticamente; seu pai chegou a ser membro do Conselho Executivo do governo municipal [*alderman*] e, em 1568, prefeito e representante do rei [*bailiff*], que era o posto civil mais alto. A esposa de John, Mary, era a filha mais jovem de um fazendeiro rico, Robert Arden, que pertencia a um clã muito bem posicionado no condado. William era, em menores proporções, um exemplo de como a nobreza e a burguesia se mesclavam e interagiam em toda Inglaterra. Arden era católico, e um Arden mais proeminente fora executado por traição em 1583 (Levi, p.19). Há motivos para crer que John Shakespeare também era católico em sua vida particular. No caso de William, um ambiente familiar um tanto não-conformista pode ter resultado no espírito tolerante, na indiferença em relação a convenções, que parece evidente em suas peças. No entanto, estas apresentam uma familiaridade com a Bíblia que não se detecta nas obras de outros dramaturgos (Fripp, *Elizabeth*, p.101; Boas, p.67ss.).

William nasceu em 1564, o mais velho de cinco filhos – quatro dos quais homens – que sobreviveram à infância; a vida familiar não lhe era estranha e pode ser vista de diversas maneiras em suas peças. Stratford tinha uma escola primária gratuita da qual, podemos supor, ele se tornou aluno; lá ele teria adquirido alguns conhecimentos de latim e, mais tarde, deve ter aprendido a ler francês e italiano. Questiona-se se ele teria sido um leitor assíduo (Hart, p.9); se não o foi, é difícil explicar seu vasto vocabulário, em constante ampliação. A partir de 1575 os negócios de seu pai começaram a fracassar; ele nunca chegou a falir, mas foi afligido por dívidas e litígios durante anos, além de perder seu posto de prestígio no Conselho Municipal. Tudo isto aconteceu durante a adolescência de Shakespeare, um período de sensibilidade aguda para que ele se expusesse a uma derrocada familiar dessas proporções; isso pode muito bem ter provocado cicatrizes permanentes. A própria cidade de Stratford também passava por um período difícil e em 1590 teve de requerer isenção de impostos, afirmando que, com seu comércio em decadência, os pobres "agora vivem em grande penúria e miséria" (J. W. Gray, p.102). Desde cedo em sua vida, Shakespeare conviveu com o espectro da pobreza, o que deve tê-lo ensinado duas coisas: um sentimento de camaradagem para com os pobres e uma determinação de não se ver condenado a uma vida de privações.

Se o declínio familiar teve um efeito desorientador sobre ele, uma conseqüência pode ter sido – se pudermos confiar numa velha história – a invasão de propriedade e o processo movido contra ele pelo senhor de terras sir Thomas Ludy. Um episódio como esse poderia ter acendido uma prematura mas duradoura faísca de radicalismo, um ressentimento contra a arrogância dos ricos. Uma outra conseqüência não tão benigna de sua inquietude juvenil – pode-se pensar – foi seu casamento, aos 18 anos, com uma mulher de 26, filha de um respeitável fazendeiro, apressado por uma gravidez. Foi uma "união muito incomum", que requereu o consentimento do pai de Shakespeare, uma vez que ele era menor de idade (Bradbrook, *Shakespeare,* p.18). Da união nasceu uma menina em 1583 e um casal de gêmeos em 1585. Diversos traços espalhados por algumas de suas primeiras peças parecem confirmar as suspeitas de que ele era assombrado pela imagem de uma mulher geniosa. "Falar pouco deve ser a única virtude de uma mulher", diz o pajem Launce (ODCV, III.i.328). Hotspur acha Glendower tão entediante quanto "um cavalo cansado, uma mulher injuriada" (*1HIV*, III.i.159-60). "As mulheres são víboras, sejam altas ou baixas", canta o juiz Silêncio (*2H.IV*, V.iii.35). Uma evidência clara de seu arrependimento por um casamento apressado seria sua desaprovação obsessiva ao sexo antes do matrimônio, que se verifica em peças tão cronologicamente distantes como *Romeu e Julieta* e *A tempestade*.

De qualquer maneira, sua esposa dificilmente seria a companheira adequada para um jovem cuja mente se desenvolvia com extraordinária rapidez, como deve ter acontecido a Shakespeare. Entre os anos de 1585 e 1592 ele desaparece de cena. Em alguma data – talvez 1589 – seguiu para Londres, como fizeram outros jovens de Stratford. Talvez ele já estivesse fascinado pelo teatro: atores itinerantes haviam visitado sua cidade e ele provavelmente os viu. A imagem que temos dele não é a de um escritor jovem: se ele começou por volta de 1590, já contava 26 anos. Muita gente ganhava muito dinheiro com teatro, menos os autores, diz Walter Cohen, apresentando uma longa lista de dramaturgos pobres, necessitados e sem sorte (p.171). Shakespeare foi um dos poucos dramaturgos elisabetanos que também era ator, ainda que, como tal, não estivesse entre os primeiros. No entanto, por volta de 1600, ele já era o autor mais popular de todos. Não se sabe de nenhum outro dramaturgo que se tenha tornado acionista de um teatro, como Shakespeare, com direito a 10% dos lucros, desde a inauguração do novo teatro Globe, em 1599. Ninguém poderia ser um homem de teatro de maneira tão completa, embora ele também fosse muito mais do que isso. Sua companhia, Companhia do Camareiro-Mor – que, por determinação de James I, tornou-se Os Homens do Rei – parece ter sido uma família feliz.

Shakespeare teve a sorte de entrar para o teatro quase na mesma época em que muitos dos escritores mais proeminentes dele se afastavam: Greene morreu em 1592, Marlowe em 1593, Kyd em 1594 (Wilson, *Shakespeare*, p.48; Dobrée, p.245ss.). Entretanto, a ascensão de Shakespeare pode não ter sido sempre fácil. Os insatisfeitos, homens contrariados por terem sido excluídos de posições das quais consideravam-se dignos, são fatores comuns em suas peças e nas primeiras podem, às vezes, ser a verbalização das próprias frustrações do dramaturgo. Richard Crookback, numa alegoria curiosamente patética, mostra-se como um viajante

> perdido numa floresta espinhosa, que dilacera os espinhos e é dilacerada pelos espinhos (*3H.VI*, III.ii.124ss.).

Os atores devidamente licenciados que tinham um patrono de alto nível social foram aceitos como profissionais respeitáveis pelo Ato de 1571 e podiam ganhar fama e riqueza. A classe alta, contudo, ainda os via com desdém e os religiosos com hostilidade. Não surpreende, portanto, que uma das qualidades que Shakespeare logo aprendeu a apreciar tenha sido a paciência, a constância para superar adversidades. No início, em *Dois cavalheiros*, as tribulações de Sílvia a ensinam a enfrentar os problemas "pacientemente", e Valentine suplica por "paciência" (V.iii,iv).

Um grupo de imagens recorrentes revela o quanto Shakespeare detestava a bajulação hipócrita (Spurgeon, p.195); talvez mais ainda pelo fato de ele mesmo ter sido compelido a recorrer a ela algumas vezes, e não apenas em seus sonetos. Suas origens provincianas podem ajudar a explicar sua preferência por modos simples e sinceros. Ele aprecia fazer comentários edificantes sobre a falácia dos "espetáculos superficiais", sobre o abismo existente entre pretensão e a verdadeira riqueza. Os ares empavonados de Touchstone não impressionam o honesto pastor Corin (CG, III.ii.22ss.). A maneira de falar bombástica e as "frases de tafetá" estão entre os maus hábitos dos quais Berowne resolve se livrar (TAP, vii.406).

A "sinceridade" estava, de fato, tornando-se o parâmetro moral de Shakespeare. Ele deve ter detestado as promessas, uma vez que elas podiam revelar-se enganadoras, e, quando genuínas, eram supérfluas. "Nunca jures", diz Julieta a Romeu (II.ii). Crookback pode apresentar-se exatamente como o homem que sabe como sorrir e ser um vilão, conforme diz Hamlet. Shakespeare deve ter feito alguns bons amigos ou, pelo menos, ter sentido falta deles. O respeito pela amizade leal, nos bons ou maus momentos, resplandece até mesmo em uma metáfora tão absurda quanto a de que os cabelos de uma dama "permaneçam alinhados na calamidade" (RJ, III.iv.64ss.), ou numa despedida tão comum quanto a de Warwick e os dois irmãos antes da batalha. Um escritor aprendiz pode ter fortes sentimentos a respeito de coisas que não pode ainda revestir de expressões adequadas. Shakespeare se preocupava com despedidas, separações, exílios porque significavam a ruptura dos laços humanos, que são a essência da vida.

Em torno de 1593 ou 1594 Shakespeare estava na posição de dedicar dois longos poemas a um jovem e rico patrono, o conde de Southampton, um protegido do poderoso ministro Lord Burghley. Ele já se acercava da aristocracia, cujo contato nada fácil se notava nos Sonetos. O que ele via ou ouvia nas altas esferas deve tê-lo auxiliado no colorido do seu retrato de uma nobreza decadente, tanto moral como politicamente, nos Dramas Históricos. Ele não estava apenas escrevendo a história, ele estava vivendo em suas margens. Uma noite, em 1601, sua companhia estava se apresentando em Whitehall para a rainha, no dia em que ela assinara a sentença de morte de Essex, que seria executado dali a poucas horas (Lee, *Life*, p.376). Southampton também estava envolvido no levante louco de Essex e escapou do calabouço por pouco.

Shakespeare não levou sua família para Londres – a princípio simplesmente porque não tinha condições de sustentá-la. Talvez também não quisesse que suas filhas crescessem numa cidade onde seu pai era um ator conhecido. Talvez temesse que a esposa não se adaptasse às companhias que ele mantinha, fossem sociais ou literárias. Parece que ele passou a maior parte do tempo vivendo em hospedarias, o que lhe dava a liberdade de se mudar quando bem entendesse. "Shakespeare vivia próximo de seu trabalho"; vivendo em Bishopsgate, ele atravessou o rio em torno de 1599 para estar próximo do Globe (Schoenbaum, p.7). Poder-se-ia tomá-lo por um trabalhador sóbrio e metódico, mas um retrato diferente, mais "boêmio", nos é dado por Ben Jonson em uma passagem de seu livro de citações, aparentemente referindo-se a Shakespeare sem usar seu nome: ele aparece somente uma página depois da célebre crítica ao estilo de Shakespeare como demasiadamente prolixo e rebuscado. Nesse relato, ele aparece como um escritor que não conseguia começar um trabalho, mas quando o fazia, escrevia febrilmente por dias e noites até a exaustão e, então, entregava-se a "entretenimento e preguiça" (p.589; cf. Wilson, *Shakespeare*, p.72).

Se ele não era um autêntico cidadão puritano, dedicado a aplicações constantes e à parcimônia, vivia de maneira a poder economizar e investir dinheiro. A morte de seu filho Hamnet em 1596, aos onze anos, cortou pela raiz quaisquer esperanças que tivesse de ser o fundador de uma família, mas ele continuou sendo cuidadoso com o dinheiro. Ele tinha duas filhas para dar em casamento, mas parecia estar primordialmente preocupado com dias mais difíceis. Em 1597 adquiriu uma grande casa em Stratford, New Place, embora somente viesse a ocupá-la depois de ter se aposentado. Em 1599 – certamente com sua ajuda – seu pai obteve, após uma frustrada tentativa anterior, o brasão de armas que tanto almejara. Muito provavelmente, William também o considerava o emblema de um cavalheiro: na sociedade inglesa, uma distinção obscura mas de peso. A partir dessa época parece que visitou Stratford todos os anos, comprando terras e fazendo outros investimentos. Ele herdara o gosto de seu pai pelo litígio e "defendia acirradamente seus direitos" (Lee, *Life*, p.341).

Shakespeare parece ter-se dividido em dois: um devotado a cavar o ouro da imaginação e outro dedicado a organizar uma renda modesta. Seus trabalhos, embora irregulares, devem ter sido exaustivos. Não raramente ele cai no sono profundo que vem do trabalho braçal, em oposição às noites inquietas de uma mente fatigada. Parece que ele deixou o palco por volta de 1608 e se retirou para Stratford, com algumas peças ainda por escrever. Talvez seu lugar de nascimento não tenha sido um refúgio tão consolador quanto esperava. O puritanismo, que tinha como uma de suas características o repúdio ao teatro, ganhava terreno em Stratford. Em 1612 o conselho local proibiu completamente a apresentação de peças teatrais. Pouco antes de sua morte, em 1616, sua filha mais nova, Judith, aos 31 anos, casou-se de forma um tanto irregular com um homem quatro anos mais jovem que ela e não foi muito bem-sucedida (Levi, p.338ss). Em algumas ocasiões deve ter ocorrido a Shakespeare que ele a havia negligenciado durante a infância.

Quando de sua morte, apenas a metade de suas peças haviam sido publicadas – algumas de maneira imperfeita. A coletânea completa *First Folio* – ainda uma novidade naquela época – apareceu em 1623, por iniciativa de dois atores que foram seus companheiros. A dedicatória deles lamentava o fato de que ele não pudesse ter "continuado e revisado seus próprios escritos" – frase que sugeria talvez que o projeto teria sido discutido antes de sua morte, com sua aprovação. É difícil duvidar disso. Ele havia escrito em sua juventude, de forma eloqüente, sobre a imortalidade conferida pelo verso. Isso fazia parte do espírito de sua era, ou dos muitos para os quais a fama imortal substituía o que a religião não mais oferecia de maneira convincente. Quando Bassânio fala em morrer para salvar Antônio, seu amigo o desafia: "fique vivo e escreva meu epitáfio" (*OMV*, *IV* i.118). Hamlet diz o mesmo a Horácio. Era uma idéia inspirada pelo forte sentido social de Shakespeare, além de qualquer interesse pessoal. Um homem e sua reputação pertencem ao mesmo tronco; as lembranças que deixam aos outros importam quando eles se vão. Mas o poeta pode ter-se cansado de tudo, ou, então, de enfrentar o trabalho de revisão.

Ele já havia escrito muito a respeito do passado e, agora, divertia-se mais especulando sobre o futuro. Um bom punhado de idéias espalhadas pelas peças sugere que ele já havia feito isso com freqüência, de uma forma ou de outra. Um quarto de século após sua morte, a Inglaterra deparava-se com uma guerra civil diferente daquela sobre a qual ele escrevera ou de qualquer outra que já houvesse ocorrido. Em julho de 1643 a rainha Henrietta Maria alcançou Stratford, com um pequeno exército em marcha, e ficou hospedada três dias em New Place, a casa da senhora Hall, Susanna, a filha mais velha do poeta (Lee, *Life*, p.509).

CAPÍTULO 4

SHAKESPEARE E O TEATRO

O que era mais surpreendente na vida cultural da Inglaterra de Shakespeare era sua produção, torrencial e súbita, de drama. Isso era, acima de tudo, algo cosmopolita e muito inglês. A dramaturgia também florescera, mais ou menos na mesma época, na Europa oriental, inclusive em lugares tão distantes como a Hungria. Os atores ingleses iam ao estrangeiro em turnês, e os dramaturgos ingleses tomavam emprestado elementos das produções de outros países (Cohen, cap. 2; Chambers, v.3). Os teatros ingleses tinham muitas semelhanças (ver Rennert). O drama secular parece ter sido um fenômeno do longo intervalo entre o medieval e o moderno, parte de uma tentativa convulsiva – ou de uma compulsão – para fugir em direção a uma nova era. Os gregos já haviam pensado na passagem da vida como uma cena no palco, uma imagem que era agora um lugar-comum. Em *Como gostais*, o duque filósofo fala da "cena universal" da vida, o que lança Jacques em seu monólogo: "O mundo todo é um palco" (II.vii.136ss.). O discurso de sir Henry Vane antes de sua execução em 1662 começava da seguinte forma: "O trabalho para o qual me chamam a este lugar, como num teatro público, é morrer" (Willcock, p.382). Não poderia haver estímulo mais poderoso que o teatro para auxiliar as pessoas em sua luta em busca de consciência, da descoberta de si mesmas e de seu mundo de coisas boas e ruins, de virtudes e fraquezas, que até então eram sufocadas. Séculos mais tarde Yeats quis que o teatro irlandês fosse "um lugar onde as mentes vão para se libertar, assim como acontecera nos teatros da Grécia e da

Inglaterra em alguns grandes momentos de suas histórias" (Ronsley, p.27) – libertá-las de velhos hábitos e rotinas, experimentando suas asas na fantasia antes de assim fazê-lo na realidade.

Assim como outros grandes artistas, Shakespeare era o herdeiro e a consumação de uma longa tradição, além de ser também seu inaugurador. Na Inglaterra medieval a "diversão subdramática" existia em abundância. Durante a Guerra das Rosas havia trupes de atores mantidos pelos nobres da casa de York, e também por Ricardo III (Bradbrook, *Player*, p.17-8, 25). Podemos nos perguntar o quanto tais atores eram usados com fins de propaganda. No século XVI, tanto os adeptos como os inimigos da Reforma sabiam o quanto as peças podiam ser úteis (Bradbrook, p.31). Espetáculos ao ar livre sobre os "Nove Paladinos", como o que Shakespeare inseriu em *Trabalhos de amor perdidos*, ainda eram, em sua época, diversões conhecidas das cidades interioranas. As cenas teatrais improvisadas, semelhantes à que acontece entre Falstaff e Hal em *Henrique IV Parte 1* (II.iv), eram comuns. Outras peças de Shakespeare têm um débito com os velhos "Interlúdios" edificantes, que, como *A megera domada*, terminavam convencionalmente com um sermão leigo (Rossiter, p.151-3).

A Inglaterra na qual Shakespeare nasceu tinha uma cultura popular de muitas facetas, em que as artes, como o canto, a dança e a representação, não pecavam por falta de expoentes. Enquanto ele crescia, o entretenimento ficava cada vez mais sob a responsabilidade de profissionais, e ele fez parte da "primeira geração européia de um teatro predominantemente comercial" (Salingar, *Comedy*, p.221). Nessa mudança, ocorreram perdas e ganhos: os atores amadores estavam sujeitos à marginalização. O zelo puritano em eliminar qualquer sinal dos antigos festivais rústicos, considerados prejudiciais à moral, era um motivo. Uma outra razão, a mais séria, era a mutilação das comunidades das vilas pela segregação do campesinato entre uma próspera camada superior e um proletariado rural (cf. M. Kelly, p.62-6, 74, 88-9).

Além disso, o teatro novo estava liberando a dramaturgia de seus estreitos limites medievais, abrindo perspectivas mais amplas (Weimann, "Soul", p.31-2). O ponto central era Londres, mas o teatro estava se transformando em uma instituição verdadeiramente nacional, auxiliando a construir uma cultura nacional moderna. Nenhuma companhia teatral permanecia na cidade por um ano inteiro, portanto, qualquer cidade com mil ou dois mil habitantes podia esperar receber pelo menos uma visita entre os meses de maio e outubro (Lee, *Life*, p.81). As províncias começaram a ter alguns teatros regulares, além das companhias "andarilhas" de segunda classe, cujas apresentações devem ter ensinado alguma coisa a novatos como Bottom, o tecelão de *Sonho de uma noite de verão*. Em Londres outras pessoas de posição social mais elevada também devem ter aprendido. A arte da representação tinha muito em comum com algumas de suas profissões: os advogados, religiosos – a própria realeza – poderiam tirar do palco lições de elocução muito úteis. Hooker comparou a Câmara dos Comuns, e as posições de suas poltronas, a um teatro. Shakespeare foi o primeiro dramaturgo profissional a fazer freqüentes alusões à arte do ator, ou às técnicas do palco (Hart, p.97).

Afirmou-se recentemente que a audiência de Shakespeare não representava um perfil da sociedade, como muitos pensavam, mas era dominada pelo "freqüentador privilegiado", representante das classes mais ricas. A. J. Cook acredita que tal camada constituía pelo menos um décimo da população de Londres, o dobro de outros lugares, o suficiente para ocupar a maioria dos lugares nos teatros (p.8-9). Em sua opinião, supor que as pessoas comuns tivessem sensibilidade e gosto suficientes para compreender Shakespeare é uma ilusão das décadas de 1920 e 1930, difundida principalmente por Harbage (p.4-5). Essa posição pode parecer um retrocesso às idéias elitistas do século XVIII adotadas pelos críticos românticos, comenta Rossiter (p.150). A sua própria visão é a de uma audiência mista, sagaz e sensível, sem uma divisão clara entre as faculdades receptivas dos espectadores sem gosto ou espírito crítico e as das pessoas mais favorecidas. Pode ser difícil pensar em trabalhadores capazes de apreciar Shakespeare; com certeza eles não eram totalmente capazes de fazê-lo – tampouco nós o somos. Mas parece haver poucos motivos para supor que as classes mais favorecidas, da forma como são mostradas na ficção, nos sermões ou no palco, fossem mais bem qualificadas. Bradley achava fácil acreditar que as audiências nos teatros públicos devem ter possuído "o mesmo caráter geral" daquelas que iam aos teatros "particulares", de preços altos (p.364). No que diz respeito a números, no final do século XVII um único teatro em Londres, na época bastante refinado, era suficiente para o público, mas anteriormente, conforme nos indica Kenneth Muir, havia seis ("Interpretations"). Esse contraste certamente indica uma audiência maior e bastante "popular" na época de Shakespeare.

Não se pode negar que nos teatros públicos – ao contrário do que acontecia nos particulares, que eram muito menores e completamente cobertos – a audiência era, de certa maneira, dividida de forma rígida. Os pobres ficavam em pé, ou sentados no chão, sob o céu invernal, ao passo que os mais abastados se sentavam em áreas cobertas, e os dois grupos não podem ter tido os mesmos sentimentos em relação aos temas controversos abordados pelo drama. Entretanto, o drama funcionava como um nivelador, um lugar onde as classes se tocavam fisicamente. Qualquer um podia fumar, comer maçãs, vaiar ou aplaudir. À exceção dos cultos, as ocasiões para reuniões públicas sérias eram escassas. Uma audiência de teatro poderia ser considerada um parlamento improvisado, e a proximidade temporária de classes tão discordantes poderia ser um estímulo para a mente de todos. O teatro teria uma função especial ao introduzir na vida londrina os enxames de recém-chegados, que ficavam, a princípio, deslocados e confusos. No geral, como disse L. C. Knights, "o sucesso do teatro residia na reunião e no vivo inter-relacionamento entre interesses diferentes no interior de uma sociedade razoavelmente homogênea" (p.11). Harbage observou que o aspecto que desagradava aos opositores do teatro era a própria audiência e não as peças que eram encenadas: "O teatro era uma instituição democrática em uma época intensamente antidemocrática" (p.11).

Uma réplica mordaz às afirmações de Cook, admitindo, ao mesmo tempo, que ela possui alguns pontos fortes, pode ser encontrada no apêndice do livro de Martin Butler. A estimativa de Cook de que uma em cada seis pessoas em Londres pertenciam à classe "privilegiada" ou à de "gentis-homens" é "espantosa", afirma ele. E é evidente, no mínimo pelas contínuas queixas apresentadas contra o teatro, que um número considerável de freqüentadores era de plebeus.

Todos os atores eram homens. Os rapazes que eram aprendizes nas companhias dos adultos começavam bem jovens, normalmente em papéis femininos, embora estes também pudessem ser feitos por atores mais maduros – temos notícia de um ator de 24 anos (Gurr, *Shakespearean Stage*, p.69). Na China, homens com o dobro ou o triplo dessa idade têm se destacado por representar papéis de mulheres jovens. Se Shakespeare não tinha atrizes, ele podia, entre seus espectadores, contar com um razoável número de mulheres. O epílogo de *Como gostais*, falado por Rosalinda, dirige-se primeiro às mulheres presentes e depois aos homens. As mulheres eram de todas as categorias, mas as mais ciosas de sua respeitabilidade sempre tinham acompanhantes (Gurr, *Playgoing*, p.8, 57). Não havia galerias especiais para elas, como ocorria em alguns teatros espanhóis. Um dramaturgo que se transformou em pregador, Stephen Gosson, deplorava o fato de os homens se acotovelarem para conseguir um lugar ao lado de uma mulher e os resultados disso: "aquela excitação, aqueles gracejos, os sorrisos, as piscadelas" (p.25). Contudo, a presença das mulheres pode ter, no geral, melhorado o tom da casa, como ocorreu com as tavernas escocesas depois que elas passaram a poder freqüentá-las. Parece que a desordem não ocorria com freqüência, e o comportamento era razoavelmente adequado (Harbage, *Audience*, cap. 3 e 4).

Era no palco, principalmente, que Shakespeare concretizava seu contato habitual com a "populaça". Ele podia declamar de forma mordaz sobre "a multidão sempre discordante e indecisa" (Prólogo a *2H.IV*) sem temor de ofensa. Nós sempre achamos que essas críticas são dirigidas a outras pessoas, nunca a *nós mesmos*; e, como o mais admirado de todos os dramaturgos, ele representava uma voz privilegiada. Uma peça média, estimou-se, deve ter sido vista, no decorrer de 18 meses, por trinta mil pessoas (Beckerman, p.2). O sucesso requeria um estudo paciente dos gostos das multidões e de seus estados de espírito. Um ator que fosse também autor nunca teria dúvidas a respeito de como seu trabalho era apreciado. Shakespeare não podia prever que, quando ele e seus colegas recitavam suas falas às fileiras lotadas do Globe, eles estavam se dirigindo a todo o mundo futuro, à raça humana do porvir, mas ele deve, pelo menos, ter sido capaz de acreditar que uma parte razoável de seus espectadores o apreciavam. Uma interrupção voluntária da descrença é uma necessidade tanto do escritor como do ouvinte.

Os anos 80 no século XVI representaram a verdadeira década inaugural. Em seu início, um texto dramático não era muito mais que brincadeiras grosseiras e barulhentas e sensacionalismos; um melodrama tão tosco quanto *Tito Andrônico* poderia ainda ter anos de popularidade estrondosa e acabar por ser mantido como relíquia no *First Folio*. Contudo, a partir do final dessa década, o progresso foi maravilhosamente rápido. Marlowe abriu o caminho, com Shakespeare como seu grande sucessor, e a audiência também estava aprendendo. Quaisquer que fossem suas deficiências, ela ainda tinha o grande mérito de estar suficientemente próxima de épocas mais antigas do mundo para ser capaz de ouvir versos dramáticos. Por volta de 1580, Sidney lamentava que a poesia, "o primeiro farol a iluminar a ignorância" entre as nações mais nobres, havia se tornado na Inglaterra nada mais do que "motivo de risos das crianças" (p.102-3). Na época em que escreveu isso, uma fonte miraculosa de poesia estava para jorrar, inesperadamente, dos tablados desguarnecidos e estéreis do desprezado palco.

No entanto, ela não jorraria por muito tempo. Era baixa a estimativa de Dryden sobre sua própria audiência, que era mais elitista em sua época, e isso contribuiu para que ele desejasse que suas peças fossem lidas em vez de representadas: belezas poéticas não podiam florescer na agitação do palco (p.159). "A poesia e o palco não se entendem", escreveu Hazlitt em 1816 (Wells, p.9), afirmando o que então já era um fato irreversível. Certa noite, esquadrinhando uma pilha de peças antigas, Walter Scott concluiu que: "A audiência daquele tempo deve ter tido uma sensibilidade poética muito mais forte do que a de hoje" (*Journal*, 1º.8.1826). Uma conseqüência disso era a prontidão com que alguns personagens de Shakespeare – Hamlet acima de todos – ampliavam e generalizavam as coisas, partindo do particular para o universal. A poesia transformava seus temas e seus ouvintes, elevando-os a um plano acima da existência comum.

Os atores precisavam de patronos em altos cargos que lhes conferissem legalidade; eles precisavam, também, da proteção do governo contra seus inimigos, os puritanos e outros que representavam os interesses dominantes da City, a área administrativa de Londres. As representações na corte trouxeram um adicional a seus ganhos, mas ainda tinham de contar com o público para a maior parte de sua renda. Se caíssem nas mãos de um agente como Henslowe (ver Greg), eles aprenderiam algo sobre os possíveis significados do novo capitalismo. Shakespeare e seus associados escaparam desse sistema por se manterem numa forma de organização mais antiga e cooperativa. No entanto, com relação a atores e outros assistentes que não eram "cotistas", eles mantinham uma postura de empresa em relação a seus trabalhadores. Os atores profissionais eram vistos como eternos pobretões que ganhavam migalhas (Sheavyn, p.93-4). Nesse sentido também descobrimos um Shakespeare curiosamente ambivalente – no que diz respeito às questões práticas e às idéias de seu mundo.

Um cavalheiro reclamou porque seu jovem filho fora levado por alguns atores, para ser usado nas "maneiras vis e baixas de um ator mercenário" (Bentley, p.47-8). O preconceito da City encontrou expressão sucinta em uma carta do Lorde Prefeito ao Lorde Chanceler em 1580, referindo-se aos atores, acrobatas etc. como "tipos muito supérfluos" (Chambers, v.3, p.279). Assuntos de interesse público não eram neglicenciados pelos autores: em 34 das oitenta peças de 1580 a 1603 que sobreviveram, mercadores ou artesãos têm falas (Stevenson, p.50). Mas também havia reclamações de que eles eram freqüentemente ridicularizados, o que manteve os "mais abastados", embora nem todos, afastados dos teatros (Wright, p.604-7, 628). Sem dúvida não é improvável que os aprendizes e artesãos se divertissem vendo seus empregadores sendo ridicularizados. Houve um tumulto de aprendizes em junho de 1591, logo após uma apresentação, embora a causa fosse alguma ofensa deles mesmos; cinco deles foram sumariamente executados após os motins por comida, no verão de 1595. Em ambos os casos os teatros foram fechados por algum tempo. Em 1597, o Conselho Privado foi instigado a ordenar que os teatros fossem fechados. Isso era claramente uma concessão à "City", mas nenhuma medida foi tomada.

Sempre aconteceu (talvez em nenhum outro lugar mais do que na Inglaterra) que as classes altas e baixas fossem capazes de se encontrar em campo comum, para a recreação – no turfe, no ringue ou na arena, nos salões musicais – enquanto as orgulhosas classes médias mantinham-se afastadas. Elizabeth e seus cortesãos apreciavam os mesmos espetáculos que seus súditos; pouquíssimas peças representadas para eles eram escritas especialmente para esse fim (Bradbrook, *Player*, p.76). Mas, à parte essa igualdade de gosto, havia uma discordância política básica que continuava a se ampliar. Da mesma forma que a maioria das outras monarquias, e todo governo de hoje, as ações dos Tudors baseavam-se nos conselhos de Maquiavel, mantendo o público feliz com diversões e espetáculos (cf. Underdown). A City, ou a burguesia, ou ainda os puritanos compartilhavam totalmente a desconfiança do governo em relação à besta de muitas cabeças, ou seja, os trabalhadores; mas sua preferência recaía sobre a tática alternativa da disciplina, da reforma moral, da sugestão de hábitos sóbrios e diligentes. Seu objetivo era converter homens e mulheres comuns à aceitação de um comportamento prescrito – sendo as virtudes favoráveis, em seu lado prático, ao progresso material e ao lucro dos empregadores. Deve-se perguntar o quanto desse conflito de políticas, remédios rivais para o corpo político, pode ser detectado na deflagração da guerra civil em 1642, quando uma das primeiras medidas do Parlamento foi a de fechar os teatros. Nesse meio tempo, uma das conseqüências foi confundir e dividir as simpatias políticas dos autores e amantes da dramaturgia.

Diante de seus opositores ou daqueles que o defendiam, o teatro podia ser visto como uma força a ser considerada. Uma força que podia fustigar o patriotismo, conforme disse Nashe, em 1592, em sua defesa (p.128-32). Uma peça podia ser encomendada com fins de propaganda, como *A'Larum for London* [*Um alerta para Londres*], uma história terrível sobre o saque de Antuérpia pelas forças espanholas em 1576, para convencer os contribuintes sobre a necessidade de estar preparado. Peças teatrais como os Dramas Históricos de Shakespeare prestavam-se admiravelmente à disseminação de opiniões e sentimentos favoráveis ao regime. Para manter os escritores sob controle, havia uma censura, exercida a partir de 1579 por sir Edmund Tilney, até quase sua morte em 1610, como mestre das diversões (Boas,

Elizabeth, cap.2). Shakespeare deve estar se referindo a ela no Soneto 66, quando fala da "arte amordaçada pela autoridade". Pelo que se sabe, isso só teria acontecido a ele uma vez, em *Ricardo* II, na qual a cena da deposição do rei foi cortada. Não devia ser fácil exercer esse controle. Os atores podiam servir de porta-vozes para qualquer disposição de ânimo do momento. Eles eram acusados de satirizar as pessoas ilustres da City e também de desrespeitar a Igreja, o Estado ou até mesmo os governos estrangeiros, que às vezes protestavam. Os atores usavam marcações que não estavam no texto: zombavam de alguém imitando-lhe algum maneirismo. Hamlet aconselha Polônio a não se deixar ser ridicularizado por eles (II.iii), e em *Tróilo e Créssida*, Aquiles e seu amigo estão se divertindo à custa dos líderes gregos como atores ofensivos (I.iii). O próprio Shakespeare supostamente virou-se contra seu inimigo de Stratford, sir Thomas Lucy, transformando-o no juiz Shallow.

Durante a década de 1590, de maneira geral, o governo sentia-se suficientemente seguro para tolerar falas mais francas no palco do que viria a ocorrer posteriormente (Heinemann, "Drama", p.188). A história interrompeu rispidamente essa prática em 1601, às vésperas do levante de Essex, quando os conspiradores induziram a companhia de Shakespeare a apresentar *Ricardo* II, como uma maneira de preparar a opinião pública para outra transferência do poder. Elizabeth era sensível ao tema do destronamento de Ricardo, e se um grande número de apresentações se dava nas ruas, conforme ela soubera, não pode ter sido por atores regulares, senão as coisas teriam sido duras para eles após o golpe. O episódio, entretanto, é um tributo à influência que se acreditava ter o teatro.

Os homens da Igreja e os escritores devotos eram geralmente hostis. Ainda assim, o drama medieval tinha uma estrutura religiosa e, apesar disso, estava repleto de crítica social e de reclamações do homem das ruas (Kinghorn, cap. 6). Sidney afirmava que a comédia, embora transformada em "odiosa" pelos maus escritores, conseguia normalmente combater "os erros comuns de nossa vida" (p.123). Isto constituía, em grande parte, o que os pregadores faziam à sua própria maneira, e a linguagem dramática se inundava de divindade (Collinson, p.233-5; Willey, p.136, 169-70). John Field foi um clérigo que se colocou contra o teatro, e um de seus filhos tornou-se bispo, mas o outro, Nathan, foi ator e dramaturgo e escreveu em defesa do palco. William Shakespeare e William Perkins, o mais influente de todos os teólogos puritanos, com freqüência diziam a mesma coisa, em especial quando se tratava de defender os padrões morais tradicionais ou o bom senso contra as aberrações. Ambos criticavam a prática do duelo, por exemplo (cf. Perkins, p.120, 136, 435). E tanto na era elisabetana como na romântica, o renascimento religioso e o amor romântico floresceram lado a lado, alimentados pelo mesmo solo e encorajando-se mútua e silenciosamente. O amor humano e o divino eram igualmente "infinitos" e "eternos".

"Antes de ser dramaturgo Shakespeare era um poeta" (Rylands, p.89). Era improvável que um escritor em cuja evolução o dramático viesse antes pudesse galgar as alturas do Parnaso. Contudo, um poeta que se dedicasse à arte dramática como simples amador, compondo fora da perspectiva visual e sonora do teatro, como o fizeram Byron, Tennyson, Browning, Bridges ou T. S. Eliot, teria ainda menor probabilidade de se destacar. Na condição de dramaturgo e ator profissional, Shakespeare tinha de estar tão familiarizado com o palco e com a audiência quanto com sua própria casa e seus vizinhos. Isso tornou-lhe possível combinar o poético e o dramático com perfeição. A ausência de cenários permitia as mudanças de locais de cena para cena e, com elas – tanto nas peças de Shakespeare como em outras –, uma flexibilidade de elaboração que, às vezes, era excessiva. Podemos imaginá-lo indo ao trabalho com a mesma animação de sua personagem, a senhora Page, quando um novo estratagema ocorre a ela e a sua aliada – "Venha, traga-o para a forja; e então dê-lhe forma. Eu não aceitaria nada frio" (AACW, IVii.17-8). Seu fluxo criativo revelava-se no hábito de escrever peças tão longas que não podiam ser encenadas sem cortes (Hart, p.15), e uma vez que ele quase nunca inventava histórias, mas as tomava já prontas, tinha menos necessidade de pausas e ponderações. O fato de elas com freqüência já serem conhecidas por seus espectadores pode ser um indicador da presença de um forte elemento "popular" em sua audiência, e também da capacidade das classes mais altas no sentido de compartilharem o gosto pelo folclórico.

Baldwin nos lembra que Shakespeare tinha de escrever para um grupo específico de atores (*Organization*, p.300). Da mesma forma, Rossini compunha cada ópera de forma a se adequar a todo grupo de cantores que encontrasse. Existem evidências, acrescenta Baldwin, de que os atores davam conselhos e sugestões a seus autores, o que às vezes poderia ter sido um aborrecimento, mas, no caso de Shakespeare e de seus associados, por tanto tempo juntos e tão próximos, isso deve ter contribuído muito para a "criação coletiva" (p.303). Não sabemos com que freqüência Shakespeare voltava sua mente para as peças que havia escrito um ano ou dez anos antes, mas os teatros trabalhavam com um sistema de repertório, com um grupo de peças que era reprisado com alguma regularidade. Isso o obrigaria a examinar seus textos novamente e, com certeza, ele teria de consultar seus colegas a respeito de detalhes. As discrepâncias em *Noite de Reis* levaram os leitores a suspeitar de uma revisão incompleta (Bethell, p.138ss.). Saintsbury achava que em *O mercador de Veneza* e em outras peças havia seções que diferiam tanto com respeito à maturidade que devem ter sido escritas em datas diferentes ("Life", p.183-4). Evidências de revisões podem ser detectadas em 25 peças no total, com prova clara em 16 delas (Bentley, p.261). O alarde que Shakespeare fazia, disse Jonson (p.587-8), sobre nunca ter "apagado" – cancelado ou alterado – um verso só pode ser afirmado com relação a seus rascunhos originais.

Um instinto de fidelidade à vida pode subjazer a seus métodos aparentemente casuais. Uma trama bem organizada deve ser sempre artificial ao destacar uma seqüência de eventos em meio à agitação diária. Uma história contada com algumas inconseqüências e pontos ilógicos pode refletir com mais fidelidade um mundo real, em que o homem age de maneira mais precipitada, com mais displiciência, sem considerar as repercussões mais óbvias. Como um homem de teatro, Sheakespeare concentrava-se no desenvolvimento das situações dramáticas, dando destaque ao embate de desejos e esperanças contrários. Como estudioso da natureza humana, ele se interessava, disse Scott, por traços permanentes, ao contrário de Ben Jonson, o colecionador de maneirismos sociais efêmeros

(*Monastery*, Introdução). Shakespeare sabia apreciar – e sabia que sua audiência também apreciava – certa quantidade de temas locais, mas se livrou de uma imersão muito exagerada nessa prática por meio da escolha dos lugares onde a ação se desenvolve, distantes no tempo ou espaço. Esses elementos davam-lhe a liberdade de se concentrar em seus personagens principais e seus relacionamentos, elaborados de forma tão característica que perfazem um pequeno mundo por eles mesmos, um mundo que para nós é tão real quanto o nosso.

PARTE II

OS DRAMAS HISTÓRICOS

CAPÍTULO 1

SHAKESPEARE E A HISTÓRIA DA INGLATERRA

O tratado de sir Thomas Elyot sobre o governo em 1531 sustentava fortemente a doutrina de que a história pode ser uma professora inestimável, mas seus exemplos foram quase todos encontrados na Antigüidade, clássica ou bíblica. Os cronistas, e os dramaturgos que neles se inspiraram, ensinavam aos ingleses lições baseadas em seu próprio passado. Shakespeare, mais que todos, tornava-os capazes de olhar para esse passado. Em tributo à sua obra, Coleridge observou que muito do conhecimento sobre homens e eventos passados, ainda vivos na mente do público, resultou das peças de Shakespeare (*Shakespeare*, p.112). Elas poderiam ser, coletivamente, chamadas de poema épico; depois delas, o épico só apareceria uma vez mais em inglês, e talvez em mais nenhuma língua européia, e Milton teve de removê-lo de um plano terrestre para um plano celestial. Os barões de Shakespeare lutavam por um trono inglês; os arcanjos de Milton eram incitados à rebelião por "nada menos que o trono do universo" (Hazlitt, *Poets*, p.94).

Mas de vez em quando, em *Paraíso perdido*, em meio ao choque da artilharia celestial, podemos ter vislumbres de assuntos terrenos; e entre o passado e o presente nos Dramas Históricos, uma vibração semelhante se faz sentir. Os nobres de 1400 e 1600 são diferentes sob muitos aspectos, mas ainda muito semelhantes sob outros; os cavalariços, os servos, os soldados comuns, sobre quem as crônicas não tinham muito a dizer, mudaram menos ainda. Shakespeare lhes dá vida por meio da infusão de impulsos e paixões de sua própria época nos homens e mulheres do passado, além de sentimentos próprios ao lugar que ocupam na história.

Shakespeare escreveu nove dramas históricos ingleses e parte de um outro, *Henrique* VIII, e três dramas romanos; se a estes acrescentarmos *Tróilo e Créssida* e *Macbeth*, temos não muito menos que a metade de sua produção total. Em uma de suas últimas obras, ele se refere à história como algo "'projetado e representado para atrair espectadores" (*Conto de inverno*, III.ii); sem dúvida "atrair espectadores" e seu dinheiro era uma prioridade para ele e para seus companheiros. Mas o estudo dos acontecimentos do passado era parte importante de seus contínuos esforços para compreender seu próprio mundo; uma arena fascinante na qual ele podia contemplar homens e mulheres em ação, e as complexas relações entre eles e as famílias, classes e nações, às quais pertenciam. Nesse sentido, ele se mostrava "um observador quase inigualável" (Morris, p.103; cf. Hill, *Origins*, p.174). Um instinto profundo o levou à história, ajudando-o a tornar-se um dos primeiros grandes artistas da Europa moderna e seu maior escritor. A arte universal precisa ter um sólido fundamento local.

Tanto a Renascença como a Reforma, de modos diversos, promoveram o crescimento de um sentimento nacional, uma chama perigosa, mas revigorante; e, em toda parte, o sentimento de pertencer a um povo com um nome e ter um papel no mundo acendia o interesse pelo passado coletivo. Uma Inglaterra que se via freqüentemente em guerras no final do século XVI podia assegurar seus direitos e suas reivindicações de proteção divina pela memória de uma vitória como a de Agincourt. Nos quase dois séculos que se seguiram, poucos foram os triunfos da Inglaterra no estrangeiro. Não havia meio mais eficiente para insuflar o ardor patriótico que o teatro. Um governo desejoso de ser identificado com a defesa de interesses nacionais só receberia com bons olhos a ajuda que os atores lhe pudessem dar, embora fosse necessário assegurar que suas trombetas sempre tocassem as notas certas. De sua parte, os teatros tinham muitos inimigos próprios, magistrados graves e irascíveis e pregadores intolerantes; eles não poderiam ter melhor defesa que a de estar auxiliando a forjar a unidade patriótica.

Shakespeare cobriu o melhor período que poderia haver: os anos do século XV, que viram as últimas fases da Guerra dos Cem Anos, alternando-se à Guerra das Rosas, que terminou com a ascensão do primeiro Tudor. O material usado vinha de uma variedade de fontes, sendo a mais importante delas Holinshed, cujas *Chronicles* foram publicadas pela primeira vez em 1577 e ampliadas em 1587, sofrendo a cada vez alguns cortes impiedosos do censor. Elas foram a marca do "momento decisivo na história do drama no período Tudor" (Wilson, *King John*, p.xv). Em geral, Shakespeare se mantinha fiel, tanto quanto possível, aos fatos registrados; nisso se percebe um respeito pela realidade, uma seriedade em relação à importância da história. A dramaturgia histórica na década de 1590, estimulada pelo ataque espanhol e pelo alvoroço nacional, deu nova vitalidade ao teatro e elevou sua envergadura e prestígio. Formava-se, no palco, uma imagem do "caráter nacional". Os "temerários" soldados ingleses, com sua "coragem e audácia" (*1H.VI*, I.ii.36-7) teriam muitos descendentes na ficção do futuro.

Há registros de Hitler, em seu livro *Table Talk*, criticando Schiller por buscar um herói em um suíço insignificante, da mesma forma que critica os Dramas Históricos de Shakespeare pelo fato de somente nos apresentarem imbecis ou loucos. Shakespeare aprendeu com Marlowe e, em particular no primeiro e no último dos Dramas Históricos (*1H.VI* e *H.V*), parece às vezes estar imitando *Tamburlaine*, publicado em 1590, com seus "termos estarrecedores". Um certo miasma de insanidade, de violência incontrolável, permeia todos os Dramas Históricos iniciais, à medida que a espiral de crime vai aumentando. Dentro desse cenário, toda a antiga ordem política mostra-se irremediavelmente má, incapaz de se regenerar. O espírito que a anima é uma sede de poder insaciável e irracional: sobre os estrangeiros, pela conquista, e sobre os ingleses, pelo sucesso na conquista do trono e na cavalgada por Londres como Tamerlão em Persépolis.

O drama histórico sempre lida com a mudança, mas com freqüência mantém desconhecidas as suas causas (Lindenberger, p.99). Shakespeare não tem explicações abrangentes para oferecer, mas ele propaga muitos palpites e conjecturas. A incapacidade da Inglaterra para manter seus domínios na França acelera a guerra civil. A primeira seqüência de peças alcança o clímax em *Ricardo III*, quando Shakespeare dá um grande passo à frente. É um drama que se aproxima da tragédia e pode ser considerado, ao mesmo tempo, o melhor melodrama já escrito, com uma energia tal que lhe assegura um lugar permanente nos palcos. Ricardo, supremo entre todos os ambiciosos por poder, vai muito além de seus precursores; com ele a luta assume uma dimensão apenas insinuada antes. A intriga política e a demagogia têm prioridade sobre a habilidade guerreira. Do ponto de vista temático, *Rei João*, apesar de escrito em data incerta, pode ser classificado entre a primeira série e aquela que se inicia com *Ricardo II*. O fracasso na França leva à invasão francesa e a uma aproximação da guerra civil, com um rei incapacitado – da mesma forma que Henrique VI, mas por razões muito diferentes – para enfrentar a situação. Mais uma vez, o sucesso no exterior parece necessário para a paz doméstica.

A segunda série descortina um nível que novamente aspira ao trágico, por meios muito diferentes dos encontrados em *Ricardo III*. R. L. Smallwood afirma que a rainha de *Ricardo II* é virtualmente uma invenção de Shakespeare e que ele começava a trazer personagens fictícios para um entrelaçamento cada vez mais complexo com seus fatos (p.151, 155). Cada uma das peças era agora uma novidade, e sua imaginação mostrava uma fertilidade surpreendente. Os velhos em *Ricardo II*, que era o último dos muitos filhos de Eduardo III, constituem remanescentes do passado e parecem representar toda uma era pronta para dobrar suas tendas e partir. O salto desse ponto para a Inglaterra de *Henrique IV*, das alturas estilizadas para a confusão da vida comum, é prodigioso. A história deixa de ser simplesmente política e se funde à sátira social ou à comédia, ainda que, até a morte de Hotspur, apresente resquícios do trágico.

Em *Henrique VI* havia humor grosseiro, em episódios que eram adicionados à história principal. Ricardo Crookback divertia-se com uma sagacidade macabra; o sobrinho do Rei João, o Bastardo, com uma jocosidade ostensiva. Em *Ricardo II* qualquer sinal de humor desaparece, como se fosse deliberadamente reprimido. Depois, em *Henrique IV*, uma torrente incontrolável de risos. Cada peça chega a se agrupar em torno de uma figura de destaque, sendo a primeira delas Warwick, o criador de reis; em seguida é a vez de Falstaff. Ele está do lado de fora do círculo, é um espectador, mas se mistura a pessoas de todo tipo. Muito do brilho da peça provém exatamente dessa contínua mistura de classes e categorias distintas e da descoberta de que, no fundo, todos os homens e mulheres pertencem à mesma espécie e que as histórias sóbrias e as comédias pertencem ao mesmo mundo. Falstaff nos livra, a Shakespeare e a nós, de qualquer apreciação elevada sobre os grandes e seus feitos. Os plebeus não mais se rebelam, como fizeram em *Henrique VI Parte 2*, mas podemos vê-los muito mais – em seu cotidiano, ou no exército; aprendemos algo sobre suas privações e ouvimos algumas de suas queixas.

Em *Henrique VI Parte 1* e *Rei João*, as cenas passadas na Inglaterra e na França se alternavam. A mudança era agora mais abrupta: entre Eastcheap, berço do espírito cômico, e Westminster, onde qualquer piada seria inadmissível. Nessa mescla de categorias sociais e de planos morais ocorre uma construção mais flexível, episódica. Shakespeare passa a se preocupar menos com a aparência da história e mais com sua realidade interior; ele é cada vez menos seu guardião, especialmente no estilo oficial elisabetano, e cada vez mais seu intérprete. Apesar de toda a espirituosidade, em *Henrique IV* não emergimos em uma manhã fresca e ensolarada, mas cinzenta e nublada. Às vezes, os ditos espirituosos são coisas para as pessoas apreciarem juntas: na maioria das vezes, mesmo nas tabernas, são armas que elas usam umas contra as outras. Um antigo mundo feudal e suas idéias, da coroa até o nível mais baixo, passam a ser esquadrinhados. A idade e a decadência têm presença penetrante, o que parece manifestar-se fisicamente nos prédios velhos, corroídos pelo tempo: o "castelo antigo" com "costado rude" e "ouvidos arruinados" (*R.II*, *III*.iv), ou Warkworth, a "carcomida fortaleza de pedras maltratadas pelo tempo" (2H.IV, Prólogo), cujas condições simbolizam a queda dos Percy. O que se vê da Inglaterra e suas condições não é nada alegre. É mais um sinal de uma atmosfera viciada da qual as mulheres, à exceção das de reputação duvidosa, são praticamente eliminadas.

No princípio do breve reinado de Henrique V, tudo isso parece ter sido eliminado. Exeter fala com confiança vibrante sobre um governo verdadeiramente nacional e unido; segue-se Canterbury, com sua imagem resplandecente da harmonia de classes na colméia. Mas isso inclui "soldados" que marcham para o campo para saquear as flores e trazer de volta sua "pilhagem" à tenda de seu "imperador". Os dois homens estão discursando a favor da paz doméstica e da guerra no estrangeiro e, evidentemente, considerando as duas coisas inseparáveis. A monarquia sofrera um colapso vergonhoso com a queda de Ricardo II; o reinado de Henrique IV foi, no máximo, insípido e prejudicado pelo comportamento de seu herdeiro. Para que recupere algum crédito, o rei tem de ser agora o herói de seu povo, a personificação dele. Para isso, é preciso que haja um inimigo estrangeiro à vista.

Em Hotspur, as virtudes heróicas permanecem autocentradas e, portanto, anacrônicas e perniciosas. O que Shakespeare requer é que a honra e a emulação transcendam esse nível anárquico e se tornem proveitosas para a nação. No entanto, ele não tem condições de produzir esse feito, de maneira a melhorar a sorte do povo. Tudo o que pode fazer é voltar as costas para o dilema e levar seu herói a piorar o destino dos franceses. Os Dramas Históricos parecem terminar no mesmo ponto em que começaram, mas os problemas dos quais Shakespeare, assim como o seu Henrique V, tentava fugir ainda estavam lá para assombrá-lo. Isso é típico de seu progresso. Cada peça é levada adiante por suas próprias contradições e sua necessidade de soluções; na verdade, as peças não têm fim, porque trouxeram à luz mais questões novas do que as que podem ser respondidas dentro de seus próprios limites.

CAPÍTULO 2

AS PEÇAS

Henrique VI *Parte 1* (1590)

Há muitas dúvidas acerca da autenticidade de várias cenas nas três partes de *Henrique* VI; nos últimos anos – talvez pela exaustão após o prolongado debate – tem havido maior disposição no sentido de assumir a obra toda como de autoria de Shakespeare, ainda um jovial aprendiz de seu ofício. Na verdade, essa aceitação foi rotulada como uma grande mudança de opinião crítica (Bradbrook, *Shakespeare*, p.55; cf. Ribner, p.97). Uma consideração rapidamente feita foi a da "ocorrência de grupos de imagem tipicamente shakespearianos" (Armstrong, p.185). A construção é mais livre, na ausência de qualquer encadeamento coerente de eventos, o que, às vezes, é compensado por Shakespeare com recursos formais ou então pelo recurso às coincidências que fazem que as coisas se encaixem, como ocorre quando os três principais participantes em uma cena na corte francesa recebem, simultaneamente, cartas da Inglaterra em um momento crucial (*Parte 3*: III.iii). Fugas por um triz, estonteantes altos e baixos da sorte, emoções de todos os tipos, quase sempre terríveis, tudo isso produz um caleidoscópio de mudanças muito rápidas. Um ingrediente pungente é o tema da vingança, tão apreciado pelos elisabetanos. Apreciado também era o truque de cortar a cabeça de um inimigo e exibi-la no palco.

A Parte 1 divide-se entre a crescente resistência dos franceses à ocupação inglesa, apesar dos esforços sobre-humanos de Talbot, e os acontecimentos políticos na corte inglesa, com os magnatas feudais em contenda pelo primeiro lugar. Em geral, as cenas inglesas ou "políticas" são mais bem escritas do que as francesas ou as "militares", exceto pela cena em que Joana D'Arc é focalizada. Talbot, o "temível lorde" (I.i.110) – um verdadeiro herói, pelo menos para certo comentarista (Leggatt, p.9) – cavalga pelo campo de batalha adentro, abatendo os franceses aos montes; ele se ufana de ser conhecido por ter-lhes causado "terror e flagelo sangrento" (IV.ii). Ele é, acima de tudo, um homem de sangue azul, com uma longa lista de títulos que são alvo do desprezo de Joana (IV.vii); uma vez capturado, ele rejeita a indignidade de ser trocado por um prisioneiro de posto mais baixo que o seu, e nunca o vemos confraternizando com o pelotão, como o aprendeu a fazer Henrique V – embora esteja pronto a dar suas glórias a Deus, da mesma forma que Henrique V ou Cromwell (III.ii.117, iv; IV.ii).

Nenhum dramaturgo poderia falhar ao fazer bom (ou mau) uso da personalidade extraordinária de Joana D'Arc. Nessa peça as melhores cenas sobre ela são, na verdade, um grande tributo a ela e também à resistência francesa. Joana é retratada como uma líder tão ativa e cheia de energia que a bruxaria não é necessária para justificar seu sucesso, exceto, talvez, como um lenitivo para o orgulho inglês (por exemplo, III.ii.38-40; cf. Warner, p.107ss.). Seu honrado apelo para que Burgundy passasse para o lado francês e a resposta que ele dá (III.iii) fazem mais justiça ao que de melhor há no patriotismo do que quase todos os outros elementos na trilogia.

A perda da França está levando a Inglaterra à guerra civil, e a responsabilidade está claramente nas "facciosas rivalidades", deploradas pelo jovem rei (IV.i.111ss.). Talbot é abandonado à sua sorte porque York e Somerset têm muita inveja um do outro para organizar tropas de reforço. Os soldados comentam as discussões entre seus senhores (I.i.57ss.): isso nos leva a ouvir a voz do homem comum e o prelúdio, ainda que equivocado, à crítica popular das classes dominantes. A Cena iv do Ato II, em que as rosas vermelha e branca tornam-se os emblemas das reivindicações rivais ao trono, é uma das mais impressionantes. Pode-se supor que os espectadores estivessem prontamente interessados nos detalhes genealógicos contidos nessa cena e posteriormente (em II.v) apresentados por um Mortimer envelhecido, próximo à morte na Torre. A Inglaterra no fim do século XVI encarava a possibilidade de uma mudança de dinastia, e o direito hereditário de James VI da Escócia, como bisneto de Margaret, filha de Henrique VII, assombrava o cenário político. Nesse contexto, os dramas de Shakespeare colaboravam para educar a opinião pública – como James dificilmente deve ter deixado de notar e aprovar – em relação aos benefícios da adesão a uma sucessão estritamente hereditária. Com respeito à Guerra das Rosas, contudo, o que vemos é apenas uma escaramuça sem sentido. Nenhum dos lados suscita quaisquer questões de interesse público, exceto a guerra na França.

Henrique VI *Parte 2* (c. 1590)

No encerramento da primeira cena da Parte 2, todos os protagonistas revelam seus objetivos; eles são feras em uma selva onde somente os mais cruéis sobrevivem. No Ato III, Cena ii, Henrique se prepara para levar a cabo o julgamento de seu tio Gloucester, que sabemos estar assassinado atrás da cortina. Logo, o bispo de Winchester – o "cardeal soberbo", sobre quem, como na Parte 1, ninguém tem nada de bom a dizer – morre em delírio e vê o fantasma de Gloucester, com cuja morte fora conivente, sussurrando-lhe ao travesseiro (III.ii.370ss., iii). O retrato que Shakespeare faz do malfadado rei é, às vezes, vacilante; ele só consegue ver ou dar um perfil bem definido a personalidades rudimentares como Talbot ou o bispo. Henrique logo afunda na dependência em relação a sua esposa megera; ele parece saber da preferência que ela sente por Suffolk, mas não mostra nenhum ressentimento. Ele é um bom homem que, assim como alguns outros em Shakespeare, fracassa como governante; talvez porque apenas um governante duro, até mesmo cruel, possa ser eficiente. Ele deseja livrar-se do trono para o qual nasceu, ao passo que seu contendor, York, está vorazmente desejoso de tomá-lo.

Entre os feudalistas, Gloucester é o mais estimado. Mais do que na Parte 1, ele emerge claramente como um estadista leal que, como regente durante a menoridade de Henrique, manteve a ordem. Mas ele está velho e cansado e está sendo humilhado por seus inimigos; existe um verdadeiro *phatos* aqui e alguma semelhança com o moribundo João de Gaunt em *Ricardo* II. Suas aflições se agravam pelas maquinações, e desgraças, de sua ambiciosa esposa. Essa Lady Macbeth em estado embrionário adverte-o de que ele também virá a sofrer, e ela está certa. Os próximos em respeitabilidade são Salisbury e Warwick, pai e filho, que parecem aceitar o direito de York à coroa, quando este discute com eles sobre suas razões, baseado nos próprios méritos (II.ii.). Salisbury se sente compelido pelo dever a resistir ao apelo de Henrique para que se cale na velhice, para que não "busque piedade" com seus óculos, e então luta por York como um "leão de inverno" (V.i.165, iii). O próprio York "vai até a lua", assim como Hotspur, mas pelo poder e não pela "honra" (III.i.158). Seu extenso solilóquio no final do Ato III, Cena i, louvando a si mesmo em sua própria ambição desmedida, apresenta um conjunto surpreendente de imagens e verdadeira eloqüência. É evidente que Shakespeare tinha algum tipo de fascínio por tais personagens e seu desejo nietzschiano de poder. York não tem qualquer remorso em relação aos dez mil ingleses cujas mortes podem ser necessárias para levá-lo ao trono, não mais do que Talbot tem quanto às vidas dos franceses.

As cenas mais interessantes na Parte 2 são aquelas que tratam de Jack Cade e de sua rebelião ao estilo de Kent, a cuja vitalidade Leggatt (p.16-20) presta a devida homenagem. Tratá-las como meramente cômicas, "anárquicas pela jocosidade", é uma postura que pode se enquadrar em uma perspectiva da comédia shakespeariana como um tipo de purgação humorística, uma "liberação saturnal" (Barber, p.4, 13); mas essa interpretação elimina metade do significado. O sério, o cômico ou o grotesco misturam-se nessa irrupção de uma mentalidade e insatisfação rústicas em meio às estruturas feudal ou urbana nos Dramas

Históricos. Em Stratford, Shakespeare havia estado próximo o suficiente do campo para aprender muito sobre ele. É interessante por si só que ele tenha optado por acrescentar esse episódio – ou por forçar sua entrada –, um drama em miniatura que pouco tem a ver com o enredo principal. Tal explosão de conflito de classes, como as facções feudais de uma outra maneira, demonstram que há algo de podre no Estado da Inglaterra. Em vários outros momentos nessas peças há detalhes realísticos sobre as dificuldades e sofrimentos dos pobres, mas é somente aqui que há revolta ativa contra tal estado de coisas. Sem dúvida Shakespeare também tinha em mente que a invasão da capital do país pelos rebeldes teria um sabor picante para seus espectadores. Ver tais campônios caricaturados, em parte da maneira como realmente eram, seria um ótimo divertimento para os londrinos, fossem eles de classe alta ou baixa, unidos pelo conceito comum de uma metrópole. Poder-se-ia até esperar que alguns deles fossem movidos a solidarizar-se com os rebeldes, ao ouvi-los serem chamados de "a lama e a escória de Kent" (IV.ii.119). Pode ser que Shakespeare tenha usado tal linguagem para afastar qualquer desaprovação oficial por ter uma revolta social no palco; os pobres, como os franceses, devem ser denegridos.

A fala de Cade é uma mistura de sensatez e insensatez. Sua guinada para a jocosidade improvisada torna difícil distinguir o quanto ele quer ser entendido literalmente. Não são todos os seus seguidores que engolem a sua bazófia sobre ter nascido em berço de ouro. O açougueiro Dick e o tecelão Smith, que dele riem, são do mesmo tipo que o artesão ou o lojista da cidade, homens para os quais Shakespeare provavelmente encontrava palavras com maior facilidade do que para os lavradores. O próprio Cade é primeiramente chamado de velho soldado e, mais adiante, de "roupeiro" ou de mercador de tecidos. Ele tem um quê da mesma energia ousada e do desejo de liderança e de comando dos ambiciosos lordes, mas em sua bombástica afirmação acerca da felicidade que lhe seria trazida pelo seu reino há sinais de uma utopia da Idade de Ouro. Ele apresenta uma semelhança proposital com João de Leyden, o líder do levante anabatista de Münster em 1535, desde essa época um fantasma a assombrar todas as classes ricas da Europa. Cade pretende fazer que todas as esposas se tornem "tão livres quanto possa desejar o coração, ou a língua dizer", da mesma forma que João fora acusado de fazer, mas se reserva o direito de ter a primeira noite com todas as mulheres (IV.iii.114ss.).

O dito semiproverbial de que "nunca houve felicidade na Inglaterra depois que chegaram os fidalgos" (IV.ii.8-9) seria ecoado por milhares dos contemporâneos mais pobres de Shakespeare; e a promessa de Cade de que "não haverá mais dinheiro" (IV.ii.66) e de que "todas as coisas devem ser comuns" (IV.vii.16) tem um traço do comunismo primitivo de alguns anabatistas, cuja propaganda Shakespeare certamente já conhecia (Hill, *Upside Down*, p.114). Um clérigo ou escrivão é apanhado e, pelo fato de saber escrever seu nome, é enforcado; e o lorde Say, um juiz capturado, não impressiona os insurretos com sua alegação de ter sido um patrono da educação e do conhecimento, "as asas com as quais voamos para o paraíso" (IV.vii.21ss.). A prática protestante de leitura da Bíblia estimulou a alfabetização no século XVI, mas os homens de Cade não demonstram intenção de voar de seus problemas para o paraíso. O significado do aprendizado para a classe deles era muito diferente do que era para os habitantes da cidade, para quem esse fator poderia representar oportunidades. Os advogados eram os inimigos dos pobres. As palavras de João de Gaunt sobre o país estar atado "em borrões de tinta e pedaços de pergaminho podre" (*R.II*, II.i.64) tinham relevância muito maior para a condição dos camponeses do que para ele mesmo e para os outros nobres. Esses homens de Kent (muito embora a única queixa que ouçamos seja a de impostos muito altos) estão alienados de tudo que há na vida nacional, exceto de sua pior característica, seu nacionalismo belicoso: um vislumbre profético da Europa em tempos mais recentes. Da mesma forma que seus superiores, eles prontamente culpam os que estão no poder – entre eles Say – pela perda das províncias francesas.

O primeiro impulso das autoridades é recorrer às ameaças e, depois, à força bruta. Mas os comuns não serão derrotados tão facilmente. Cade os lidera na batalha, em um estilo desorganizado mas corajoso, com o grito de "liberdade" a ser conquistada por meio da derrubada dos lordes e da pequena nobreza (IV.ii.181-2).

Eles aniquilam seus agressores e adentram Londres. Nas cenas que se seguem, a "canalha" se junta aos rebeldes (IV.iv), ao passo que o prefeito e os burgueses se aliam ao governo e também são derrotados. É preciso então recorrer à diplomacia, e Clifford e um nobre compatriota são enviados para oferecer o perdão real, mas não mais que isso. O que então faz Cade cair é a demagogia jingoísta da qual ele mesmo, incautamente, se favorecera. O diálogo passa a versar sobre qual lado é mais patriótico, ou antifrancês, enquanto as queixas do povo são esquecidas. Os homens de Cade o abandonam e, com cordas ao redor do pescoço, humildemente se apresentam ao rei. Henrique estivera lamentando a própria sorte, desejando ser um homem comum e não um governante. Parece-nos ouvir uma confissão sobre o quão pouco pode a realeza, na verdade, fazer por seus súditos mais humildes. O líder deles, agora um fugitivo em busca de comida, é apanhado e morto, exclamando desafiadoramente que a "alma não conquistada de Cade escapou" (IV.x). Seu executor, um escudeiro, faz um violento discurso sobre o "vil desgraçado", no qual mais uma vez percebemos tons do ódio feroz entre as classes.

Henrique VI Parte 3 (*c.* 1591)

Na Parte 3, especialmente sobre o fluxo e refluxo da guerra civil, Shakespeare, às vezes, deve ter achado seu trabalho tedioso; há um sem-número de versos sem inspiração nenhuma, apesar de também haver alguns esboços de personagens mais sólidos. Na abertura, Henrique se esforça para enfrentar seus oponentes e até mesmo consegue soar bastante furioso. A guerra deverá "despovoar este meu reino", antes que ele desista (I.i.126): uma frase ecoada por Cleópatra e adequada a um soberano, uma vez que seu reino é seu patrimônio. Logo ele é relegado a um segundo plano por Margaret e seus comparsas, e contenta-se em ser um resignado espectador. É graças a isso que ele pode aprender algo sobre os infortúnios do povo, como também o faz Lear mais tarde. Ao observar uma batalha, ele experimenta, de uma forma jamais ocorrida com qualquer outra pessoa, a patética situação dos fracos que sofrem pelas contendas dos fortes (II.v.73ss., 94ss.). Mas ele, no máximo, sente-se aliviado por não ter prejudicado seu povo; ele nunca os sobretaxara ou lhes negara justiça (IV.ix). No final, quando Ricardo Crookback vem matá-lo na Torre, Henrique o desafia destemidamente. Na verdade, ele nunca demonstra nenhum medo, não é um covarde e, portanto, não é desprezível.

Warwick, o formador de reis, tornara-se uma figura grandiosa e imponente, tão admirável quanto se poderia esperar nesse contexto. Ele é um inimigo franco, um amigo fiel, que só muda de lado uma vez, por motivos não ignóbeis, e recebe antigos inimigos sem desconfiança. York, o político flexível, soldado corajoso e pai afetuoso da Parte 2, enfrenta seu terrível fim estoicamente, quando do assassinato de seu filho mais jovem (I.ii). Quase todos esses homens impiedosos são corajosos, e parece que sempre há um sentimento instintivo em Shakespeare de que, enquanto os homens tiverem essa qualidade, sem a qual não serão sequer humanos, haverá lugar para a esperança de que o ser humano possa evoluir. Contudo, o assassinato, mais do que nunca, havia se tornado parte constante e normal da política. Sangue clama por mais sangue, e Shakespeare tem de exagerar na agonia, para manter o interesse. Sem nenhuma ofensa própria que lhe impusesse o desejo de retaliação, Margaret se junta aos que esfaqueiam York (I.iv). O protesto é deixado para os meninos, como Rutland quando implora por sua vida ao implacável Clifford, e mais tarde os jovens filhos de Eduardo IV na Torre, seguidos pelo Príncipe Artur em *Rei João*. Nas preces e lamentos desses jovens, podemos ouvir o protesto do próprio Shakespeare contra a desumanidade do homem contra o próprio homem.

O filho mais velho de York, destinado a se tornar Eduardo IV, cedo faz sua profissão de fé: "Eu quebraria mil juramentos por um ano de reinado" (I.ii). Libertino e egotista, ele deseja a coroa tanto quanto um escolar deseja uma torta de ameixas, e passa a desfrutá-la de maneira irresponsável. Quando seus irmãos e conselheiros o repreendem pelo casamento insensato, ele replica que é rei, "e devo ter o que desejo" (IV.i.16; cf. 75ss.). Em comparação com o conceito de Henrique sobre os deveres reais, a monarquia está em decadência. Com o tipo de ironia do qual essas peças estão repletas, Eduardo, próximo à morte, aproveita o brilho do sucesso e da boa vontade familiar, enquanto seu irmão Ricardo, a seu lado, trama maldades (V.vii).

Ricardo III (1591-1592)

Antes de aparecer, completo, Ricardo havia passado um bom tempo sendo germinado na mente de Shakespeare. Nós o vimos no princípio, efervescendo com espírito e vitalidade animalescos, mas ainda não completamente centrado em si próprio. Arriscou a vida por seu pai em batalha e havia sido um partidário de York com fortes laços familiares. É em sua longa auto-reflexão, no final do Ato III Cena ii de *Henrique VI, Parte 3*, quando Eduardo já está no trono, que ele repentinamente se despe de sua velha roupagem. Shakespeare propõe-se a mapear os motivos mais íntimos de tal personagem, o mais sutil até aqui, e liga convincentemente a obsessão pelo poder à deformidade que isola Ricardo de seus semelhantes, em especial das mulheres e do amor. Ele é movido por um impulso demoníaco, em cujas garras está tão indefeso quanto qualquer uma de suas vítimas. Após ter esfaqueado Henrique, ele se vangloria de sua perversidade e se julga um Caim, num estilo surpreendentemente byroniano. Já está se preparando para matar seu outro irmão, Clarence – "e então, os outros" (V.vi).

A frase de Ricardo, "Eu sou o único", na mesma cena, iguala-o a outros vários personagens solitários de Shakespeare. Quando sua solidão se transforma em auto-isolamento voluntário, ela se torna mórbida, mesmo que o próprio Shakespeare possa dizer, no sombrio tom de desafio do Soneto 121: "Sou o que sou". Ricardo inicia a peça que leva seu nome com outro solilóquio enérgico, no qual ele se apraz espalhando as cartas na mesa para que as possamos ver. Deficiente físico, ele se vangloria de sua superioridade intelectual, a habilidade que usa para fazer os seres humanos se curvarem a seus desejos. Ele não tem nenhum respeito convencional pela monarquia em si. Sua atitude de zombaria com relação ao mundo onde vive é, às vezes, semelhante ao niilismo de Falstaff. Ele se deleita com a sua obra por ela mesma, e nós nos deleitamos com ele, apesar de nos sentirmos felizes por saber que ele acabará mal depois de ter-se regalado. Isso é um presente para nossa consciência, que nos alerta sobre nossa própria ganância. Charles Lamb, em seu ensaio sobre as tragédias de Shakespeare, admitiu sua própria preferência por Ricardo de forma mais honesta do que a maioria, afirmando admirar aquilo que ele acreditava que a maior parte dos protagonistas não tinha – "a sublime genialidade, o homem de capacidade vasta, o profundo, engenhoso, complexo Ricardo" (IV, p.203). Trollope prestou homenagem semelhante ao Barry Lyndon de Thackeray, um patife consumado por quem "é quase impossível não possuir algo parecido a um sentimento amistoso" (p.70-1).

De maneira incomum, a peça tem muitas metáforas teatrais (Murry, p.125), e Ricardo é um protagonista completo. Ele tem sido considerado um descendente do "Vício" das peças de moralidade, mas de forma bastante atualizada, como alguém que leu Maquiavel atentamente. Shakespeare teve de fazer o pior por ele, uma vez que sua vilania foi a garantia para que os Tudor usurpassem o trono. Thomas Morus, a fonte mais importante do poeta, deu-lhe a sugestão. Mas ele estava se desenvolvendo muito rapidamente para se contentar com um mero vilão do palco. Ele não fez Ricardo ser um "tirano" no sentido em que se toma Macbeth. Aqueles que ele amaldiçoa são poucos e cuidadosamente selecionados; quase não há evidências de um reino de temor que esteja ensangüentando o país. Da mesma forma que o "Iago honesto", ele gosta de se colocar como um sujeito direto e de poucas palavras (por exemplo, I.iii.45ss.); na verdade, ele é um mestre das palavras que adora fazer malabarismos com elas e fazer que trabalhem para ele. Ele é de fato um artista e, para nós, é um privilégio que tenhamos sua confiança.

Buckingham é um esplêndido colaborador; arrojado, habilidoso e cheio de recursos. É interessante observá-lo representando para a galeria da opinião pública, esforçando-se para convencer Ricardo de seu dever de aceitar a coroa para o bem do país, enquanto Ricardo coloca sua relutância em tons de vibrante sinceridade (III.vii). Mesclando-se à nossa apreciação da sua atuação está, provavelmente, a emoção de uma descoberta – a de que é exatamente isso que os homens que chegam ao topo realmente são, e é assim que eles nos enganam. Contudo, qualquer aliança entre dois homens desse tipo está, com certeza, destinada a uma vida curta. Para Shakespeare, a amizade verdadeira pode ligar somente homens bons, com bons objetivos.

Já em *Henrique* VI, Ricardo demonstrara uma veia de humor macabro, que combina bem com a ironia dramática que agora se intensifica e esfrega em nossas mentes a autodestrutividade desse mundo feudal, cujo gênio supremo é Crookback. Os assassinos de Clarence revelam a ele a falsidade das declarações de amizade feitas por Ricardo (III.iv.243ss.); podemos pensar que Shakespeare perde uma oportunidade ao não fazer que Clarence reaja da maneira ruidosa que esperamos. Hastings tolamente ignora um aviso para que fuja, e na Câmara do Conselho nota como Ricardo está feliz e como seu estado de espírito transparece em seu rosto – um momento antes de Ricardo acusá-lo de conspiração e ordenar sua execução (III.ii, iv).

É necessário que algo contraste com o Ricardo hiperativo, e isso nos é dado por um coro de mulheres queixosas, viúvas reais e mães, cujas vidas foram arruinadas pelas ambições masculinas – às vezes por suas próprias também – e que agora estão reduzidas a um sofrimento irremediável. Seu símbolo é Margaret, que, sem qualquer preocupação com a verossimilhança, assombra o palácio como um fantasma vivo, ou o registro vivo de todo o período de guerras civis. Os longos lamentos e denúncias dessas mulheres são exercícios retóricos, que devem ter agradado aos espectadores de seu tempo. Hoje, esse estilo altamente artificial torna-as insípidas e aborrecidas. Uma cena em particular, Ato IV, Cena iv, se desenrola – ou se arrasta – em um imenso total de mais de quinhentas linhas. Ninguém compartilha o sofrimento delas, uma vez que essas mulheres desafortunadas não se solidarizam com ninguém mais, a não ser elas mesmas. Com tal coro de "declamação formal aos moldes de Sêneca" (Ribner, p.104), Shakespeare tenta tecer uma atmosfera de predestinação como na tragédia antiga, mas não encontrou o meio correto.

Enquanto as mulheres praguejam, Ricardo acredita em ação imediata, diferentemente de Ricardo II ou Hamlet: "o comentário temeroso/ É o servidor de chumbo da inerte demora" (IV.iii). Contudo, a tensão das contínuas exigências a seus recursos torna-se alta demais até mesmo para ele. Macbeth e sua esposa sofrem de "terríveis sonhos"; diferente deles, Ricardo não tem consciência que o incomode nas horas em que está acordado, mas, no sono, seus nervos de aço são abalados. Ana é despertada à noite pelos "sonhos assustadores" de Ricardo (IV.i); ela poderia ter alguns também, antes de se tornar mais uma das vítimas dele. Ao acercar-se do final, seu controle firme sobre os homens e os eventos está começando a falhar. Ele envia mensageiros sem mensagens e perde a paciência, como Macbeth, com um que acredita estar trazendo más notícias (IV.iv). Passa a ficar cada vez mais isolado dos outros, por seus próprios crimes; ele "não tem amigos, a não ser os que o são por medo", um inimigo assegura a Richmond (V.ii).

Seu rompimento com Buckingham custou-lhe o único aliado real. Ele tenta então, sem sucesso, manter Stanley leal a ele por meio de ameaças de mandar seu filho, mantido como refém, "ao insondável abismo da noite eterna" – no qual ele mesmo adentrará (V.iii.54). Na noite anterior à batalha de Bosworth ele necessita de vinho para ajudá-lo a recuperar sua velha "alegria de espírito", e em seu sono os fantasmas de todas suas vítimas vêm para acusá-lo. Ele fica só, meditando, pela primeira e última vez, sobre seus pecados e sua solidão: "Não há criatura que me ame". Ele deixa sua tenda para circular pelo acampamento, de uma maneira indigna (e muito diferente de Henrique V diante de Agincourt), para espionar seus tenentes e saber o que dizem. Pela manhã – de certa forma para nosso alívio, uma vez que a força desse homem é parte da força da raça humana – ele se recompõe e despreza a consciência como um fantasma "criado em princípio para manter os fortes em vigília". Esta dificilmente seria a melhor maneira de animar seus nobres, aos quais ele parece estar se dirigindo como se fossem seus companheiros salteadores, mas é, na verdade, sua declaração final de independência, um substituto para o discurso de morte, que Shakespeare não lhe concede. Ele faz um discurso prolixo e vai para a batalha com todo o seu antigo entusiasmo – "Mil corações batem em meu peito" (V.iii). Os vilões de Shakespeare, assim como seus heróis, morrem com bravura.

Ana foi rainha por tempo suficiente para se lembrar de que certa vez havia amaldiçoado qualquer mulher com quem Ricardo se casasse, e também para sentir a maldição cair sobre si mesma (IV.iv). Todas as maldições, ou profecias de infortúnio, e os pesadelos que começaram com os "sonhos horrendos" de Clarence e as lembranças de seus crimes (I.iv.1ss.) parecem fazer sentido e juntar-se na cena dos fantasmas numa visão coletiva do mundo feudal em seu último suspiro. Para Shakespeare – e também para os historiadores modernos – todo um período está acabando em Bosworth, e uma nova era se iniciando. Como uma espécie de relações-públicas da rainha Elizabeth, Shakespeare dá aos acontecimentos finais uma aparência semi-religiosa. Seu sábio e experiente avô, Richmond – ou Henrique VII, o primeiro Tudor –, torna-se um vencedor santificado para quem os fantasmas visitantes levam sonhos esperançosos e bênçãos. Ele se mostra um verdadeiro matador de dragões ao tirar a vida de Ricardo em combate. Seu discurso final é uma denúncia de todos os futuros renovadores das "loucas" divisões da Inglaterra, que agora terminavam, dando lugar à paz e à "abundância risonha". A Inglaterra dos Tudor foi de fato abençoada a maior parte do tempo por sua paz interna; sua abundância se reservava a uma minoria. Os que ouviam Shakespeare sabiam disso – ele deve ter propositadamente desejado que eles ponderassem a respeito de seu último toque de ironia.

Rei João (1590-1591)

Nessa conjuração de uma época remota, a história e o drama estão combinados de maneira um tanto desajeitada e estranha. João era um usurpador, mas a coroa ainda não era completamente hereditária, e, embora ele fosse o filho mais novo, havia sido nomeado sucessor por seu irmão Ricardo I, em vez do garoto Artur, filho de outro irmão. Nos dois primeiros atos, João está na França, não como invasor, mas como guardião dos territórios agregados à Inglaterra em 1066 pela conquista normanda. A França apóia Artur na luta contra ele. Por volta de 1204 João havia sido expulso. Tudo isso é mesclado, na peça, com eventos de uma década posterior, quando sua disputa com seus barões levou à guerra civil (e à Magna Carta, que a peça ignora), e à conclamação que fazem aos franceses para que se tornem seus aliados. Por falta de tempo – ou de interesse em detalhes sobre coisas tão remotas –, Shakespeare não buscou as crônicas, mas baseou-se numa peça publicada em 1591, talvez escrita em 1588-1589, *The Troublesome Raigne of John King of England*. Sua própria versão deve ter sido produzida em 1590-1591 e revisada em 1594.

A peça é pobremente construída, revisada – se é que o foi – sem muito cuidado. Sua segunda metade quase não se relaciona à primeira. A falha é consertada com o uso da questão da interferência papal, assunto que os ingleses, desde a Reforma, sempre associaram a João. Nos últimos atos, as três mulheres desaparecem; o desenlace é um capítulo cheio de acidentes e anticlímax. A mais óbvia dentre as muitas confusões é a maneira como Hubert concorda em matar Artur, e então ameaça cegá-lo. Alguns personagens são confusos, incoerentes. Ainda assim, há idéias novas, novos sentimentos, e muito de uma escrita esplêndida. Acima de tudo, há um espírito de curiosidade e questionamento, próximo, às vezes, do humor crítico dos últimos Dramas Históricos. Mais do que nunca, a Inglaterra dessa peça está cheia de elementos discordantes. Os interesses permanentes de Shakespeare – guerra, monarquia, classes sociais, mulheres influenciando os homens – são tratados com uma liberdade surpreendente e com seus lados positivos e negativos em perspectiva: com um olhar agudo sobre suas contradições, um presente de valor inestimável de um escritor imaginativo e historiador.

João não podia ser tratado como um vilão consumado, como Ricardo III, em virtude de sua reputação de campeão antipapista junto aos reformistas. Ele podia desviar-se, mas não estaria imune nem ao arrependimento moral nem ao temor da opinião pública. Ele não demonstra nenhuma dúvida quanto a sua presença no trono, mas sua mãe e cúmplice, Eleonor, secretamente se preocupa. Na primeira metade ele é corajoso e confiante, até mesmo imprudente, ganhando o respeito até dos franceses; na segunda, porém, ele é paralisado por um sentimento de culpa, torna-se incapaz de agir e deixa tudo para seu sobrinho bastardo Filipe. O ponto de mudança total vem com a bela cena (III.iii) na qual ele se sujeita à adulação para instigar Hubert e, confusamente, direciona-se para a horrível revelação daquilo que deseja: o assassinato de seu jovem prisioneiro, Artur. O diálogo se desenrola até um momento explosivo, composto de cinco falas breves, de insinuações e anuências. A cena em que Artur implora a Hubert é a mais elaborada das variações de Shakespeare sobre o tema dos reis inexperientes enfrentando os rigores de uma "idade de ferro", nas palavras de Artur. O poeta está dando voz a seu protesto contra os horrores de sua própria idade de ferro – e, profeticamente, da nossa. Depois disso, o único ato independente de João é sua submissão covarde ao núncio papal, Pandolfo, sem uma única palavra sequer ao Bastardo, que julga ser esta uma traição nacional. João se debilita sem heroísmos, perseguido em seu leito de morte "por muitas legiões de estranhas fantasias" (v.vii.18). Ainda assim, seu último pensamento é para a Inglaterra. O patriotismo é o imperativo supremo.

O Bastardo é uma das criações de Shakespeare que impressiona, acima de tudo, por sua energia e vitalidade, o que faz que as contradições que o formam passem despercebidas. Essas contradições derivam em parte do modelo de Shakespeare em *The Troublesome Raigne*; ele as usa para elaborar parte de seu pensamento histórico. O Bastardo é uma figura híbrida, com um pé dentro e outro fora de um velho mundo feudal que desmorona, com os olhos abertos tanto para seus defeitos como para os defeitos da nova era que se prepara para o suplantar. Ele se delicia ao ser reconhecido como o filho natural de Ricardo Coração-de-Leão, recebendo as boas-vindas de João e Eleonor à esfera da realeza. Sua origem e o orgulho que sente marcam-no como um espírito livre, sem vínculos com as convenções, decidido a levar as coisas a seu modo; apesar de ser um aventureiro irresponsável, ele irá amadurecer rapidamente, transformando-se no braço direito de seu tio.

Percebe-se aqui um traço do motivo romântico dos jovens rebentos das realezas criados na ignorância de suas origens, que, no entanto, possuem uma natureza real inata. Seu discurso com freqüência possui uma franqueza rústica; a expressão "jogo limpo", que é usada duas vezes, nos traz reminiscências do verde do campo. O Bastardo é um dos poucos homens da realeza que é agraciado com senso de humor; ele possui também um distanciamento irônico do mundo no qual foi tão repentinamente iniciado. Quando intervém, tentando fazer que Salisbury não ataque Hubert, suposto assassino de Artur, suas palavras – "Vossa espada é brilhante, senhor, guardai-a" – soam como Otelo, mas sua ameaça de "esmagar a ti e a esse teu espeto de ferro" fazem mais parte do vernáculo (IV.iii.79, 99). Ele traz sangue novo à aristocracia fossilizada, e também uma atmosfera de mudança, de renovação. Porém, ele não tem idéias positivas, nem uma armadura para a velha ordem contra a zombaria de Falstaff.

A França e a Áustria vão ostensivamente à guerra com João por razões cavalheirescas, em honra de Constança e de seu filho Artur. É uma guerra "justa e caridosa" (II.i.35-6). Mas o rei Filipe, provocado pelos cidadãos de Angiers, fala em "marchar até a praça central banhados em sangue francês". Até mesmo Constança, tão atraída pelas guerras, mostra-se um tanto escrupulosa e reprova o derramamento de sangue desnecessário (II.i.44ss.). A guerra é a vocação do Bastardo; no entanto, ele se sente incomodado quando pensa o quão mortífera ela é, e quando faz que as forças da França e da Áustria se bombardeiem, é difícil deixar de pensar que a guerra está ganhando uma aparência grotesca. Quando os aliados já abandonaram Constança e chegaram a um acordo com João, ele abre o Ato II com um longo solilóquio sobre como o "Interesse" – interesse próprio, lucro – rege tudo nos dias atuais. Filipe abandonou seu papel de "soldado do próprio Deus" em uma "guerra honrosa" por uma "paz vil e infamante". Essa foi uma antítese que Shakespeare nunca pôde abandonar ou superar; ainda assim, como referência às desonestidades da diplomacia, o discurso é brilhante. Suas palavras iniciais – "Mundo louco! Reis loucos!" – resumem o estado em que se encontra a Europa nos dias de Shakespeare. "Eu não valho o tumulto que por mim se faz", Artur tem a sensibilidade de dizer à mãe. Shakespeare pode estar nos dizendo, *sotto voce*, que não vale a pena lutar por nenhuma dessas figuras da realeza.

Mais adiante, o Bastardo torna-se o porta-voz do patriotismo, a ideologia destinada a fazer parte da ordem burguesa tanto quanto a cavalaria fizera parte da ordem feudal. É ele quem organiza a defesa do país, quando os barões, furiosos com a imagem de Artur assassinado, juntam-se à França (Shakespeare lamentavelmente silencia a respeito das verdadeiras razões pelas quais eles se colocam contra seu rei). Seu nobre líder, Salisbury, num discurso criado por Shakespeare, jura sua fidelidade ao Delfim, mas lastima a necessidade cruel de lutar contra a terra nativa. Eles e seus amigos sentem-se aliviados quando as intenções traiçoeiras dos franceses vêm à luz e os libertam para esquecer Artur e voltar "ao nosso oceano, ao nosso grande rei João" (v.iv.47). Na verdade, João reduzira-se a um pântano estéril: o verdadeiro "oceano" é a terra pátria.

À visão do corpo morto de Artur, e suspeitando que Hubert teria sido o responsável, o próprio Bastardo parece, a princípio, bastante religioso em sua indignação pelo crime "além do alcance infinito e imenso da compaixão" (IV.iii.117-8); porém, a idéia de que a Inglaterra estava em perigo logo apaga todo o resto de sua mente. João anseia por uma nação unida em sua retaguarda, mas sabe que não tem o direito de esperar que isso aconteça (IV.ii.170-2). É seu sobrinho que vai soprar a trombeta e falar sobre a "mão vitoriosa" da Inglaterra aterrorizando o inimigo, e até mesmo sobre damas inglesas usando armaduras, prontas a lutar como amazonas (III.ii.127ss.).

Menos oportunidades têm os franceses de demonstrar tal amor pelo país. Não temos nenhum motivo para creditar ao Rei Filipe um ideal de unificação francesa. O Bastardo tem todo o desdém de John Bull[1] pelos franceses. "Um petulante coberto de sedas" é sua descrição de um deles (v.i.70), e é somente em razão de possuir um avô inglês, e certamente alguma centelha de sentimentos decentes, que o conde Melun morre confessando a traição de seus compatriotas – o que é inútil. O Delfim demonstra decisão quando enfrenta a perda de sua frota (v.v.20-2); em outras ocasiões, ele fica facilmente abatido e pode ser identificado com o estereótipo do temperamento imprevisível dos franceses.

Rei João é fundamentalmente um drama sobre a realeza, com seus três soberanos e meia dúzia de príncipes ou princesas. Esse retrato coletivo dos "ungidos representantes de Deus" (III.i.136) e de suas famílias não é lisonjeiro. Os três governantes

1 Personificação do inglês comum. (N. T.)

estão prontos a bajular Roma. O rei austríaco mostra-se o pior, uma vez que ostenta sua característica de cavaleiro errante. Um juramento do rei deixou de valer muito, é o que declara Constança: ao abandoná-la, Filipe mostrou-se uma mera "imitação que lembra a majestade". Ainda assim, a denúncia que Constança faz desses "reis perjuros" (III.i.99-100, 107) deve nos atingir como um egotismo monstruoso, em contraposição ao compromisso de paz e aliança por casamento que acabara de ser firmado. Esta fora a proposta de um cidadão de Angiers, levado pelo bom senso da classe média e não por qualquer etiqueta real ou cavalheiresca.

O desafio inicial de João ao núncio e ao papa é magnífico, indo além de qualquer exigência da história. Um "rei sagrado" não pode ser questionado pelos prelados, afirma ele, e continua rejeitando avassaladoramente toda a "autoridade usurpada" do papado (III.i.147ss.). Começa a surgir a idéia de que os monarcas são "sagrados" por personificarem os direitos de soberania e independência de seu povo. A réplica de Pandolfo inclui o incitamento ao assassinato e à rebelião, com referências evidentes às tramas contra Elizabeth. Sua resposta ao protesto de Filipe contra a prorrogação da guerra com a Inglaterra é repleta de cortes lógicos e subterfúgios; um argumento jesuítico de que os fins justificam os meios. Mais tarde, o Delfim se recusa com muito mais firmeza a obedecer, quando o núncio quer que ele deixe a Inglaterra em paz, uma vez que João se submetera a Roma.

Diante da prepotência dos padres e da hesitação dos reis, os homens da futura burguesia, representada pelos cidadãos de Angiers, mantêm-se firmes. De forma sensata, eles não se importam com as reivindicações legalistas de João ou de Filipe: sua política é pragmática, e eles se sentem como os cidadãos de Verona com relação aos briguentos Montechio e Capuleto. Os monarcas guerreiros são ridicularizados quando, após sua contenda, cada um se diz vitorioso, e os cidadãos lhes contam que haviam visto tudo e que lado nenhum havia vencido; há uma imagem reveladora na qual, posicionados nas muralhas, eles observam como se fossem espectadores em um teatro (II.i.300ss., 373ss.). Angiers mais dita do que propõe um tratado de paz e acrescenta um desafio tão arrojado quanto nunca se vira antes de um rei ou nobre arrogante.

Seus homens recebem, certamente, o *beau rôle*, e falam com o mesmo verso fluente dos feudalistas. O Bastardo, por mais iconoclasta que possa ser, percebe com rapidez a presunção plebéia deles, ofendendo-se com ela (II.i.456ss.). É em Angiers, da forma mais ousada que um dramaturgo poderia ter-se aventurado a trazer para uma cena da história inglesa, que uma classe média revolucionária está erguendo a cabeça. Em tempos futuros, isso aconteceria muito raramente.

Ricardo II (1595)

Nessa peça vemos dois Ricardos muito diferentes. Ou Shakespeare não tinha decidido ainda que tipo de Ricardo ele deveria ser no início, ou queria mostrar uma autodestruição externa e adquirida diante do toque da adversidade e expor um ego congênito oculto por trás dessa postura. Nas primeiras cenas, Ricardo é um indivíduo com força de vontade, autoritário. Sabemos por suas próprias palavras (I.iv) que fora um perdulário – "de uma corte tão grande e muitíssimo liberal" – com os seus favoritos; como remédio, ele pretende passar a arrecadação da receita pública aos cobradores autorizados;[2] o ônus, portanto, deverá se tornar maior. O duque de York alerta seu irmão João de Gaunt sobre a inutilidade de aconselhar um sobrinho cuja cabeça está cheia de frivolidades e vaidade. Diversos aspectos, não desenvolvidos, apontam para um comportamento criminoso e estúpido. Pode ser que Ricardo goste de falar de sua sagrada pessoa, mas sua tia, a viúva duquesa de Gloucester, fala do "sangue sagrado" da família real e exige punição para a cumplicidade de Ricardo na morte de seu marido (I.ii.). Não podemos esquecer tais indicações quando ouvimos, mais tarde, Ricardo lamentando-se por ser uma vítima malfadada – muito semelhante a Carlos I depois de sua queda.

O filho de Gaunt, Bolingbroke, e um nobre rival, Mowbray, duque de Norfolk, acusam-se mutuamente de traição e irão a

2 Indivíduo que comprava ao governo o direito de cobrar impostos. (N. T.)

julgamento por duelo diante do rei. O que acontece é um anticlímax: Ricardo proíbe a luta quando estava prestes a iniciar e bane os dois homens; o motivo disso não é esclarecido por Shakespeare – uma característica que não era incomum em seu método. A razão aparente de Ricardo é a de que a disputa entre os dois era inspirada por orgulho invejoso e ambição, e, se não fosse ali mesmo sustada, levaria a tumultos civis. Na cena seguinte (I.iv.), fica claro que Ricardo suspeita de seu primo Bolingbroke, que havia percebido seu afastamento, "sua corte às pessoas comuns". Uma das passagens mais brilhantes de Shakespeare a respeito da moderna arte da demagogia aparece aqui: Bolingbroke é repentinamente transformado, alguns séculos antes, de um cavaleiro, adentrando um torneio para arriscar sua vida em estilo verdadeiramente cavalheiresco, em um político velhaco. O fato de ser ele o próximo na linha de sucessão e Ricardo, com 32 anos, não ter filhos, não é mencionado. Tudo isto sugere uma mudança abrupta no retrato que Shakespeare pretende pintar. Seu crescimento criativo e seus interesses parecem levá-lo à modernidade.

Assim que Ricardo é confrontado, ele perde a coragem, sua aparência audaciosa se dissolve, e cada breve ataque de resolução é rapidamente seguido de uma queda no desespero. Pode-se imaginar que esteja minado pelo remorso de feitos passados, mas, quase até seu fim, ele só tem consciência de sua impopularidade e isolamento. Ele tem piedade de si mesmo, mas não do país que tão mal governou; refugia-se em seu direito divino de fazer o que lhe pareça certo. Assim como todos os personagens arquetípicos de Shakespeare, Ricardo é, ao mesmo tempo, um indivíduo e a personificação da mudança histórica; da mesma maneira, a monarquia Stuart tentaria intimidar a oposição. Ele é o único rei inglês nos Dramas Históricos que não é usurpador ou herdeiro de um usurpador, e, conseqüentemente, tem maior direito à legitimidade. Schücking nota seu hábito de se referir a si mesmo na terceira pessoa, como o fazia Júlio César (p.52), mas talvez não entenda corretamente o motivo: isso pode denotar uma distância que se estabelece entre o rei e a coroa, o homem e a monarquia, uma incongruência absurda nas pretensões de realeza de qualquer ser humano.

Shakespeare considera a doutrina do direito divino sob uma luz bastante desfavorável, associando-o a um pretendente fraco e histriônico, que se perde em fantasias poéticas para se esconder da realidade. Ele é um ator, e não um homem de ação, porque não pode mais parecer natural a um simples homem usar uma coroa. Ele posa para seus súditos e para si mesmo. Ele não tem partido: quase ninguém está disposto a ficar do seu lado. De volta da Irlanda, ele conclama as aranhas, sapos e urtigas reais da Inglaterra a barrarem o avanço rebelde – sem dúvida perigosos auxiliares. Quando descobre o quanto as coisas vão mal, ele só consegue pensar nas "histórias tristes da morte dos reis"; na prisão, ele se vê como um rei há muito morto, sua queda como se fosse uma história para noites de inverno (III.ii; V.i). A própria monarquia torna-se moribunda, e Ricardo, no Ato III, Cena ii, é o primeiro entre os personagens de Shakespeare que percebe isso. Em nenhuma outra das peças, observa Leggatt, ela esteve "sujeita a tão intenso escrutínio" (p.60).

Ricardo não demonstra sinais de religiosidade no Ato I, mas, quando é abandonado pelos homens, ele conta com legiões de anjos – não mais aranhas ou sapos – para descerem e lutarem por ele (III.ii). Esse estado militante transforma-se em outro, de resignação, e quando sua fiel consorte tenta animá-lo, é tarde demais. No entanto, ele está aprendendo alguma coisa; ele é um em uma série de governantes em Shakespeare que é compelido pelo infortúnio, como Lear, ou pelo perigo, como Henrique V, a perceber que um monarca é tão-somente um mortal. "Vivo de pão como vós, sinto necessidades/Saboreio o desgosto...". No final, castigado pelo sofrimento, ele é capaz de se arrepender. Ele e a rainha devem expiar com "vidas sagradas" as "horas profanas" que desperdiçaram. Na prisão ele cita as Escrituras e analisa seu fracasso em relação aos assuntos de Estado. Ele é fantasioso, mas ainda é um príncipe, que morre resistindo a seus assassinos e, assim, conquistando-lhes, pelo menos, o respeito.

O que Shakespeare quer agora é alguém que substitua Ricardo e que possa conquistar respeitabilidade, sem ser atormentado por ambições excessivamente óbvias. Bolingbroke, em vez de andar a passos largos, arrasta-se confusamente para o trono. Ele volta do exílio professando querer tão-somente o que lhe é de direito por herança, que fora tomado por Ricardo e seus comparsas. Pelo que sabemos, ele pode, a princípio, ter sido sincero, no que é apoiado por Northumberland, mas Bolingbroke também declara sua intenção de expulsar do país os lacaios de Ricardo, os "vermes da nação". O colapso de Ricardo, porém, o compele a continuar. É um defeito de todo o sistema monárquico que um homem em sua posição só se sinta seguro quando tem o trono para si; e então seus próprios amigos não podem sentir-se seguros.

Henrique IV *Parte 1* (c. 1596-1597)

A extraordinária riqueza de idéias e personalidades nessa peça é enfatizada por seu pano de fundo: uma Inglaterra ainda em grande confusão, onde as coisas sombrias ou ridículas são as que chamam mais a atenção. Nos primeiros Dramas Históricos, quase todos os personagens tinham mais ou menos a mesma forma; agora a Inglaterra pode gerar pares tão antitéticos como Hotspur e Falstaff, um fronteiriço e o outro, um vadio da cidade. Eles estão séculos distantes em termos de perspectiva, mas, de várias maneiras, são ambos homens do passado, descendentes de origens feudais comuns. Daí estarem relacionados, ainda que à distância, e poderem reagir dramaticamente um em relação ao outro. Eles se combinam em uma discórdia maravilhosa, cuja resolução demorará a acontecer. Hotspur encontra sua morte na espada do Príncipe Hal, mas é Falstaff quem moralmente zomba dele e de tudo que ele defende fora do palco da história. Seu cadáver, carregado pelo gordo cavaleiro para ser exibido como uma carcaça no mercado, simboliza a derrocada da Cavalaria. Apropriadamente, enquanto *Ricardo* II foi escrita quase inteiramente em verso, *Henrique* IV é, em grande parte, em prosa, em linguagem coloquial. A distância entre as duas peças não poderia ser mais bem marcada.

Os sobreviventes do passado agora são homens que estão envelhecendo, sobre os quais esse passado pesa intensamente. Henrique é um usurpador, que nunca pode sentir-se completamente seguro. Os Percy, que o ajudaram a tomar o poder, sentem-se enganados e ressentidos, e Northumberland – o pai de Hotspur – tem um doloroso sentimento de culpa. A Inglaterra dos homens e mulheres comuns, tão habilmente cortejada por Bolingbroke, não pode agora ser ignorada por eles, e, com as duas Inglaterras cara a cara, as acrimônias entre eles são inoportunas. Nas disputas políticas cada lado professa a defesa dos interesses públicos e da prosperidade. Cada um acusa o outro de se entregar a falas vazias. A ação transita de um lado a outro entre o sério e o cômico: é quase impossível identificar qual deles é o mais real ou significativo. De um ponto de vista, o conflito político parece extraordinário, mas, de outro, é uma farsa, mais absurda que qualquer divertimento de taverna.

Em razão das poderosas correntes que arrastam a trama para várias direções, os fatos superficiais da história têm de ser tratados sem muita cerimônia. Tudo que se relaciona a Mortimer e a sua reivindicação ao trono é incoerente. Shakespeare não se interessa mais por tais tramóias, se é que alguma vez se interessou. O príncipe Hal passa por metamorfoses de contos de fadas. Um exame mais acurado das manobras do dramaturgo revela, na verdade, um cuidadoso encaixe de suas duas séries de episódios, de modo a mostrar a alta e a baixa sociedade como duas versões da mesma coisa. Como diz Gadshill, "'homo' é nome comum a todos os homens" (II.i.94).

Dessa forma, a primeira cena trata de guerras e disputas entre os grandes, e a segunda – seguramente destinada a ser ouvida como um eco – é sobre os roubos nas estradas. Na terceira cena, a conspiração dos Percy toma forma e, na quarta, o mesmo acontece com o plano para o assalto. Os canalhas mais humildes chamam-no de seu "plano": Hotspur acabara de celebrar seu próprio "plano" como muito bom e reitera o termo quatro vezes num solilóquio, logo a seguir. (Esse significado da palavra era novo, e também o era o significado de "plot" como trama de uma peça.) Gadshill fala que o príncipe rouba por "esporte" (II.i.77); e "esporte" – a noção de guerra para Hotspur – foi a última palavra na cena anterior. O Ato II, Cena ii termina com o príncipe rindo dos temores nervosos de seus amigos ladrões; a cena seguinte começa com Hotspur resmungando para si mesmo a respeito da covardia de um amigo temeroso que não queria juntar-se a sua aventura. Logo no início da cena seguinte, temos a repetida frase de Falstaff, "Uma praga leve todos os covardes", para defender seu próprio fingimento de coragem na estrada. Na cena seguinte, Hotspur faz piada das assertivas ainda mais despropositadas de Glendower. No Ato III, Cena ii, Hal promete ao pai mudar de vida; o Ato III, cena iii inicia com um dos ataques de Falstaff, que quer fazer o mesmo: sua decisão de se arrepender e ir à igreja.

Na abertura, as forças inglesas derrotaram os escoceses, mas foram derrotadas pelos rebeldes galeses. Parece, então, que só se esperam lutas nos limites do país; e a rebelião do Norte que logo irrompe não chega mais próximo a Londres do que Shrewsbury. Hotspur enfrenta "as mandíbulas armadas do leão" (III.ii.102) e, sozinho, está cheio de determinação; os mais velhos hesitam e ficam duvidosos, afetados mais pelo medo de ter o rei contra eles do que por qualquer outra razão. Henrique, por seu lado, não se sente confortável com eles, e os conclama à revolta com o que parece uma aspereza exorbitante para com Hotspur depois da derrota do herói para os escoceses. Contudo, podemos solidarizar-nos com Henrique por ele rejeitar o argumento anacrônico de que era correto que seu cunhado Mortimer, ferido e capturado por Glendower, chefe dos galeses, fosse até ele e casasse com sua filha.

Hotspur era, na verdade, mais velho que o rei, mas enquanto o Henrique de Shakespeare parece envelhecido e exausto, Hotspur pode ser visto cheio de juventude irrequieta e "idealismo", ainda que irracional. Ele morre lamentando que lhe está sendo roubada a juventude. Seu pai e tio compartilham com o rei o espírito da "política baixa e corrupta" que ele detesta (I.iii.108). Muito de seu atrativo reside em sua franqueza e despojamento. Ele é, por natureza, um barão de fronteira dos velhos tempos, acalentando direitos quase soberanos. Uma das mais aguçadas antíteses sociais de Shakespeare o une ao ridículo cortesão cuja tagarelice estúpida o deixa furioso no campo de batalha, onde acabara de lutar com os escoceses (I.iii.29ss.). Hotspur, contudo, é um retrato complexo, oriundo de um tempo de mudanças, como conseguem ser as criações mais originais de Shakespeare. Ele é um homem da Renascença e também pertence à fronteira turbulenta – cheio de sua intensa consciência, intoxicado pela miragem ofuscante da fama. Seus dois "eus" juntos dão origem ao temperamento inquieto de alguém que vive demasiado na fantasia. Isso transparece no relato de sua esposa sobre sua "maldita melancolia" durante a longa e incômoda espera pela ação, seus sonhos de batalha (II.iii): uma imagem de tensão nervosa muito mais que de excitação prazerosa de um animal saudável e belicoso. Isso, muito mais do que o excesso de confiança, é o que provavelmente o levou a combater o inimigo precipitadamente em Shrewsbury, onde "saltou para a destruição" como um insano, "com muita imaginação", mas com muito poucos homens (2H.IV, I.iii).

Seu antigo adversário e agora aliado, Douglas, o Escocês, elogia-o como "o rei da honra", e a sua viúva fala dele como a inspiração de "toda a cavalaria da Inglaterra" (2H.IV, II.iii.). Com ele, a idéia de "honra" eleva-se a alturas quase místicas, assim como podem fazê-lo todos os valores que sobrevivem às condições das quais brotaram. Porém, a atitude de contradizer Glendower sem o mínimo de tato demonstra uma qualidade mais moderna, o racionalismo cético que foi uma outra parte da cultura elisabetana. Glendower gaba-se dos portentos prodigiosos que o cercaram quando de seu nascimento, marcando-o como não pertencente ao "rol dos homens comuns". Hotspur trata-os com desdém, como efeitos de um terremoto que fez a Natureza tremer "como uma covarde" (III.i.15ss.).

Ele mantém a mesma descrença desdenhosa em relação aos demônios galeses. Essa é, em parte, uma indiferença soberba em relação tanto ao céu quanto ao inferno; ele nunca se volta para Deus ou pede ajuda divina, como Hal, seu oponente, aprende a fazer com tanta fluência. Na política, tal auto-suficiência deixa-o, segundo sua esposa, "completamente governado pela fantasia" (III.i.233). Quando de sua primeira entrada, ele está censurando seu pai e seu tio por terem auxiliado Bolingbroke a chegar ao trono, assim atraindo sobre si uma "desonra detestável", um "mundo de maldições" (I.iii). Eles admitem essa afirmação, e isso se torna sua principal justificativa para sua revolta contra Bolingbroke, que, após fingir, de volta do exílio, estar reivindicando somente o que era seu, tomou a coroa. Hotspur, dirigindo-se a seus amigos antes da batalha, assegura-lhes que podem ter sua consciência em paz, uma vez que sua causa é "boa" e "justa". Apesar dessa pose legitimista, ele pretende fazer de Mortimer, cujo direito ao trono parece reconhecer, rei somente do Sul da Inglaterra, ao passo que ele mesmo reina sobre o Norte, e Glendower mantém Gales. Dessa forma, os rebeldes são culpados de traição contra Henrique IV, mas acima de tudo contra a Inglaterra. Shakespeare não inventou esse plano atávico de divisão (Wilson [ed.], p.159), uma negação plena do crescente espírito de nacionalismo, o que dá aos conspiradores a feição de retardatários de uma época já passada e de fronteiras remotas. Porém, mais uma vez, com um de seus muitos silêncios enigmáticos, Shakespeare não tece comentários.

Hotspur pode ser o "espelho perfeito da honra", como cita Norman Council (p.42), mas somente num sentido muito ultrapassado. Em sua companhia aproximamo-nos do fim de uma era. Ele pode ser um dos melhores poetas de Shakespeare, como diz outro crítico (Van Doren, p.121), mas assemelha-se a Henrique V ao retirar sua retórica do passado, enquanto aparenta durante os dias da semana um amor pela linguagem grosseira e abrupta. Ele carrega as virtudes e fraquezas da aristocracia ao ponto extremo, onde pairam entre o grandioso e o jocoso. Sua ambição é uma busca por "glória", mais que por poder: não há crimes brutais pelos quais se possa responsabilizá-lo. Ele tem um pouco da aparência de um jovem Dom Quixote inglês, com a cabeça virada pela intensa leitura de antigas histórias de cavalaria. A novela de Cervantes apareceu seis anos depois da peça de Shakespeare e ganhou rápida popularidade na Inglaterra. Mas, para Hotspur, a "honra" pode ser pouco mais do que a bazófia; é extravagante e facilmente caricaturada, uma vez que destituída de qualquer objetivo social ou moral. A "honra" verdadeira só é resgatada pelo *coup de théâtre* de um libertino Hal, transformado, num passe de mágica, em um herói ideal.

Shakespeare adicionou a história social à política muito antes que qualquer historiador pensasse em fazer tal coisa. As duas não podiam ser fundidas, e para unir as duas esferas, e também as da baixa e alta sociedades, ele teve de recorrer ao constrangedor artifício – ainda que eficiente em termos teatrais – de um lendário príncipe de Gales dividindo seu tempo entre a corte ou o exército e retiros mal-afamados e farras. Pode ser que se espere de nós que compreendamos que ele – ou Shakespeare – considerava a corte um local tão mal-afamado quanto qualquer outro. As exigências do enredo fazem que Hal trate seu pobre e fatigado pai tão desalmadamente quanto mais tarde tratará seu companheiro de indolência, Falstaff. Ao aproximar-se o final de *Ricardo II*, Bolingbroke lamenta o comportamento de seu "filho perdulário" (V.iii). Em *Henrique IV Parte 1*, Hal ganha um solilóquio, que os críticos (por exemplo, Schücking, p.220) têm se esforçado desnecessariamente para interpretar, oferecendo-nos uma explicação de sua conduta. Ela é muito pouco convincente, além de trazer de maneira despropositada a máxima do puritanismo que diz que os feriados são melhores quando raros (I.ii.187ss.). A pregação de seu pai no Ato III, Cena ii, e também mais tarde, demonstra que a vida de Hal é só diversão e nenhum trabalho. Na opinião do rei, ele tem se divertido demais em público, como o fizera Ricardo II, o que incomodava as pessoas que viam suas brincadeiras. Hal nem tenta refutar tais acusações, mas nega as acusações mais graves contra si, chamando-as de difamação. No entanto, há indicações de que o roubo em Gadshill não havia sido a única de suas aventuras desse tipo (I. ii).

Na taverna, é verdade, Hal nunca se embebeda ou se comporta mal, nem joga ou persegue mulheres. Normalmente se controla, fica indiferente e se comporta com superioridade, com desdém pelos que o acompanham. Raramente é visto realmente à vontade, num contentamento relaxado, apreciando a vida. Às vezes ele tem o ar de um observador sagaz, olhando através dos embustes e posturas do grande mundo – como quando ridiculariza seu pai, ou ri de Hotspur como uma máquina de luta sem inteligência. Sua regeneração temporária, pela campanha, é reforçada por uma descrição dele e seus levianos companheiros digna de riso, saltando em suas selas com as armaduras completas – que deviam pesar de trinta a sessenta quilos. Quase todo esse ardil para conquistar aplausos foi emprestado de Nashe e Spenser (Wilson [ed.], p.172-4) por um Shakespeare cheio de ironia.

No teste da guerra ainda nos é mostrado um Hal com antagonistas valorosos. Ele pode verdadeiramente respeitar Hotspur, que no final também o respeitará. Ambos são soldados que podem falar bem de seu dever. Hal demonstra seu real sentimento por Falstaff quando pensa que este foi morto na luta. Ele liberta o prisioneiro Douglas, sem receber resgate, em reconhecimento à bravura por ele demonstrada; é uma lição sobre "como apreciar tão elevadas façanhas", mesmo as dos inimigos (v.v.29-31). É assim, nos diz Shakespeare, que a guerra entre oponentes galantes deveria ser lutada.

Henrique IV *Parte 2 (c.* 1597-1598)

A Parte 2 é um epílogo, cujo objetivo principal é gratificar o público com outro capítulo sobre Falstaff. Ela tem ainda menos unidade que a Parte 1; Shakespeare esbanja as idéias e situações para as quais não encontrara lugar antes. Apesar disso, as cenas de humor são brilhantes, e as sérias, cheias de perspicácia política. Após anos de reflexão sobre a história inglesa, Shakespeare aprendeu, como seu Cássio, a ver "através dos feitos dos homens", e a peça é um compêndio das qualidades do fim de uma época feudal – em cujos estágios finais ele mesmo estava vivendo. Os manuais do período Tudor sobre a arte de governar mostram-se anêmicos, em comparação.

Heróico e Cômico, os dois continentes entre os quais a ação transita, distanciam-se cada vez mais. Hal não é mais um visitante assíduo de Eastcheap, que está em decadência. A pândega do local parece mais sórdida quando alguém morre após uma briga entre Pistol e Doll, e ela é levada para fora para ser chicoteada pelo porteiro. Falstaff, contudo, está mais brilhante que nunca ao trocar fogo com o Presidente do Tribunal, aquele pilar do pensamento justo. Um novo entretenimento está sendo apresentado bem longe dali, em Gloucestershire, pelo juiz Shallow, um representante menor das classes governantes, um velho titubeante de quem Falstaff só pode zombar, e com quem não pode compartilhar vôos de ambição como fazia com Hal. Relacionado a isso está o fato de Falstaff abusar de sua tarefa de recrutar homens para o exército, guardando propinas daqueles que podiam se livrar com o dinheiro. Isso é uma distração, de seu ponto de vista, e muito patético, do ponto de vista dos homens que eram levados: sabemos, desde a Parte 1, qual será seu provável destino. Essa é, sob muitos aspectos, uma das peças mais pessimistas de Shakespeare. Seu tom se reflete no fato de ser, de maneira mais acentuada do que a Parte 1, uma peça sobre homens e mulheres velhos, suas fraquezas e temores. As reminiscências vagarosas de Shallow misturam-se a ilusões; o comentário de Falstaff – "Senhor, senhor, como nós os velhos estamos sujeitos ao vício da mentira!" (III.ii.275-6) – pode ter sido criado para atingir os anciãos de posição social mais alta também.

Além de tudo isso, o rei está sempre se afligindo e se lamentando dos pesos do passado e das ansiedades do futuro, enquanto cambaleia para o túmulo. Ele não é atormentado pela consciência, como o rei João; satisfaz-se em pensar que foi a necessidade e não a ambição que o guiou ao trono, embora ainda tenha receios a respeito do que o país pensa sobre isso (III.i). Ele tem ministros leais e filhos jovens e confiáveis, estando preparado para deixar a maior parte do que há para ser feito para eles. Mas não tem confidentes, e lhe dói lembrar que Northumberland, agora seu adversário, fora, há não muito tempo, seu fiador. Paira sobre ele, e também sobre o Shakespeare dos Sonetos, o penetrante sentimento renascentista da instabilidade de todas as coisas humanas, cujas antigas fundações religiosas desmoronaram.

As urdiduras dentro da velha ordem têm sua contrapartida na ruptura da família; a tensão entre Henrique e seu herdeiro persiste quase até o final. Ao despertar e descobrir que o príncipe saíra de seu quarto de dormir, e com ele a coroa, ele medita sobre como a ambição impaciente joga os filhos contra seus pais idosos. Deve-se dizer em seu favor que suas ansiedades são mais pela Inglaterra do que por ele mesmo; seu temor é de que, chegando o príncipe de Gales ao trono, deva-se esperar o pior. A escusa de Hal é uma elaborada peça de retórica, temperada com sentimentos respeitosos.

Esse é um dos relacionamentos, e as pressões a que estão sujeitos, aos quais Shakespeare dedica mais atenção nessa peça do que propriamente às ações dos homens. Tais pressões e o peso da idade afligem mais o campo oponente do que o próprio palácio feudal. Muito mais do que os nobres feudais de *Henrique VI*, os lordes rebeldes são criaturas de carne e osso e não armaduras ambulantes. O motivo primordial é, mais uma vez, a vingança na família. Com a notícia da morte de seu filho, Northumberland cai num paroxismo de fúria e desespero e vocifera a respeito de anarquia e destruição (I.i). Como lhe diz Morton, essa postura não é de muita ajuda para seu grupo. Em pouco tempo, sua esposa e a viúva de Hotspur convencem o velho receoso a fugir, deixando os outros para carregar o peso – uma fuga que somente adia sua morte e a torna menos honrosa.

Não nos são dadas como causas da rebelião muito mais que pequenas mesquinharias individuais. Shakespeare negligencia o que diz Holinshed sobre as queixas públicas contra o governo. Talvez quisesse colocar os rebeldes como vilões, o que seu próprio governo teria desejado. Tem-se discutido bastante a existência de sinais de mutilações pela censura no Ato IV, Cena i. Um deles seria o discurso do arcebispo, linhas 94-6, curto e obviamente incompleto. Em seu discurso mais longo aos mensageiros reais (53ss.), a segunda metade é uma afirmação de queixas, mas a primeira – que o torna sem sentido – é um sermão inesperado sobre as confusões civis da Inglaterra que teriam como causa real um tipo de "febre ardente". "Estamos todos enfermos" – *nós* só pode significar as classes dominantes auto-indulgentes – graças a "nossas horas de excessos e loucuras". Shakespeare enreda-se numa metáfora médica de vida luxuriosa que só pode ser curada por uma sangria: ele não pôde (ou não lhe foi permitido) transformá-la nos termos claros da necessidade de reformas. Mas há um vislumbre da situação real aqui: uma aristocracia levada por seus desejos a uma luta pelas delícias do poder. Tal idéia, muito além da discussão inflamada que é comum nos Dramas Históricos, pode seguramente ser confiada por Shakespeare a um homem do clero cuja eminente virtude é reconhecida até mesmo por seus oponentes. Há uma certa afinidade nas palavras de Henrique sobre os ricos terem comida, mas não estômago para ela, e sobre os pobres terem estômagos aguçados, mas nenhuma comida (IV.iv).

Na Parte 1, a rebelião fora esmagada longe de Londres; na Parte 2, ela é cortada pela raiz. Os principais tenentes de Henrique são agora seu filho João de Lancaster e Westmoreland. O príncipe Hal deve ser mantido na retaguarda, preservado para eventos maiores. São esses outros que são responsabilizados pela traiçoeira captura e execução dos líderes rebeldes, quando já se haviam acertado os termos de paz. Um embate sanguinário é evitado, e parece que Shakespeare nos convida a encarar esse fato como algo positivo, seja lá o que isso signifique; mas, na verdade, não sobrou muita "honra" entre esses honoráveis da classe dominante. A guerra civil termina, mas para isso foram necessárias a "política podre" do rei, a traição de Lancaster, a covardia de Northumberland. Além da discórdia política, há um declínio espiritual do qual a Inglaterra terá de ser resgatada. A eliminação da antiga insubordinação quase suprimiu também as antigas virtudes.

Hal está, de fato, esperando pela morte do pai. O pretexto de Shakespeare para levá-lo de volta a Eastcheap – seu temor de que seja considerado hipócrita se demonstrar na corte alguma dor pela doença do pai (II.ii) – é tosco, embora esclareça alguma coisa sobre a mentalidade cortesã. Seu pai parece entender seu caráter quando o define como uma mistura de boas qualidades com paixão e capricho (IV.iv). Uma demonstração de sua índole, da qual Shakespeare faz excelente uso, é quando ele ataca o Presidente do Tribunal em um desentendimento irrelevante a respeito de Bardolph e é preso. Esse fato só nos é relatado brevemente (I.ii.46-7), mas coloca o príncipe numa posição muito degradante.

Quando de sua ascensão, Hal tem de tranqüilizar seus irmãos dizendo que a Inglaterra não é a Turquia, onde os irmãos de um novo sultão são sumariamente mortos (V.ii.). O homem com mais motivos para ficar nervoso é o Presidente do Tribunal mas a prontidão do novo rei em não só perdoá-lo, mas também elogiá-lo e renomeá-lo para o posto, estabelece o estilo de um novo reinado. A monarquia como forma de autocracia arbitrária já teve seus dias, e o Estado impessoal agora está surgindo, com as leis atuando como seu grande regulador. Na Inglaterra e na Europa do século XVI, a justiça podia ser considerada como principal responsabilidade do governo, especialmente em tempos de paz. Esse valoroso juiz, com sua coragem cívica, representa um mundo ordenado, de auto-respeito e honestidade – ou as aspirações dos homens a esse tipo de vida pública. Nós nunca ouvimos falar dele pelo seu nome, somente pelo seu ofício, um outro lembrete de que a lei não faz distinções.

A tradição requeria que o jovem governante fingisse ressentimento e depois se reconciliasse nobremente. Shakespeare usa a oportunidade para discorrer elogiosamente sobre a lei e a ordem e o dever dos homens de todos os níveis de as respeitar (v.ii). O longo discurso do juiz defendendo sua ação é uma das mais esplêndidas declarações políticas de Shakespeare. Ele lembra a Hal que a ofensa se passou enquanto ele estava em sua sala na corte, "ocupado com a nação", como representante do rei e detentor da "majestade e do poder da lei e da justiça". Ele se preparava para a perda tanto da vida quanto do cargo. Harry, numa resposta ainda mais longa, diz tudo o que deveria; e é notável que ele use a palavra "Estado" duas vezes, em seu sentido moderno de nação política, surgindo do uso anterior que ocorrera na fala do juiz.

A ordem triunfa sobre a anarquia na esfera moral, como já ocorrera na esfera política. Mas a ordem e a justiça nunca concordaram plenamente no Estado moderno. Shakespeare não pretende que esqueçamos quantas injustiças podem florescer sob o manto da legalidade ou como a "Ordem" pode, na prática, ser nada mais que um roubo ordeiro de muitos por poucos, a tosquia de um rebanho dócil. O sonho de Falstaff de ter as leis da Inglaterra sob seu comando quando Hal for rei (v.iii.) só faz aumentar as coisas vis tão conhecidas. Em Gloucestershire, o juiz Shallow é facilmente convencido por seu criado, Davy, a favorecer um grupo contra outro numa disputa. O homem a ser favorecido é um patife, eles concordam, mas "Deus não permita, senhor, que um patife deixe de encontrar alguma proteção a pedido de um amigo" (v.i).

Um autor escrevendo sobre os Dramas Históricos decidiu considerar Falstaff irrelevante, "um intruso, historicamente" (L. B. Campbell, p.213). Isto seria ter um julgamento muito estreito, tanto da "história" como do gênio de Shakespeare como seu intérprete. Das 16 cenas de *Henrique IV Parte 1*, dez poderiam ser classificadas como históricas, seis como cômicas e três como mistas. Falstaff está no palco em oito delas e, no total, em mais de um terço da duração da peça. Ele tem também um lugar de destaque na Parte 2. Em companhia de importantes homens de ação, ele empresta um certo toque de idiotice aos feitos e pretensões deles. Ele faz troça de qualquer coisa, boa ou má, numa sociedade antiquada da qual ele mesmo é um dissidente. Todos os freqüentadores de teatro o amavam; os mais pobres em especial devem tê-lo apreciado pela maneira como expunha as tolices e abusos de seus superiores. Shakespeare não era um satirista professo, mas com a ajuda de Falstaff ele podia ser o mestre satírico da época, sem se expor a ataques, uma vez que os comentários fortuitos de Falstaff sobre o comportamento humano são sempre leves e tolerantes, e seu criador podia repudiar suas opiniões. Se a rainha Elizabeth realmente apreciava Falstaff, deve-se acreditar que ela possuísse uma visão clara o suficiente para perceber a falsidade gritante que a cercava.

Falstaff recusa-se a encarar as coisas sérias com seriedade, escreveu Bradley (p.262-3); Shakespeare podia deixá-lo fazer isso porque muitas das noções convencionais do que era "sério" haviam-se desgastado. Falstaff é o grande bobo, mas não um bobo da corte. Seu companheiro é um príncipe, e não um patrão; e ambos estão normalmente em dificuldades. Ele obtém alguma ajuda de Hal para – ocasionalmente – pagar as contas (*1H.IV*, I.ii.49ss.), mas nunca é visto pedindo dinheiro. Ele valoriza sua independência: ele mesmo escolheu sua maneira incerta de viver, com todos os desconfortos dos quais reclama. Falstaff não foi expulso da sociedade, mas optou por ficar fora dela. Ele possui uma boa porção de vaidade intelectual e se vangloria de sua inteligência, a melhor que já saiu "do cérebro desse tolo montão de barro, o homem" (*2 H.IV*, I.ii.1-2), o que é um bom resumo de sua avaliação da espécie humana. Ele adora usar Shallow como alvo de seus gracejos, quase mais do que como fonte fácil de dinheiro (1:V.i). Com Doll em seus joelhos, e Hal e Poins ouvindo escondidos, ele fala de ambos com altiva superioridade (2: II.iv.194ss.). Um ser solitário, embora longe de ser insociável, agrada-lhe falar a si mesmo – menos freqüentemente sobre seus estratagemas nefandos, como Ricardo III ou Iago, do que sobre sua filosofia, como Hamlet. O segredo de seu magnetismo é o fundo de humor que ele adiciona à sua inteligência; ele nos desarma com sua vontade de ver-se a si mesmo como os outros o vêem, e rir de si mesmo, o que nos permite apreciar livremente sua patifaria, deixando adormecida nossa moralidade crítica.

Poins ri do hábito de sir João de contar a todos que ele é um cavaleiro, da mesma maneira como os outros dizem que são parentes, mesmo que distantes, da família real (2: II.ii). Por mais "marginal" que ele seja, e por mais que zombe da sociedade à qual deu as costas, ele se apega firmemente a seu título. Chega a repreender o servo que propõe que ele renuncie a seu título e lute com ele, homem a homem (2: I.ii). A posição social pode, é claro, auxiliá-lo na tentativa de remediar a "consumpção perpétua" de sua bolsa. "Tão certo quanto eu seja gentil-homem", diz ele à estalajadeira, assegurando-lhe que tem toda intenção de pagar a conta. Snare, que aparece para prendê-lo por dívidas, hesita: "Pode ser que custe a alguns de nós a vida, pois ele vai usar o punhal" (2: II.i.). E ele realmente resiste. Snare e Fang, os homens do xerife, são subalternos, por isso sua auto-estima não permitirá que seja intimidado por eles. Shallow se lembra dele na juventude como um espadachim muito bom (2: III.ii.26-8). Em seus acertos com o Presidente do Tribunal, ele se comporta friamente em sua presunção de igualdade e ainda deixa escapar a sugestão descarada de que o dignitário deveria emprestar-lhe mil libras (2: I.ii).

Como cavalheiro que é, mantém uns poucos maltrapilhos como séquito, uma paródia das multidões de servos que os grandes mantêm. Quando exercita sua inteligência sobre eles, nem sempre usa de humor; por exemplo, ele zomba do nariz vermelho de Bardolph sem piedade (1: III.iii). Mas eles também são marginais que não vivem muito diferentemente dele, apenas alguns níveis abaixo, e dele se lembram com afeição após sua morte (H.V, II.iii). Sua maneira de falar a seus recrutas é tão fria como qualquer uma das troças de Crookback a suas vítimas (1: IV.ii; V.iii). O que é considerado prudência em um cavaleiro é desagradável em um plebeu; ele desdenha dos recrutas que se livram do exército com dinheiro – exatamente o que faria se estivesse no lugar deles.

Toda sociedade tem suas arestas, especialmente em uma era de mudanças como a de Shakespeare ou a nossa. Falstaff é seu representante máximo, com um apelo perene por ser um cético, não-conformista, como às vezes nós todos somos, ainda que disfarçadamente. Ele e Hal, parodiando a corte, com Falstaff finalmente discursando em verso, a cabeça calva por coroa e um banquinho como trono (1: II.iv.370ss.), reduzem a pompa e a parafernália da monarquia ao absurdo. O mesmo ocorre com toda a pavonada e a afetação da vida convencional. Falstaff vivia, nos diz ele, tão "virtuosamente" quanto caberia a um cavalheiro, sem muita blasfêmia, nunca apostando mais do que uma vez ao dia, e assim por diante. Suas noções de conduta não divergem daquelas da classe alta em nenhum desses pontos. Elas são heterodoxas, acima de tudo no que diz respeito ao código de honra neocavalheiresco, que, na época de Elizabeth, era defendido em duelo.

Shakespeare ridicularizou a "honra" mais do que uma vez, como o fizeram muitos outros escritores; ele devia alguma coisa ao ensaio de Montaigne sobre a Glória, e as novelas picarescas da Espanha do século XVI se deleitavam em ridicularizar posturas heróicas (Valbuena Prat, p.164-5). Ele lança seu primeiro olhar zombeteiro sobre o assunto na cena em *Henrique VI Parte 3* (IV.iii), em que sentinelas do turno da noite comparam o conforto da paz com a "perigosa honra", pouco antes de Warwick entrar correndo com seu grito de "honra agora ou nunca!". Falstaff em campanha, com sua visão não-sentimental da guerra, deve estar expressando os pensamentos que pairam na mente de muitos soldados comuns. Todo grande personagem de ficção traz consigo, de alguma forma parecida, os pensamentos e sentimentos de muitos. Seu monólogo sobre a honra em Shewsbury marca um ponto crucial na revelação das idéias de Shakespeare, sendo rapidamente seguido pela morte do campeão da honra, Hotspur.

"Mas não sou covarde, Hal", Falstaff protestou (1: II.ii). Ninguém acreditava nele, até que o ensaio de Maurice Morgann apareceu, em 1777 e, mesmo assim, ainda há leitores que não acreditam. Um covarde é um homem que não se atreve a fazer algo que sente que deve fazer. Se Falstaff deve continuar sendo sir João, deve estar pronto para demonstrar o espírito adequado, ou coisa que o valha, quando julgar que é necessário, sem se atirar em aventuras supérfluas. Antes do caso Gadshill, Poins fala sobre dois do bando como "verdadeiros covardes" e, de Falstaff, como um homem que não lutará "mais tempo do que julgue necessário" (I.ii.175ss.): uma distinção precisa. Não importa o que seja dito de seus humildes companheiros, se Falstaff fosse um verdadeiro patife, não se envolveria em uma "vocação" tal qual a de assaltos nas estradas, o que era bastante arriscado. "Se eu for para a forca, o velho sir João vai comigo", declara um dos outros: em outras palavras, ele vai "alcagüetá-lo" (II.i.66-7).

Falstaff junta-se ao ataque aos viajantes, embora tenha sido avisado de que há oito ou dez deles e ele tenha somente três homens consigo. Surpreendido pelo príncipe disfarçado e por Poins e abandonado por seus homens, ele dá um ou dois golpes antes de sair correndo. Um velho gordo não precisa ficar e lutar contra um par de jovens espadachins. Quando teve de inventar uma história sobre o que ocorrera, seu propósito era, é claro, divertir e não enganar, como notou Morgann (p.140-1). Dar um talho no fio de sua espada como testemunho de uma dura resistência e multiplicar o número de homens aos montes eram ficções cômicas que se assemelhavam ao "detalhe corroborativo" de Pooh-Bah[3] sobre uma execução imaginária. Poins já havia previsto que ele teria "mentiras incompreensíveis" para contar, de uma luta com "pelo menos trinta" (I.ii.178ss.), e Falstaff teve uma oportunidade de ouro de colocar em prática sua reputação criativa. Hal trabalha sobre o óbvio quando se recusa a acreditar numa história que não enganaria nem mesmo a uma criança.

Em Shrewsbury também, o comportamento de Falstaff não é o de um poltrão, mas sim de um homem assentado e equilibrado que fará tão-somente o que deve. Ele "liderou" seus homens sob fogo e abandonou-os mortos ou aleijados, presumivelmente retirando-se em tempo hábil. (Deveremos imaginar que ele espera continuar recebendo e guardando os pagamentos dos soldados para si, como tão freqüentemente faziam os oficiais elisabetanos? Se for o caso, quanto mais cadáveres melhor.) Ele olha para os heróis de mãos pesadas a seu redor tão calmamente como se estivesse descansando na taverna. Ao ver Douglas aproximar-se, deita-se como se estivesse morto, da mesma forma que fazem os homens sensatos ao serem ameaçados por um urso. Ainda assim, ele se sentirá feliz se as pessoas pensarem que, por algum golpe

3 Personagem da ópera cômica *The Mikado* (1885), escrita pelos ingleses Gilbert e Sullivan. (N. T.)

de sorte, ele tenha conseguido matar Hotspur e ganhar uma recompensa.

Falstaff brinca com a Honra de Hotspur, assim como Hotspur ridiculariza a mágica de Glendower (o que Falstaff também faz: II.i.v.331ss. – nesse ponto, pelo menos, os dois concordam). Os escritores e pregadores puritanos atacavam as noções atávicas de honra, mas o faziam fundamentados em uma base sólida e firme de uma nova classe com novos valores, ao passo que de Falstaff se ouve a autocrítica de uma velha classe cujos valores estão enferrujando. Ele gosta do jargão puritano e de chavões e fragmentos das Escrituras, mas apenas enquanto figuras de linguagem; ele venderia com presteza sua alma ao diabo por um cálice de vinho madeira e uma coxa de galinha, como acusa Poins de tê-lo feito (1: I.ii.111-3). Ele finge indignação diante da triste descoberta de que a "Virtude é tão pouco apreciada nestes tempos de comerciantes baratos" – a ponto de os comerciantes orgulhosos de sua riqueza serem impertinentes o bastante para insistir em que seus clientes fidalgos lhes dêem "garantias" (2: I.ii). Eis o clamor de toda uma classe de cortesãos decadentes, prontos para dar lugar aos "endinheirados".

Sir João tem de sentir-se grato pelo convite para cear numa taverna do mestre Smooth, o comerciante de sedas, esperando, com certeza, receber tanto uma muda de roupas como uma refeição gratuita (2: II.i). Ele está encalhado entre duas eras, deslocado em ambas e, ainda assim, sempre pronto para uma piada. "Eles odeiam a nós, os jovens", exclama, enquanto ele e seu bando atacam os devotos e bem alimentados peregrinos: "os jovens precisam viver!" (1: II.ii). Os jovens *estavam* insatisfeitos e, à sua maneira excêntrica, Falstaff é um verdadeiro rebelde contra um ambiente sombrio e enganoso. Ele é um velho patife que deve ser perdoado por ser tremendamente malsucedido: todos os seus planos dão errado, como só poderia acontecer a um homem cuja vida é uma farsa.

Ainda assim, a vida desregrada também deve ser uma longa série de pequenos expedientes e aborrecimentos, terminando em catástrofe. Sua autopiedade é uma contrapartida caricata à do rei Henrique. Em seu primeiro encontro conosco, ele está entregue ao desânimo e deplora sua péssima reputação (1: I.ii).

"Suspiros e dor" são a justificativa para sua obesidade. Ele gosta de matraquear sobre sua idade, mas não gosta que ninguém mais diga que ele está velho e decrépito. Certa vez ficou furioso pelo fato de o príncipe tê-lo comparado a "uma velha e enrugada pêra-de-pé-comprido" (2: II.iv). Bardolph também o irrita, em um momento em que Falstaff está cheio de autopiedade, ao dizer: "vós estais tão rabugento que não podereis viver muito mais" (1: III.iii).

Bradley – e, de forma mais surpreendente ainda, Hazlitt – achavam que seu bom humor era permanente, ou que ele fingia depressão por puro divertimento (Bradley, p.261; Hazlitt, *Characters*, p.146, 148): um erro tão grande quanto o de o considerar um covarde. Nunca se sonharia vê-lo bêbado, mas ele é um beberrão, um dos poucos em Shakespeare, e do tipo filósofo; um discípulo tão verdadeiro de Baco como Hotspur o é de Marte. Sem o xerez, a vida seria quase intolerável; é seu refúgio da sordidez ao seu redor. A bebida purga o cérebro de "todos os vapores tolos, estúpidos e acres que nele habitam" – outra indicação de estados depressivos. Na verdade, ele presta ao vinho uma homenagem, como o inspirador de sua sagacidade, e da coragem bélica em outras pessoas (2: IV.iii).

Os arrebatamentos de Falstaff de auto-reprovação e seu discurso no sentido de reformar e recuperar a fama de seu nome não são puramente jocosos (cf. Salingar, p.41). Ele gosta de acusar os outros – "Companhias, as más companhias" (1: III.iii.9) – de terem-no levado para o mau caminho: às vezes Hal e outras vezes Poins. Mas uma volta a um estado de graça, ou de vida cortês, não o atrai. Um emprego de carrasco, diz ele a Hal, seria tão adequado a ele quanto "ficar esperando na ante-sala da corte" (1:I.ii.65ss.). Mas, no final, sua filosofia de vida cai por terra – sob o peso, deve-se pensar, da idade, das necessidades cada vez maiores e da tentação: as notícias da morte do rei e o repentino arroubo de esperança de desfrutar dos favores da corte. Agora, pelo menos, ele está preparado para se vender por um prato de sopa, disfarçado em luxo, influência e patronato. Essa é sua verdadeira queda; a rejeição do novo rei apenas vem coroar a traição a si mesmo. A imagem que temos dele é tristemente maculada por sua despropositada pressa de voltar a Londres e fazer fortuna, com uma indigna vingança contra o Presidente do Tribunal a adoçar o gesto. Ao repudiá-lo, Hal o salva de se transformar em um odioso favorito da corte.

O Presidente do Tribunal, encarregado pelo agora ostensivamente virtuoso Hal de assegurar a recuperação de Falstaff, sentencia-o à prisão, como primeiro passo para a regeneração; como na fábula da colméia em *Henrique* V, a Justiça entrega o zangão preguiçoso ao executor. O que ouvimos sobre os últimos dias de Falstaff é doloroso. Como o passado ao qual pertence, ele tem de ser deixado para trás. "Seu coração está em frangalhos" (H.V, II.i) – não por arrependimentos sentimentais, com os quais ele não se importa, mas sim pelo desapontamento e pela vergonha da desgraça pública impiedosa. Acima de tudo, é de esperar, pela idéia de que ele se tenha rebaixado ao nível de um vulgar caçador de fortunas. Seus últimos momentos são agitados e a seu redor estão apenas os seus velhos e mal-afamados amigos a lamentar a perda. "Se eu pudesse ir com ele", diz Bardolph, embora tudo que tivesse conseguido a serviço de Falstaff fosse álcool e um nariz vermelho (H.V II.iii).

Henrique V (1599)

Hazlitt, o grande dissidente, recusava-se a ver Henrique V como um patriota ideal e se opunha a suas arengas sanguinárias (*Characters*, p.156-8). A fascinação pelo Império colocou o vencedor de Agincourt de volta em seu pedestal. Sidney Lee se deleitava com sua demonstração "das supremas potencialidades do caráter humano", em especial as que podem ser vistas na Inglaterra (*Life*, p.252). As guerras mundiais do século XX favoreceram-no ainda mais – pelo menos em sua terra natal. A peça de Shakespeare poderia ser enaltecida como "um novo drama épico e heróico, mesclando a virtude cristã ao brio marcial" (Knight, *Sovereign Flower*, p.37). Desde esse momento houve uma recaída. Dois críticos encontram sintomas de aborrecimento por parte do autor, encoberto por metáforas forçadas (Muir & O'Loughlin, p.112-3). Uma outra queixa é a de que há uma "inflação ostensiva" de linguagem (Van Doren, p.172). Leggatt chega a chamar a peça de "sátira" (p.121). Na verdade, parece que Shakespeare – logo após escrever uma obra tão iconoclasta quanto *Henrique* IV – usa uma linguagem bombástica para disfarçar sua própria descrença em sua abjuração, até mesmo parodiando seu estilo heróico ao transformá-lo em bombástico. Também é grave a acusação de que ele é o símbolo de uma ideologia histórica "destrutiva e, em última análise, autodestrutiva" (Stribrny, p.101).

O aniversário de Agincourt ainda era comemorado nos séculos XVI e XVII. Foi um triunfo da agressão; infelizmente, antes do ano da Armada, a Inglaterra quase não tinha nenhuma luta defensiva da qual se orgulhar. A partir de *Henrique* IV, Shakespeare tinha necessariamente de continuar, como prometido em seu Epílogo a *Henrique* V, em direção a um "grand finale" para seus Dramas Históricos. Igualmente inevitável foi seu fracasso ao tentar transformá-lo em um drama concretamente verossímil. Sua peça contém poesia vibrante e pensamentos oportunos, mas uma história tradicional de conquista não poderia ser o lugar adequado para esse tipo de coisa. Os apelos do Coro para que a audiência auxilie o autor com sua imaginação podem ser um sinal de que esse autor esteja constantemente lutando com uma tarefa incompatível.

A crônica de Edward Hall havia dado aos ingleses do período Tudor um Henrique V que era "o espelho da Cristandade e a glória de seu país" (Wilson [ed.], p.xviii). Shakespeare não podia discordar abertamente desse elogio; podia tão-somente emprestar-lhe sombras e luzes, por meio de alguns toques aqui e ali. Da mesma forma que acontece com o príncipe Hal, o resultado é uma miscelânea pouco convincente. No início ele se esforça para colorir sua imagem de Henrique como um personagem reformado ou revelado recentemente. Revela-se-nos, tão impressionantemente como se Shakespeare realmente acreditasse nisso, o quão bem ele pode discursar sobre teologia, ou assuntos políticos ou militares, apesar do fato de que seu tempo tenha sido todo desperdiçado com "orgias, banquetes e prazeres" (I.i.37ss.). Sua extensa denúncia dos "monstros ingleses", os traidores, subornados pelo ouro francês, é uma aula de lealdade patriótica; ele consegue nossa compreensão quando pateticamente nos fala de sua amizade com um deles, Scroop, um Judas que conhecera o mais profundo de sua alma (II.ii.79ss.). Isso é uma novidade, posto que havíamos anteriormente ouvido Henrique dizer que não tinha nenhum amigo melhor que Poins (2H.IV II.ii), e ele nunca parece ser um homem capaz de amizades íntimas. Seu coração não é, de forma alguma, "despedaçado"; não dedica nenhum pensamento a Scroop e a sua traição. Até mesmo um admirador que acredita em seu "genuíno amor ao serviço público" sente que falta algo, uma ausência de realidade humana atrás da máscara de governante bem-sucedido (Ellis-Fermor, p.43-5). Deve-se, contudo, notar que os vilões não são condenados à morte sem critério, mas são remetidos "à resposta das leis": a lei é uma autoridade maior que o rei, ainda que saibamos muito bem qual será o destino deles.

Pode-se conjecturar que, nos meios oficiais, havia alguns insatisfeitos com a leviandade de *Henrique IV* no que se referia ao recrutamento do exército, por exemplo, e que seu autor fora avisado para se comportar o melhor possível da próxima vez. De qualquer modo, essa peça é ostensivamente nacionalista. Nela, os franceses são denegridos o tempo todo; toma-se todo cuidado para que não surja nenhum sentimento mais nobre que poderíamos ter por eles. A tentativa que eles fazem de lograr o assassinato de Henrique nos adverte sobre o que se pode deles esperar, como sua trama vil em *Rei João*. Apesar de todo o barulho e calor patriótico, parece que o público, para seu próprio mérito, não mostrou muito entusiasmo. Parece que houve poucas apresentações dessa peça durante a vida de Shakespeare, ou durante muito tempo depois. A decepção com a morte de Falstaff pode ter sido uma causa importante para isso; um outro capítulo de seus feitos havia sido prometido no Epílogo de *Henrique IV*. Shakespeare deve ter entendido, quando se pôs a trabalhar, que Falstaff na França iria arruinar toda a campanha. Ele então oferece um tipo de apologia quando Fluellen, discursando sobre a Macedônia no meio da batalha de Agincourt, e sobre Alexandre como um igual de Henrique V, inadvertidamente se refere ao gênio violento de Alexandre e ao assassinato de seu melhor amigo, e segue comparando isso ao fato de Henrique ter voltado as costas ao "cavaleiro gordo" que era "cheio de maneirismos e piadas, patifarias e fingimentos, de cujo nome me esqueci" (IV.vii.31ss.). Ninguém mais o esquecera.

Uma vez mais, da mesma maneira que ocorreu a Talbot em sua cavalgada, um exército inglês está marchando e fazendo massacres em solo estrangeiro. Há, contudo, uma enorme mudança na atmosfera e também uma crítica implícita da guerra e da realeza. Cada uma dessas instituições gêmeas é agora mais complexa. Henrique luta com Deus, e Shakespeare pode ser visto lutando consigo mesmo. É com freqüência que ele escreve bem demais para alguém que está apenas fazendo seu trabalho diário, mas suas palavras soam como ambíguas. Supor que fosse apenas um simplório prosélito, querendo que tudo que dissesse fosse compreendido literalmente, implicaria uma transformação brusca do criador de Falstaff, assim como de Hal. Em um nível superficial, a peça é um exercício direto de rufar de tambores, mas espalhados por ela estão apartes que o autor nos fornece e que lhe dão uma fisionomia muito diferente. O desgaste pelas guerras era crescente na Inglaterra durante os anos imediatamente anteriores à "pacificação" da Irlanda, e James I colocou um ponto final na luta contra a Espanha. Shakespeare pensava nas pessoas comuns, que sofriam sob os fardos da guerra, e também nos generais. A retórica excessivamente exasperada do discurso de Henrique para seus homens em Harfleur beira a caricatura.

Pouco resta após Agincourt. Shakespeare se desculpa por haver deixado coisas de fora; pode ser que ele estivesse exausto. Poderia ter terminado com uma nota de triunfo sangrento, mas preferiu um quinto Ato tranqüilizadoramente suave, com metade da duração do Ato IV, quase totalmente em prosa. Sua função é acertar a capitulação francesa, mas Shakespeare confere a isso um ar de acordo amistoso, com um Henrique ansioso pela paz. Nada que possa agitar os temperamentos é dito. O que ofusca todo o resto é o discurso de Burgundy, como mediador, a respeito dos tormentos sofridos pela França. No Ato I ouvimos Henrique ameaçar a França com todos os horrores da guerra; agora sabemos que tais horrores foram de fato infligidos ao malfadado país. Uma cena jocosa de flerte revela-se uma continuação muito pobre, um anticlímax pior do que qualquer outra conclusão de uma peça importante de Shakespeare. Henrique, cordial e satisfeito consigo mesmo, não tem remorsos pela devastação que causou; Catarina é uma simples boneca no palco. Ter de chegar a isso foi uma confissão de fracasso, e o Epílogo faz que os espectadores se lembrem do quão rapidamente, com o filho infante de Henrique no trono, a França seria perdida.

De acordo com o consciencioso L. B. Campbell, a decisão de invadir a França foi tomada "em bases altamente morais" (p.263-4). Shakespeare não nos oferece nenhuma explicação aceitável; na verdade, o que ele nos dá é uma visão do tipo de história secreta que tinha um papel importante no desenrolar das guerras de seu próprio tempo, o que ainda ocorre atualmente. No pano de fundo está a lição que Henrique aprendera de seu pai: a melhor maneira de se evitar problemas internos no país é conseguir disputas no estrangeiro (2H.IV, IV.v.209ss.). A Inglaterra já havia sido uma presa das facções feudais por tempo demasiado; um ataque à França uniria todas elas, lavaria sua culpa com sangue francês e renovaria e legitimaria a monarquia.

A guerra no estrangeiro era um meio com o qual contava a sabedoria da época para purgar a gama de insatisfação dos pobres e a dos poderosos. Novas forças sociais estavam surgindo, mas nada ainda sob a forma de um programa social, a não ser os preceitos defendidos pelo puritanismo. A incursão de Henrique na França possibilitará a existência de alguns refugos sociais – como Bardolph – dos quais é preciso se livrar. De maneira mais respeitável, ela pode reunir as classes altas e baixas (e, da mesma maneira, as regiões componentes das Ilhas Britânicas), em um esforço comum: o de ter um lugar na fraternidade de Henrique. A idílica colméia do arcebispo, com ordem e obediência como tônica, é – como a fábula de Menenius em *Coriolano* – uma apologia à harmonia social, com todas as classes se combinando em uma só: uma visão sempre apreciada pelos conservadores.

A justificativa mais completa de uma guerra de agressão poderia tão-somente advir da religião. A história de Henrique V realmente fez uma alegoria à devoção, e a propagava por meio da perseguição aos hereges. O Henrique de Shakespeare, com suas incessantes súplicas a Deus (para um futuro motivo de glória, por assim dizer), sua insistência de que os céus estão corretamente do lado da Inglaterra, soam incoerentemente a um militante do protestantismo. Foi a animosidade protestante contra a Espanha católica e a Irlanda que supriu a maior parte da aprovação popular de que as guerras da Inglaterra desfrutavam na época em que essa peça foi escrita. Aos inimigos de Henrique não é permitido nem mesmo suplicar pelo auxílio divino, e os franceses são muito frívolos para sequer pensar em fazê-lo.

Shakespeare poderia ter dado a Henrique uma reivindicação melhor se este dissesse que a França se encontrava sob um governo fraco ou ruim, e que ele seria um melhor governante. Em vez disso, vê o país de forma tão rude quanto um domador de animais: "Se a França for nossa, nós a curvaremos até que nos tema reverentemente, / ou até despedaçá-la" (I.ii.226-7). Era só isoladamente na Europa de Shakespeare que as pessoas aprendiam a se opor a que seus países ou províncias fossem entregues a outros reis ou passassem de mão em mão entre eles, da mesma forma que ocorria entre os proprietários de terra. As platéias podem ter-se interessado pelas genealogias de seus próprios governantes, mas não é possível que se tenham interessado tanto pelo palavrório do arcebispo a respeito dos direitos de Henrique à França. Shakespeare tirou a idéia diretamente de Holinshed, deixando-a "dramatizada de maneira muito imperfeita" (Raleigh, p.69), como se a fizesse propositadamente parecer absurda. O mensageiro de Henrique tenta convencer os franceses de que suas reivindicações não eram meros disparates "tirados de carunchosos papéis do passado" ou do "pó do antigo esquecimento" (II.iv.85ss.), mas, obviamente, é isso que são, e as ameaças sanguinárias que se seguem – com a responsabilidade, como sempre, recaindo sobre as vítimas – pertencem a uma era que Shakespeare deve ter desejado que a Inglaterra deixasse para trás.

Shakespeare parece ter apreciado a oportunidade que as crônicas lhe deram de começar sua peça mostrando um par de prelados aduladores planejando evitar um confisco avassalador da riqueza da Igreja, proposto pelo Parlamento, incitando Henrique à guerra e prometendo apoio financeiro. Logo após, a exortação calorosa de Henrique a Canterbury para pronunciar-se com imparcialidade religiosa a respeito de suas reivindicações, e o desejo ansioso que ele professa de não ofender os céus iniciando "injustamente" uma guerra, cujas conseqüências sangrentas ele claramente prevê, só pode parecer como uma ironia shakespeariana. A resposta é dissimuladamente tranqüilizante, e em um aspecto, o da pilhagem proveniente da guerra, o Metropolitano é mais franco do que qualquer um, ainda que o esconda sob a parábola das abelhas. O ganho real que pode advir à nação, a não ser o de uma garantia contra a guerra civil, tanto ele quanto Shakespeare se abstêm de demonstrar. O fato de que haverá uma perda real – a da riqueza da Igreja que o Parlamento poderia ter aplicado em objetivos úteis – não é enfatizado; mas podemos pressupor que uma platéia pós-Reforma estaria alerta para tal aspecto.

Por não oferecer justificativas públicas para a guerra, Shakespeare faz que Henrique pareça um egoísta impiedoso, como se exigisse o pagamento total de uma dívida. Isso contribui muito para anular o apelo do herói sintético que ele tenta produzir, um compêndio de qualidades admiráveis de peças anteriores. Não há lugar para um Hotspur na Inglaterra; sua coragem devastadora só pode ser bem aproveitada em uma guerra no estrangeiro. O príncipe Hal derrotou Hotspur; Henrique V veste a pele do leão morto e fala de sua sede de honra exatamente no mesmo estilo. Os ingleses eram convidados a ver-se a si mesmos como um Hotspur coletivo, como se tornariam na mitologia imperial. Com Henrique, a realeza está tomando uma forma parcialmente modernizada. Ele é um monarca feudal lutando por direitos de hereditariedade e fazendo o papel de cavaleiro errante. Mas, uma vez no campo, ele se torna o líder de um Estado com um espírito nacionalista inflamado e com uma forte infusão das virtudes da classe média, unidas às mais antigas, da espada e da lança. A Inglaterra de seus sucessores deverá ser uma nação de comerciantes bem armados, uma terra de merceeiros imperiais.

Diferentemente de Ricardo III diante de Bosworth, Henrique diante de Agincourt retira-se para se misturar incógnito a seus soldados, e então ora por si mesmo caracteristicamente autolaudatório. Seu pequeno exército é interceptado, cercado por forças superiores; ele está só. Ele não se ajoelha para pedir perdão pela ambição egoísta que levara seus homens a essa situação; não é seu pecado o que pesa em sua mente, mas o de seu pai, o usurpador. Ele nada tem para se exprobar. Afinal, não quer nada além daquilo que deseja seu Deus – o reinado, o poder e a glória. Os construtores do império britânico de eras posteriores não poderiam ter um santo patrono melhor que Henrique V.

Um rei que transita disfarçado entre seu povo foi durante muito tempo um tema de baladas populares (Holt, p.103). O que nos leva a uma discussão sobre uma das passagens que torna essa peça "problemática", em parte uma refutação da acusação que Bernard Shaw faz a Shakespeare, a de (diferentemente de Ibsen e dele mesmo) não ter *idéias* (*Shakespeare*). As dúvidas dos soldados combinam com as incertezas de Henrique sobre seu direito ao trono e causam sua breve perda de confiança. O debate, contudo, é insatisfatório. Tillyard considerou-o indiferente (*Historical Plays*, p.309); isso se dá porque Henrique só pode ser evasivo – o que, além de tudo, é menos fácil em prosa do que em verso.

Bates e Williams têm uma convicção amarga de que, se os ingleses forem derrotados, o rei será resgatado e voltará para casa, ao passo que os soldados comuns serão deixados apodrecendo. Passam a refletir sobre o campo de batalha, com seus soldados mutilados e mortos, que deixam esposas e filhos desprotegidos. O rei, dizem eles, se não tiver o direito a seu lado, deverá ser por tudo isso responsabilizado. Shakespeare não os deixa falar sobre responsabilidade pelos danos que a invasão inflige sobre a França; talvez ele queira que seus ouvintes pensem sobre isso. Com a habilidade em teologia que possui, como sabemos, Henrique transforma toda a questão numa abstração de propósitos divinos. Ela assume uma forma que permite que o novo individualismo se revele uma vez mais, de maneira mais mórbida do que o habitual. Deus tem os olhos postados sobre cada um dos soldados e a batalha é sua oportunidade para punir aqueles que são culpados por crimes – cometidos antes dessa campanha inocente. Cada homem é responsável pelo destino de sua própria alma, insiste Henrique, e não deve tentar culpar seu líder: cabe a cada alma estar em prontidão para a morte, de maneira que ela possa vir como uma bênção.

Para nós, a resposta prolixa de Henrique pode soar "pobre, confusa e irrelevante" (Palmer, p.238), mas é, em verdade, um habilidoso exemplo de casuística. Pode ser que seus súditos o culpem por tudo que lhes sucede; ele, porém, transfere a culpa para Deus: "A guerra é Seu preboste, a guerra é Sua vingança". Bates e Williams são facilmente persuadidos (mas o teria sido a platéia de Shakespeare?), muito embora outras ansiedades ainda os exasperem. A questão das viúvas e crianças que ficam abandonadas desaparece, e o mesmo acontece com a responsabilidade por crimes cometidos sob ordens superiores. Shakespeare já trouxera esse tema à tona no Ato I, Cena iv de Ricardo III, na qual os assassinos de Clarence, quando censurados, replicam que estavam apenas cumprindo ordens do rei, ao passo que ele lembrava prontamente que o assassinato era proibido pelo "grande Rei dos reis". Em nosso século, esse tema tornou-se assunto mundial.

Após essas cenas noturnas, a batalha em si torna-se desinteressante. Não há muito que Shakespeare possa colocar no palco, e ele parece não querer fazê-lo. Na peça como um todo, a luta só aparece em dois atos, e com uma infusão interessante de assuntos mais leves. As ameaças de derramamento de sangue feitas por Henrique aos cidadãos de Harfleur têm a garantia da regra, que começava a ser aceita nos tempos de Shakespeare, de que uma cidade sitiada que se recusasse a capitular quando não tivesse a mínima chance de ser libertada podia ser entregue à "execução militar", ou seja, saqueada, como seria Badajoz por Wellington em 1812. Shakespeare, contudo, deve ter esperado que alguns de seus espectadores pensassem se os "direitos" antiquados de Henrique à França valiam tais atrocidades, como "crianças nuas espetadas em lanças" (III.iii.38).

Deve ter havido alguns sorrisos diante do anúncio, após a terrível luta na ponte, de que as perdas da França foram pesadas, e de que os ingleses não haviam perdido nenhum homem; mas, claramente, parte do objetivo é pintar a campanha como tendo custado muito pouco sangue à Inglaterra. Agincourt fora um mero passeio. Dez mil franceses são mortos, quase todos nobres – os comuns não sofreram muito – e somente 29 ingleses (IV.viii). "Oh Deus, teu braço aqui esteve", Henrique exclama piamente. Shakespeare faz um esforço tremendo para mais uma vez desacreditar o inimigo, mas na verdade ele revela o ataque de ferocidade de Henrique quando ordena que todos os prisioneiros sejam mortos. Fluellen acusa raivosamente os franceses de um massacre dos meninos carregadores de bagagem, mas Henrique dera suas ordens na cena anterior, simplesmente porque os franceses parecem estar se reorganizando e, mais tarde, ameaça dar a ordem sem alusão nenhuma ao crime deles (IV.vi, vii). No final, os ingleses têm 1.500 prisioneiros fidalgos, entre outros. Para emprestar um toque sentimental ao campo de batalha, temos a descrição de York e Suffolk expirando um nos braços do outro, como irmãos. Shakespeare chama a isso de "belo e doce" (IV.vi). Ele deve ter esquecido que seu duque de York é o covarde Aumerle de *Ricardo II*, Ato V.

Não há nenhum Falstaff agora para rir das declamações de seu protegido, mas seus seguidores maltrapilhos ainda estão entre nós – um comentário sobre a glorificação da guerra e um contraste pitoresco com os homens de armas corpulentos e sóbrios que Henrique encontra. No princípio, eles estão se despedindo de sua taverna em Londres, e Pistol de sua estalajadeira, com quem havia se casado. Ele a aconselha a ficar de olhos abertos e a ser cuidadosa quando der crédito – "Uma vez que promessas são como a palha, e a fé dos homens como broas que se desfazem" (II.iii.49); um eco cômico das denúncias de traição que Henrique faz em cenas anteriores. Há ainda uma outra paródia do tipo *Ópera dos três vinténs*, quando Bardolph tem de reconciliar Pistol e Nym após uma disputa de jogo, de maneira que eles possam partir para as guerras "todos os três irmãos, jurados" (II.i), assim como Henrique está indo para a guerra para unir seus nobres briguentos. O trio parte para a França "como sanguessugas de cavalos ... Para sugar, sugar, o sangue sugar!" (II.iii; cf. IV.iv.65). Pistol é tão realista quanto qualquer prelado a respeito de o objetivo da guerra ser a pilhagem.

O garoto que eles levam consigo é um dos jovens de olhos aguçados que Shakespeare usa como informante. Em breve ele deseja estar de volta a Londres: "Eu daria toda minha fama por um pote de cerveja e segurança" (III.ii); deve ter aprendido muito com Falstaff. Em Harfleur, a frase de Henrique "Uma vez mais para a brecha" é prontamente adotada por Bardolph: "Adiante, adiante, adiante, adiante! para a brecha, para a brecha!" – mas tanto ele como seus companheiros logo encontram razões para *não* ir, até que Fluellen aparece e os empurra para a frente (III.iii). Shakespeare tentou nessa peça – talvez sem entusiasmo – inspirar algo como a exaltação de 1914 e o soneto de Rupert Brooke sobre a Honra voltando ao mundo. Mas Hotspur, o porta-bandeiras da Honra, morreu em Shrewsbury, e Falstaff deu em seu cadáver uma facada de despedida, como que para simbolizar a morte moral que sua sátira já havia infligido ao heróico mundo dos sonhos.

A última coisa que vemos do pouco heróico grupo, depois que Bardolph é enforcado por roubo, é quando Pistol recebe uma bem merecida surra de Fluellen, por ter insultado a ele e ao País de Gales. "Todo o inferno vai tremer por isso" – sua ameaça furiosa, quando é solto, soa como se tivesse sido emprestada de alguma das ameaças retumbantes de Henrique; mas ele logo desmorona. "Estou ficando velho e a honra me foi arrancada a golpes de porrete": uma vez mais o heróico se esvazia por associação. Sua esposa havia morrido do "mal da França"; Doll Tearsheet tornara-se uma "lázara", uma prostituta baixa; e ele vai fugir para casa e viver de esmolas e roubos (V.i). Outro remanescente patético de um tempo mais antigo chega ao limite de suas forças.

Os ingleses da época de Henrique e os que se seguiram aprenderam que "ele havia governado extremamente bem". Ele fora um vencedor, e "o sucesso visível é exigido dos reis" (Saccio, p.88). Ele tem uma afinidade com Richmond, que, a caminho do trono, assegura-se de ser o "capitão" nomeado por Deus (*R.*III, V.iii). Tem um sucessor em Cromwell, o imperialista idealista, e toda sua geração de construtores de império, para os quais *Henrique* V seria o mesmo que uma bíblia de campo. Ele nos dá uma boa visão das perversões feudais, que legavam para a posteridade uma mentalidade de conquista reforçada pelas convicções cristãs ou uma simulação dela. Como um clímax retumbante para toda a série de peças, *Henrique* V tem veracidade histórica. Foi escrita quando a Inglaterra estava à beira de três séculos de expansão imperial, começando pela Irlanda, pela colonização na América do Norte e pelas expedições de pirataria ao redor do globo. Mas nenhuma expansão mundial poderia, em qualquer época, aquietar as contradições plantadas por Shakespeare em seu drama.

CAPÍTULO 3

TEMAS HISTÓRICOS

A monarquia

"Mereceu ele perder assim seu direito de nascença?", exclama a rainha Margaret quando seu marido retira o direito do filho à sucessão (3H.VI I.i.229; cf. II.ii.35). A coroa é o emblema supremo do direito divino de propriedade; é o "direito de nascença" de quem quer que tenha a melhor reivindicação a ele por descendência. O título de cada proprietário a sua propriedade ou feudo apoiava-se nas mesmas bases: os dois tipos de direito evoluíam juntos. Mas quando a coroa é disputada nos Dramas Históricos, os homens tomam partido por vários motivos, como sempre o fizeram quando as sociedades são divididas por questões fundamentais.

O próprio Henrique VI é enfraquecido por uma consciência constrangida pelo fato de ter sido seu avô um usurpador. Seus escrúpulos são invenções de Shakespeare e não são mencionados pelos cronistas (Council, p.13). Isso tem contribuído para inspirar uma concepção dos Dramas Históricos como um tipo de *Orestéia*, um registro de uma casa real sob a maldição que tem sua origem na culpa de seu fundador. Essa é uma noção corretamente rejeitada por W. R. Elton (p.30). A visão que Shakespeare tinha da história era pragmática, e não mística. A realeza pode ser "divina", mas somente enquanto for útil, embora ele esteja pronto a fazer uso de quaisquer idéias surpreendentes que possam causar efeito dramático. Aprisionado por alguns guardas, Henrique VI é confrontado pela estranha maneira de pensar desses plebeus. Quando ele exige deles o cumprimento do voto de lealdade, a resposta é que devem obedecer ao rei que estiver no poder, e eles não parecem se preocupar muito com qual rei esteja (*3H.VI*, III.i). Os ingleses dos séculos XVI e XVII eram obrigados a concordar com um constante vaivém entre regimes e credos; essas peças levaram um espetáculo semelhante aos palcos, o que deve ter tido um efeito psicológico semelhante. Na média, Elizabeth podia estar satisfeita. Ela era neta de outro usurpador; seu direito ao trono baseava-se muito em sua própria coragem e perícia, da mesma forma que o de Henrique V fora afirmado por sua conquista da França. Aos olhos de qualquer governo, as melhores lições de história são aquelas que contam a seu favor.

Filipe em *Rei João* pode discursar de forma impressiva sobre o dever do rei em retificar o que está errado, como representante do "juiz sobrenatural" (II.i.112-4), mas a principal função da realeza é manter a ordem. Em *Henrique VI Parte 2*, York enaltece o cetro não só como a posse suprema, mas como o meio de "agir controlando as leis", de "governar e controlar multidões", algo que, segundo ele, Henrique é incapaz de fazer (V.i.91ss.). Na primeira cena dos Dramas Históricos, a memória de Henrique V é evocada por seu irmão Humphrey de Gloucester como a de um governante modelo. É um quadro bastante amedrontador: olhos ameaçadores, "espada brandida", "braços tão abertos quanto as asas de um dragão". Há uma implicação muito clara de que, a menos que um rei saiba como fazer o papel do dragão, a anarquia logo sobrevirá: isto é, o Estado tem pouca coesão própria, mas pode ser mantido por meio de incessante coação. Clifford, o mais jovem, em seu discurso de morte no campo de batalha, lamenta a fraqueza fatal de Henrique VI ao não destruir a facção dos York que está fora de controle (3H.VI, II.vi). O jardineiro de Ricardo II sabe que as plantas que ficam altas demais devem ser podadas, e o mesmo se dá com os súditos (III.iv). Ricardo seguiu esse preceito ao banir dois desses homens, mas não foi o suficiente.

Um herdeiro que chega ao trono enquanto ainda é menor não poderia se transformar em um governante vigoroso; aí estava uma falha da monarquia hereditária, em nenhum lugar mais proeminente do que na Escócia. Poder-se-ia, portanto, considerar sensato ignorar um menor e instalar no poder um homem competente, que fosse o próximo na linha de sucessão. Essa é a luta de Ricardo III e a de João; e quando a inimiga de João, Constança, reclama, os soberanos a quem ela apela ignoram a legitimidade porque lhes interessa manter a paz com João. Seu lugar no trono é inquestionável até o momento em que ele se torna suspeito de ter mandado assassinar Artur. Esta distinção entre desempossar um herdeiro e acabar com ele pode ser ilógica, mas pode também ter força entre a opinião pública, que não é necessariamente conduzida pela lógica. Até mesmo o obstinado Buckingham se detém quando Ricardo quer seus sobrinhos mortos, e sua deserção é o princípio da queda de Ricardo.

Sentimentos mistos, de natureza semelhante, podem ter sido provocados pela remoção de governantes adultos do trono e seus subseqüentes destinos. Shakespeare disse o bastante a respeito do pecado da usurpação para aplacar Elizabeth, para quem a deposição de Ricardo II constituía um assunto doloroso. O apetite que ela demonstrava por bajulação levou-a a merecer o apelido de "Ricardo Segundo". Shakespeare também conseguia escrever de maneira eficiente sobre a santidade da pessoa do rei; esse era um tema que poderia ter uma força mítica ou poética, em conjunto com as virtudes religiosas ou mágicas da consagração. As mãos de seu assassino "queimarão em fogo inextinguível", avisa Ricardo, e Exton estremece só de pensar nisso (*R.II.*, V.v). A morte de Ricardo parece pesar mais do que sua deposição; e em Agincourt, quando Henrique V se angustia com a lembrança da "falha" de seu pai ao "alcançar a coroa", é o derramar de sangue real que ocupa sua mente (*H.V*, IV.i). A dificuldade prática, contudo, permanecia. Um monarca destronado que permanecesse vivo seria sempre um foco de conspiração – daí a execução de Maria Stuart por Elizabeth, após muitas hesitações. Nesse caso, foi uma vantagem o fato de Maria ser estrangeira, já rejeitada por seu próprio país. Ainda assim, Elizabeth teve de negar a responsabilidade; conforme Holland (p.128), Shakespeare pode estar educadamente concordando com essa pretensão quando o rei João lamenta "a maldição dos reis": a de que seus oficiais estão sempre prontos a exceder suas instruções (RJ, IV.ii.208). Cromwell iria aprender que a deposição e a execução de Carlos I poderiam parecer duas coisas bastante desiguais para seu povo.

Como estudo político, *Ricardo II* é menos o drama de um rei deposto do que a rejeição de um padrão arcaico de realeza, ou a idéia que passava a ser conhecida como "o direito divino dos reis", que custaria tanto aos Stuart. Ricardo é um indivíduo instável, autocentrado, sob o jugo de favoritos e bajuladores. Seu contendor, Bolingbroke, ao contrário, é um homem de vontade e ação, como requer a época, e também primo em primeiro grau de Ricardo, com o sangue quase tão real quanto o seu. Pode-se notar, como uma outra parte da concepção flexível de Shakespeare sobre aquilo que é devido aos governantes – e o que eles devem –, que os estrangeiros não têm direitos em sua causa, embora possam ter recebido a mesma sagração misteriosa da Igreja, ou a ela tenham direito.

Se a preocupação nos primeiros Dramas Históricos é a necessidade de governos fortes, capazes de manter a lei e a ordem, não demora muito para um perigo oposto se apresentar: o governo tornar-se demasiadamente forte e arbitrário. Isso pode acontecer, quer o homem que ocupa o trono seja forte ou fraco. A frivolidade de Ricardo II faz que seja possível a seus lacaios persuadi-lo a fazer uso de todo tipo de abuso de autoridade, quando não se entregam eles mesmos a essa prática. João é um governante enérgico, que provoca o caos ao abusar do poder, até que as facções rosnem como cães, reclama o Bastardo, sobre os "ossos descobertos da majestade" (RJ, IV.iii.148). Pandolfo previra que João, como usurpador, teria de se manter por meio de um governo despótico, e discutia que a tirania nunca pode ser assegurada por meio de assassinatos (III.iv.). Afinal, quando João ainda não havia feito nada mais do que decidir por um simples crime, Shakespeare, na imaginação, o vê, seu povo parece vê-lo e ele mesmo parece se ver, já encharcado em sangue. Seu pé "deixa a pegada de sangue por toda parte onde vá", grita Salisbury

(IV.iii.25). O próprio João é levado a reconhecer que o derramamento de sangue não pode ser "um alicerce firme" (IV.ii.104). O que poderá sê-lo então? A monarquia parece exigir qualidades mutuamente exclusivas. Um rei deve ser forte e resoluto – "cintilar como o deus da guerra", diz o Bastardo a seu tio (V.i). Mas, quanto mais forte ele se torna, maior a probabilidade de que recorra a métodos arbitrários. Somente um bom homem está apto a manter o controle, mas nenhum governante poderia ser um homem melhor do que Henrique VI.

Um governo severo pode trazer a ordem, pelo menos por algum tempo, mas Shakespeare está longe de admirar o poder pelo poder, e a ambição pelo poder pode levar ao crime e, conseqüentemente, a nova desordem. Depois de ter mudado de partido na Guerra das Rosas, Warwick imediatamente acusa Eduardo IV de ser um "tirano", e a rainha de Eduardo, Elizabeth, aplica o mesmo epíteto para o próprio Warwick (*3H.VI*, III.iii.206; IV.iv.29). O termo significava, mais propriamente, usurpador, mas foi usado num sentido mais próximo do nosso. O irmão de Eduardo, Clarence, protesta na Torre que não teve julgamento, nem júri: para ele, é "deveras ilegal" ser condenado sem haver sido "sentenciado pelo curso da lei" (*R.III*, I.iv). Eduardo se arrependerá, em seu leito de morte, de haver precipitadamente suspeitado de Clarence. A peça, no todo, pode ser considerada uma advertência contra os irremediáveis atos de violência a que o poder sem rédeas parece fadado a dar lugar.

Uma vez no trono, Ricardo Crookback mostra-se, em todos os sentidos, um tirano, embora seja capaz de se denominar (sem dúvida com um risinho sardônico) "o ungido do Senhor" (IV.iv.151). Os advogados do período Tudor, lidando com sua lei de traição que sempre mudava, enfrentavam o dilema de como distinguir os direitos devidos *de jure* dos *de facto* daqueles que usavam a coroa. Shakespeare parece ter ficado à deriva entre duas idéias contraditórias: não é de todo errado que um governante incapaz perca sua coroa, mas é errado qualquer outro homem, por mais capaz que seja, tomá-la. O bom senso tem de afastar tais dificuldades e tratar a questão como um simples problema de conveniência. Durante uma crise de batalha nas guerras civis, Eduardo de York se ajoelha a Deus, aquele "que instala e arrebata os reis"; pouco mais tarde, Margaret acusa Warwick de "orgulhoso instalador e arrebatador de reis" (*3H.VI*, III.iii). Suas palavras quase idênticas só podem significar que, se uma coroa cai de uma cabeça real, seu portador deve ter-se provado indigno dela. No final, Richmond é o libertador do país enviado pelos céus. Sua ausência de linhagem real é mantida oculta. O mandato do céu lhe é claramente dado, o que ele demonstra quando mata Ricardo em uma espécie de julgamento ritual por combate. Em Shrewsbury, Henrique IV confirma, da mesma maneira, seu direito à coroa roubada, enfrentando, sozinho, o temível Douglas em combate; ele tem de ser resgatado, mas é seu filho e herdeiro quem o faz. A coragem pessoal é uma qualidade que todo rei digno do título deve ter.

Nos violentos dias de guerra civil, a coroa é um troféu irresistível aos aspirantes incautos. Ricardo de Gloucester, incitando seu pai a quebrar o pacto com Henrique VI estende-se sobre o quão doce deve ser "usar uma coroa, / Cujo círculo contém um Eliseu" (*3H.VI*, I.ii); mas, uma vez ganha, ela faz sentir seu fatal toque de Midas. Ela pode vir a ser um pesado fardo para os que estão sob seu domínio, mas com certeza ela o é para aquele que a carrega. Todos os príncipes pagam por suas honras vazias, tendo de passar por um "mundo de cuidados inquietos", reflete o administrador da Torre, ao ver seu adormecido prisioneiro Clarence (*R.III*, I.iv.78ss.). Henrique VI lamenta a dolorosa insegurança dos "reis que temem a traição de seus súditos" (*3H.VI*, II.v.45): uma das muitas passagens em que a monarquia parece sofrer de um mal incurável.

No encerramento de *Henrique VI*, Eduardo IV, seguro no trono e feliz com o nascimento de seu filho, anseia por "pomposos espetáculos e alegres representações teatrais" (*3H.VI*, V.vii.43). Mas quando começa a continuação, em seus melancólicos últimos dias, ele está imerso em temores infundados sobre "profecias e sonhos" (*R.III*, I.i.54), e sua consorte lamenta sua elevação a uma altura tão vertiginosa (I.iii.83-4). Ricardo III, por sua vez, aprenderá que, uma vez ganho o poder, o fruto se transforma em cinzas. Para cada um dos muitos personagens da realeza em *Rei João*, alguma desgraça "arruinou o doce sabor do mundo" (III.iv.110). Até mesmo o Bastardo, a princípio tão jovialmente cheio de um ímpeto animal, cambaleia sob os cuidados do Estado que lhe são delegados.

À medida que a história épica avança, o foco muda do direito de ser rei para os deveres de um rei, ou a compreensão de que o governante existe para o benefício da sociedade, e não o contrário. A Elizabeth do tempo de Shakespeare disse a seu último Parlamento como era pesado o fardo da coroa, e o Henrique IV dele teria, do fundo do seu coração, concordado. Já na Parte 1, suas palavras iniciais – "ainda pálido e abalado pelas preocupações" – mostram-no à beira da exaustão, talvez como o esteja a própria monarquia. Na Parte 1 ele está melancólico; na Parte 2, quase trágico. Ele passa a dominar o palco cada vez menos, embora sua sombra paire sobre ele o tempo todo; na Parte 2 ele não aparece até o Ato III, e suas primeiras palavras são um lamento sobre as ansiedades que o mantêm insone. Se um jovem pudesse ver o futuro, diz ele, e saber qual destino o espera e as estranhas voltas que o tempo lhe reserva, ele "se sentaria e morreria". O próprio Henrique logo está deitado para morrer, desgastado pelas "incessantes preocupações e trabalhos do espírito" (IV.iv.116ss.). Seu filho desobediente, ao lado de sua cama, repete seus pensamentos sobre as preocupações do Estado, o que lhe afugenta o sono (IV.v.20ss.).

Henrique V é "o espelho de todos os reis cristãos" (Ato II, Prólogo), mas nunca o vemos governando a Inglaterra. Ele parte imediatamente numa empreitada inútil em busca de glória no estrangeiro, mas sua reforma tão admirada não é nada mais que um pulo de suas antigas travessuras para a guerra, o esporte dos reis. Contudo, ele consegue levar a si mesmo muito a sério. De seus lábios, o tema do soberano como um servidor público dedicado ao trabalho abnegado é levado ainda mais longe. Curvado sob o peso de uma coroa, ele estende cada nervo ao limite para ganhar outra, que será muito mais onerosa. Um servo pode somente imaginar "as vigílias pelas quais passou o rei para manter a paz" (IV.i.239); mas Henrique está, na verdade, fugindo de seus deveres e arrastando seu povo à guerra. Ele devasta a França para compelir os franceses a admitir seu direito sagrado de se submeter ao dever doloroso de os governar para seu próprio bem.

Pode bem ser verdade que a coroa, para Shakespeare, tivesse um significado simbólico e pudesse ser associada a qualquer coisa preciosa (Knight, *Crown*, p.107, 116, 119). Ainda assim, o conservador que estava, em 1605, indignado com o fato de a realeza, o governo, a religião estarem sendo colocados no palco para o escárnio, pode bem ter incluído os Dramas Históricos em sua censura (Dollimore, p.8). No todo, eles nos dão qualquer coisa, menos uma visão edificante da monarquia. Um regime feudal numa situação de perigo não gera muito além de divisões e ódios. Os longos trechos de insulto e recriminação entre as damas da realeza em *Ricardo* III são uma indigna lavagem de roupa suja em público. Também em *Rei João*, as contendas da realeza se dão num nível que certamente corroem qualquer respeito supersticioso pelo trono ou pela coroa. Shakespeare está desmistificando, desmitologizando, purgando-a da aura que ainda a circundava na Europa. Durante todo o tempo, a monarquia é considerada uma forma temerária de governo, instável por incitar, no governante, o excessivo amor ao poder e, nos outros, a ambição cheia de culpa. Ela perverte as relações familiares. Requer a vitória na guerra para ser sustentada. Não consegue esconder um distanciamento crescente entre a aparência magnífica e a sórdida realidade. Nada que possa vir a fazer vai remediar as enfermidades sociais tão francamente mostradas em *Henrique* IV.

O espírito de Henrique V nunca se volta para tais assuntos, mas ele sofre de uma inquietação crônica. No decorrer das três peças nas quais ele aparece, ouvem-se dele "discursos de autojustificação" (Palmer, p.185). Entre todas as sete cabeças coroadas inglesas e as três francesas nos Dramas Históricos (o nome de Margaret também poderia constar aqui), poucas podem ser consideradas governantes passáveis, e nenhuma, "ideal". A sucessão hereditária não poderia garantir que a autoridade recaísse sobre as mãos mais virtuosas. A desconfiança que Henrique IV tem de seu filho mandrião leva-o a pensar que Hotspur tem um direito natural melhor (*1H.IV* III.ii.97ss.). A vida cortesã cerca o governante com "sorridentes bajuladores e vis vendilhões de fofocas", pelos quais "o ouvido dos grandes" com freqüência é enganado (*1H.IV*, III.ii, 24-5). A diversão de Falstaff com um idiota tão cheio de si como Shallow sendo escudeiro e magistrado (2H.IV, III.ii.275ss.) nos faz lembrar do que a autoridade real poderia provavelmente ser nas mãos de seus representantes.

Há ainda algo para despertar o temor na onipotência que está no "hálito dos reis" (R.II, II.i), mas tal poder começa a parecer excessivo, e o rei que dá ouvidos a essas palavras logo é compelido a lembrar-se de que, no círculo da coroa, a morte está esperando pelo mortal que a ostenta. Tornou-se uma maldição: em sua mente amontoam-se histórias de reis depostos, assassinados em batalha, envenenados pelas esposas, assombrados por fantasmas. O que Ricardo aprende dolorosamente, Henrique V conhece como algo banal, tendo aprendido em Eastcheap a apreciar a cerveja aguada (2H.IV, II.ii). "O rei nada mais é que um homem", diz ele a seus soldados. "A violeta tem o mesmo odor para ele que tem para mim" (IV.i.100ss.) – como diria Shylock, "Acaso um judeu não tem olhos?" E a grande eminência que os reis alcançam, à custa do "sossego infinito do coração", não é nada que justifique a cobiça dos outros (IV.i.232). O discurso de Henrique sobre "cerimonial" (H.V, IV.i.226ss.) – uma das mais sublimes colocações políticas de Shakespeare – é uma declaração de que a realeza não pode mais se firmar em títulos reais e arapucas. No final do século XVI, sua consciência crescia, uma consciência dos olhos críticos postados sobre ela. Ao que parece, Shakespeare não estava certo de que algum futuro rei pudesse igualar-se às exigências que dele se faziam. O que se exigia agora não eram novos candidatos, mas sim um novo sistema político do qual eles participassem. Henrique se acautela para não parecer desejoso da divisa de super-homem do Renascimento, como o Príncipe de Maquiavel ou o Tamerlão de Marlowe. Ele modestamente credita a Deus e ao seu bando de irmãos a carnificina que comete; no máximo, confessa cobiçar a "honra" mais do que qualquer homem vivo (IV.iii.28-9).

Quando a disposição de Ricardo II em abdicar é anunciada, o bispo de Carlisle é a única voz de protesto. Para ele, o direito de um rei ao trono é dado por Deus e é inalterável; ele é "a figura da majestade de Deus". Ele profetiza que a guerra civil virá como conseqüência direta (R.II, IV.i). É quase o único prelado nos Dramas Históricos que é digno de respeito; mas não é preciso supor que Shakespeare esteja endossando sua posição. O bom bispo está sendo deixado para trás pela história, da mesma maneira que seu sucessores, após a deposição de James II em 1688. Nas peças iniciais, o interesse voltava-se para os governantes e os que viriam a sê-lo: agora, o centro é a monarquia como instituição. Era fácil para a doutrina oficial dos Tudor exaltar a ordem e a harmonia social, mas a lição da história parecia ser a de que não se podia depender da monarquia para tais bênçãos. Faria melhor se o tentasse, como o fez Henrique VI quando disse à sua rainha que eles deviam "aprender a governar melhor" (2H.VI, IV.ix.49). Não lhe foi dada a oportunidade, e poucos outros sequer pensaram em tentar. Quando Shakespeare discorre sobre as dificuldades e preocupações do Estado, ele não nos está dizendo que todos os reis conduzem o barco político com austeridade, mas que *deveriam* fazê-lo.

Contudo, mesmo que estivessem dispostos a se exaurir no trabalho, conforme se poderia dizer a respeito de Henrique IV, isso poderia não ser o suficiente. Somente "ombros atlante", tão largos quanto os do arcanjo de Milton, seriam fortes o suficiente para sustentar o peso de um reino. Além de não poder colocar tal fato muito abertamente para seu público, talvez o próprio Shakespeare não tenha compreendido isso em sua totalidade. A Inglaterra, com o aumento da quantidade e complexidade de seus negócios, cambaleava perdida entre duas eras. Nada poderia ser realizado sem que o governante tivesse uma atuação forte, mas quanto mais ele o fazia, menos liberdade restava para as instituições se desenvolverem, inclusive o Parlamento, e também para a administração crescer de acordo com as linhas de interesse das classes que tinham peso no país. Quando a revolução veio, foi para atuar sobre o trabalho e o programa do governo, incluindo-se o setor eclesiástico.

Em outras palavras, já era tempo de transferir as preocupações do rei para o Estado. A autoridade impessoal, funcionando dentro de uma estrutura regulada, deixaria de ser arbitrária. Enquanto coloca Henrique V no trono, Shakespeare nos dá repetidas garantias de que o governo na Inglaterra deve ser a antítese do despotismo turco. "Não somos tirano, mas sim um rei cristão", diz Henrique ao enviado francês, que pede licença para entregar sua mensagem insultuosa em termos claros (H.V, I.ii.242).

"Cristão", como acontece com freqüência, era usado como sinônimo de *civilizado*. Uma de suas primeiras decisões é convocar um Parlamento e buscar conselheiros sábios.

Mas havia, como sempre continuou a haver, um outro aspecto da construção da máquina do Estado. Nenhum governo se permite estar sempre limitado pela lei. O prisioneiro de Cade, lorde Say, um ministro de Estado oportunista, dá uma resposta perversa quando argüido se alguma vez havia dado algum golpe em nome de seu país:

> Os grandes homens têm mãos que alcançam longe; muitas vezes golpeei
> Aqueles que nunca vi, e os golpeei até morrerem.
> (2H.VI, IV.vii.76-7)

Em Henrique V os traidores são desmascarados "por uma intervenção com a qual nem sonham" (II.ii.7). Culpados e inocentes podiam ser pegos com o mesmo laço. O rei "tentou me enredar usando informações obtidas por espiões", alega Hotspur (1H.IV, IV.iii.18), assim como devem ter feito muitos dos que acabaram nos cadafalsos dos Tudor. Qualquer homem proeminente aprenderia, como o jovem Mowbray, que "o mais ligeiro e o mais falacioso pretexto" poderia colocá-lo sob suspeita (2H.IV, VI.i.189ss.). Em 1599, Thomas Nashe denunciava informantes que buscavam encher seus bolsos por meio de alarmes falsos ao governo (Wilson, *Life*, p.193-4).

Embora Shakespeare soubesse que seu público tinha consciência do fato, ele não podia salientar que o governo sob o qual viviam era perito em tais métodos, que se faziam necessários, acima de tudo, porque os meios para policiar o país eram escassos. A atividade de serviço secreto era intensa. (Por exemplo, Boas, *Marlowe*, p.25-7 etc.). O próprio Burghley estava no centro de uma elaborada cadeia de espionagem. Quando Shakespeare fala do Estado, pode parecer que esteja falando sobre algo portentoso que, na verdade, de acordo com os padrões posteriores, era bastante exíguo; no entanto, ele o via através da névoa do desconhecido ou do parcialmente conhecido, que ampliavam suas dimensões. Chegou-se a conjeturar que seu pai foi suspeito de cumplicidade em um complô católico em 1583 (Levi, p.3, 17ss.).

Elizabeth sabia como fortalecer sua posição com o aplauso das multidões; a lição de *Henrique V* – a melhor delas, em contraste com seu jingoísmo feroz – é que o governo necessita muito mais do que explosões de aclamação, precisa do apoio ativo de homens e mulheres comuns. Os irmãos mártires Crispim e Crispiniano, que tinham seu dia festejado quando ocorreu a batalha de Agincourt, como lembrou Henrique a seus homens, eram os santos padroeiros dos sapateiros. Fluellen defende os direitos do soldado comum ao dizer que Williams deveria atacar o homem que estivesse vestindo sua luva, fosse ele do escalão que fosse: no caso, era o rei. Henrique lhe fala em verso; Williams responde em prosa de igual dignidade (IV.vii.35ss.), e se separam como bons amigos. Tal episódio cria um interlúdio, que Shakespeare saboreia plenamente, após o tumulto da batalha. A última face amistosa que Ricardo II vê é a de um devotado lacaio que teve uma licença para vê-lo (*R.II*, V.v.). Essa é a velha fidelidade feudal, e tal virtude também terá um lugar na era que se aproxima.

Aristocracia feudal e política

Um rei permanece acima de seu pariato, como o precursor ou incorporador elementar do Estado moderno. No entanto, nos assuntos comuns, reis e magnatas nessas peças são membros do mesmo clã, e a arrogância originada do posto e do poder é o que marca a nobreza como uma classe. Desde cedo na Idade Média ela desenvolveu uma auto-imagem – e não só na Inglaterra – de casta superior, muito acima da humanidade comum. Suas pretensões se destacam na relutância que os nobres de Shakespeare têm de se submeter à lei, um grilhão que impede sua independência. Na cena do jardim de rosas (*1H.VI*, II.iv), dois advogados estão presentes, mas sua opinião sobre as reivindicações rivais de York e Lancaster é requisitada de maneira superficial. O temperamento aristocrático transparece na indiferença de Suffolk à lei, da qual tem "escarnecido": ele está acostumado a curvá-la à sua vontade, em vez de curvar-se a ela. Warwick se vangloria de ser melhor juiz de falcões, cavalos e mulheres do que de quaisquer "sutis agudezas da lei". Somerset, quando argüido sobre onde estaria seu argumento, responde sucintamente: "Aqui, dentro de minha bainha".

Concomitantemente a essa atitude, existe um imenso desdém pelos socialmente inferiores, aos quais se dera abertura, especialmente no primeiro grupo das peças; à época em que foram escritas, a noção de Shakespeare a respeito da maneira de se portar dos grandes homens era bastante exagerada. O bom duque Humphrey encoleriza-se quando "vis criados" obedecem ordens de barrá-lo à entrada da Torre (*1H.VI*, I.iii). York chama Peter, o aprendiz de armeiro, de "Vilão abjeto e artesão porco" (*2H.VI*, I.iii.191). Esse epíteto era um dos mais apreciados. Lorde Bigot o outorga a Hubert de Burgh, um oficial real de nível não muito baixo: "Afasta-te, vilão! Como ousas enfrentar um nobre?" (*RJ*, IV.iii.88). Suffolk se mostra desdenhoso dos "camponeses imprestáveis" e muito indignado ao se ver nas mãos de uma turba de marinheiros, sendo um deles um antigo servo seu. Ele não consegue acreditar que um grupo de "desprezíveis, servis, abjetos escravos", liderados por um "desprezível e obscuro camponês", possam querer tomar a vida de um conde, e ele prefere perder a vida a implorar por ela a tais miseráveis (*2H.VI*, IV.i.121ss.). Ricardo Crookback pára o carro fúnebre que levava o cadáver de um príncipe e, quando o guarda protesta, chama-o de "cão abusado" e "mendigo", ameaçando atacá-lo (*R.III*, I.ii.39ss.).

Pode-se supor que essa linguagem ofensiva, ao invés de causar surpresa nas seções mais humildes da platéia de Shakespeare, teve um efeito totalmente contrário; podemos até mesmo pensar que essa era, na verdade, sua intenção. Seu freqüente zombar da aristocracia francesa seria o estilo inglês patriótico, mas ver os nobres estrangeiros serem ridicularizados poderia ser um passo à frente para os espectadores ingleses, no sentido de verem sua própria fidalguia do mesmo ângulo. Eles devem também ter questionado o porquê de Eleonora, esposa de Humphrey de Gloucester, a mais culpada de seu grupo de conspiradores, receber a sentença mais leve por pertencer a "berço mais nobre" (*2H.VI*, II.iii.9); ou por que os notáveis mortos em Bosworth, inclusive os do lado errado, deveriam ter um funeral mais honroso que os combatentes comuns (*R.III*. V.v).

Em uma sociedade feudal tardia, a "honra" podia ser considerada a verdadeira religião das classes altas. Era intimamente associada à "glória", em um complexo de idéias de grande importância para a Inglaterra de Shakespeare e para a Europa; os dois conceitos estavam no centro do código aristocrático e, como tal, eram o núcleo em uma sociedade feudal que não mais se encontrava em seu auge. Elas significavam tudo que um homem de "sangue nobre" devia aos outros, especialmente a seus semelhantes, e tudo que lhe era devido por seus inferiores. Inspirado por esses valores de auto-estima, o mundo dos Dramas Históricos é friamente masculino. Os homens nobres têm um senso familiar forte, expresso na lealdade a seus pais; suas mães, porém, raramente são consideradas. As ameaças de vingança do jovem Clifford sobre o cadáver de seu pai são impressionantes, exceto quando caem nos tropos clássicos (*2H.VI.* V.ii). À parte os laços familiares, há poucos sinais de quaisquer ligações pessoais próximas; estamos entre uma raça de egotistas hobbesianos. Shakespeare está apenas à beira de iniciar sua tarefa de trançar fios entre as almas humanas. Ele é rápido em aprender a estabelecer temas. Clarence abandona seu irmão Eduardo IV por ressentimento de não ter sido recompensado com uma rica herdeira. Buckingham tem expectativas muito bem definidas, em troca do favor de ter auxiliado Ricardo III a chegar ao trono, e rebela-se ao se decepcionar com eles.

A política do passado sempre fascinou Shakespeare, desde o princípio – de maneira tão óbvia que é quase impossível pensar que ele não estivesse interessado na política de seu próprio tempo. O intenso debate do tipo que encontramos anteriormente em *Henrique VI* (1: II.iv) foi o precursor de muitas cenas do futuro, nos Dramas Históricos e em outras peças. A psicologia dos políticos era um de seus campos de estudo. O longo solilóquio de York no final da primeira cena de *Henrique VI Parte 2* é um monólogo dramático magistral, a auto-revelação de um provocador de intrigas ousado e hábil, com fortes paixões calculadamente controladas. O grande jogo é a alta política, nacional e internacional. Mesmo agonizante, Warwick ainda está sob seu encanto, a sensação de poder aberto e combate subterrâneo: ele pode gabar-se de como havia aprendido "a buscar pelas perfídias secretas do mundo" (*3H.VI*, V.ii.18). Quando Salisbury, em *Rei João*, derrama lágrimas ao pensar que terá de tomar das armas contra seus compatriotas, o Delfim diz-lhe que deveria deixar as lágrimas para

aqueles olhos infantis,
que nunca viram o gigantesco mundo enfurecido,

que nunca enxergaram nada além do prazer e dos mexericos da vida privada. Exaltação e lucro andam de mãos dadas; ele termina prometendo ao conde uma boa parte "na bolsa da rica prosperidade" (V.ii.54ss.).

O grande jogo não é para os fracos. A irascível esposa de Humphrey de Gloucester considera-o muito pacífico e crédulo, o que também ocorre com a esposa e os amigos de Henrique VI em relação a este. Ela está bastante certa quando o avisa de que seus inimigos estão a caminho, e ele é tolo o bastante para contar com sua inocência para o salvaguardar. Suas últimas palavras são as de um homem cercado por adversários impiedosos, sem ninguém que tome seu partido, a sós com seu destino (*2H.VI*, III.i.142ss.). A competição é cada vez mais selvagem. É muito pouco provável que Shakespeare tenha conhecido os *Discursos* de Maquiavel em primeira mão, mas há muita evidência de sua familiaridade com suas doutrinas (Melchiori, p.91-2). Sendo por natureza o mais preparado para se sentir à vontade na selva, Ricardo Crookback se diverte com a idéia de sobrepujar "o sanguinário Maquiavel" (*3H.VI*, *III*.ii.193). Decidindo matar a esposa e casar-se com sua sobrinha, ele, de forma muito semelhante a Macbeth, reflete sobre estar "tão afundado em sangue, que o pecado só trará mais pecados" (*R.III*, IV.ii.62), uma lição que está em todas essas peças. João, ao contrário de Ricardo, é capaz de se arrepender de um plano perverso – ou pelo menos de o lamentar –, percebendo que "não existe vida certa alcançada pela morte de outros" (*RJ*, IV.ii.105). Se Elizabeth Tudor alguma vez ouviu tais palavras, elas devem tê-la lembrado da cabeça de Maria Stuart no cepo.

Poucos dos personagens de Shakespeare, bons ou maus, necessitam do lembrete de Joana D'Arc de que "De todas as paixões baixas, o medo é a mais amaldiçoada" (*1H.VI*, V.ii.18), uma sucinta afirmação do código de honra. Os nobres são estóicos perante a adversidade, desafiadores diante da morte, mesmo quando perseguidos por seus inimigos, como é o caso de York. "A verdadeira nobreza está livre do medo", declara Suffolk nas mãos de seus captores (*2H.VI*, IV.i.105). Como muitos outros, ele atinge seu ponto máximo em termos de coragem quando está prestes a morrer. Os favoritos de Ricardo II ouvem sua sentença sem nenhum tremor, e Green tem certeza de que "O céu receberá nossas almas" (*R.II*, II.i). Worcester submete-se a seu destino rapidamente e – uma das grandes palavras em Shakespeare – "pacientemente" (*1H.IV*, V.v.12). Essa coragem física é uma virtude que Shakespeare consegue admirar e enaltecer, mas ela pode vir com uma brutalidade aliviada somente por brilhos ocasionais de generosidade. Suffolk foi responsável pela morte de Humphrey, seu inimigo mais digno. O jovem Clifford é como Teobaldo, um partidário das sangrentas disputas familiares, o que é demonstrado quando assassina Rutland.

A traição é um "labirinto" onde os "minotauros espreitam", diz Suffolk (*1H.VI*, V.iii.188-9); não demora muito para que ele supere quaisquer escrúpulos. Perto da traição, há uma grande quantidade de perfídia e má-fé nos registros. A casuística permite que o grupo de York, após o acordo com Henrique, decida sem perda de tempo que seu juramento não está ligado a ele. Alençon é um "notório Maquiavel", que rompe o tratado do lado francês (*1H.VI*, V.iv.74, 163-4). "Não confies em ninguém, por temor de seres traído" (*2H.VI*, IV.iv.58) é um alerta oportuno a todos. Um partidário da casa de Lancaster acusa o outro lado de acreditar que "Nada está errado, tudo vai bem" (*3H.VI*, II.ii.132) Em uma das melhores passagens de *Ricardo III*, Hastings lamenta a loucura de confiar na simpatia inconstante dos homens (III.iv.91-2). "Não há nem verdade nem honra em todos esses nobres", comenta Hazlitt acerca de uma cena de *Ricardo II* (*Characters*, p.139-40).

Há momentos em que se pode ouvir um senhor feudal emitir uma nota de princípios – ou "assumir uma base moral", como dizem os políticos da atualidade. Warwick incita Gloucester e Winchester a não ferir o rei e seu país com suas contendas; mas, em particular, vimos que é um ardoroso partidário de York (*1H.VI* III.i; II.iv). Parece que Gloucester ganhou algum respeito como Protetor, ao contrário de Suffolk, que é um opressor dos pobres, um proprietário de terras cercadas, ou ladrão dos comuns da vila. Geralmente os indivíduos que demonstram algum sentimento melhor são figuras sem destaque. Há patriotismo de um tipo duvidoso – na maioria das vezes, muito agressivo – que atinge melhor qualidade na última parte de *Rei João*, mas aí os nobres ingleses são indistintos, pouco convincentes. O "voto sagrado" de Salisbury em se negar a todos os prazeres da vida, até que tenha prestado ao morto Artur "a reverência da vingança", soa histriônico, como a bombástica bravura exibida no início pelo rei Filipe e pelo duque da Áustria (IV.iii.66.ss.).

Como classe, essa aristocracia parece incorrigivelmente corrompida. O crime recompensa, e raramente é expiado. "É preciso responder insulto com insulto" (*3H.VI*, II.vi.55) é a idéia básica o tempo todo: a vingança provoca mais vingança. Alguns desses homens perversos sentem que não receberam a devida retribuição em *Ricardo III*, com as maldições proféticas de Margaret e outras tornando-se verdadeiras. Não há perdão cristão entre tais homens e mulheres, e nós temos pouca inclinação a perdoá-los. Shakespeare não era um romântico medievalizador, e sua procissão de lordes rabugentos e briguentos parece propositadamente desagradável. Os Dramas Históricos podem ensinar que os ingleses são superiores aos franceses, mas também nos mostram que os senhores na Inglaterra são – ou eram até recentemente – homens muito piores do que a maioria dos outros ingleses, e completamente indiferentes às privações e sofrimentos daqueles abaixo deles. *Ricardo III*, ao concluir a Guerra das Rosas, é o apogeu, um tipo de suicídio de uma ordem feudal arcaica, com Ricardo como um animal selvagem à solta contra todos, esplendidamente destrutivo e, no fim, auto-destrutivo. Ainda restam nobres problemáticos à nossa espera, mas não são tão vilões, e são menos decididos do que aqueles que já vimos aparecer.

Os pobres são meros observadores da história, como espectadores em um teatro, escreveu Thomas Morus em sua *History of Richard III* (por volta de 1513). Sua premissa era geral e contentava os cronistas ocupados com os feitos dos grandes. A principal autoridade de Shakespeare, Holinshed, não tinha muito a lhe oferecer sobre a informação social ou econômica necessária aos historiadores modernos. Sua própria curiosidade o empurrou para tais assuntos, e podemos supor que ele tenha pensado muito mais sobre eles do que poderia colocar nas peças. Ele não estava só – na verdade, em sua crítica social, ele foi mais contido do que outros escritores de sua época (ver Heinemann, "Drama"). Agradava-lhe mais que aos outros exibir as virtudes da humanidade comum nos homens dos mais baixos degraus da escada feudal, virtudes essas que teriam sido perdidas por aqueles que estavam acima. Os criados podem demonstrar mais lealdade a seus lordes do que estes a seu rei e estão prontos a assumir as picuinhas de seus mestres como se fossem suas. Os homens de Winchester e de Gloucester brigam nas ruas e professam sua disposição de lutar e morrer por eles.

Isso é admirável, mas também estúpido – como em *Romeu e Julieta* –, um sintoma de descaracterização social. Os indivíduos salientam-se mais. Um dos assassinos de Humphrey, humildes instrumentos de Suffolk, lamenta o feito no exato momento em que ocorre; quase nenhum dos grandes sequer é tocado por tal remorso. Um dos carrascos de Clarence tem de lutar com sua consciência num estilo de humor negro – remotamente semelhante a Falstaff em relação à Honra – como algo enfraquecedor, que qualquer homem que quisesse ascender deveria manter sob controle; depois que o serviço é feito, ele se sente como Pilatos e renuncia à sua parte da recompensa (*R.II*, I.iv). O assistente de Hubert fica horrorizado diante da idéia de que Artur seja cegado. O próprio Hubert poupa Artur e ganha nossa estima uma vez mais quando é insultado e ameaçado por Salisbury, com sua réplica mordaz de que sua espada é tão afiada quanto a do conde, e que, embora preferisse não lutar contra um nobre, ele defenderia seu bom nome "até contra um imperador" (*RJ*, IV.iii.81ss.).

Nos dias de Shakespeare, o partido, destinado a tomar forma a partir de 1640 como fator decisivo na evolução política, ainda não era muito mais que uma camarilha religiosa ou da corte, procurando apoio ao seu redor. No decorrer dos Dramas Históricos pode-se rastrear o crescimento incipiente, com seus dirigentes acumulando um fundo de habilidades táticas. Worcester admoesta seus companheiros conspiradores quanto ao fato de que os insurgentes devem ter o cuidado de não permitir que os olhos à espreita vejam ou suspeitem de qualquer divisão entre eles (*1H.IV*, IV.I.60ss.). Assim como é necessário para a monarquia transformar-se em um poder de Estado, prestando atenção aos sentimentos públicos, a facção feudal se estende para os princípios de um partido por meio da descoberta da necessidade de uma base popular e das artes da demagogia.

Até mesmo nos primeiros estágios existe o reconhecimento esporádico da utilidade de um apelo a algo semelhante à "opinião pública" (uma entidade ainda bastante incoerente e volúvel em nossos dias). Acusações são freqüentemente trocadas – embora nunca cheguemos ao âmago delas – sobre o desvio de fundos do exército destinados às guerras francesas, sobre o excesso de tributação sobre "as populações empobrecidas", e assim por diante (por exemplo, *2H.VI*, III.i.108ss.). Os líderes às vezes professam – como na cena de abertura de *Henrique VI Parte 2* – uma consideração desinteressada pelo bem público, e acusam-se uns aos outros de "ambição" e cobiça por "cargos honoríficos". Com o passar do tempo, alusões à importância de conciliar o povo multiplicam-se. Salisbury elogia seu filho Warwick por ter ganho estima por seus "feitos", "franqueza" e "cuidados domésticos" (*2H.VI*, I.i.89-90), ou seja, hospitalidade generosa, o que incluía comida para os pobres nos portões do rico. Até mesmo o perverso cardeal de Winchester acha que vale a pena colher a aprovação das ruas, chamando Humphrey de "inimigo dos cidadãos" e dizendo que sua política de guerra os estropia com impostos. Humphrey rebate indo ao Parlamento com "panfletos escritos" ou painéis contra seu inimigo (*1H.VI*, I.iii; III.i). Sua popularidade pode ter sido ganha apenas por meio de "bajulação", assevera Margaret, e isso o capacitará a levar a multidão a uma "agitação" sempre que lhe convier (*2H,VI*, III.i.28-30). Até o século XVIII, qualquer aplauso público podia ser olhado de soslaio.

No final, é o assassinato de Humphrey que causa um tumulto em Bury St. Edmunds, e não seus panfletos. Há uma exigência clamorosa para que Suffolk seja banido: se o rei não o satisfizer, o povo tomará suas próprias medidas para protegê-lo de maus conselheiros. Isso anima Henrique a se livrar de Suffolk, réu maior e amante da rainha Margaret (*2H.VI*, III.ii). Esses manifestantes têm nobres para representá-los, mas, geralmente, a suspeita e a hostilidade são habituais entre os nobres e os plebeus. A multidão expressa seus ressentimentos como pode, às vezes muito brutalmente, como quando ri de Eleonora, condenada à penitência de andar descalça pelas ruas (*2H.VI*, II.iv). A presença de seu marido, ainda que ele seja o bom duque Humphrey, não consegue controlar a multidão. Mas os inimigos nobres de Humphrey o derrotam tão insensivelmente quanto os captores ingleses atormentam Joana D'Arc.

Quando Eduardo IV busca uma aliança com a França por meio de casamento, o rei Luís pergunta se é "benigno diante dos olhos do povo", recebendo as garantias adequadas; mas Warwick, tendo rompido com ele, acusa-o – em um tom bastante moderno – de não saber "como cuidar do bem-estar do povo" (*3H.VI*, III.iii; IV.iii). Não há nada que nos mostre se, na realidade, uma facção é melhor ou não que a outra na arte de governar e, uma vez que não há sinal de que promessas de um tempo melhor venham a ser cumpridas, deve-se desculpar o povo por ser tão volúvel em relação a sua preferência, como reclamam seus superiores. Poder-se-ia bem esperar que ele caísse na indiferença; no entanto, a imagem apresentada por Shakespeare é a de um sentimento de massa que continua a fermentar, mas que toma cursos inexplicáveis e aparentemente irracionais.

Aos que buscam o poder – eles mesmos bastante inconstantes – o povo parece ser como um catavento, movendo-se na direção de cada novo vento. Henrique se retrai quando mede forças com o grupo de York em Londres, porque "a cidade os apóia". Londres *era* partidária da casa de York, segundo os cronistas. Mais tarde, porém, Warwick fala em deixá-lo lá, em segurança entre seus "carinhosos cidadãos". Eles nada fazem por ele quando, ao parabenizar a si mesmo pela boa vontade que seu governo justo deve ter-lhe propiciado, Eduardo irrompe e o captura (*3H.VI*, I.i; IV.viii, ix). Capturado anteriormente, ele havia lastimado "a inconstância desses plebeus" (*3H.VI*, III.i.89). Clifford, à morte, tem palavras mais amargas para "o povo comum" virando-se para o novo sol. Dois atos depois, o "povo comum" abandona em massa a causa de York e se junta a Warwick. Quando Eduardo IV retorna à Inglaterra, porém, "uma multidão alucinada se reúne a ele" (*3H.VI* II.vi; IV.ii, viii). Tais experiências ajudam a explicar por que um homem como Henrique VI suspira por uma vida tranqüila, como a de um pastor, longe de toda a "preocupação, desconfiança e traição" que cerca um rei (*3H.VI*, II.v).

Boa parte do que se diz a respeito das massas inconstantes soa como um estereótipo literário. Em *Rei João*, o sentimento das ruas – como de costume – só é relatado a nós e não leva a nada de positivo; mas o relato é muito mais detalhado e vívido. A mente das massas pode, com certeza, ter sido confusa, mas nunca apática; havia um interesse vivo, se não elementar, nos assuntos de domínio público, até mesmo um sentimento de envolvimento. Tillyard pode estar certo quando diz que os artesãos, que ouvimos dizer serem tão ávidos por novidades, são meros espectadores e não "membros do corpo político" (*Historical Plays*, p.233); mas, de homens que estejam tão ansiosos por saber os acontecimentos, deve-se esperar que logo queiram uma parte na ação. Eles são mais facilmente movidos por rumores do tipo que chamamos de "sensacionalista" e, como ainda ocorre hoje, não por idéias e princípios, mas por personalidades, histórias de homens e mulheres. Assim como o assassinato de Humphrey provocou agitação, agora é a suspeita de assassinato de Artur. Pandolfo prevê o efeito: uma populaça inquieta, perturbada, pronta a interpretar qualquer evento, natural ou não, como um presságio (III.iv.149ss., 164-6).

Esse estado de espírito deve ter sido familiar para Shakespeare, em uma Inglaterra sob a pressão de mudanças pouco compreendidas, para as quais estados de espírito instáveis ou conjecturas arrebatadas representavam uma reação pouco surpreendente. No clímax, quando João está "alucinado" com um amontoado de más novas, o Bastardo traz um "profeta", Peter de Pomfret, que, "em rimas rudes e malsoantes", prevê calamidades, deixando seus ouvintes "com um estranho estado de espírito" (IV.ii.131ss., 193ss.). Segue-se a famosa descrição de Hubert sobre um povo sitiado por estranhos temores, um tipo de vertigem; um ferreiro que deixa seu ferro esfriar na bigorna enquanto ouve, boquiaberto, as novas que lhe conta um alfaiate que, ao sair às pressas, colocou os chinelos nos pés trocados. Em *Henrique IV Parte 2*, o Rumor, como prólogo, censura a difusão de lendas sem base nenhuma, simplesmente alarmes superficiais. O governo de Elizabeth deve ter aprovado tudo isto. Esse interesse de Shakespeare nesse aspecto da psicologia de massa apresenta uma faceta mais humorística nas asneiras de Dogberry sobre alguém chamado "Deformado", cuja origem está em seu engano na compreensão de uma palavra (MBPN.i.300ss.).

Uma única passagem em *Henrique VI Parte 2*, que não tem seguimento, nos conta que o tumulto de Cade é instigado pelos partidários de York (III.ii.355ss.). Há profundo descontentamento em Kent, que os malfeitores poderiam tentar explorar. Mas o levante e seu líder são desprezados e tomados como uma mistura de idiotice infantil e brutalidade. Shakespeare, como muitas vezes já se disse, podia estimar indivíduos de qualquer posição, mas não a multidão ou a turba, e o dito tem fundamentos. O conhecimento dos eventos nacionais podia estar se disseminando, mas os laços coletivos do povo e sua experiência de organização eram limitados e locais. Quando homens sob algum impulso extraordinário se juntavam em grande número, como o bando de Cade ou qualquer turba de Londres, eles eram somente uma reunião casual de estranhos, cujo comportamento era imprevisível. Considerando-se tal situação, Shakespeare não demonstra uma desconfiança ou temor injustificados do "povo". Suas multidões se extasiavam menos por ouvir líderes como Cade do que por se deixar levar por enganadores da classe governante, como Clifford em *Henrique VI Parte 2*, ou Antônio em *Júlio César*.

A classe dos cidadãos mais abastados, já importantes na Inglaterra do século XVI, não era uma classe da qual Shakespeare ou seus companheiros atores tivessem motivos para gostar, e os únicos membros dela que conseguem ganhar nossa admiração não são ingleses, mas sim os burgueses de Angiers em *Rei João*. Na verdade, o papel deles é tão imponente que parece uma antecipação que estava por vir na Inglaterra em um futuro não muito distante daquele momento. Mas quando os burgueses ingleses aparecem, eles são sóbrios, caseiros, apreciadores da vida pacata, completamente opostos aos impetuosos aristocratas. Seu maior representante, o prefeito de Londres, intervém num estilo resoluto para dar fim à disputa dos partidários feudais (*1H.VI*, I.iii): ele lê uma proclamação sobre tumultos e ameaça "mandar buscar os bastões" – um grupo de "aprendizes" que poderia ser um exército formidável – e consegue dispensá-los. Ele então, meneando a sábia cabeça, pensa: "Eu mesmo não luto há quarenta anos". Um pouco mais tarde ele vai ao Parlamento fazer uma petição ao rei contra os perturbadores da ordem pública. O prefeito de Coventry fica mudo, ao passo que os nobres se alteram (3H.VI, V.i.); seu irmão de York é facilmente logrado por Eduardo IV, que o faz abrir os portões da cidade – ele é um bom homem, comenta Hastings, feliz em ver tudo bem, contanto que não tenha de tomar partido (IV.vii).

Com Ricardo Crookback damos um grande salto à frente na técnica ou manipulação política; ele é seu primeiro mestre verdadeiro e revela seu virtuosismo. O Ato III de *Ricardo III*, em especial, é um espetáculo emocionante de tramas e esquemas, com um assassinato a mando divino atuando como catalisador. A situação de Ricardo obriga, a ele e Buckingham, a cortejar os cidadãos respeitáveis de Londres e seu porta-voz, o prefeito, em vez da populaça; e não é fácil manejá-los, mesmo que hesitem em dizer o que pensam. Ouvimos três deles discutindo ansiosamente – "as almas dos homens estão cheias de terror" (II.iii) –, mas não têm noção de como homens como eles possam agir; tudo o que podem fazer é deixar as coisas a cargo de Deus. O prefeito pode ser intimidado a concordar, mas os cidadãos mantêm um silêncio obstinado. Um advogado empregado para forjar um longo processo contra Hastings, planejado de modo a demonstrar que ele tivera um julgamento normal e não fora executado imediatamente, reflete que todos compreenderão esse "palpável artifício", embora ninguém se atreva a abrir a boca (III.vi).

Ricardo Crookback não encontra nenhuma injustiça nacional da qual tirar proveito; em *Ricardo II*, os erros privados mesclam-se ao descontentamento de natureza pública. Quando York adverte Ricardo a não tomar os pertences do ducado de Lancaster, agora de Bolingbroke, assim que o corpo de seu pai, João de Gaunt, exala o último suspiro, ele se detém em suas conseqüências negativas, como uma afronta a todos os direitos de propriedade, certo de levantar inúmeros opositores. Northumberland fala a seus amigos sobre como outras casas nobres estão sendo saqueadas, para o proveito dos favorecidos do rei, que plantam falsas acusações sobre eles (II.i). Ao mesmo tempo, as pessoas comuns são molestadas por "impostos opressivos". Os protegidos sabem o quanto são odiados e temem ser feitos em pedaços pelos "indecisos comuns", cujo amor, segundo reclama Bagot ingenuamente, "reside em suas bolsas" (II.ii).

Os que apóiam Bolingbroke são um grupo de nobres importantes, mas ele necessita ter a seu lado os homens comuns, para lhe assegurar a primeira posição como candidato quando o trono ficar vago. Ele não precisa incitar o descontentamento, apenas ficar à sua frente. Uma vez mais – e de maneira ainda mais incisiva do que em *Ricardo III* – sentimos que estamos na fronteira entre duas épocas, quando primeiro vemos os campeões prontos a lutar na arena, e então ficamos sabendo sobre o banimento de um deles em meio ao clamor das ruas e sobre sua "cortesia familiar" aos "pobres trabalhadores", carreteiros, vendedoras de ostras (I.iv).

As eras contrastantes surgem novamente quando Bolingbroke está no trono, e Hotspur, tão incapaz como um Coriolano de se deter para adular a populaça, derrama desprezo sobre ele, dizendo que é um "rei de sorrisos", um "galgo servil". Critica ainda sua tática no retorno do exílio, quando investiu contra os abusos do governo e fingiu chorar "pelos erros de seu país" (*1H.IV* I.iii.246, 251; IV.iii.81-2). Ninguém mais do que Shakespeare jamais pintou um retrato tão vívido desse estilo de demagogia aristocrática, destinada a florescer por muito tempo na Inglaterra. Já podemos avistar a distância o Achitophel de Dryden curvar-se muito, e até conseguir um distante vislumbre da Primrose League.[1] Henrique IV discursa para seu filho desobediente sobre a "opinião pública que me auxiliou a chegar à coroa" e a "cortesia" e "humildade" que cultivara para obtê-la. Ao mesmo tempo, indica que, enquanto a realeza tem de se rebaixar para conquistar, deve manter, na maioria das vezes, um distanciamento digno (*1H.IV*, III.ii.29ss.).

A rainha de Ricardo II não se surpreende ao ouvir seus jardineiros conversando sobre assuntos de Estado, uma vez que todos o fazem quando a mudança política é iminente (III.iv). Shakespeare não considera a opinião pública em termos de uma convicção estabelecida; no reinado de Henrique IV ainda enfrentamos uma "multidão irresoluta" (*2H.IV*, Prólogo). Tanto o governo como seus oponentes estão nervosos e não confiam nela –

1 Associação fundada em 1883 em memória de Benjamin Disraeli para promoção e defesa dos princípios do Partido Conservador. (N. T.)

um sintoma, que Shakespeare deve ter reconhecido até certo ponto, de um abismo entre toda a classe dominante e o resto do país. Agora é a vez de Henrique denunciar aqueles que incitariam "crianças volúveis e pobres descontentes", homens sem um tostão, ansiosos por "desordem e confusão" (*1H.IV*, V.i.72ss.). Na longa desintegração da ordem feudal havia inevitavelmente uma perigosa massa de descontentes, aqueles menos felizardos que restaram sem abrigo; e o mesmo poderia ser convenientemente dito acerca das injustiças sociais de qualquer tipo.

Poder-se-ia aqui perguntar que perigo tal gentalha poderia representar para a lei e a ordem; mas se considerarmos que parte da força real em Shrewsbury consistia de soldados como os espantalhos de Falstaff, deve-se levar em conta que qualquer explosão poderia ser – pelo menos temporariamente – uma ameaça a ser levada a sério. Diante da perspectiva de distúrbios, "os ricos parecem tristes e os rufiões dançam e pulam" (*R.II*, II.iv): qualquer um com alguma coisa a perder entenderia o sentido desse comentário. E isso significava não somente os ricos, mesmo que muitos não tivessem mais do que suas vidas a perder. Em um colapso generalizado da ordem, os pobres podiam sair-se pior, uma vez que eram menos capazes de se proteger. Shakespeare devia ter isso em mente em suas eloqüentes condenações da desordem (ver Muir, in Kettle), embora na superfície elas pareçam ecoar os anátemas oficiais. A sociedade no tempo de Shakespeare estava numa situação crônica não de luta de classes normal, mas de tensão e instabilidade mais rudimentares.

Nessas peças, é natural que vejamos mais os porta-vozes da classe governante delineando a moral. O comandante de Henrique IV admoesta os líderes rebeldes por fomentarem uma revolta que deveria ter sido deixada para as "multidões baixas e abjetas", "crianças e mendigos" (*2H.IV*, IV.i.32ss.). A revolta, em outras palavras, não era mais um passatempo ao qual se entregavam displicentemente os grandes homens: todos os homens de peso deveriam fechar suas fileiras contra ela – estavam aprendendo a fazê-lo na época Tudor. Todas as "monarquias absolutas" surgiram baseadas no temor aristocrático dos pobres e na insatisfação da classe média com a desordem feudal. Por outro lado, o arcebispo de York, ao declarar que ele e seus amigos deveriam anunciar suas razões para pegar em armas, parece nem suspeitar dos problemas reais que o povo está sofrendo: o que os movimenta é a pura irresponsabilidade, um amor inquieto pela mudança. Eles odiavam Ricardo; agora lamentam por ele e estão cansados de Henrique. "Que confiança há nestes tempos?" (*2H.IV*, I.iii.85ss.). Os conspiradores falam vagamente da desordem, e de um país sofrido, mas têm de exagerar seu apelo com sangue seco, que dizem ter arrancado das paredes da prisão de Ricardo, com a aprovação do arcebispo (I.i.204-5).

Aparentemente, a nobreza ainda é, nas últimas peças, uma casta diferente, separada. Ela combina com a arrogância feudal de Hotspur ao reprovar sua esposa por usar o palavreado hipócrita da classe média (*1H.IV*, III.i.247ss.); os grandes deveriam ser livres para usar quaisquer impropérios que escolhessem. Porém, agora há menos tratamento desdenhoso dos inferiores do que no reinado de Henrique VI. Quando os reis ou futuros reis estão aprendendo a ser polidos com os comuns, os nobres devem igualmente adornar sua linguagem; Worcester reprova seu sobrinho Hotspur por ter perdido o controle que deveria ser próprio de sua posição. No campo de batalha, contudo, a fidalguia mantém o orgulho de sua posição e a aversão pela companhia plebéia. Em Shrewsbury, Hal lamenta "os muitos que jazem frios e rígidos", e que "a nobreza, manchada de sangue, estenda-se pelo campo pisoteada" (*1H.IV*, V.iii.41, iv.13). O destino de homens como os recrutas de Falstaff não merece atenção. Após a derrota dos franceses em Agincourt, seu mensageiro vem suplicando permissão para que eles "reconheçam" e enterrem seus mortos; o fato de que muitos nobres "jaziam banhados em sangue mercenário" (*H.V*, IV.vii.70ss.) parecia uma indignidade mais trágica do que a derrota na batalha. Podemos ler nessas atitudes uma censura indireta da presunção ostensiva da elite inglesa elisabetana.

Sejam quais forem suas pretensões e aparência, a vitalidade interna da aristocracia, e também a da monarquia, está em visível decadência. O pobre e velho duque de York, deixado no cargo por Ricardo II, é desajeitado, está despreparado para a emergência e tem suas simpatias divididas. Schopenhauer escolheu o personagem de Northumberland nessa peça e em *Henrique IV* como exemplo de um homem fraco repetindo um ciclo de conduta, entrando em cena com um ar grave, impressionante, que não consegue manter, e, por fim, chegando ao sofrimento (p.231-3). Na verdade, não é tanto o indivíduo quanto seu ambiente político que se alterou. O filho de Northumberland, Hotspur, quase não pertence ao seu meio; ele é uma volta à vida antiga que persiste até os dias de James I na agreste fronteira do norte. Ele tem um vestígio cavalheiresco, romântico, mas também um tom de barbárie.

A rebelião dos Percy será formidável, observa Blunt, "se as promessas forem mantidas por todos" (*1H.IV*, III.ii.167-8); mas isso não acontece. Após a morte de Hotspur, o panegírico que sua viúva faz dele atenua a má qualidade daqueles deixados para trás. Ela censura seu pai por sua ausência covarde do campo em Shrewsbury, mas agora que uma segunda tentativa está sendo planejada, ela o aconselha a não compartilhar sua sorte com a dos rebeldes, antes de se assegurar de que estejam ganhando (*2H.IV*, II.iii). Quando os rebeldes são enganados e depõem suas armas, e são levados à execução, a insurreição feudal chega a seu fim com uma lamúria. Uma figura menor, Coleville, entrega-se docilmente a Falstaff, da mesma forma que o cavalheiro francês em Agincourt se rende a Pistol. Coleville também é enviado ao cepo, deixando seu captor cantando os louvores do xerez (IV.iii.).

Mortimer descreve Gales em termos feudais ingleses quando incita Glendower a reunir seus "arrendatários, amigos e cavalheiros vizinhos" (*1H.IV*, III.i.88). Contudo, tais satélites dos grandes homens não estão mais tão prontos a responder a seu chamado, especialmente quando isso envolve tomar das armas contra o governo. Hotspur fica desgostoso ao ver um homem que ele abordara negando-se por meio de uma carta de desculpas civis ao mesmo tempo em que afirma seu "amor" pelos Percy, e suspeita de que seu autor vá delatá-lo (*1H.IV*, II.iii.1ss.). Os laços feudais no Norte da Inglaterra se enfraqueciam no tempo de Elizabeth, embora ainda fossem mais fortes que em áreas mais próximas à capital (James); o levante do Norte, em 1569, e seu fracasso foram uma prova disso.

É contra o pano de fundo de uma velha sociedade sucumbindo que seu conceito de Honra, no decorrer de *Henrique IV*, é questionado. Falstaff, o cavalheiro renegado, zomba dele. Hotspur o idolatra, mas faz que pareça tolo, com sua extravagância, e com ele o conceito perde qualquer significado mais sério; ele afundou em mera glória vã, ou uma invenção de momento a ser roubada da pálida lua. Uma indicação dessa decadência é que o antigo laço cavalheiresco da Honra com Amor, Marte com Vênus, e de ambos com a arte do menestrel, se desfez. Hotspur tem uma consideração apenas superficial em relação a sua esposa; pensa mais freqüentemente em seu cavalo do que nela e ridiculariza a "poesia afetada" (II.i).

Nos Dramas Históricos, por meio dos quais Shakespeare abria seu caminho para uma compreensão da sua sociedade, significados múltiplos da palavra "Honra" se amontoam. Poderia significar o senso interior de dever e ação correta de um homem; mas com mais freqüência significava algum sinal de sua aparência externa. Como insígnia da fidalguia, a honra estava se desgastando nas extremidades; o que restara fora especialmente seu valor central, coragem, prontidão para enfrentar a morte sem titubear. Até mesmo essa virtude está definhando. Na cena do Parlamento em *Ricardo II*, a troca de insultos e desafios, um lorde após outro atirando sua provocação, não serve para nada mais do que mostrar a nobreza em uma desordem irremediável. O pior vem em seguida: o primeiro desafiador em voz alta, Aumerle, logo se junta a uma trama contra o novo rei: seu tímido pai, York, recebe uma notícia a esse respeito e se apressa a denunciá-lo como traidor, ao passo que sua esposa, em seguida, implora que seu filho seja solto. Aumerle, que perdeu a coragem, chega lá primeiro para ajoelhar-se e pleitear o perdão (V.iii). Nada mais humilhante para a fidalguia – na verdade, para qualquer um de sangue real – pode ser imaginado.

Em *Henrique IV*, a sombra da covardia cresce entre os homens do alto escalão e também entre os ladrões de Gadshill. Aquele que se recusasse a juntar-se a Hotspur seria "um camarada covarde e baixo" (*1H.IV*, II.iii.17). Quando Northumberland fala de ser compelido a lutar por sua "honra", lady Percy declara que ele já a jogou fora ao deixar seu filho ao abandono. Sua derrota final e morte são relatadas, merecidamente, em umas poucas palavras descuidadas (*2H.IV*, II.iii; IV.iv). Nada é mais revelador da debilidade moral da velha casta governante do que o fato de que ela atinge até a lealdade no interior da família.

Havia um provérbio, tão antigo que era citado por Aristóteles, que dizia que um governante deve estar em guarda contra "súditos muito poderosos", como eram chamados pelos escritores do período Tudor. Nos últimos Dramas Históricos, vê-se uma contradição inevitável entre tais grandes famílias e um poder de Estado intumescido, estando cada lado convencido da hostilidade do outro. Worcester pode estar sendo sincero ao dizer que teria escolhido uma velhice tranqüila (*1H.IV*, v.i.22ss.); mas sente que ele e seu clã devem atacar, ou serão atacados. Antes da batalha, Henrique oferece o perdão, mas sem garantias, e não poderia haver nenhuma para sua segurança futura. No amor de Hotspur pela luta honesta, e em seu ódio pelos "políticos vis" como Henrique, pode-se detectar uma antítese entre duas épocas. É a favor da autoridade estabelecida que o prato da balança se inclina. Morton e lorde Bardolph, aliados de Northumberland, concordam que seu grupo havia se aventurado em "mares perigosos", nos quais a possibilidade de fracasso era muito maior que a de sucesso. Morton dá grande valor à reputação de piedoso do arcebispo; ela irá neutralizar as associações perigosas que a palavra rebelião adquiriu, que amedrontaram os seguidores de Hotspur em Shrewsbury, ou vai "congelá-las" como peixes num lago (*2H.IV*, I.i). Em uma outra reunião, alguém discorre sobre as preparações detalhadas que devem ser efetivadas para uma tarefa como a deles:

> A qual é quase derrubar um reinado
> E estabelecer outro.
> (I. iii)

Guerra

As alusões clássicas de Shakespeare mostram-no como um admirador, sobre todos os outros deuses ou semideuses, de Hércules (Boas, *Elizabeth*, p.79). Tanto a bravura como a força heróicas eram muito consideradas por ele. As guerras, os soldados e seus problemas tinham uma posição proeminente no drama elisabetano, e em nenhum outro lugar mais do que em suas peças (Langsam, p.1-2, cap. 2). O atropelo dos exércitos em marcha –

ou o tropeço – ressoa pelos Dramas Históricos. A guerra é o refúgio natural das classes feudais, a vocação por onde seus dotes podem canalizar-se. É o primeiro tema que moveu Shakespeare à verdadeira eloqüência, muito antes do que o amor, embora os sentimentos que o tema lhe despertasse fossem contraditórios. Contudo, ele demonstra pouco interesse em seus detalhes ou mecanismos. Suas imagens da guerra revelam que ele não tem muito conhecimento dela em particular (Spurgeon, p.36). Outras peças escritas por outros autores dizem-nos muito mais – *Bonduca* de Beaumont e Fletcher, por exemplo. O que realmente acendia o interesse de Shakespeare era a luta corpo-a-corpo, porque mais do que qualquer outro tipo ela trazia à luz o verdadeiro brio do guerreiro – e, certamente, porque era o único tipo que ele poderia mostrar no palco. Uma batalha era, assim, reduzida a um jogo de golpes, desembaraçado da sutileza das táticas.

Talbot faz "maravilhas com sua espada e lança" e zomba dos franceses que se escondem atrás dos muros de Rouen como "vis carroceiros" ou "garotos camponeses", em vez de saírem à luta "como cavalheiros" (*1H.VI*, I.i.122; III.ii.68-70). A logística é tratada de maneira bastante superficial. York, nomeado regente da Irlanda, espera ter um exército recrutado nos condados, esperando por ele em Bristol dentro de duas semanas. Traz de volta com ele um exército irlandês e, como se nada fosse, dispensa-o em algum lugar entre St. Albans e Londres, dizendo aos homens que pagaria seus soldos no dia seguinte (*2H.VI*, III.i.313, 328; V.i.44ss.). Logo em seguida, a trégua entre ele e os partidários de Lancaster é rompida, e ele embarca numa batalha, esquecendo-se de que havia dispensado suas forças (Shakespeare faz uma drástica redução dos eventos aqui: Holinshed, p.285ss.). O trabalho de reconhecimento é igualmente negligenciado. "Onde dormiam nossos espiões?", Warwick pergunta, quando uma hoste inimiga aparece inesperadamente sob seu nariz ou sob os muros de Coventry (*3H.IV*, V.i.19); e o rei João é igualmente tomado de surpresa pela aparição inesperada do exército francês:

> Oh, onde teriam se embriagado nossos agentes?
> Onde teriam dormido?
> (RJ, IV.ii.116-7)

Ricardo III é uma exceção. Ele faz preparativos cuidadosos em Bosworth, analisando o terreno e estabelecendo a disposição de suas tropas (*R.III*, V.iii.15ss., 291ss.). Para ele, a guerra era algo complexo, que requeria experiência e habilidade – mesmo que o efeito dramático o leve, quando chega a batalha, a lutar e a morrer como um soldado comum.

Com relação às armas de longo alcance, há poucas menções a mais sobre arcos do que sobre mosquetes. A artilharia era o item que mais fornecia imagens ameaçadoras para Shakespeare. Há uma metáfora terrivelmente exagerada em *Henrique* VI *Parte 1*, sobre globos oculares que se transformam em balas; mais eloqüente, Borgonha, persuadido por Joana a abandonar a aliança inglesa, diz que suas palavras "me atingiram como um tiro de canhão" (IV.vii; III.iii). As armas de fogo se fazem sentir em Orleans, sitiada pelos ingleses. Como se esperava, Talbot considera vulgares as armas de fogo; essa era a atitude de toda a aristocracia européia em relação ao grande elemento nivelador no campo de batalha. Quando um artilheiro francês atinge a torre de onde os comandantes ingleses observam a cidade, e um deles é morto e outro ferido, Talbot sente-se ultrajado pela "tragédia infortunada", e explode em ameaças de retaliação contra "esses franceses covardes" por sua conduta "traiçoeira" (*1H.VI*, I.iv; II.ii). (Nas campanhas colonizadoras, os oficiais britânicos sempre consideram traiçoeiras as emboscadas dos nativos.)

Para nós, e talvez para Shakespeare, havia algo simbólico naqüele canhão, como que anunciando a queda do velho feudalismo militar. As armas de fogo estavam desumanizando a guerra, anulando suas qualidades heróicas. Em seu relato – ou de Hotspur – sobre a Batalha de Holmedon (*1H.IV*, I.ii.30ss.), Shakespeare mudou os arcos e flechas para canhões, para permitir que o vaidoso cortesão falasse de sua insatisfação com a "pólvora vilã". Estamos respirando ares modernos; Hotspur tem sonhos delirantes sobre "paliçadas, balaustradas e colubrinas" (II.iii.52ss.). Em Shrewsbury, Falstaff usa um coldre de pistola para carregar sua garrafa de vinho seco (V.iii). Na campanha seguinte, ele dá a um de seus recrutas um arcabuz e ordena que lhe ensine a usá-lo; a familiaridade com as armas de fogo devia estar se iniciando na região em que Shakespeare vivia. Seus homens recebem "casacos", uniformes de um só tipo – uma outra inovação importante (*2H.IV*, III.ii).

Em *Henrique* v Shakespeare vai adiante, embora parcialmente em busca de material humorístico. Fluellen e seus companheiros são oficiais com orgulho de seu conhecimento de especialistas, e falam de minas e contraminas, em vez de falar de glórias e honra, mesmo que os galeses sempre queiram se agarrar à disciplina das guerras da forma praticada por Pompeu. Ainda havia muita controvérsia com relação aos méritos dos romanos e os métodos modernos; Fluellen é um classicista e o capitão Macmorris, o irlandês, um modernista (Langsam, p.60-1). O arco longo e o mosquete ainda competiam. A pólvora e as minas são proeminentes no cerco a Harfleur, e o duque de Gloucester, que recebera a incumbência de planejá-lo, está "completamente influenciado" por Macmorris: está mal aconselhado, se Fluellen estiver certo ao pensar neste engenheiro como "um asno, e tão ignorante quanto um filhote de cão" (III.ii.61ss.). O generalato não está progredindo no mesmo passo, porque ainda é a província da elite feudal. Em Agincourt, quando a ação está por começar, York requer o comando da vanguarda, o que lhe é garantido (IV.iii.130-2), e ninguém havia pensado em tal detalhe antes. Não vemos Henrique lutando, mas ele corre para liderar o assalto a Harfleur e, depois de Agincourt, ouvimos dele, casualmente, que tivera um combate corpo-a-corpo com Alençon (IV.vii.151-2).

Há um belo toque de romance de guerra nas "bandeiras dançantes" do exército de Filipe (*RJ*, II.i.308), e em sua promessa de ganhar o dia ou desfazer-se de sua vida. O Bastardo saúda com alegria: a verdadeira "glória" brilha "quando o rico sangue dos reis está em fogo!" (II.i). Não à toa que ele é o filho de Ricardo Coração de Leão. João trouxera com ele um bando de "temerários, presunçosos e impetuosos voluntários", jovens esperançosos que venderam seu patrimônio para se equiparem. O delfim Luís se gaba dos "espíritos impetuosos" que reunira "para conquistar renome / Até mesmo nas mandíbulas do perigo e da morte" (II.i; V.ii). Mas é numa crise da batalha, enquanto tenta juntar suas tropas desbaratadas, que Clifford, o jovem, o precursor de Hotspur sob alguns aspectos, paga o tributo mais elegante à guerra. Soa como a primeira nota autêntica de Shakespeare em sua tentativa de moralizar a guerra, dotando-a de uma verdadeira mística. O espírito dividido do poeta transparece no grito de Clifford de que a guerra é o "filho do inferno", mas também (como também proclama Henrique v) o "ministro" do céu, e que seu acólito não pode pensar em buscar segurança na fuga:

> Aquele que se dedica verdadeiramente à guerra
> Não tem amor por si mesmo.
> (2H.IV V.ii.31ss.)

Em termos mais filosóficos, o eu individual não pode realizar-se completamente a não ser elevando-se acima de si mesmo, deixando de ser meramente individual. A batalha é um êxtase coletivo, cuja intoxicação pode satisfazer os desejos do homem de se afirmar e de escapar de si mesmo, ou de se entregar. Marte e Vênus não estão muito longe entre si; os elisabetanos falavam do ato de amor como um "morrer".

Motivos menos dignos, a vingança e o lucro, têm maior ascendência sobre a maioria dos cavalheiros. Os voluntários de João não são tão "presunçosos" a ponto de pensar em recuperar suas fortunas na França; em outras palavras, eles estão indo para saquear o país, assim como pela aventura e reputação. Quanto ao soldado comum, no que vemos dele, não há muito de glória nem de lucro. Normalmente, os soldados ingleses, seja em casa ou no estrangeiro, parecem servir pela paga; e há uma curiosa indicação de comercialização da guerra, como tudo o mais nos dias de Shakespeare, quando Ricardo II se consola com o pensamento de uma hoste de anjos "em paga celestial" prontos para lutar a seu lado (III.ii.58-9). Mas em uma cena de batalha estilizada em *Henrique VI Parte 3* (II.v), um filho e seu pai, a quem ele havia matado inadvertidamente, serviam por obrigação: um no exército real e o outro no de seu "senhor", o conde de Warwick.

Aqui e ali há sinais de soldados comuns sentindo-se explorados. Os sentinelas franceses têm pena de si mesmos por terem de estar na chuva e no frio, enquanto seus superiores dormem confortavelmente (*1H.VI*, II.i.5-7). Nenhum grande zelo é demonstrado pelos soldados rasos; seus líderes estão freqüentemente insatisfeitos com sua atuação. Tanto Talbot como o Delfim amaldiçoam seus soldados por permanecerem para trás. Às vezes, ocorre a um comandante fazer um esforço para melhorar o moral. Warwick relata pesarosamente como em St. Albans ele encontrou seus homens lutando sem vontade, golpeando seus alvos "como um debulhador indolente" – uma reveladora imagem da vida rústica –, e tentou incentivá-los dizendo coisas sobre "a justiça de nossa causa" e, mais realisticamente, "com promessa de pagamento alto" (*3H.VI*, II.i.1ss.); mas em vão, talvez porque estivessem assustados com as ameaças de Clifford de matar todos os prisioneiros. Eduardo IV assegura "alto pagamento" a seus recrutas se vencerem, quando se adiantam para um confronto (IV.vii.83); em tais disputas, obviamente, só o vencedor poderia pagar qualquer coisa.

Outros governos freqüentemente consideravam seus súditos demasiadamente relutantes, destreinados, talvez até sediciosos, para que fossem soldados aproveitáveis. A partir do final da Idade Média, crescia a confiança nas tropas profissionais, formadas de um grupo cosmopolita, e no tempo em que vivia Shakespeare, os mercenários estrangeiros estavam em ação por toda a Europa. Nos Dramas Históricos eles estão freqüentemente em solo inglês. Em *Henrique VI Parte 3*, as duas facções competem pela ajuda francesa: Warwick invade a Inglaterra com tropas fornecidas pelo rei Luís; Eduardo IV retorna do exílio à frente de "alemães impetuosos e holandeses brutos" fornecidos pelo duque de Borgonha; a rainha Margaret chega com forças "recrutadas na Gália" (IV.iii.3, 7-8; V.iii). Quinze anos antes do nascimento de Shakespeare, mercenários italianos e alemães eram empregados para suprimir levantes dos plebeus na Cornualha e em Norfolk.

Essas tropas profissionais eram caras e, para tornar os impostos nativos mais úteis, o moral tinha de ser melhorado. A demagogia podia ser praticada com os soldados e com os cidadãos. Em Bosworth os dois comandantes exortam seus homens a cumprir seu dever. O longo discurso de Richmond se dá numa linha bastante religiosa. O céu e seus santos estão a seu lado, ao passo que Ricardo é o inimigo de Deus e um tirano; eles estão lutando para proteger suas esposas e filhos, embora Richmond não esqueça de acrescentar que o mais simples soldado terá sua parte no "ganho" da vitória. O discurso de Ricardo é menos religioso e mais nacionalista. O inimigo é o invasor, bandidos estrangeiros como os "bastardos bretões" freqüentemente derrotados pelos ingleses em seu próprio país; eles desejam tomar nossas terras e nossas "belas esposas" e "violentar nossas filhas" (R.III, V.iii.238ss.). A propaganda de guerra moderna usa muitas dessas notas, e a semelhança entre os dois discursos sugere uma ironia proposital por parte de Shakespeare.

Ele deve ter tido temores recorrentes da guerra, apesar de sua aparência gloriosa e sua função de teste derradeiro do espírito humano. Não podia deixar de perceber que muitas de suas crueldades caíam sobre os seres humanos comuns, que não tinham nenhum interesse na guerra. Após o ditirambo de Clifford, há uma abrupta mudança de tom quando ele chega ao cadáver de seu pai e explode numa daquelas ameaças de carnificina que são as alocuções mais terríveis de Shakespeare. Às vezes, até mesmo os senhores da guerra são visitados por pensamentos sobre o preço de sua ambição. A começar por *Henrique VI*, existe uma imagem da guerra como um tumulto de feras selvagens atacando-se umas às outras (Knight, *Flower*, p.7). Em *Rei João*, a própria morte se torna um monstro. O Bastardo havia saudado a "glória" do combate, mas muda para um discurso assustador sobre a morte, preparando-se para "guarnecer de aço suas mandíbulas mortas" e devorar a carne dos homens (II.i.352ss.).

A tarefa de refinar a guerra, auto-imposição do próprio Shakespeare, preservando suas virtudes austeras sem suas barbaridades, é muito árdua. Em *Rei João*, mais diretamente do que em *Henrique V*, debate-se a moral da guerra. Filipe pleiteia com Pandolfo, em vão, que não se rompa a "paz sorridente" com a renovação da "diferença amendrontadora entre reis encolerizados", cujas mãos, "lambuzadas e manchadas" de sangue, acabavam de ser lavadas (III.i.224ss.). Na Inglaterra, após a abjeta submissão de João a ele, Pandolfo tenta, também em vão, dissuadir o Delfim e exorcizar "o espírito selvagem da guerra bárbara" que ele recentemente estivera alimentando (vii.69ss.). Nessa peça, os beligerantes fazem o ar retumbar com sua retórica, mas a luta é fragmentada e inconclusa. Temos a impressão cada vez maior de que Shakespeare está se tornando descrente da guerra como um todo, e não somente da guerra civil. Pressões diferentes alavancam os governos; e os cidadãos simplórios têm de pagar pelos caprichos de seus regentes.

Ele queria dar uma nova vida à velha tradição da cavalaria, transformar em realidade o que, em essência, sempre havia sido fantasia. Uma reconciliação entre dois velhos inimigos como Douglas e Hotspur, que se admiravam mutuamente, tem o sabor de uma lenda romântica. Como as breves palavras de Hotspur a seus companheiros, antes da batalha – dirigidas aos "cavalheiros" e não aos soldados –, finalizando com o grito: "Que soem todos os retumbantes instrumentos da guerra!" (v.ii.83ss.). Mas tudo isso fazia parte de um passado heróico, cujos pés de barro Shakespeare se via cada vez mais compelido a aceitar. Enquanto isso, aprendemos algo sobre o lado obscuro da guerra, que aparecia em muitos dos escritos do período elisabetano, como por exemplo o de Gervase Markham, o "mestre do grupo" (cf. Langsam, p.29). Denúncias de desvio de fundos do exército, divididos entre os magnatas em *Henrique VI*, são feitas também por Bolingbroke contra Mowbray.

O peculato era bastante comum nos exércitos do século XVI, mas nunca foi tão inigualavelmente retratado como nos feitos de Falstaff como oficial recrutador. Na campanha de Shrewsbury, ele ganha trezentas libras permitindo que os homens pagassem para não entrar para o exército e preenche as vagas com gentalha – jovens sem dinheiro, fugitivos, criminosos, "os cancros de uma longa paz" (v.ii.11ss.). Havia uma população flutuante de homens falidos prontos a servir qualquer empregador. Então, assim como nos próximos séculos, o exército era o último refúgio dos pobres. Em Londres, Falstaff finge confundir o servo do juiz com um pedinte e o censura por sua indolência: "Não há guerras? Não há empregos?"(2H.IV, I.ii). Em um relato de 1602 sobre um contingente de oitocentos recrutas reunidos em Bristol, percebe-se que o retrato de Shakespeare não era caricato; os comissários declararam nunca ter visto "criaturas mais estranhas", todos os homens capazes fisicamente tinham conseguido escapar à convocação (Boas, *Elizabeth*, p.163, 170; cf. Campbell, p.245-54; Cruickshank).

Os homens de Falstaff parecem "velhacos dignos de pena" para Hal, mas como seu capitão calmamente replica, "eles preencherão uma cova tão bem quanto os melhores" (*1H.IV*, IV.ii.62ss.). Os nobres lutam com espadas; a ralé de Falstaff é "massacrada" – balas são o suficiente para eles – e deixada à morte, ou aleijada, mendigos pelo resto da vida (V.iii.35ss.). Esse tipo de tratamento recebido pelos soldados era um mal gritante nos tempos dos Tudor. Raleigh foi um dos que denunciou tal situação (Hill, *Origins*, p.169), e Shakespeare merece louvor por ter dado tanta publicidade ao fato. Isso deve ter tido um significado especial para os freqüentadores do teatro, uma vez que alguns deles poderiam ter a oportunidade de estar eles próprios em um exército muito semelhante ao de Henrique IV; a recepção foi tão positiva a ponto de Shakespeare colocar no palco uma cena de recrutamento na Parte 2, onde não há lutas, mas muitos assuntos militares. Não é muito clara a maneira pela qual os chefes rebeldes juntaram suas forças, mas assim que são dispensados, os homens correm de volta a suas casas, sem nem sequer esperar pelo soldo, como meninos voltando alegremente para casa depois da escola (IV.ii). No geral, a visão fulgurante de guerra de Shakespeare, sempre embaçada, corria o risco de se apagar; a ilusão e a realidade caminhavam em direções contrárias.

Henrique V é sua última grande tentativa – deveras eletrizante – de restaurar, nos Dramas Históricos, o culto à honra e à glória. Com a divisão crescendo na Inglaterra no final dos anos 90 do século XVI, entre os partidários da guerra e os que se impacientavam com os ônus desta, um traço de propaganda deve ter sido óbvio na peça. De maneira muito semelhante ao que se via em *Rei João*, o exército que se dirige à França está cheio de entusiastas, aventureiros, jovens cavalheiros que "vendem o pasto agora, para comprar o cavalo" (Ato II, Prólogo). Em cada peito "a idéia da honra reina plenamente", embora mais uma vez seja logo acompanhada pelos pensamentos nos ricos prêmios a serem ganhos. Fala-se muito em fazer prisioneiros; um homem bem-nascido poderia estar acima da pilhagem, mas não havia barreiras que o impedissem de fazer reféns para conseguir resgate.

Shakespeare, porém, faz o melhor para nos dar soldados que se retificaram, assim como um herói altaneiro e um objetivo nacional (de um tipo dúbio), no lugar das ambições feudais. Durante a campanha vemos muito pouco da nobreza inglesa com o exército; Shakespeare tem de respeitar as convenções sociais dando-lhes ocasionalmente uma posição conspícua, mas são apenas testas-de-ferro, mesmo que não seja dito que os reais vitoriosos de Agincourt foram os arqueiros ingleses e galeses. O exército francês é muito mais uma força de elite, com uma pequena proporção de soldados rasos servindo por paga, sem serviços técnicos; seu desempenho extremamente insatisfatório não recomenda o sangue azul como um trunfo na guerra. Shakespeare evita chamar a atenção para o fato de que uma ordem feudal fora derrotada por outra plebéia e mais moderna, mas a lição está suficientemente clara.

Henrique se dirige a suas tropas em Harfleur como "membros da Guarda Real" e declara que nenhum deles é "tão mesquinho e vil" que não possa ser comparado a um nobre. Os escritores elisabetanos freqüentemente usavam de extravagâncias quando lisonjeavam seus superiores, e pode ser que o mesmo ocorresse no momento em que estavam aprendendo a lisonjear Demos. Shakespeare usa uma comparação despropositada do olho de um soldado carrancudo com um canhão que se projeta de um penhasco acima de um oceano selvagem; uma imagem que se assemelha à de P. G. Wodehouse, de um velho duque colérico bufando por entre seu bigode cheio de neve, até formar espuma como uma onda quebrando numa costa dura e rochosa. Henrique prefere "a modesta tranqüilidade e a humildade", como um comportamento apropriado aos tempos de paz, e a ferocidade de um tigre para a guerra (III.i.3ss.). Da mesma forma, Warwick, o criador de reis, queria que seus vizinhos não fossem "sediciosos na paz, mas que fossem audaciosos na guerra" (*3H.VI*, IV.viii). Era uma idéia batida: Chaucer e Malory tinham muito antes usado como modelo o cavaleiro que era "um leão na batalha mas um cordeiro no palácio" (G. Hughes, p.42). Nem é preciso dizer que esse poderia ser o ideal de todo governo: quaisquer agravos que seus súditos acalentassem deveriam ser descarregados sobre os estrangeiros.

Henrique diz a seus soldados, antes de Agincourt, que eles são o seu "bando de irmãos" e mesmo o mais vil deles terá sua oportunidade de "enobrecer sua condição" por seus feitos ou de se qualificar como um cavalheiro (H.V, IV.iii.60-3). Era regra em alguns exércitos do início do período moderno que os bons serviços habilitassem um soldado raso a até mesmo desafiar um oficial a um duelo. Buscando reacender a tocha da cavalaria, Shakespeare viu a necessidade de estender as "honras da guerra" além do círculo encantado para uma nova geração de soldados, plebeus mas soberbamente orgulhosos. Williams e seus camaradas são os únicos a nos prover um retrato sério dos soldados comuns nos Dramas Históricos, provavelmente os primeiros da literatura inglesa. São a vanguarda do *New Model Army*. Quem são, a que vieram – a não ser para ganhar seu pão – ou com que armas estão equipados, Shakespeare não nos diz. Talvez ele esteja parcialmente inventando uma espécie de homem que ele acreditava que deveria existir, e também descrevendo um tipo que ele conhecia. Ele queria homens com quem o rei pudesse ter uma troca de idéias franca e edificante. Diante de Agincourt, o exército está com os suprimentos baixíssimos, mas não se ouvem queixas sobre a comida; as mentes desses homens voltam-se para questões de maior peso – questões de consciência, sobre os "certos e errados" da guerra e sobre quem é responsável por ela. Henrique, por seu lado, é o primeiro de uma série de generais britânicos que não fingiam ter muito conhecimento técnico ou habilidade tática, mas que se orgulhavam de seu talento de "liderança".

Dover Wilson elogiou a peça durante a Segunda Guerra Mundial, chamando-a de "mensagem de Shakespeare" a seus compatriotas em perigo, o que se tornou o subtítulo de sua obra *This Sceptred Isle* [*A ilha coroada*]. O que não se pode negar é que entre *Henrique* VI *Parte 1* e *Henrique* V houve uma grande mudança de atmosfera. Pode-se sentir uma forte crítica implícita da guerra. Shakespeare deve ter acreditado que era quase impossível eliminar a guerra; em vista de sua reverência à bravura, não podemos pressupor com segurança que ele quisesse o seu desaparecimento. Ela parece sempre se transformar, em sua mente, de realidade a símbolo; uma expressão de sentimentos que não podem ser facilmente colocados de outra forma: uma prova ideal da fibra do homem. É notável como ele com freqüência envia seus favoritos à guerra, para ganhar fama em tenra idade.

O Bastardo acabara de abandonar o lar. Falta um pouco de realismo na proeza de tais rapazes, mas a juventude deve provar-se no campo de batalha, como um rito de iniciação à idade adulta.

Em *Henrique* V, Shakespeare recorreu a vários meios para suavizar os aspectos mais agressivos do que pareceria que a peça quisesse ensinar, além do recurso por demais óbvio de espalhar uma aura de favorecimento divino sobre a causa inglesa. Um exército inglês é agora um exército de cidadãos patriotas, mesmo que nenhum plano tenha amadurecido no sentido de um tratamento melhor para os que serviram o exército. Um soldado inglês é enforcado por roubo. Os franceses aprenderam menos ainda: sua nobreza é frívola, ao passo que no campo inglês até os soldados comuns podem ser "sensibilizados com as boas causas". Agincourt se encaixa bem no esquema de Shakespeare, porque lá os ingleses estão encurralados, em desvantagem; a batalha forneceu um bom ponto de início para a tradição, tão cara aos britânicos nascidos posteriormente, de uma tênue linha vermelha desafiando as probabilidades. E, no final, somos convidados a supor que os dois lados deixam o palco abraçados, para viver, dali em diante, em amizade.

Ainda assim, a impressão dominante que fica é sombria. Henrique é muito facilmente convencido de que tem o direito de ir à guerra, com sua consciência cristã intacta. No Ato II, Cena ii, ele acusa conspiradores de querer vender a Inglaterra a um inimigo estrangeiro, cuja chegada significará massacres, rapinas, destruição. Alguns conspiradores na Inglaterra de Shakespeare estavam realmente tentando fazer isso em nome da religião. Mas Henrique está a ponto de invadir a França, na condição de um inimigo estrangeiro, e as conseqüências serão – como ele sabe – igualmente terríveis. O falso nacionalismo dificilmente poderia ser apresentado de maneira mais clara. Seu arcebispo obsequioso pode saborear a idéia de Eduardo III em Crécy, sorrindo enquanto observa seu filho, o Príncipe Negro, "saquear banhado no sangue da nobreza francesa"; o rei francês tem uma visão mais dolorosa de Eduardo sorrindo ao ver seu filho "mutilar o trabalho da natureza" (I.ii.108ss.; IV.ii.60). "A fome, a espada e o fogo" seguirão o herói até a França, como cães de caça, é o que o texto nos promete no início; talvez seja preciso que nos lembremos que a platéia de Shakespeare divertia-se com brigas de galos e batendo em ursos amarrados a uma estaca.

O próprio Henrique detém-se com freqüência e sentimentalismo sobre os horrores da guerra, mas facilmente culpa outra pessoa. É o governo francês, ou o governador de Harfleur, cujo dever é ter piedade de seu povo e evitar as terríveis conseqüências que devem cair sobre eles, rendendo-se. Se Harfleur tiver de ser atacada, será impossível para ele conter os soldados exaltados. Mas "O que tem isso a ver comigo?". A culpa não será dele. (III.iii.19ss.).

A guerra é algo "ímpio", ele admite, "adornada de chamas, como se para o príncipe dos demônios" (III.iii.15-6). A paz, ao contrário, diz o duque Borgonha em seu eloqüente tributo, é a "cara ama das artes, da abundância e dos nascimentos felizes" (V.ii.35). A paz por acordo honorável é o melhor tipo de conquista, ouvimos o obsequioso arcebispo dizer em *Henrique IV Parte 2*. Esse tom, e também o seu contrário, é ouvido nos Dramas Históricos desde o início. O papa e o imperador se juntam para defender a paz em *Henrique VI Parte 1*; o bom duque Humphrey concorda, dizendo que sempre achou tais guerras entre os cristãos "profanas e não-naturais" (V.i). Certamente a lição que mais se deve observar nos Dramas Históricos é a de que a guerra civil é uma calamidade horrível, mas seus males não são muito diferentes daqueles da guerra no estrangeiro. Hotspur deixou uma viúva para deplorar a crueldade do "horrendo deus da guerra" (*2H.IV*, II.iii.35); o mesmo o fizeram, sem dúvida, os muitos que caíram em Agincourt.

Nacionalismo

Humphrey de Gloucester, difamado pelas más línguas, assegura ao rei que morreria de bom grado se sua morte terminasse com os infortúnios da Inglaterra (*2H.VI*, III.i). Esse rei, exilado na Escócia, volta secretamente, objetivando não a recuperação do poder, mas simplesmente a felicidade de pisar sua terra natal mais uma vez (*3H.VI*, III.i.12-3). As últimas palavras do jovem Artur são: "Que a Inglaterra guarde meus ossos" (IV.iii). Mowbray sai de sua terra natal lamentando não mais poder falar seu "inglês nativo"; Bolingbroke, também banido, jura ser sempre "um verdadeiro inglês", leal ao "solo doce" de seu país (*R.II*, I.iii). Ricardo, de volta da Irlanda, "chora de alegria" e acaricia a terra com a mão (III.ii.4ss.).

Nos Dramas Históricos, Shakespeare é o mais eloqüente de todos os poetas do patriotismo inglês, com um sentimento emotivo, idealizador, que aflora ocasionalmente, sobre o que a Inglaterra é ou poderia ser. Os textos transbordam em falas líricas que podem ter pouca relevância dramática; acima de todas, a apoteose de João de Gaunt sobre sua terra natal, enquanto agoniza. Essa Inglaterra ideal, um arco-íris ou sonho do futuro mais do que a realidade presente, freqüentemente nos faz lembrar a barreira protetora que é o mar, o presente da Natureza ou da Providência. Ela é vista como uma ilha, a "ilha coroada" de Gaunt, com a Escócia ignorada e com evocações, iluminadas pelo destino da Armada, de ondas tempestuosas e escarpas impenetráveis. "A Inglaterra está a salvo desde que seja leal a si mesma", declara Hastings (*3H.VI*, IV.i.42ss.) – da mesma forma que o Bastardo nas falas finais de *Rei João*. Um inimigo, o duque da Áustria, também fala das "marés que rugem" que são as "muradas de água" da Inglaterra, em seu "canto extremo do Ocidente" (*RJ*, II.i.23ss.) – muito embora nessa peça as ondas devorem, de fato, tanto os navios ingleses como os franceses, imparcialmente.

Isso poderia parecer indicar políticas de um grandioso isolamento; e um discurso como o de Gaunt exala um espírito civilizado, não-beligerante, mais de acordo com Shakespeare do que qualquer trompete de som estridente. Mas o amor pelo próprio país foi alimentado, em toda parte, pelo ódio ao estrangeiro. A platéia de Shakespeare era abençoada com uma mentalidade polarizada, um produto de tempos de mudança, que lhe possibilitou amar Falstaff, o grande cético, e também admirar Henrique V, o grande orador bombástico. Uma metade de sua natureza queria ação e sangue. Em 1592 Nashe relatou que a Parte 1 de *Henrique VI* havia sido vista por dez mil pessoas ao todo, aos prantos quando viam seu ídolo, Talbot, coberto de sangue. No decorrer de todos os Dramas Históricos, o tema da superioridade dos ingleses sobre os franceses aparece. Quando estão perdendo a França, não se pode admitir que isso seja o resultado da bravura e patriotismo dos franceses; só pode ter sido causado por uma traição, um mau procedimento entre os nobres ingleses.

Essa é a única questão a respeito da qual os lordes em luta podem assumir um espírito público. Warwick, na verdade, chora; York lastima "a honra desta ilha guerreira" e sonha em recuperar a França (*2H.VI*, I.i). Seu filho Eduardo, em um discurso bastante shakespeariano, declara que se não fosse pelo casamento desastroso de Henrique VI, e seus resultados na França, sua família teria abandonado suas reivindicações ao trono (*3H.VI*, II.i.144ss.). O tema é tão obsessivo que um mensageiro de Lancaster, solicitando a ajuda de um rei francês, baseia os direitos de seu grupo ao trono inglês, de maneira pouco sutil, nas vitórias de Henrique V; além disso, ele acrescenta a mítica conquista da Espanha por João de Gaunt (*3H.VI*, III.iii.81ss.). O menino príncipe Eduardo pensa em Júlio César, construtor da Torre de Londres, onde logo perecerá, e demonstra seu espírito de realeza decidindo "conquistar nossos antigos direitos na França mais uma vez" (*R.III*, III.i.84ss.).

Shakespeare pode cantar os louvores da paz; ainda assim, uma convicção persistente, entre seus contemporâneos, de que a paz traz consigo a degeneração nacional imiscui-se com freqüência nessas peças. Ele não parece achar necessário dar razões para o que, na verdade, é uma crença assustadora. Como outros, ele via as coisas inconscientemente, de um ponto de vista emprestado de uma classe mais alta, cuja função tradicional era lutar e que estava em vias de decadência, perdendo o moral, quando privada de oportunidades. Algumas vezes Shakespeare reveste a idéia com termos médicos: a paz gera abundância; o excesso gera a enfermidade. Mas qualquer noção da massa de ingleses afundando (como o arcebispo em *Henrique VI Parte 2* parece supor) em autocomplacência insaciável é ridícula, quando uma grande parte deles está morrendo de fome. "As gordas costelas da paz" é uma expressão que soa mais convincente quando João fala da Igreja e dos subsídios a serem dela extraídos (III.iii.9-11).

A paz, tão perniciosa, só pode levar à desordem civil. No princípio isso levava à luta entre facções feudais; mas com o passar do tempo parece haver um perigo mais profundo à espreita, algo alojado na própria sociedade. Mais uma vez, pouca lógica é discernível. Se a paz traz conforto material e satisfação sensual, ela pode ser negativa para o espírito humano, mas parece não haver razão nenhuma para que ela seja prejudicial à lei e à ordem; a não ser pelo fato de que sempre haverá os que estão insatisfeitos com o que têm, e qualquer indisposição que possa surgir pode ser agravada pelo fato de o pensamento subversivo ter maior liberdade de se difundir. Em sua defesa do drama como instrumento para o ensino de boa conduta cívica e de respeito pelas autoridades, Thomas Heywood escreveu a respeito de fanáticos insurretos espalhando-se como pragas "na abundância e viço de um Estado pacífico" (p.16).

O que tudo isto significava, no fundo, era que os ingleses podiam amar sua terra natal, mas, acima de tudo, não se amavam uns aos outros, graças às desigualdades sociais e às opiniões opostas que os dividiam. Daí a união nacional só poder ser precária. Os Dramas Históricos estão cheios de pressentimentos inquietantes sobre o conflito civil, o que sempre fora considerado uma possibilidade desagradável. Para Henrique VI, esse acontecimento é uma "víbora"; e seu tio-avô, o honesto Exeter, tem muito a dizer sobre a "discórdia vil e invejosa" (*1H.VI*, III.i). Richmond conclui *Ricardo III* com a condenação da discórdia civil; Ricardo II denuncia as "pretensões desmedidas e pensamentos ambiciosos" que despertam "o ruído do choque das iradas armas de ferro" (I.iii). Seu tio York censura Bolingbroke por haver regressado à Inglaterra para acirrar os ânimos já tumultuados, "Aterrorizando suas vilas de faces pálidas com o fantasma da guerra" (II.iii). Tais temores encontram expressão vívida na imagem que o Bastardo faz da "vasta confusão" pronta a cair sobre o país "como um corvo sobre um animal doente" (*RJ*, IV.iii.152-3).

Mesmo assim, nas apresentações oficiais no período Tudor, o perigo deve ter sido de certa forma ampliado, em razão de sua utilidade como uma espécie de "bicho-papão"; nesse sentido, pode-se dizer que Shakespeare foi consciencioso. A hostilidade é, em suas peças, normalmente precedida das mais terríveis ameaças e contra-ameaças. Entre os líderes rivais na Guerra das Rosas, elas acontecem com regularidade; cada vez mais, com o passar do tempo, o mesmo tratamento feroz é prometido a todos do lado inimigo – ainda que nunca saibamos se é levado a cabo ou não. Quando Warwick e os partidários de York se preparam para marchar sobre Londres, ele tenciona executar todos aqueles das cidades do percurso que não os aplaudirem (3.HIV, II.i.194-7). Bolingbroke ameaça – se o seu exílio não for revogado, e seus direitos não forem restaurados, ele "assentará a poeira do verão com chuvas de sangue" das veias dos "ingleses massacrados" (III.iii). Ricardo II está pronto para retaliações semelhantes, se sua prerrogativa sagrada for infringida. Falstaff observa – com um toque mais moderno – que até mesmo um rumor de distúrbios políticos poderá fazer o valor de mercado das propriedades cair; Hal faz uma previsão jocosa sobre moças sendo violadas *en masse* (1H.IV, II.iv.35ss.). Seu pai, agora um rei e não mais um rebelde, ataca todos aqueles que estão incitando "a guerra abominável" (V.i.16). Depois disso tudo, o único crime de que ouvimos falar durante o levante é o de uma camisa roubada por um dos vagabundos de Falstaff (ele espera que outras peças de vestimenta sejam tiradas das sebes durante a marcha) (IV.ii.49ss.). Nem os invasores vindos da Escócia são tachados de má conduta.

Entretanto, a camisa roubada pode servir como um símbolo do temor real da discórdia política abrindo as portas à ruptura social. Pandolfo, instigando os franceses a atacarem a Inglaterra, fala vivamente sobre como um povo descontente agarrará qualquer oportunidade para se envolver em contendas contra o governo (RJ, II.iv). Henrique IV tem consciência de que os insurretos sempre serão bem recebidos, porque sempre há

> a turba de canalhas famintos por
> balbúrdia e confusão.
> (1H.IV V.i.81-2)

E desse ponto o argumento nos leva de volta, com força renovada, à necessidade da guerra. Nashe escreveu que o Estado mais forte é aquele que "vive todos os momentos sob o temor da invasão". Sempre há alguns homens "para os quais não há utilidade senão na guerra" e que, se não forem empregados contra os estrangeiros, lutarão contra seus compatriotas (p.127-8). Numa era de população excessiva, propensa a um comportamento desregrado, tal argumento era plausível o suficiente para ser muito influente.

Os patriotas ingleses de Shakespeare estão tão prontos a ameaçar seus compatriotas com fogo e espada, quanto a ameaçar os estrangeiros. Ficava claro, então, que era melhor encontrar estrangeiros com quem eles pudessem lutar. Em *Rei João*, quando as espadas inglesas estão a ponto de se virar contra elas mesmas, Salisbury anseia por uma cruzada unida contra os turcos (v.ii). Henrique IV persegue o caminho da política na mesma direção. A Parte 1 abre com uma longa fala dele sobre sua preparação para uma cruzada, planejada para curar o "final furioso da carnificina civil". A síntese de sua estadística, conforme diz a seu filho em seu leito de morte, é que é fútil contar com a lealdade de amigos ou o apoio de "espíritos inquietos": dessa forma, para distrair a atenção dos assuntos domésticos, ele manteve um discurso de liderar um exército à Terra Santa, e seu sucessor também, se quiser ficar tranqüilo, deveria buscar "guerras estrangeiras" (*2H.IV*, IV.v).

Os triunfos no exterior são a melhor garantia de um trono, e, para um trono usurpado, a única justificativa capaz de enfrentar os clamores de legitimidade. Estava apenas começando a se manifestar no espírito elisabetano que a melhor maneira de restabelecer a paz social era encontrar paliativos sociais, medidas como entraves ao cercamento das áreas comuns das vilas e aos ganhos excessivos em tempos de escassez de alimentos. Que as massas serão, e deverão sempre ser, dolorosamente pobres era um axioma. As enfermidades da paz só podiam ser "purgadas" pela guerra. Um país com excesso de população faz bem em "vomitar" seu excesso por meio de "aventuras desesperadas", diz Ricardo III (v.iii.316ss.).

Em uma de suas novelas medievais, Walter Scott observa que a perda das províncias francesas fez-se sentir por toda a Inglaterra como "uma degradação nacional"; ele salienta que os nobres estavam perdendo feudos que haviam adquirido na França, e que escudeiros e pequenos proprietários rurais também tinham lucrado com a conquista (*Anne*, cap. 7). Para a grande maioria dos ingleses, não havia benefícios nas aquisições feudais na França, embora tivessem de arcar com boa parte dos custos. Alguns poucos felizardos entre os soldados rasos devem ter regressado ao lar com pilhagens; outros, pelo menos com o direito de se gabar de seus feitos para seus vizinhos, como Henrique em Agincourt imagina que seus homens farão. Sobre essa frágil base, uma mitologia poderia ser cultivada a respeito da França (como mais tarde ocorreria em relação à Índia), como uma grande propriedade nacional compartilhada por todos os ingleses e o dever de seus filhos de conservarem aquilo que seus pais haviam conquistado. A manutenção da tradição deve ter recebido muita ajuda dos diversos artistas locais – menestréis, atores, artistas de todo o tipo, profissionais ou amadores, feudais ou públicos.

Há um realismo subjacente no fiasco da rebelião de Cade, como uma aula sobre a utilidade do nacionalismo no desvio dos ressentimentos da massa. O próprio Cade tem algum respeito por seu soberano, em consideração ao pai deste, "em cujos tempos, meninos brincavam com coroas francesas" (*2H.VI*, IV.ii.154ss.). Clifford, como representante real, só tem de tomar o glorioso tema de como Henrique V "fez todos os franceses tremerem" para fazer as multidões exultarem; e ele joga um trunfo ao perguntar se Cade saberá como os defender contra uma invasão francesa, ou liderá-los até a França e torná-los todos "condes e duques". Serão Deus e o Rei que os levarão à vitória. "Para a França, para a França, e recuperem o que perderam!". Esse truque espalhafatoso (e é assim que Shakespeare com certeza quis que o víssemos) ganha o dia, e Cade é abandonado, tristemente, refletindo sobre a tolice dos homens de Kent: "O nome de Henrique V os arrasta para uma centena de perdas" (IV.viii).

Os dois primeiros Tudor tentaram invadir a França e devem ter contado com a aprovação popular; Maria Tudor, como se aprende nas escolas, morreu com o nome de Calais gravado em seu coração. Podemos pensar que a fantasia da perda da França foi um escape para os agravos para os quais os ingleses comuns eram incapazes de encontrar uma expressão racional ou cura. Isso ocorre de uma forma tal que toda a adulteração do descontentamento da massa em direção à ficção deve ser interpretada. A suposta necessidade que a Inglaterra tinha da França era uma precursora distante dos ensinamentos de Cecil Rhodes de que os britânicos só poderiam prosperar se seus governantes também tivessem um império extenso. Na época de Shakespeare, a França estava se transformando em um símbolo de grandiosas e confusas aspirações à expansão mundial, tomando forma e desenvolvendo-se, sem ter rompido com o velho instinto feudal de conquista. A Irlanda era a ponte, como o fora Granada para Castela. Apropriadamente, o Prólogo para o Ato V de *Henrique V* esforça-se ao máximo para incitar entusiasmo acerca da vindoura conquista da Irlanda acenando com a antiga conquista da França.

Todos esses sonhos nacionais podiam ser dramatizados – quase alegorizados – no formato de uma antiga lenda como a de Agincourt, trazida à atualidade por um escritor do calibre de Shakespeare para anunciar uma nova era. Uma forte tintura "colonial" colore quase todas as cenas da França nos Dramas Históricos – desde o princípio, quando os franceses são "os escravos freqüentemente subjugados" da Inglaterra, sendo "traição" qualquer resistência de sua parte (*1H.VI*, I.v.32). A partir daí o autor de *Henrique V* muito aprendeu: ele agora é um historiador ou observador político mais capaz, e muitos aspectos nessa obra representam um estudo sério sobre uma guerra de agressões. Ela termina com uma miragem urbana da França, como uma companheira da Inglaterra numa "liga" amistosa (V.ii.356ss.), e não como um território conquistado. Seja qual fosse a ligação entre os dois países, ela estava destinada a se romper há muito tempo. A guerra estrangeira parece não levar a nada; e se o fato de abandoná-la leva à guerra civil, a condição da cristandade parece mórbida e instável. É uma confissão sombria para um poeta se ver forçado a fazer.

Religião

Kenneth Clark considerava Shakespeare, inquestionavelmente, um cético, de um tipo "mais completo e mais desagradável" do que Montaigne, a quem ele admirava; ele foi "o primeiro e talvez o último grande poeta a ter existido sem uma crença religiosa" (p.163-4). Há muito de sentimento cristão em Shakespeare, em termos de ética e de uma filosofia de vida: é uma religião refinada, mantida em solução, sem coloração doutrinária. Seus bons homens e mulheres são espontaneamente bons, graças a sua natureza e porque se sentem suficientemente em harmonia com a vida para estarem acima de mesquinharias e invejas. Em uma era religiosa – ou melhor, de teologia e agressividade clerical – ele criou poucos personagens com um temperamento reconhecidamente religioso. Ele podia reconhecer-se em muitas variedades de espírito ou de humor, mas, ao que parece, isso não acontecia facilmente com esse temperamento.

A religião nos Dramas Históricos, especialmente nos primeiros, é especialmente uma ala do edifício feudal, e seus representantes são, em princípio, simplesmente nobres feudais em outras vestimentas. Quando Humphrey de Gloucester vai apresentar sua acusação do terrível bispo de Winchester no Parlamento, o prelado a arranca dele e rasga-a: ele não vai querer conversa com "panfletos escritos e planejados diligentemente" (*1*H.VI, III.i). Não satisfeito, ele desafia Humphrey a um combate (*2*H.VI, I.i.36ss.), como se Shakespeare quisesse fazê-lo parecer não somente grotesco, mas também vilão. Esse padre arrogante e irritadiço, que vemos pagando por um chapéu de cardeal (*1*H.VI, V.i), defende Roma e o feudalismo, e o toque antipapal que se faz notar nos Dramas Históricos pode ser ouvido claramente – e de forma grosseira – ao sabermos sobre sua usura, fornicação e outros "feitos lascivos, desagradáveis e perversos" (*1*H.VI, III.i.15), e na consciência culpada que o atormenta em seu leito de morte.

Humphrey é um crítico dos procedimentos papais, entre outras boas qualidades que tem. Quando Winchester afirma que Henrique V teve êxito porque a Igreja rezava por ele, o duque retruca que, muito pelo contrário, a Igreja deve ter orado por sua morte, uma vez que ela só favorece príncipes frágeis, os quais pode intimidar (*1*H.VI, I.i). Em *Rei João*, as relações entre a Igreja e o Estado têm papel de destaque, com uma admiração protestante por João como herói da Inglaterra contra Roma como pano de fundo. João pretende, desde o princípio, fazer que os ricos mosteiros patrocinem sua expedição à França (I.i.48-9). Pandolfo, o núncio papal, é um homem de igreja destemido e digno, mas totalmente cego a quaisquer outros interesses que não os do Primeiro Estado, e espera que tanto a guerra como a paz aconteçam a um sinal seu. Retrucando, João fala da corrupção da Igreja sob a "autoridade usurpada" de um padre italiano intrigante e usa a "livre palavra de um rei sagrado" para declarar a si mesmo "chefe supremo" de sua própria Igreja (III.i.147ss.). Em *Ricardo III* os papéis são trocados quando o cardeal-arcebispo de Canterbury, ao expressar horror pelo propósito de Crookback de violar os direitos de imunidade, cede debilmente por *raison d'état* (III.i.37ss.).

Em um nível inferior ao político, as duas primeiras peças contêm um antipapismo mais incisivo. Um milagre fictício é exposto e punido pelo astuto Humphrey, o que está de acordo com a polêmica dos tempos de Shakespeare, quando os católicos eram acusados de inventar milagres. Uma impressão mais solene surge com o episódio no qual a ambiciosa duquesa Eleonora contrata necromantes com o propósito de evocar um espírito, para consultar os poderes da escuridão a respeito de seus planos secretos; dois deles são padres. Parece caber aos espectadores decidir se esse espírito é mais um logro ou se é um autêntico "demônio" do inferno, como ele próprio se designa – embora seja, como os de Macbeth, um demônio "enganador".

Um teste rigoroso, seja ele do sentimento religioso ou da fibra e coragem do homem, é a aproximação da morte. Tal bravura, uma das virtudes mais apreciadas por Shakespeare, era demonstrada por muitos tipos de pessoas; há uma curiosa afinidade entre algumas das palavras de dois homens que são completamente distintos em todo o resto. "Um homem só morre uma vez", diz Feeble, recruta de Falstaff, alfaiate de senhoras (*2H.IV*, III.ii.34). "Os covardes morrem muitas vezes", diz Júlio César. Note-se que os vorazes feudalistas de Shakespeare encontravam abrigo contra seus temores religiosos na crença de que já nasceram com um bilhete de primeira-classe para o céu, como parte de seu legado aristocrático. Talbot e seu filho morrerão juntos no campo de batalha, ele antecipa: "E alma com alma da França ao céu subirão" (*1H.VI*, IV.v.55) – sem parada em pontos intermediários como o purgatório. Margaret despede-se de seus companheiros de cativeiro com a promessa de vê-los de novo "na doce Jerusalém" (*3H.VI*, V.v.7-8). Percebe-se alguma mudança quando York morre, entregando-se às mãos de Deus, e seu filho Eduardo, antes de correr de volta para a batalha, ora com sinceridade para que os "portões de bronze do céu" se abram para sua "alma pecadora" (*3H.VI*, I.iv; V.iii).

Não há, porém, nenhum indício de que tais sentimentos pios tenham qualquer influência sobre o comportamento dos falantes. Talvez o escritor esteja querendo demonstrar que o céu deles era tão ilusório quanto sua expectativa de o alcançar. Alguns feudalistas de primeira geração em Shakespeare, diante da possibilidade de mortes mais lentas, demonstram apreensões reais do que os espera no futuro. Eduardo IV, em seus últimos anos, é uma presa de temores supersticiosos, muito bem usados por seu irmão Ricardo. Em seu leito de morte, faz seus discordantes cortesãos lembrarem-se do olho vigilante de Deus. A caminho da execução, Buckingham teme a fúria do "grande Onisciente". Em sua imaginação, alguns espectadores devem tê-lo perseguido até um lugar lúgubre e repleto de chamas; mas o que isso parece significar é que os culpados fazem seu próprio destino, e que a punição vem após o crime como uma necessidade, uma sombra, da vida do homem entre seus semelhantes.

Quando Henrique V, em tom solene, desmascara os traidores ingleses, vemos uma consagração do nacionalismo. O Estado e seu povo, e também o monarca, estão agora ungidos. Há um prolongamento aqui da garantia de tratamento preferencial que a classe privilegiada quer ter também no outro mundo para a convicção nacional de ter Deus a seu lado, a convicção de que os ingleses são o novo Povo Escolhido – que em breve seria gritada ao mundo pelas armas da República. Existe a sublime certeza de que os céus olham por eles com simpatia durante suas guerras com os franceses. Winchester, uma testemunha duvidosa, diz de Henrique V: "As batalhas do Senhor dos exércitos ele travou" (*1H.VI*, I.i.31). Talbot diz: "Deus é nossa fortaleza" (II.i.26). A "feitiçaria maligna", a "ajuda do inferno" pode conceder ao inimigo alguns sucessos ocasionais, e até mesmo eles conseguirão ter uma pequena visão de que Deus é verdadeiramente uma divindade inglesa (II.i). O rei João, na França com seu exército, proclama-se a si mesmo o "temível agente de Deus" (II.i.87).

Apesar de tais frases de efeito estarem em toda parte, praticamente o único cristão que podemos identificar nessas peças é Henrique VI. Shakespeare devia ter em mente o culto de Henrique como santo; as peregrinações a seu túmulo na capela de Windsor continuaram por muito tempo. A devoção não parece ser uma vantagem para ele como governante. Seus amigos e inimigos concordam ao afirmar que "sentimentos de religiosidade não se coadunam à coroa", como comenta York, zombeteiramente (*2H.VI*, I.i.242ss.). Sua esposa o menospreza como um estúpido colecionador de relíquias, imagens e rosários (*2H.VI*, I.iii.53ss.). Essa parece ter sido, em princípio, a imagem que Shakespeare fazia dele; mas rei e dramaturgo crescem e se desenvolvem juntos, e a devoção de Henrique evolui da mera religiosidade para uma moral e uma resignação verdadeiramente cristãs. Ele lança um raio de luz em um mundo de prisão. A morte atormentada de Winchester o inspira a uma moral que poderia servir em muitas outras ocasiões em Shakespeare: "Evita julgar, pois somos todos pecadores" (*2H.VI*, III.iii.31). Suas derradeiras palavras são de perdão para seu executor, Crookback. Em contraste, podemos considerar as palavras de Ricardo de York, com o sangue de Somerset em sua espada, um resumo do credo político dos realistas: "Os padres rezam pelos inimigos, mas os príncipes matam" (*2H.VI*, V.ii.71).

Seu filho, Crookback, no pólo oposto a Henrique VI, é o gladiador que mais sabe utilizar a religião para seus fins. Ele se orgulha de sua sutileza ao dissimular e trapacear com trechos das Escrituras para vestir sua "vilania desnuda" (*R.III*, I.iii.334-8). Sem nenhuma pausa, ele imediatamente ordena a execução de seu irmão. Contudo, ele não se mostra tão astuto, no final. Shakespeare talvez quisesse que percebêssemos que Maquiavel não era um guia seguro para a política. Ricardo aliena a quase todos ao seu redor e, pior ainda, termina com energia e confiança em si mesmo cada vez menores. Por diferentes motivos, ele é tão fracassado quanto Henrique VI. Henrique considerava-se o "indigno representante" dos céus (*2H.VI*, III.ii.385-6). Henrique V saberá muito bem ganhar a reputação de representante digno dos céus. Shakespeare, entretanto, não conseguiu varrer de nossos olhos a óbvia inabilidade da monarquia no sentido de constituir uma ligação natural com a moralidade.

Um leitor esperançoso afirmou que "Shakespeare via a história humana como uma revelação progressiva dos julgamentos de Deus sobre a raça humana" (Winstanley, p.54), o que parece ser corroborado por muitas falas suas – ou melhor, de seus personagens. Margaret nos diz que o "céu é justo" (*3H.VI*, III.iii.77), mas há pouco indício disso na organização das coisas aqui na Terra. Mais tarde ela exclama: "Oh Deus, justo, correto e verdadeiro árbitro" porque percebe "o curso da justiça" em ação; no entanto, tudo isso nada mais significa do que o fato de ela se alegrar ao ver alguns de seus inimigos compartilhando de seus próprios infortúnios (*R.III*, III.iv.55, 105). Pode ser que nos sintamos mais prontos a ouvir Henrique VI quando ele saúda Warwick como o "instrumento" – uma palavra shakespeariana – de sua libertação, e Deus como seu "autor" (*3H.VI* IV.vi.18).

No todo, é extremamente difícil detectar qualquer tentativa coerente de Shakespeare no sentido de interpretar o fluxo dos eventos como guiados por uma Providência superior. Pode haver razões para pressupor que ele gostaria de ter acreditado na existência de algum poder guardião desse tipo, o que, contudo, não prova que acreditasse nele. A religião nos Dramas Históricos é um fenômeno terrestre, às vezes ético e bom e, com mais freqüência, político e ruim. Não nos movemos num domínio de milagres, com uma porta ao paraíso continuamente aberta, como, por exemplo, nas peças de Massinger. As poucas manifestações sobrenaturais que ocorrem só objetivam causar um efeito de palco, como o sol triplo que os príncipes da casa de York vêem no céu, um presságio da volta da sorte, ou então os fantasmas que aparecem na noite anterior a Bosworth.

Para o espírito popular, tais aberrações da Natureza eram mais facilmente digeridas do que o credo oficial. Os rebeldes de Kent não esperam ou suplicam por ajuda divina e não temem sua desaprovação. A época de Shakespeare era de questionamentos, e provavelmente ele foi tão rápido quanto qualquer um ao detectar a falsidade de muitas das visões convencionais do púlpito com relação à história do mundo que lhes eram apresentadas. Até mesmo em relação ao significado do fato supremo, a morte, as dúvidas devem ter-se difundido. Não é de surpreender que Ricardo III se referisse à morte como "a escura caverna da noite eterna" (V.iii.62), mas as mulheres não demonstram ter mais sentimento religioso do que os homens. A virtuosa viúva de Eduardo IV faz uso de palavras igualmente pagãs sobre a partida de seu consorte "para um novo reinado da noite constante" (R.III, II.ii.46).

Seu cunhado Clarence, choramingando na Torre, tem um sonho febril sobre a morte; empresta-se um cenário clássico com Caronte e o Estige, com "uma legião de demônios repugnantes", para acrescentar um toque cristão. Ele se sente à beira do "reinado da noite perpétua", ou da aniquilação (R.III, I.iv.45ss.). O juiz Shallow é assaltado pelo pensamento de um velho conhecido morrendo, mas suas reflexões resmungadas se misturam aos preços de gado (2H.IV, III.ii.30ss.). Talvez Shakespeare nos esteja mostrando o senso comum, ainda que confuso, do homem mediano. João de Gaunt é outro que, em seu leito de morte, pensa sobre ela como uma "noite sem fim". Mas com *Ricardo II* e a crise da monarquia, e o direito divino como seu refúgio, as coisas estão mudando, e a religião é freqüentemente invocada, ainda que às vezes de forma desajeitada. O próprio Gaunt encontra uma desculpa para não vingar a morte do irmão confiando a questão a Deus, especialmente porque o culpado era o "representante ungido" de Deus (I.ii). O fato de o direito divino poder constituir uma proteção contra o assassinato lança sérias dúvidas sobre isso, e as queixas da viúva revelam a contradição.

Os mais jovens, em especial Ricardo, têm agora uma visão mais positiva da religião e do que ela pode fazer por eles. Antes do malogrado julgamento por combate, Mowbray havia ido ao confessionário (no exílio ele se torna um cruzado). A alegação de seu oponente de que sua "alma divina" irá "responder por isso no céu" torna-se uma reação adequada (I.iii). Velhos desamparados, em meio à urgência dos acontecimentos e ao desmoronamento de seu mundo, resignam-se a desígnios divinos que não podem compreender. York, encarregado do governo, pode estar se eximindo da responsabilidade, mas ocasionalmente há um tom da confiança indistinta, mas profunda, de que haja algum tipo de Providência. Os infortúnios de Ricardo devem ter sido permitidos por Deus "em virtude de algum forte motivo", e sua "potente vontade" não pode ser negada (v.ii).

Isso contrasta com a perspectiva dos homens de ação, que sabem o que querem, se empenham em obtê-lo e se voltam para Deus em busca de ajuda. O bispo de Carlisle lembra a Ricardo que os céus protegerão um verdadeiro rei, mas somente se ele servir-se dos meios terrestres que possui (III.ii). O bispo, um conservador honesto, se opõe a sua deposição e se junta ao abade de Westminster e outros conspiradores num plano para assassinar Bolingbroke. É sentenciado pelo novo rei apenas ao retiro, em razão do respeito que tem por seu caráter e "grandes centelhas de honra" (v.vi). Os espectadores podem ter detectado uma semelhança entre essa trama e as tramas católicas de assassinato, conhecidas ou das quais se suspeitava, em sua própria época.

Ricardo acredita que a cerimônia de consagração, mais mágica que religiosa, o autoriza a recorrer aos céus para pedir socorro ilimitado. Ele cai facilmente em desespero, o que pode ser atribuído à sua percepção do absurdo dessa crença, e também a uma natureza instável. Na admirável cena de seu retorno da Irlanda, ele se eleva nas asas do direito divino em forma de excelente poesia, mas para os que o ouvem fica claro que ele está se retirando para um paraíso de tolos. Chocado ao saber que suas forças galesas haviam-se dispersado, ele se apega à mística da realeza uma vez mais: "O nome do Rei não significa vinte mil nomes?" – mas logo esmorece novamente (III.ii). O mesmo acontece quando tem de enfrentar Bolingbroke. Ele exige provas de que "a mão de Deus" o dispensará de sua "liderança" e ameaça com a vingança divina que recairá, indiscriminadamente, sobre gerações ainda não nascidas. Desafio que logo dá lugar a uma submissão inofensiva (III.iii).

Na cena da deposição (IV.i), a melhor da peça, Ricardo é uma figura patética, pouco trágica, uma vez que só tem consciência de sua própria queda e não do dano que causara a seus súditos. Ele admite suas "tolas tramóias", mas depor um rei constitui pecado muito mais "amaldiçoado no livro dos céus". Finalmente percebe que aquilo que está sendo forçado a abandonar é um "pesado fardo"; o "cetro incômodo" está além de suas forças. E esta é a real maldição a que seus sucessores estão condenados: nenhum homem pode se igualar ao fardo da realeza. Na prisão, a mente de Ricardo dá voltas sobre o "pequeno buraco de agulha" que separa o sucesso material da verdade espiritual, e as discrepâncias nas Escrituras que "colocam a Palavra contra a Palavra" (V.v.13-4) – uma frase que a duquesa de York já usara diferentemente, ao implorar por seu filho. A meditação de Ricardo sobre a cristandade é uma das poucas em Shakespeare; ele tem várias outras, mais curtas, sobre religião em geral.

Nos Dramas Históricos posteriores, os homens que se movem com os tempos estão, pelo menos, prontos a demonstrar respeito pela religião, ao passo que aqueles alienados de sua época são indiferentes. De forma singular, agradam a Falstaff as conclusões morais de fábulas religiosas e ele recomenda a seus amigos que se "arrependam em tempos de ócio", mas já se esqueceu como é o interior de uma igreja (*2H.IV*, II.ii.127; *1H.IV*, III.iii.7-8). A senhora Quickly relaciona-se superficial e involuntariamente com o clérigo de sua paróquia, mestre Dumbe (*2H.IV*, II.iv.80ss.). Hotspur pede ajuda a Belona[2] e a Marte "com sangue até as orelhas"; ele morre produzindo suas melhores palavras, como fazem os homens nos campos de batalha de Shakespeare, embora não haja neles o gosto da salvação.

Enquanto isso, a Casa de Lancaster começa a aprender qual direção deve seguir. Bolingbroke repudia o assassino de Ricardo, que fica sem recompensa, e jura uma peregrinação à Terra Santa como expiação (*R.II*, V.vi). Há várias alusões às Cruzadas, como se na mente de Shakespeare pairasse a idéia, também partilhada por outros, da Europa abandonando suas diferenças e unindo-se contra os turcos. Gaunt se recorda da atuação dos ingleses nas Cruzadas; as primeiras palavras de seu filho em *Henrique IV Parte 1*, assim como suas últimas em *Ricardo II*, são sobre a Terra Santa. Sua preocupação prática é sempre com guerras civis que possam irromper, para as quais uma cruzada pode servir como um tratamento profilático. Tudo isso destina-se aos ouvidos de todos e faz parte de um novo estilo político. Da mesma forma, antes de Shrewsbury ele

---

2 Deusa da guerra entre os latinos. (N. T.)

reivindica o favor de Deus, "pois nossa causa é justa" (v.i.120) – uma solenidade imediatamente rematada pelo solilóquio de Falstaff sobre a Honra. Após a batalha, Henrique censura Worcester por não ter oferecido o perdão aos rebeldes, "como um cristão" (v.v.9). Ainda assim, sob a pressão de contínua ansiedade, Henrique de fato cai no domínio da religião, embora ela lhe seja mais uma sombra do que um conforto. Sua consciência atormentada o torna temeroso de um "julgamento secreto" e de seu filho imprudente, como o "açoite do céu" enviado para punir sua transgressão (*1H.IV*, III.ii.6, 10).

João de Lancaster, seu filho mais jovem, aquele "jovem de sangue frio" (*2H.IV*, IV.iii.84), que parece ser um primeiro rascunho de Otávio, confere a Deus o crédito por sua ação, moralmente questionável, de ter ludibriado o próximo grupo de rebeldes (IV.ii.121). Pode-se perceber tons de Henrique V no príncipe Hal, quando este promete a seu pai corrigir-se "em nome de Deus", sem esquecer de culpar a outros – "Que Deus os perdoe" – que colocaram os pensamentos do rei contra ele (*1H.IV*, III.ii.129ss.). Em *Henrique V*, o apoio divino na batalha substitui o direito divino, e o grito é "Deus por Henrique, pela Inglaterra e por São Jorge": o céu agora deverá colocar-se ao lado de uma nação e de seu líder e não mais de um indivíduo egotista como Ricardo II.

Se é de esperar que a religião sirva a seu devido propósito, as relações entre a Igreja e o Estado devem se dar nas devidas bases. O príncipe João censura o arcebispo de York por incitar ao conflito civil em vez de se ater ao trabalho que lhe conquistou o respeito como um padre que se aprofundara nos "livros de Deus", "o orador de Seu parlamento" (*2H.IV*, IV.ii.15ss.). Em *Henrique V*, o arcebispo de Canterbury atua com perfeição; ele é um verdadeiro imperialista provocador, assim como uma longa lista de prelados e capelães reais que se seguirão a ele. Os interesses de ambas as partes são servidos; embora alguns ouvintes com certeza devessem ter sentido que o apelo de Canterbury ao rei para que desenrolasse sua bandeira sangrenta e conquistasse seus direitos "com sangue, espada e fogo" (I.ii.10, 131) não fosse a maneira de um cristão falar, nem mesmo a de um arcebispo.

Henrique é um discípulo digno. Não é hipócrita: a religião verdadeiramente faz parte dele e preenche qualquer espaço vazio inconveniente em sua filosofia ou personalidade. Antes de Agincourt, perturbado pela idéia da usurpação de seu pai, ele parece estar tentando "barganhar com Deus como um mascate" (Ellis-Fermor, p.47). Ele também lembra aos céus das duas capelas que fundara para orar pela alma de Ricardo, além de seus outros atos de contrição (IV.i.291ss.). Os espectadores de Shakespeare devem ter tomado tudo isso mais como superstição da Igreja católica romana do que como verdadeira devoção. Há, contudo, uma aura profética aos moldes de Cromwell em seu ultimato aos franceses para que se rendam a sua vontade "pelas vísceras do Senhor", e suas intimações para Harfleur incluem Satã, Leviatã e Herodes.

Na verdade, a religiosidade desse herói é surpreendente. Deixando de lado as interjeições ocasionais, nós o ouvimos conclamar os céus 33 vezes – 14 das quais só no extenso Ato IV. Tanto Hotspur quando Falstaff teriam rido de tudo isso. O próprio Shakespeare deve tê-lo feito algumas vezes, e às vezes parece estar nos convidando a fazer isso também – de forma mais óbvia quando Henrique ameaça com a pena capital a qualquer um que se gabasse da vitória em Agincourt, em vez de dizer que a glória pertence a Deus, e Fluellen intervém: "Com a permissão de Vossa Majestade, não é legal dizer quantos foram mortos?" (IV.viii.115ss.). Henrique, porém, além de calar sua consciência intranqüila, tem de impressionar os outros. Ele reclama de seus soldados, que querem culpá-lo por tudo. Ele mesmo, como talvez Shakespeare quisesse que percebêssemos, está ansioso para responsabilizar Deus por sua guerra e todos os sofrimentos que a acompanham.

As mulheres e a família

No mundo feudal, a família contava mais que o indivíduo e o homem muito mais que a mulher. Nos primeiros Dramas Históricos, os pais e os filhos são próximos, como Talbot e seu filho, que morrem juntos na batalha. York se orgulha do combate heróico de seus filhos e suas tentativas de salvá-lo (*3H.VI*, I.iv.7ss.). Os laços fraternais também são calorosos. Agonizando no campo de batalha, Warwick chama pelo irmão e descobre que este morrera chamando por ele (*3H.VI*, v.ii.33ss.), um paralelismo que era muito apreciado por Shakespeare em seus anos de iniciante.

Em uma sociedade em desintegração, a família representa uma fortaleza sobrevivente, mas ela não resiste por muito tempo à ruptura geral, especialmente quando o tema central dessas peças é o cisma dinástico. Em *Ricardo III* a família entra em colapso, minada pela ambição individual e a mesma sede de poder que a mantivera unida anteriormente. Clarence deserta de seu novo grupo para retornar ao seio da família York e acaba sendo morto por seus dois irmãos. A mãe recita uma trenodia pela ruína da família ao rememorar a vida de crimes de Ricardo Crookback, amaldiçoando-o (*R.III*, IV.iv.116ss.). Não existe a recuperação do vínculo entre pai e filho. Três dos cinco reis depois de Eduardo IV não têm filhos, e João, a bem dizer, também não. O que resta é a discórdia entre as gerações que assume diversas formas. Não é uma ruptura familiar, como se dá em *Romeu e Julieta*, isto é, entre a juventude ardente e a velhice alquebrada. Tanto em *Ricardo II* como em *Henrique IV*, trata-se mais de uma questão de a idade e a precaução serem escarnecidas pela juventude desregrada e rude. Falstaff ri de ambos. Fica difícil acreditar que ele, em qualquer momento, tenha sido membro de uma família – não obstante sua alusão improvisada a seus "irmãos e irmãs" (*2H.IV*, II. ii.131).

A explosão de Hotspur com a ausência de seu pai em Shrewsbury não denota respeito filial (*1H.IV*, IV.i.). Ele não era totalmente obstinado a ponto de recusar considerar os termos, mas seu tio Worcester, por motivos pessoais, não lhe revela a oferta de perdão real (IV.iii.107ss.; V.ii.1ss.). A amargura com que Henrique encara a irresponsabilidade de seu filho às vezes irrompe num tom semelhante ao de Lear. Ele foi levado a suspeitar que o príncipe de Gales o queria fora do caminho – até mesmo pareceria estar pronto a assassiná-lo (*1H.IV*, III.ii.121ss.; V.iv.48ss.). O fato de o príncipe tê-lo salvo na batalha afasta as suspeitas apenas por um breve período. Seu longo discurso sobre filhos que se voltam contra os pais que trabalham toda sua vida por eles parece abranger mais que uma situação pessoal, parece refletir um mal-estar social geral, o que não é de surpreender em uma época como a elisabetana, com disputas sobre propriedades familiares e heranças, além da impaciência nova da geração de ver seus pais mortos. Henrique prevê uma Inglaterra transformando-se, após sua morte, "novamente em um deserto, povoada por lobos" (*2H.IV*, IV.v.136-7).

A maioria das mulheres que têm participação nos eventos históricos explorados por Shakespeare são más – no mínimo excessivamente ambiciosas – ou desamparadas, por fraqueza ou por ter sofrido reveses. A grande exceção é Joana D'Arc – porém, como personagem misteriosa, meio lendária, ela não pode ser retratada de maneira muito clara. Em suas primeiras aparições ela é tratada com louvável respeito, como se verdadeiramente inspirada, valente e, sem dúvida, capaz de imbuir os outros de coragem. Os nobres franceses são um grupo medíocre; é ela que representa a voz da França. Por meio dela, Shakespeare faz correções a um tom prevalecente de jingoísmo, mostrando que o patriotismo não é um monopólio inglês e que os triunfos ingleses têm de ser pagos com os sofrimentos franceses. Somente depois de sua derrota ela é obrigada a invocar ajuda infernal. Em sua cena final, há uma mescla de escrita refinada e conteúdo muito triste, e certamente não foram ambos escritos por Shakespeare. Como essa peça foi escrita no auge da caça às bruxas na Europa, talvez os atores tenham considerado adequado para os negócios ter alguns demônios e um toque de magia negra. No todo, Joana se sai bem. Uma lembrança dela estava possivelmente na mente de Shakespeare quando escreveu sobre as mulheres francesas ridicularizando os nobres por terem fracassado na tentativa de reverter a invasão de Henrique V (*H.V*, II.v.27ss.).

Uma classe viril de damas da nobreza, enérgicas e decididas, formou-se na mente de Shakespeare, antes de surgirem suas Pórcias e Rosalindas, o que é natural, uma vez que para as megeras ele tinha a história para aconselhá-lo; as feiticeiras tinham de ser evocadas de sua própria imaginação. Somente em tempos de desordem podiam as mulheres forçar seu caminho para a linha de frente, e mesmo assim tinham de ser tão boas lutadoras quanto os homens. Como acontece com os homens, as lutas pelo poder também deturpam a natureza delas. Entregam-se mais prontamente ao ódio do que ao amor, fazendo-o jorrar em torrentes de raivosas palavras. A rainha Margaret esbofeteia a duquesa Eleonora, fingindo tê-la tomado por uma serva; a duquesa então ameaça arranhar seu rosto (2H.VI, I.iii.73ss., 136ss.). A mãe do rei João e sua nora Constança se ofendem como um par de megeras, uma atirando dúvidas sobre a moral da outra, e o Bastardo e o duque da Áustria se juntam a elas, até que o rei Filipe os interrompe, dizendo: "Mulheres e tolos, chega de discussão" (II.i.122ss.). Pode-se imaginar que Shakespeare diverte-se ao levar alguns de seus nobres a agirem de maneira tão indigna, e que ele certamente sabe que seus espectadores se divertirão. A princesa francesa Bona, vista apenas por um breve momento, após ter sido rejeitada por Eduardo IV, está tão furiosamente ávida por vingança quanto Margaret poderia estar (3H.VI, III.iii.212-3).

As mulheres de Shakespeare que são lutadoras pertencem aos primeiros Dramas Históricos, a época de guerra civil crônica. As associações ativas entre homens e mulheres também não encontram muitos paralelos nas obras posteriores de Shakespeare: Joana com o Delfim, Margaret com Suffolk, que também é seu amante, e depois com Warwick, a rainha Eleonora com seu filho João. A duquesa Eleonora quer fazer uma aliança com Humphrey, seu marido; ela é uma precursora de Lady Macbeth, "uma mulher de temperamento invencível", pronta a galgar os degraus do poder sobre "pescoços sem cabeça" (2H.VI, I.iii.6-7, ii.65). Sem o apoio do duque, tudo que lhe resta são as artes infernais, e seu incentivador, o clérigo Hum, aceita dinheiro de seus inimigos para traí-la. Ela havia esquecido que o mundo é feito de ambição e desconfiança. Da mesma maneira que os homens quando atormentados pela dor, ela suporta sua desgraça com dignidade e não com remorso.

Margaret, bem mais jovem no início, tem uma carreira muito mais longa. Shakespeare cuida para que ela tenha razões convincentes. Ela se mantém por sua ligação com Suffolk e seu ressentimento por ser desprezada como a filha sem dote de um príncipe francês miserável (2H.VI, I.iii.75ss.). Tornando-se rainha inesperadamente, ela é uma mendiga sobre um cavalo, autoritária e determinada a manter o domínio. Ela é habilidosa e desembaraçada, mas suas intrigas enfraquecem fatalmente a dinastia

Lancaster. À sua maneira, ela é uma mãe devotada, que aceitaria que os soldados a atirassem sobre suas lanças, em vez de entregar o direito de seu filho à sucessão, como Henrique havia feito (*3H.VI*, I.i.244), o que a deixou ainda mais cruel. Em épocas tão desumanas, aos homens talvez agradasse ver as mulheres como seus opostos, como o faz York antes de sua morte, quando protesta que as mulheres deveriam ser tudo que Margaret, a "loba da França", não é – "suave, piedosa e flexível" (*3H.VI*, I.iv.111, 141).

Poderia parecer que, embora Shakespeare considerasse o humor e até mesmo a palhaçada compatíveis com a dignidade da história, ele apresentasse outra postura em relação ao amor, e a reservasse para suas Comédias. É um comentário não lisonjeiro à *belle passion* o fato de que praticamente a única mulher a se apaixonar é a adúltera (uma das poucas em Shakespeare) e assassina, Margaret. Suffolk – um homem casado, embora nada se saiba sobre sua esposa – engana Henrique, levando-o a um casamento politicamente desastroso com ela, de maneira a tê-la à sua disposição na Inglaterra. Ele argumenta habilmente que mesmo um casamento real deveria basear-se na livre-escolha, e não em regateio de dotes, adequado tão-somente aos "vis camponeses":

> Pois o que é um matrimônio forçado, senão um inferno,
> Uma vida de discórdia e contínuo conflito?
> (*1H.VI*, V.v.62-3)

– um sentimento progressivo que Shakespeare repetiria em muitos contextos mais dignos. Logo Margaret começa a comparar com raiva seu admirador Suffolk a seu marido religioso, que se adapta somente à Igreja (*2H.VI*, I.iii.40ss.). A paixão entre ela e seu amante só é totalmente revelada no momento em que Suffolk é banido na despedida deles, um diálogo que se eleva, às vezes, à verdadeira poesia.

A idéia elisabetana obsessiva da má conduta e degeneração femininas não demora a aparecer nessas peças, nas quais o ambiente feudal lhes dá uma pungência especial. A transmissão legítima de propriedades, posições e poder de pai para filho seriam comprometidos se às mulheres fosse permitido fazer o que desejassem. A consorte de um rei culpada de manchar o sangue real arriscava-se a ser mandada para o cadafalso. Na atmosfera de desconfiança masculina que prevalecia, o papel ostensivo de Elizabeth como a Rainha Virgem era ainda mais valorizado. Suffolk, ele mesmo um sedutor da rainha, em sua altercação acalorada com Warwick, insulta-o dizendo que sua mãe devia ter dormido com algum "camponês sem educação" (*2H.VI*, III.ii.210ss.). De forma mais branda, Falstaff, imitando Henrique V ao repreender seu filho, resmunga: "Que tu és meu filho, eu tenho em parte a palavra de tua mãe..." (*1H.IV*, II.iv.442-3). Henrique V em Harfleur conclama seus homens a dar garantias das virtudes de suas mães, demonstrando coragem igual à de seus pais. Tudo isso empresta um significado maior à tarefa que Shakespeare se autodesignou nas outras peças: a de restaurar o casamento, em bases modernas – um esforço que o aproximou dos puritanos mais esclarecidos. Em *Rei João*, Shakespeare permite uma grande exceção ao seu princípio de fidelidade marital (pode ser que, pelo que sabemos, ele tenha feito outras exceções a seu favor): o Bastardo não hesita em acusar sua mãe de haver sido uma cortesã real, ao que ela responde afirmativamente, sem escrúpulos (I.i). Enquanto aqui ele é o herói da peça, o Bastardo de Orleans, em *Henrique VI Parte 1*, é um francês definitivamente mais desagradável do que o Delfim.

O que se pode ao menos dizer sobre esses turbulentos barões é que eles estavam ocupados demais com suas brigas para se dedicarem aos jogos amorosos. Shakespeare tampouco tinha intenção de agarrar Cupido pelos cabelos, ao estilo de Hollywood. O flerte de Eduardo IV rendeu-lhe comentários críticos, e, após sua morte, quando seu irmão Ricardo envia Buckingham para fazer uma alocução aos cidadãos e lançar o descrédito sobre ele e também sobre seus jovens filhos, uma das acusações é a de que ele teria um "apetite bestial" e predatório pelas mulheres de todos os tipos (*R.III*, III.v.79ss.). A facilidade com que as mulheres cedem é demonstrada no Ato I Cena ii, na qual Ricardo se dedica a um *tour de force* na tentativa de persuadir Anne a casar-se com ele, à força de adulação e flerte, sobre o esquife de seu primeiro marido, Eduardo, filho de Henrique VI, assassinado por Ricardo. É provável que, para criar esse diálogo, Shakespeare tenha passado por estados de misoginia, que ele poderia dissipar sob forma dramática.

Tudo isso amplia a impressão de uma sociedade moribunda, cuja decadência atinge seu ponto mais íntimo, a família. Os homens estão cada vez mais perversos, e as mulheres, mais frágeis, tanto em termos morais como práticos. Elizabeth, esposa de Eduardo, uma matrona de posição social modesta, já com filhos crescidos quando ele a conhece, foi virtuosa o bastante a ponto de se negar a ser sua amante. O casamento, contudo, foi tolo e falso. *Ricardo III* está repleto de mulheres melindradas que estão sempre acusando seus inimigos com muito pouco sinal de arrependimento por suas próprias iniqüidades, ou de sentimento por aquilo que suas facções rivais custaram ao país. Nessa cegueira, percebe-se a incapacidade da velha ordem de começar vida nova, de se tornar autocrítica e se reformar de dentro para fora. Faz-se necessária uma nova dinastia, uma Nova Monarquia, para abrir o caminho para as mudanças radicais na vida nacional – inclusive a Reforma.

Do ponto de vista da esfera mais ativa das mulheres, *Rei João*, esse corpo estranho entre os Dramas Históricos, vem antes de Ricardo III e da redução delas à nulidade, embora se pudesse apontar para esse fato como algo iminente. Blanch, uma jovem princesa que se torna um joguete político, é uma infeliz abandonada entre o choque das armas. Shakespeare elogia-lhe a "beleza, educação, sangue" (RJ, II.i.493), uma tríade de qualidades necessárias a suas heroínas. Com relação ao casamento, ela submete-se recatadamente às ordens de seu guardião. Não há espaço nos Dramas Históricos, nos quais as jovens fazem parte do conjunto de ferramentas dos políticos, para o perfil emancipado das heroínas das Comédias. Há, contudo, tons patéticos e o sentimento da maldição da guerra, que podem ser observados quando ela se lamenta da renovação do derramamento de sangue no dia de seu casamento, e de sua lealdade dolorosamente dividida (III.i.300ss.).

As duas mulheres de ação aqui, tanto a mãe de João quanto Constança, estão envolvidas em negócios do mesmo porte que Margaret, embora de maneira menos independente, precisando mais dos homens para fazerem sua parte. Dessa forma, elas são menos atuantes no crime, mas seus objetivos não são de um tipo que nos empolgue – ou a Shakespeare, a julgar pela qualidade das falas que ele lhes dá. Nos Dramas Históricos, os homens querem o trono e a vingança por seus pais; as mulheres querem obter ou manter o trono para seus filhos e as ligações maternais só trazem frutos amargos para os outros. A observação espirituosa de Eleonora quando diz "sou um soldado" é promissora (I.i.150), mas é apenas no primeiro ato que tem alguma liberdade de ação, e depois do terceiro ato ela desaparece e morre. Ela tem algum remorso por João ter usurpado o trono; se tais momentos de culpa, assim como em Lady Macbeth, se tornam agudos a ponto de atingi-la ou não, isso é deixado para nossa imaginação. João se sente vazio com sua perda, mas a influência que ela tivera não fora mais completa do que a de Volúmnia sobre Coriolano; ela é "uma deusa Até que o incita ao sangue e à luta" (II.i.63).

Constança morre, "em um frenesi" (IV.ii.122), o que só nos é indicado por notícias vindas de outras partes. Tal morte pode ser atribuída às frustrações de suas esperanças. Seu grito "Guerra, Guerra! Não à paz!"(III.i.113) soa extremamente sanguinário, e sua ofensa ao duque da Áustria por tê-la desertado aproxima-se da linguagem vulgar. Mais tarde Shakespeare aprenderia mais sobre os modos aristocráticos, e suas mulheres angustiadas terão maior autocontrole. Mas nos últimos Dramas Históricos, as mulheres da classe dominante perdem toda sua ambição política e influência, em troca de muito pouco. Seu mundo está mudando e elas têm somente uma participação marginal nele. As mulheres de classes mais baixas passam a ser mais vistas e ouvidas agora, em Eastcheap, apesar de não ganharem em respeitabilidade, como acontece aos homens comuns no exército de Henrique V.

A rainha de Ricardo II é uma esposa dedicada, que nada faz para deter as suas desonestidades e, ao primeiro sinal de problema, se desespera tanto quanto o marido. Henrique IV não tem consorte e Hal não tem mãe. Lady Percy é a única mulher de posição que se destaca agora. Sua parceria com Hotspur é desigual. Como acontece com muitos outros personagens, parece aqui que Shakespeare iniciou a peça sem um plano definido para ela, satisfeito em vê-la crescer gradualmente sob sua pena. Ela inicia com uma longa fala em tons "heróicos" – um apelo para seu marido aceitá-la em sua confiança, muito semelhante ao que Pórcia faz a Bruto. Hotspur, porém, diferentemente de

Bruto, leva tudo em tom de brincadeira e faz um discurso sobre a falta de sabedoria das mulheres e sua incapacidade de guardar um segredo. Isso a reduz imediatamente a uma pobre reclamona. Não se deixando abalar, ela o chama de "macaco estouvado" (*1H.IV*, II.iii.109ss.). Ele se sente à vontade na companhia dela e solta piadas de caserna, mas abandona-a sem dizer uma palavra. Não sabemos mais dela até depois da morte de Hotspur, quando recupera a perspectiva heróica e presta um longo e eloqüente tributo à sua memória. Essa homenagem inclui uma característica que Shakespeare não havia revelado anteriormente: o jeito de "falar brusco" de Hotspur, que os admiradores imitavam (*2H.IV*, II.iii.24).

O amor romântico retorna, embora mantido em um mínimo irônico. Mortimer e sua esposa são apaixonados, mas ele não fala galês, nem ela fala inglês: uma mostra de como ser feliz apesar do casamento. A pretendida de Henrique V aprendeu pouco inglês, visto ser virtualmente cativa da força de suas armas, e ele sabe a resposta dela de antemão: suas maneiras rudes de assediá-la são aceitas. A mãe dela fornece tudo que é necessário com um respeitoso adágio sobre "Deus, o supremo criador de todos os casamentos" (*H.V*, V.iii.356). Esse casamento, no entanto, foi arranjado pelo deus Marte.

A primeira informação sobre Henrique como príncipe Hal é que irá carregar a luva de uma prostituta como prenda em um torneio em Oxford (*R.II*, V.iii.16ss.). (Sabe-se, ao mesmo tempo, que não via seu pai há três meses; uma vez que tudo ocorre imediatamente após a deposição de Ricardo, supõe-se que Shakespeare pensara em prover um álibi para seu futuro herói, inocentando-o de qualquer participação no crime de usurpação.) Tal tipo de travessura de mau gosto, porém, não se repete. Shakespeare podia rir-se da honra masculina, mas em nenhum momento é frívolo com relação à "honra" das mulheres. Não há evidências para supor que Falstaff tenha usado mulheres para desviar o príncipe. Em relação ao próprio Falstaff, elas não parecem ter sido a pior parte da vida dele, e podemos tomar como um exagero humorístico quando Hal fala dele como um libertino ou então quando encontra "recados de casas de baixo nível" enchendo os bolsos dele (*1H.IV*, I.ii.7ss.; III.iii.158). Em sua autodefesa em tom jocoso, Falstaff nega ser um "alcoviteiro", algo de que Hal não o acusou (II.iv.459-61).

Agora, na velhice, tudo que deseja das mulheres é dinheiro. Há a mulher de um alfaiate rico, que é por ele vista como fonte de rendas; há ainda uma velha senhora, Úrsula, à qual promete casamento toda semana, por anos a fio (*2H.IV*, I.ii.43ss., 236-8). Usa também a senhora Quickly da mesma maneira, até que ela fica indignada por ser feita de "asno e besta", ao mesmo tempo em que ele perfazia um débito total de cem marcos (II.i.29ss.). Está determinada a vê-lo preso, porém ele a faz mudar de idéia de modo muito semelhante ao que usa Crookback com Anne. A retaliação das mulheres virá com *Alegres comadres*, em parte já delineada em *Henrique* IV *Parte 2*. Quando sir John e Doll Tearsheet estão juntos, Shakespeare mantém a cena livre de grosserias ou de sentimentalismos. Ambos são velhos, e também velhos companheiros, e existe uma certa boa vontade entre eles (*2H.IV*, II.iii). Shallow, o outro velho conhecido por quem Falstaff só nutre desprezo, tem muito mais prazer ao relembrar as *bona robas* dos velhos tempos, quando era (conforme lembra Falstaff) tão "lascivo quanto um macaco". Tudo agora pertence a um longínquo passado, e Jane Nightwork também ficou "velha, velha" (III.ii). Uma testemunha nos fornece um momento sombrio de Falstaff em seus últimos momentos balbuciando alguma coisa sobre mulheres e sobre campos verdes, e chamando-as de "demônios encarnados" (*H.V*, II.iii.30).

Passado e presente

Todo verdadeiro poeta é um professor, estando Shakespeare, no mais alto degrau. Os Dramas Históricos podem ser chamados de seu "Espelho para Magistrados" e, mais ainda, para o público. Haveria pouco a aprender sobre o passado, não tivesse ele tanto em comum com o presente. A estrutura social da Inglaterra se alterou em dois séculos muito menos na realidade do que na aparência. Shakespeare dava a seus espectadores uma mistura de longínquo e exótico, uma espécie extinta de barões feudais, usando armaduras de dinossauros, preocupados com o aqui e agora. Muitas cenas se passam em Londres; o público londrino assistia aos eventos em sua própria cidade, com a fúnebre Torre, sua fortaleza, próxima ao teatro.

Inúmeras alusões tópicas foram descobertas, ou adivinhadas, nas peças de Shakespeare, e às vezes – quando não com freqüência –, elas têm bastante importância. O dramaturgo sentia-se mais livre no campo dos assuntos exteriores, em que podia fazer notar os paralelismos. Para os ingleses seria animador ouvir que os franceses eram "uma nação frágil e vacilante" (*1H.VI*, IV.i.148), e alguns devem ter se lembrado dessas palavras em 1593, quando o aliado da Inglaterra, Henrique de Navarra, tornou-se católico, para horror de Elizabeth, com a afirmação de que "Paris vale uma missa". (Seria igualmente alentador para os espectadores da classe alta terem a segurança de que os pobres também eram frágeis e vacilantes.) As falas em tom antifrancês em *Henrique V* poderiam ser facilmente traduzidas, nas mentes dos espectadores, numa invectiva antiespanhola, da mesma maneira que, neste século, foram antigermânicas. Em 1584, Guilherme de Orange, o pai da libertação holandesa, foi assassinado, por instigação dos espanhóis. O rei João, de Shakespeare, é envenenado por um monge. As conspirações católicas para matar Elizabeth concediam um tom de realidade ao aviso de Henrique V: "A traição e o assassinato estão sempre juntos" (II.ii.106).

Charlie Chaplin, como filho do povo, costumava negar que apreciava Shakespeare, criticando-o por somente se ocupar de coroas e coroados, e não de homens e mulheres comuns (p.275). Walt Whitman, o grande democrata, a princípio reagia de maneira semelhante, com descrédito, até que acabou por encontrar mais "distinção e glória" nos Dramas Históricos do que em qualquer outra obra de Shakespeare (p. 34, 57, 109-12). Seu panorama do feudalismo, com sua "alta percepção de uma casta desregrada e gigante", arrogância e crueldade, foi elaborado, acreditava ele, para solapar o que restava de tal estrutura na mente dos homens. A Guerra das Rosas não é mostrada como uma contenda magnânima, cujos protagonistas podemos admirar, mas sim como "discórdia vil e invejosa", segundo um deles (*1H.VI*, III.i.194). Podemos ver grandes homens em discórdia, enganando-se uns aos outros ou tramando engodos, contratando assassinos. A maioria deles chega a um merecido final infeliz. Não nos parece necessário nenhum esforço para imaginar o prazer que boa parte da audiência deve ter sentido ao ver uma classe dominante desmoronar, seus líderes caindo em batalha ou sendo levados para o patíbulo. O espírito jocoso de Ricardo III, seu desprezo por qualquer norma de conduta e seu egotismo sem fronteiras não constituem uma aberração do modelo feudal, mas sim sua personalidade nua, livre de pretensões. Seja lá o que Shakespeare tenha pensado sobre a "gentalha", pode-se dizer em sua defesa que ele estava dando ao homem comum uma educação liberal por meio de sua crítica impiedosa de ambos os níveis sociais, o alto e o baixo, e, acima de tudo, por deixar que Demos ouvisse o que seus mestres realmente pensavam sobre ele.

Henrique IV constitui menos um drama contínuo do que um estudo sobre política e sociedade, mostrando ambos em uma situação lamentável, sem possibilidade de regeneração a curto prazo. O velho mundo é deixado para servir de alvo à sagacidade de Falstaff e, como este, desperdiçou seu tempo e sente o chamado da mortalidade. Para que os homens de posição pudessem continuar com sua vida inútil, era preciso que houvesse uma aliança entre eles, à custa de seus inferiores, que são colocados no mundo para serem usados como se fossem animais. Falstaff também usa Shallow, ou a bolsa deste, e Shallow, por sua vez, espera que Falstaff lhe seja útil, como um "amigo na corte" (2H.IV, V.i). Podemos nos perguntar se os poderosos da época em que essa peça foi apresentada gostaram de ver expostas as pequenas fraquezas de um juiz ou se preferiam que elas fossem silenciadas. De qualquer forma, essa não é uma Inglaterra onde os pobres e os desamparados pudessem ser felizes. Tanto Falstaff quanto Shallow demonstram insensível indiferença aos sentimentos dos pobres recrutas. "Mofado, já é mais que tempo de seres usado" é a brutal resposta de Falstaff aos protestos do pobre homem de que sua "velha patroa" ficaria sem auxílio. "Usado!", repete ele pateticamente; o juiz o faz calar-se (2H.IV III.ii.15ss.). Quando o mendigo que fingia ter sido milagrosamente curado de cegueira é preso, sua mulher apressa-se a dizer que "fizemos isso por pura necessidade". A resposta do duque

Humphrey, bem de acordo com o espírito da legislação social dos Tudor, é ordenar que sejam açoitados pelo país até voltarem a seu lugar de origem (*2H.IV*, II.i). De vez em quando os pobres pensam em vingança, como sempre o fazem os grandes. A declaração do perverso conde de Suffolk sobre seu desprezo por todos os plebeus é prontamente seguida da declaração de guerra dos rebeldes de Cade contra todos os patrícios (*2H.VI*, IV.i; IV.ii).

Shakespeare tinha muita consciência da mobilidade social cada vez maior a seu redor: muitas famílias subindo na escala, muitas outras caindo. Os captores de Suffolk podem ser tomados como exemplos de uma grande porção da nobreza que, como seus dependentes, empobrecia a olhos vistos. Tais indivíduos podiam ser mais úteis para fins melodramáticos do que os pobres vindos das camadas inferiores. Tyrrel é recomendado a Crookback, com os piores propósitos, como um "gentil-homem insatisfeito/ Cujos meios humildes não estão à altura de seu espírito soberbo" (*R.III*, IV.ii). Em termos mais zombeteiros, Falstaff critica "estes tempos de carroceiros", quando juventude e talento como os seus são negligenciados: ele quer que o enforcamento por roubo seja abolido (*2H.IV*, I.ii.166ss.).

É com o Bastardo, cuja astúcia é aguçada por sua posição social ambivalente, que a percepção de um novo estado de coisas irrompe mais cruamente. Ele possui muito sarcasmo para destilar sobre o homem novo e suas maneiras, uma vida social repleta de fingimentos, mentiras e dissimulações. (Na condição de um jovem inexperiente, ele ainda não viu muita coisa dessa vida: é Shakespeare que faz as vezes de ventríloquo.) Convém a um homem que quer progredir, e não ser considerado ultrapassado, "um bastardo dos tempos", convém a ele cultivar um ar altivo, aprender os vícios da moda e estar pronto a dar aos outros o que querem – "O doce, doce, doce veneno para o gosto do tempo" (*RJ*, I.i.184ss.). Seu grandioso monólogo sobre o "Interesse, esse desviador do mundo", abrangendo tanto o interesse próprio como o lucro material, nos dá o tom de sua perspectiva da vida contemporânea, mesmo que ela não seja muito adequada ao assunto da peça. Sua hipótese é a de que a sociedade é naturalmente bem regulada, como uma bola "feita para rolar em solo plano", mas que agora se desordena pela ambição desenfreada e pela busca de lucro (II.i.574ss.).

Ricardo Crookback é outro porta-voz da lamúria sobre os novos-ricos que perturbam a escala fixa das posições sociais – "o mundo se tornou tão mau..." (R.III, I.iii.69ss.). Margaret segue seu antagonista, com ofensas sobre a família da esposa de Eduardo IV, dizendo que são arrivistas, insignificantes (I.iii.253ss.). O que está errado, para todos estes conservadores, é a falta de distinção entre as linhas de divisão que são necessárias à hierarquia social. Seu conceito do que é ordem não é tão-somente o de obediência à autoridade política, mas inclui ainda a solidez da estrutura social que lhe é subjacente. Esse conceito inclui ainda aquilo que mais preocupava a Shakespeare – a ordem moral, no sentido da aceitação das regras de conduta apropriadas ao *status*, como era o código de Honra para a nobreza. Tudo isso tinha muito em comum com o horror ortodoxo hindu, venerado no *Gita*, diante de qualquer mistura de castas, o que seria fatal ao correto funcionamento do universo.

Falstaff se irrita com os comerciantes cheios de soberba, com seus "sapatos altos" e "molhos de chaves" (2H.IV, I.ii.36-8), precursores dos futuros senhores da Inglaterra. Temos um relance de formas indistintas no pano de fundo quando o ladrão Gadshill assegura seu cúmplice de que podem contar com a proteção dos notáveis, não só de "troianos" (como o príncipe Hal), mas também de "burgomestres e tesoureiros" (1H.IV, II.i.74ss.). A idéia aqui transmitida é a de uma rede obscura de corrupção e lucro. Shakespeare tornava-se cada vez mais crítico da antiga ordem, mas não se deixava seduzir pela nova, cujos aspectos desagradáveis eram mais visíveis do que suas melhores qualidades.

Na *Comédia dos erros*, a menção à Irlanda faz Drômio pensar nos pântanos, e à Escócia, na aridez (III.i). Isso devia ser o máximo que um londrino, ou um siracusano, sabiam sobre tais lugares. No entanto, um político elisabetano tinha de saber muito mais, e, com os Dramas Históricos, um freqüentador do teatro podia aprender um pouco mais. Embora a preocupação primordial de Shakespeare fosse sempre com a Inglaterra, com o passar do tempo, ele cada vez mais levava em consideração as outras regiões das Ilhas Britânicas. Nenhuma cena nessas peças acontece na Escócia ou na Irlanda. *Ricardo II* traz uma breve cena no País de Gales, e *Henrique IV Parte 1* tem outra um pouco maior. Mas durante as guerras civis, forças de tais regiões têm aparições freqüentes, além de outras que às vezes vinham do continente. O plano de York de ir à Irlanda como regente e então usar seu exército para tomar o poder em casa (*2H.VI*, III.i.341ss.) parece uma previsão de uma das tramóias das quais Strafford seria acusado em 1641. O relato de Shakespeare é truncado. Na verdade, York não fez nenhuma tentativa nos meses que se seguiram a seu retorno, e somente marchou sobre Londres com uma grande força das fronteiras do País de Gales.

O plano de Hotspur traz Douglas e seus recrutas escoceses à Inglaterra, aos quais um contingente galês deveria se juntar, embora isso não venha a acontecer. O fato de que a Inglaterra esteja se dividindo é um alerta para os perigos de uma divisão contínua dentro das Ilhas Britânicas. Em *Henrique IV Parte 2*, sabemos de uma ameaça tripla ao rei, dos conspiradores do Norte, dos galeses e dos franceses. Northumberland, após buscar abrigo na Escócia, acaba por se juntar novamente a seus amigos na Inglaterra com uma força escocesa. No começo de *Henrique V*, há referências nada elogiosas à "fuinha escocesa", um "mau vizinho", que poderia molestar o Norte enquanto o exército estivesse na França (I.ii.136ss.). Talvez Shakespeare esteja sugerindo a seus ouvintes que o fato de ter o rei Jaime no trono afastaria permanentemente o velho perigo de uma guerra em duas frentes.

Os dois celtas notáveis nos dramas históricos, Glendower e Fluellen, são ambos galeses. Stratford não ficava muito longe da fronteira com o País de Gales, e Shakespeare deve ter conhecido o folclore daquela região. Em *Henrique IV Parte 1*, as mulheres galesas mutilam os corpos dos mortos após uma batalha (I.i.43ss.). O País de Gales, ao menos na Antigüidade, era visto como uma terra de selvagens, como a Irlanda na propaganda elisabetana. Os Tudor, no entanto, davam muita importância à sua mitologia e descendência galesa, para compensar suas deficiências em termos de linhagem, e combatentes galeses os auxiliaram em sua subida ao trono em Bosworth. Shakespeare tem de se manter pensando em duas épocas, o passado e o presente, e fazer que nos lembremos que agora existe um País de Gales civilizado pela influência e pelo governo da Inglaterra. Glendower mostra-se um "cavalheiro" educado, culto, orgulhoso tanto de sua cultura inglesa como da galesa (III.i.163ss.).

Henrique IV, porém, tem de fazê-lo parecer um ogro, "o grande mágico, o amaldiçoado Glendower" (I.iii.83). Ele mesmo, convencido de que não é um ser humano comum, é tão orgulhoso quanto Próspero de seus poderes mágicos e "experiências profundas" (III.i). Os compatriotas de Shakespeare, também bastante supersticiosos, podem ter creditado aos galeses poderes sobrenaturais, assim como sempre se acreditou que os homens das montanhas também os tivessem. As artes maravilhosas de Glendower parecem não ter nenhuma utilidade prática; nós só as vemos em ação quando ele convoca músicos que estavam a "mil léguas" de distância para tocar para seus convidados. Os três ingleses não demonstram estar impressionados, ou mesmo incrédulos ou surpresos, pelo fato de não haver nenhum músico mais próximo. Hotspur, contudo, é cético com relação ao que Glendower diz dos portentos que anunciaram seu nascimento. A própria busca de Hotspur pela Honra é mais que fantástica, mas, nesses assuntos, ele é a incorporação do senso comum inglês – uma lenda, na época em seus primeiros estágios, para a qual contribuía o poeta.

Aqui, e em outras partes também, Shakespeare pode estar querendo deixar à vontade aqueles que acreditam em magia, e que os mais racionais se juntem a ele no escárnio. Ele pode também estar mostrando os efeitos negativos que a superstição pode ter na prática, quando por duas vezes demonstra sua interferência em operações do exército. Quando ainda era somente Bolingbroke, Henrique esperava ter de lutar contra Glendower, e o partido de Ricardo esperava contar com o apoio galês. As forças galesas, contudo, se atemorizaram com sinais agourentos como árvores secas e estrelas cadentes (*R.II*, II.iv; III.i). Podemos entender a atitude de Hotspur diante da mistificação quando descobrimos que Glendower não comparecera ao encontro em Shrewsbury por ter sido "dominado por profecias" (IV.iv.16-8). Isso não vem de Holinshed e parece ser uma invenção de Shakespeare.

A Irlanda havia sido, por séculos, considerada um lugar cujos habitantes – ou seja, aqueles que estavam "além da paliçada" ou da fronteira do povoamento inglês – eram bárbaros para os quais não havia esperanças. Spenser lá servira por alguns anos e era um dos que argumentavam que o único tratamento para eles era o extermínio (Coughlin). "Temos de derrotar esses bárbaros descabelados", declara Ricardo II, quando se prepara para sua expedição. A Irlanda não tem cobras, os seres humanos são seu próprio "veneno" (II.i.156ss.). Mas Shakespeare dá indícios de algo melhor, a incorporação da Irlanda como parceiro em uma futura união das Ilhas Britânicas. Seu quarteto de oficiais no exército de Henrique V inclui um capitão Macmorris, um sapador. Não se esclarece que tipo de irlandês ele seja; pode ser de linhagem mista, como seu nome, ou pertencer a um dos outros três tipos principais da época de Shakespeare: um celta nativo, um "inglês antigo" católico ou um colonizador protestante mais recente. Macmorris é sensível em relação ao assunto e se ofende com um comentário inocente de Fluellen sobre sua "nação". "Qual é a minha nação? Quem fala da minha nação?" (III.ii.119-21). A nacionalidade estava se tornando uma questão delicada em boa parte da Europa, e muito mais para os irlandeses.

Em *Henrique* V, a recaída de Shakespeare em direção a um jingoísmo gritante tem sido um obstáculo para muitos desde Hazlitt, mas foi a única forma de ampliar os horizontes ingleses para "britânicos". Depois de termos visto, em *Henrique* IV, as Ilhas Britânicas em turbulência, em *Henrique* V temos, repentinamente, uma imagem oposta de todas essas terras – ou pelo menos de porta-vozes de cada uma delas –; a de terras unidas sob a liderança inglesa em um objetivo comum. O efeito é desigual: Shakespeare tinha de sobrepujar rapidamente um espaço enorme entre o real e o ideal, da mesma forma como tentara fazer que a nobreza e os soldados do exército se sentissem como irmãos. Macmorris e o capitão Jamy, o Escocês, só aparecem durante o cerco a Harfleur. Talvez tivesse maior dificuldade em lidar com seus dialetos do que com o seu galês. Apesar disso, a peça parece apontar para o caminho da história britânica posterior.

Gower, o oficial inglês, repreende Pistol por zombar de um galês (H.V, V.I), sem dúvida um hábito de muitos dos londrinos nos tempos de Shakespeare. Fluellen e Glendower são ambos uma mescla, embora mais afetuosa, do admirável e do ridículo, o que empresta à peça o toque de leveza de que ela tanto necessita. Como é do conhecimento de Henrique, Fluellen é corajoso e, quando irritado, "explode como a pólvora" (IV. vii.176-7) – traços que provavelmente pertencem ao estereótipo galês. Daí talvez a simplicidade e frugalidade de sua oferta de um xelim para que Williams consertasse suas botas velhas: "é um bom xelim, posso assegurar" (IV.vii.70ss.). Ele é um cavalheiro, mas não tem o rei na barriga. Quando se gaba de galeses terem servido em guerras mais antigas com a França, Henrique responde, com sua pronta afabilidade: "Saiba que sou galês, meu bom compatriota" (IV.vii.96ss.). De qualquer forma, ele fora príncipe de Gales. Um dos quatro homens notáveis em seu exército que perderam a vida em Agincourt é sir Davy Gam, um galês.

A lição de tudo isto é que os povos das Ilhas Britânicas deveriam formar uma "liga incorporada", como o fazem a Inglaterra e a França no final da peça, embora mais permanente. Parece que não ocorrera nem ao poeta, nem a ninguém mais, que as línguas celtas seriam um obstáculo à união. Com relação à Irlanda, a rebelião do Ulster já frustrava as esperanças amistosas da peça. Foi esmagada em 1601, apesar de uma força espanhola ter vindo em seu auxílio. O resultado foi uma ocupação colonial brutal, que duraria três séculos.

O Henrique V de Shakespeare declara que via a França como seu verdadeiro reinado e a Inglaterra, meramente como seu acampamento temporário (I.ii.272ss.). Em Edimburgo, James VI ansiava que Londres fosse a capital de onde reinaria em esplendor, ao invés da penúria esquálida de sua própria cidade. Desejava ser o soberano de uma Bretanha unida, como seus legendários antecessores, Bruto de Tróia e o Rei Artur (Thomas, p.495-6). Aspiração que não conseguira concretizar. A revolução contra seu filho irromperia primeiro na Escócia. Nas guerras civis, todas as regiões celtas estariam ao lado dos realistas, uma evidência de que, como os celtas, a monarquia pertencia ao passado.

A própria história logo seria um campo de batalha. Em grande parte graças a Shakespeare, a Guerra das Rosas estava longe de ser esquecida, e a idéia de uma situação semelhante ainda rondava as mentes das pessoas. Quando, em 1642, as hostilidades irromperam, "a nação política estava, há mais de uma década, obcecada pelo precedente medieval e seu passado gótico"; escreve Adamson (p.93): seu estudo sugere que muitos ecos dos conflitos passados podem ser ouvidos nessa última disputa. Os ingleses estavam, como sempre acontece, adentrando o futuro de costas. Boa parte da velha Inglaterra ainda sobrevivia, e o cisma da década de 1640 dividiu a nobreza e, de forma considerável, a pequena nobreza, como o fizeram as rosas vermelha e branca. Na verdade, as diferenças eram ainda mais profundas. No acampamento inglês em Agincourt, Bates e Williams zombam do desafio de Henrique de culpar o rei se este os abandonar: "podeis tentar transformar o sol em gelo, abanando-lhe o rosto com a pena de um pavão". Meio século depois, seus netos, os soldados do *New Model Army* de Cromwell, estariam prontos a cortar sua cabeça com a coroa ainda nela.

PARTE III

EXPERIMENTOS

CAPÍTULO 1

TRAGÉDIAS

Entre os dois conjuntos de peças da década de 1590, aquelas em que a autoridade e a honra estão em julgamento e aquelas nas quais o amor e a lealdade são investigados, deparamos com um grupo de composições de pouca conexão entre si e de interesse muito variado. Todas elas podem ser chamadas de experimentos, alguns dos quais não serão retomados. Esses textos são definitivamente "sérios" em vez de alegres e, desse ponto de vista, têm maior afinidade com os Dramas Históricos do que com as comédias – com exceção de *O mercador de Veneza*, não muito distante deles em termos de data. Duas composições são tragédias, os dois poemas longos são trágicos, e muitos dos poemas curtos têm um tom melancólico. Na medida em que isso possa servir de testemunho dos estados de espírito de seu criador, pelo menos na metade da década à qual a maioria delas pertence, esses humores parecem ter ficado longe do otimismo.

Shakespeare chegou ao teatro logo depois de a tragédia, enquanto gênero, ter conquistado um lugar definido nele. Seu próprio envolvimento com ela era cauteloso. Ele já havia feito duas tentativas, mas em geral contentou-se, na década de 1590, com os temas trágicos dos Dramas Históricos. Mesmo na maturidade, seus temas trágicos viriam a ser bastante históricos e, portanto, firmemente ligados às questões que diziam respeito ao mundo e aos indivíduos.

Tito Andrônico (1594?)

Essa primeira tentativa é anômala por ter somente localização pseudo-histórica, embora possa ser considerada "intensamente acadêmica" (Frye, *Fools*, p.47), retomando Sêneca quanto ao emocionalismo de um tipo peculiar, não muito "shakespeariano". Foi publicada em 1594 como a "Mais lamentável tragédia romana"; ela é, de fato, lamentável por vários motivos, sendo mais sensacionalista do que seus dois modelos – *Spanish Tragedy*, de Kyd, e *Jew of Malta*, de Marlowe. No entanto, tem havido ultimamente maior boa vontade do que antes no sentido de considerá-la – ou grande parte dela – uma obra genuína do Shakespeare inicial, apesar de sua história irregular e tumultuada e dos horrores grotescos: uma mudança de opinião que possivelmente se deve a nosso apetite cada vez maior por sensacionalismo. Tentou-se estender a autoria da peça *Edmund Ironside* a Shakespeare, com base em paralelos entre as duas (Sams, p.34-7ss.). De fato, as semelhanças são surpreendentes, mas esse tipo de melodrama, como nossos filmes policiais, poderia reunir rapidamente um acervo comum de recursos e fraseologia, que estariam disponíveis a qualquer um. "Nada poderia ser sanguinolento e horrível demais para uma platéia elisabetana" (Wright & La Mar,). *Tito Andrônico* foi extremamente popular nos palcos e entre os leitores, sendo reimpressa com freqüência. Os leitores ouviam os sermões sobre fogo e enxofre e, pelo púlpito ou por panfletos, eram assediados com alertas medonhos sobre os agentes de Satã, as bruxas que estavam entre eles.

Shakespeare não era um racionalista do século XVIII, mas pode-se supor que ele tenha engolido essa tolice com uma pitada de sal. Ajudou-o o fato de não ser religioso em um sentido convencional; além disso, ele era um grande humorista e adorava o burlesco. Alguns críticos foram incapazes de resistir à tentação de vê-lo rindo às escondidas durante algumas cenas. Uma delas é a Cena iv do Ato II, em que o irmão de Tito, Marcos, ao encontrar sua sobrinha, Lavínia, mutilada no bosque, em vez de socorrê-la, profere um interminável discurso. Ainda assim, a versificação – há muito pouca prosa – não é de todo ruim e muitos trechos bastante realistas podem prender a atenção. Na cena de abertura, as palavras de Tito de despedida aos filhos caídos, entregues agora à paz do "silêncio e do sono eterno", remonta à "noite eterna" dos Dramas Históricos. O louvor de Tamora aos encantos do campo (II.iii) é muito poético.

Não há personagens suspirando, somente paixões personificadas, embora uma ou outra possa ser considerada, se não totalmente humana, humanóide. O enredo só trata de vingança e retaliação. Aarão, o Mouro, é claramente modelado no diabólico Barrabás, o Judeu, de Marlowe, mas, como diz Dover Wilson, tem muito mais vitalidade: sua alegria forte e insinuante diante de seus crimes lhe confere um parentesco com Ricardo III (TA.1xii-iv). Ele certamente é "o personagem mais interessante e característico" da peça (Brower, p.28). Como os outros vilões shakespearianos, ele adora bravatear sua vilania. Como amante de Tamora, a rainha capturada dos godos e futura esposa do novo imperador Saturnino, ele se sai notavelmente bem, e suas esperanças elevam-se mais ainda. Portanto, não fica claro o motivo de ele logo declarar a Tamora: "Sangue e vingança estão martelando em minha cabeça" (II.iii.39). Mas o melodrama não tem espaço para vilões satisfeitos.

Os inimigos de Tamora estão cientes de que ela tem como amante um homem de cor tão morena – "Impuro, detestável" – ou, como diz Lavínia, "da cor de um corvo" (II.iii.72). Em seu estudo sobre os personagens estranhos e marginais de Shakespeare, Fiedler atribui-lhe sentimentos ambivalentes sobre raça e cor, associando Aarão aos mais hostis deles (p.140). Ele pode muito bem estar certo; no entanto, Aarão, longe de se entristecer com a consciência de sua cor, como Ricardo III com sua deformidade, orgulha-se muito dela (IV.ii.111ss.). Como Ruddigore, ele tem a meta de cometer um crime por dia. Suas diabruras são como aquelas das quais as bruxas e feiticeiras são acusadas, e o Diabo com freqüência revelava-se na forma de um negro. Uma das diversões de Aarão é incendiar celeiros e montes de feno à noite (v.i.139). Sua única característica redentora é a defesa corajosa de seu filho bastardo com Tamora, que ela deseja destruir, por medo de que sua pele escura a traia (IV.ii). Shakespeare nos dá poucas demonstrações de amor paterno como essa. Sentenciado a uma morte cruel, Aarão, como Iago, entrega-se a seu destino sem fraquejar.

Tamora é inteligente, autoconfiante, perspicaz, e tem o direito de se gabar de seu talento para fascinar os outros (IV.iv.95). Ela é desumanamente cruel e traiçoeira; o personagem que mais se aproxima dela nos Dramas Históricos é Margaret. Tito é um romano de palco, interessante pela imagem exagerada com a qual os ingleses concebiam os heróis romanos, com silhuetas altivas. No início, esse inflexível patriota e patriarca tem apenas quatro filhos, tendo perdido os outros 21 a serviço do país; mais tarde é ofendido por um dos sobreviventes, matando-o. Shakespeare pode ter sentido que certo respeito era devido a essas figuras monolíticas, esculpidas em granito, tão opostas a suas personagens descrentes e hesitantes. No final, Tito convoca um exército de godos para punir os perseguidores de sua família, como mais tarde o militarista Coriolano convoca os volscos para punir Roma por seu desterro. O nacionalismo sempre foi abundante nessas contradições.

Não se pode dizer que Shakespeare, em seu primeiro encontro com os cidadãos romanos, tenha sido elogioso. Na disputada sucessão, deram aprovação perfunctória ao candidato vencedor, Saturnino. Ele, contudo, não acha que se possa desprezar os "frívolos homens de Roma" (IV.iv.93)e não confia neles: ele se mantém atento à opinião pública passeando incógnito, e é sua consciência da repulsa pública que o deixa desesperado por resistir aos godos. Parece, porém, que a liberação de Roma só pode ser esperada por meio de intervenção estrangeira. Tito aprendeu, pelo modo como ele e sua família são tratados, que a cidade não é mais que um "deserto de tigres" (III.i.54).

As peças shakespearianas freqüentemente contêm uma rede de idéias ou peculiaridades associadas, e *Tito Andrônico* não é exceção. O gosto por "vitupérios" prolongados, ou por insultos ou queixas, tão presente nos primeiros Dramas Históricos, está presente também aqui. Observou-se que a promessa de Tito de ler "histórias tristes" dos tempos antigos para Lavínia (III.ii.87-8) é semelhante às "histórias tristes" pedidas por Ricardo II. Existe a sugestão de uma futura visão trágica da vida quando Marco tenta acalmar seu atormentado irmão, embora forçado a confessar que o espetáculo da vida nesta terra é o suficiente "Para gerar um motim nos pensamentos mais doces..." (IV.i.90-2).

Romeu e Julieta (1594-1596)

Romeu e Julieta constitui um enorme avanço, embora ainda apresente muitos sinais da imaturidade do autor. São freqüentes os dísticos rimados, que podem adequar-se muito bem a um discurso como o de frei Lourenço, no início do Ato II, Cena iii, de solene tom moralizante. Não é difícil encontrar textos medíocres permeados por boas linhas ou toques. Ainda desajeitado com os estados emocionais femininos, como nos primeiros Dramas Históricos, Shakespeare abusou dos jogos de palavras com que inicia o drama e para os quais muitas vezes retorna. Julieta tergiversa quando se supõe que teme desesperadamente que seu Romeu esteja morto (III.ii) e passa daí para um trecho de retórica artificial.

A história do casal, cujas origens são italianas, era bem conhecida e popular antes que Shakespeare a usasse. Tinha uma forma bastante dramática para ser escolhida por ele. Ele a transformou em um enredo nem sempre verossímil nos detalhes, embora esse tipo de defeito não o perturbasse. O primeiro pensamento de Romeu depois do casamento deveria ser tirar sua noiva da casa dos pais, como o fez Otelo com Desdêmona, e de Verona. Ela estava pronta para segui-lo "por todo o mundo" (II.ii.148), e ele tem bastante dinheiro quando o vemos mais tarde em Mântua. No conjunto, o lado prático desse romance é tratado com a fatalidade desejada pelas estrelas mais negras. Além disso, há uma subsistência da predileção pelos horrores que Shakespeare, nessa altura de sua vida, pode ter partilhado com sua platéia. Obviamente, as brigas entre famílias exigem sacrifícios, mas a câmara mortuária dos Capuletos fica abarrotada de cadáveres. Shakespeare podia ver o lado ridículo dessas pilhas de corpos:

é impossível não perceber a semelhança com o drama ingênuo representado pelo tecelão Bottom e seus amigos. "Olhos, olhai uma derradeira vez!", exclama Romeu sobre o corpo supostamente sem vida de Julieta (V.iii.112). "Olhos, vedes?", Píramo, ou Bottom, exclama sobre sua Tisbe. Estivesse o autor fazendo ou não uma autocaricatura, ele foi capaz de ver a vida sob o prisma da tragédia, por um lado, e como uma farsa, por outro.

Sejam quais forem as fragilidades que possam haver no enredo, Shakespeare consegue fazer dele uma sucessão de humores antitéticos, de revelações contrastantes sobre a vida humana. A tragédia ainda é apenas uma parte dessa vida, não sua totalidade, como passa a ser posteriormente. A luz e as trevas nutrem as imagens principais (Spurgeon, p.310ss., Apêndice 4). Na cena de abertura, um nascer do sol, uma das imagens favoritas de Shakespeare, é invocado, contrastando com a noite sombria e com a "noite artificial" no quarto de Romeu, protegido por cortinas cerradas contra o "idolatrado sol". Na primeira metade da peça, encontra-se um forte elemento de alegria despreocupada e jovialidade. Dos dois temas que se opõem, ódio e amor, o primeiro é ridicularizado no início pelo cômico burburinho dos serviçais; o segundo, pela jocosidade dos músicos após a "morte" de Julieta (IV.v.96ss.) – e por muito mais. Brincadeiras e seriedade se unem em um padrão, em vez de simplesmente se alternarem na composição de uma "tragicomédia".

A esplendorosa juventude aristocrática e o humor plebeu, mais bem delineados do que na maioria das Comédias, são necessários para nos dar a sensação penetrante do quão agradável poderia ser a vida em Verona, não fossem a contenda entre as duas famílias, a intromissão do mal vindo de algum outro domínio ou do passado morto. Toda tragédia de algum modo ensina isso, mas poucas delas nos colocam tão próximos da lição como esta. Mercúcio, a atraente invenção do próprio Shakespeare, caçoa do amor e ri dos absurdos dos duelos, até que é morto em um duelo. Sua morte determina um ponto focal na peça, depois do qual o colorido muda abruptamente.

A tragédia envolve o choque entre o homem e o destino, e também entre os homens: o "destino" é nosso símbolo para a complexidade dos fatores, humanos ou não, que freqüentemente se aliam para nos frustrar. Para os elisabetanos, e em toda a Europa de seu tempo, o destino exercia sua vontade por meio das estrelas, e isso não era uma simples metáfora. O Prólogo dessa peça anuncia "amantes sob estrela adversa" e a última fala de Romeu é sobre o "mau influxo das estrelas", cuja opressão está prestes a romper. Os sonhos sombrios e os pressentimentos multiplicam as sombras do destino. Uma dúvida atravessa a mente de Romeu, quando se prepara para entrar no salão dos Capuleto (I.iv.106ss.). Julieta, separando-se dele depois da noite do casamento, tem "pressentimentos negros na alma" e parece ver Romeu como um cadáver (III.v.54).

O homem se enreda em uma teia de causas que, para ele (ou mesmo para a clarividência religiosa), parecem irracionais. Parecem ainda mais irracionais em uma sociedade crivada de mudanças inexplicáveis, em comparação com o quadro relativamente estático do teatro clássico francês. Somente quando duas épocas, de valores rivais, estão em conflito é que nascem as tragédias como as de Shakespeare. Em termos mundanos, a sensação humana do confronto com um universo hostil significa que homens e mulheres enfrentam individualmente uma comunidade incompatível e suas leis. Nessa peça, o direito individual afirma-se em dois planos históricos. Uma geração mais antiga da nobreza reivindica o privilégio de realizar sua guerra particular, sem considerar a ordem pública e a despeito da autoridade, agora representada pela monarquia absoluta. De outro lado, uma geração mais jovem da mesma classe, impregnada (em Londres, ou mesmo em Verona) pelas idéias das novas classes médias, clama por liberdade de escolha do companheiro para toda a vida.

Tanto os velhos como os jovens são rebeldes, mas os velhos desejam tiranizar os jovens, como o Estado busca tiranizá-los. Para os jovens, o amor também significa a rejeição das querelas familiares, outro prolongamento da antiga ordem. Esses amantes (diferentemente de seu mentor, frei Lourenço) não imaginam o bem que sua união faria, eliminando a contenda: estão envolvidos consigo mesmos e perseguem seus próprios objetivos, de forma capaz de inflamar ainda mais as relações familiares. No entanto, à sua maneira, rebelam-se contra o mórbido domínio do passado sobre o presente. Pertencem a uma era que começa a considerar cada pessoa um ser humano distinto, e não um ramo de uma árvore genealógica.

A Inglaterra de Shakespeare movia-se em direção à anuência parcial em relação a esse ponto de vista. O pai de Julieta, Capuleto, é tão esclarecido sobre o assunto quanto qualquer pessoa de seu nível poderia ser, e gosta de pensar sobre si mesmo como um excelente pai para sua única filha. Diz a seu pretendente, Páris, que ele precisa cortejá-la e conquistar sua afeição, e não simplesmente receber sua mão em matrimônio. Julieta, por seu lado, não é de todo avessa ao casamento e promete à mãe que fará o possível para gostar de Páris. Ele é perfeitamente aceitável, embora sem sal; tem um título de nobreza e "boas posses", além de outras boas qualidades (III.v.179ss.), e está verdadeiramente apaixonado por ela. A prontidão de Julieta em considerá-lo favoravelmente é a contrapartida do namorico de Romeu com Rosalina.

Somente depois de se apaixonar por Romeu é que Julieta sente que está sendo mantida em cativeiro por seus pais. Pode ser que sua recusa em desposar Páris, tão rapidamente seguida de sua promessa de docilidade (III.v), seja brusca e nada diplomática; há algo do tratamento cavalheiresco de Desdêmona com seu pai na maneira como ela subitamente vira as costas a amigos e parentes. Capuleto, na verdade, é um velho rígido, caprichoso e irracional; ele tem de nos revoltar com sua aspereza, para garantir que nossas simpatias se voltem para Julieta.

Para evitar que a história de amor se arraste, sua forma é bastante condensada. Herói e heroína estão no palco juntos – vivos – em apenas quatro cenas, e a maior parte desses encontros é bastante breve. Apaixonam-se no abrir e fechar de olhos de 18 linhas de conversa em um salão de baile lotado. Os suspiros de autopiedade de Romeu desaparecem: ele se transforma em um novo homem, pronto para agir, e a peça se eleva a um novo nível. Da mesma forma, Julieta transforma-se em mulher, embora de fato, como sua ama insiste em afirmar de modo prolixo, seja uma menina com menos de 14 anos de idade (I.iii.17ss.). As moças da aristocracia Tudor às vezes casavam-se muito jovens, por razões ligadas à propriedade ou à influência da família; porém, a média de idade para o casamento nas famílias comuns era bem alta – para as mulheres, mais ou menos 24 anos.

Para uma moça sem cultura, dez anos mais jovem do que a média citada, a maneira elegante de falar de Julieta, seus princípios, sua conduta heróica, são, é claro, totalmente inacreditáveis. Shakespeare podia estar ciente disso, pois ele próprio tinha filhas com idades entre dez e 12 anos (em 1595). Não lhe teria custado nada dar a Julieta seis anos a mais. Ainda com maior facilidade, ele poderia ter deixado sua idade a cargo de nossa imaginação. Nenhuma das heroínas das Comédias é criança. Julieta, porém, como Miranda em *A tempestade* (que, no entanto, nada tem a fazer e pouco a dizer), é uma pessoa apenas em parte; em parte é um emblema da nova era, de uma nova ordem, e Shakespeare não pode mesclar totalmente essa segunda função em uma personalidade de carne e osso.

Julieta é uma idéia, um novo espírito do amor romântico. Quando ela e Romeu se encontram pela primeira vez, as palavras dos dois se combinam em um soneto: um tipo estilizado de cortejar, mesmo que sancionado pelas convenções de um baile de máscaras, mas que ajuda a transmitir a sensação necessária de uma jovem donzela hipnotizada pela magia da vida, tornando-se seu caudatário semiconsciente. Isso é reforçado pelo rosto de Romeu encoberto pela máscara; Teobaldo o reconhece apenas pela voz. Esse amor tem uma característica ritual, quase mística, como o próprio casal sente; ela fala de "divina perfeição" do amado e ele diz que com o amor dela será "de novo batizado" (II.ii). É a única vez que Shakespeare dá ao amor dos mortais uma atmosfera sacramental ou lhe outorga, por intermédio de seu frei, a bênção especial da religião.

O amor à primeira vista – ou à primeira audição, no caso de Julieta – poupa Shakespeare e a nós do embaraço de um namoro no palco, que nunca poderia ser convincente e que era sempre tratado com cautela por ele. Novamente, poupa-se do problema pelo artifício de deixar Romeu ouvir Julieta confessar seu amor em um solilóquio (II.ii). Ela ficou apenas ligeiramente desconcertada ao perceber que fora ouvida. Acredita na franqueza e não na dissimulação recatada, e pensa que o amor sincero tem mais probabilidade de durar. Essa sinceridade logo a leva a declarar para Romeu (como Miranda para Ferdinando) que, se ele desejar, ela se casará com ele, mesmo que sua união tenha de ser secreta diante de sua família. O antigo casamento feudal pertence ao passado, mas o matrimônio continua sagrado como a pedra fundamental do comportamento e da estabilidade social, uma das indispensáveis conexões entre o velho e o novo mundo.

Nesses termos, Julieta está preparada para acolher o conselho de sua ama – "Vai, pequena, procura felizes noites" (I.iii.107). Ela acredita que o "amor verdadeiro simula a modéstia"; e a abertura altamente poética da cena de despedida (III.v) lança um brilho romântico sobre a noite de núpcias recém-terminada. Mas como Shakespeare gostava de nos lembrar, existem diferentes tipos de amor e distintos pontos de vista sobre ele. Os criados dos Capuleto tinham suas próprias meretrizes e vão ter com elas enquanto o baile acontece. O paganismo plebeu tem uma esplêndida encarnação na ama, que é velha, simplória, nada romântica, embora verdadeiramente devotada a Julieta. Como a ama de Anabela, na tragédia de Ford, *'Tis Pity She's a Whore*, ela representa a humanidade cordial das massas, ao lado da indiferença pela moralidade abstrata e pelo idealismo exagerado.

No outro extremo, está a postura afetada e irreal dos gentis-homens galanteadores. A troça despreocupada de Mercúcio, com uma ponta de indelicadeza, tem um alvo fácil na lânguida fascinação de Romeu por Rosalina. Sua postura é tão tola quanto as desajeitadas palavras trocadas entre ele e Benvólio, semelhantes às dos criados na cena de abertura. Pode ser que Shakespeare queira nos lembrar, como nas primeiras Comédias, que o senhor e o criado não estão, afinal, tão distantes. (O hálito desagradável da plebe geralmente o desagrada, mas não escapa a Mercúcio que o hálito de uma dama bem-nascida pode viciar-se com as guloseimas aromáticas [I.iv.75-6].)

A fala de Mercúcio sobre a "vã fantasia", "mais inconstante que o vento" (I.iv.98), prepara-nos para a mudança de uma paixão de Romeu para a outra. Mas a peça levanta questões mais sérias sobre essa segunda paixão, que não podemos desprezar. Primeiro, Julieta sente, de maneira sensata, que eles podem deixar seu amor amadurecer, sem apressar os acontecimentos, porém, no minuto seguinte, ela clama por núpcias imediatas (II.ii). A fala intempestiva de Romeu sobre suicídio, ao saber sobre seu banimento, soa ao frei como histeria ou loucura (III.iii.108ss.). Refletiu, como um pressentimento, que "prazeres violentos têm finais violentos" (II.vi.9), o que, de certa forma, é a moral da peça. Apenas a atmosfera não-natural criada pela vingança familiar poderia fazer que essa paixão desesperada parecesse natural, inevitável até.

Tomamos o partido dos amantes rebeldes contra a objeção dos pais, e o do governo contra as altercações entre os nobres. Escalo é um governante plenipotenciário, diferente de alguns das Comédias; obviamente, esse tipo de autoridade é necessária em Verona, mas nem sempre é eficaz. Embora seja autoritário e digno, Escalo tem consciência de que não foi enérgico o suficiente. Perdoar o assassinato é falsa misericórdia, declara ele depois das mortes de Mercúcio e Teobaldo: de agora em diante, ele será "surdo às súplicas e desculpas" (III.i.191). As contendas familiares como a de Verona ainda eram endêmicas e problemáticas na Escócia do final do século XVI e também existiam no País de Gales. Alguns ingleses tinham conhecimento da disseminação dos duelos na França, o resultado mais individualista das rixas familiares, e que Henrique IV era reprovado por franquear o perdão com muita facilidade.

É desse ponto de vista que o Prólogo resume o tema da peça. Amor e ódio estão ligados, e os amantes são o sacrifício necessário para que a paz seja restaurada. A briga entre as duas famílias anuncia, mais vivamente do que qualquer outra coisa, a obsolescência que atinge costumes e valores. Sejam quais forem as alusões à "falha trágica" no amor de Romeu e Julieta, a verdadeira falha encontra-se na sociedade e em suas falsidades. Nunca se soube como a querela começou. Ninguém, em ambas as famílias, está disposto a mantê-la, exceto o fanfarrão Teobaldo. Nem o herói ou a heroína demonstram o menor interesse por ela. Estamos diante de um caso – nas palavras de Marx – no qual o passado é um pesadelo na mente dos vivos.

Nos primeiros minutos da peça, a hostilidade está em ebulição, no estilo caricato dos servos brandindo suas armas entre si. O absurdo da rixa nos é mostrado, embora também vejamos, como disse Coleridge, a tocante fidelidade desses subalternos ou o que ele singularmente chama de *ourishness*[1] (p.102). Para eles, assim como para alguns criados nos Dramas Históricos, a combatividade traz um sopro de excitamento para suas vidas e o sentimento de que eles também são homens de valor – apesar de alguns tremores nervosos – como seus senhores, com um papel a desempenhar nos anais das duas grandes famílias. Tudo o que ganham por seu leal zelo é o desprezo de Teobaldo por esses "vilões", ou covardes joões-ninguém (I.i.64).

Esse conflito parece ainda mais fútil, apesar de mortífero, quando o velho Capuleto pede sua espada e luta com Montecchio, buscando cada um atingir o outro, enquanto suas esposas tentam detê-los. Apresenta-se uma nova impressão de um passado remoto quando Escalo fala que os "antigos cidadãos de Verona" têm de ser invocados para apartar os desordeiros, com suas "velhas" mãos e armas – como se não existissem mais jovens na cidade, a não ser uns poucos exaltados. A idade avançada assombra a peça, como na última parte de *Henrique* IV, e as gerações não têm outro laço senão a inimizade mofada. Capuleto e seu sobrinho apresentam extrema semelhança com o juiz Shallow e Silence, especialmente quando Capuleto vaidosamente se recorda do tempo em que ele próprio podia sussurrar ao ouvido das damas: "Tudo passou, tudo passou, tudo passou..." (I.v.17ss.). O frei é velho, como convém a um padre; a ama aborrece Julieta, que a espera impaciente com uma mensagem, esbravejando que os velhos são como cadáveres, "Desajeitados, lentos e pesados" (II.v).

Já foi observado que Capuleto nem sempre parece o chefe de um clã antigo, como se espera dele (Byrne, p.189). Shakespeare ainda não estava familiarizado com as maneiras aristocráticas, o que futuramente ocorreria. Quando todos os criados estão fora de casa, Capuleto vai ele mesmo levar uma mensagem; no baile, faz piada com os calos das damas (I.v.17ss.). Empenha-se na longa e dolorosa tarefa de garantir um bom casamento para Julieta (III.v.176ss.); como ele é rico e ela é adorável, não haveria

---

1 Neologismo formado por derivação (o determinante *our*, "nosso(a) (s)", mais os sufixos *ish* e *ness*) que poderia ser traduzido por "nossismo". (N. T.)

necessidade disso, a menos que ele sonhasse muito alto. Como lhe diz o frei, e deve ter dito para muitos burgueses ricos de Londres, "seria vossa glória se ela tivesse ascendido". Páris é um conde, e também é parente do príncipe; dessa forma, entre os méritos de Julieta, reconhecemos a rejeição de uma esplêndida ascensão. Seus pais formam um casal pouco afável. Podemos tomá-los como ilustração de aonde o sistema antigo de casamento podia levar. A senhora Capuleto é claramente muito mais jovem – cerca de trinta anos, se confiarmos nas datas de Shakespeare (IV.iv.11-2); ficamos livres para pensar nela como tolhida pela união prematura com um homem muito mais velho. Não tinha sentimentos amistosos pela filha, até pensar que Julieta estava morta; mostra sua disposição, dizendo friamente à filha que pretendia mandar envenenar Romeu, como vingança pela morte de seu sobrinho Teobaldo (III.v.88ss.).

Teobaldo é um espadachim corajoso, pronto a arriscar sua vida um tanto inútil, mas é também um daqueles "excêntricos" ou "peralvilhos" que tanto aborrecem Mercúcio com seus ares e jargões marciais (II.iv.28ss.). Estes encontram paralelo na afetação amorosa inicial de Romeu, e Mercúcio não gosta de ambos; nem sempre as coisas antigas são ruins, ou as novas boas. Na primeira cena, Benvólio tenta apaziguar os servos, mas imediatamente enfrenta Teobaldo quando é chamado de "covarde", um insulto que só o sangue pode limpar. Mais tarde, Mercúcio saca a espada contra Teobaldo, simplesmente porque fica furioso com a recusa de Romeu em fazê-lo. Ele morre dizendo: "Que a peste caia sobre vossas Casas", já pela segunda vez (III.i.90, 105). Porém, nenhuma das casas conclamou-o a lutar; ele entrou no combate por impulso próprio e seu reproche ao morrer deveria ser endereçado ao código de honra de sua classe. Esse código, ou profissão de fé, grassou na vida e na literatura européia por mais três séculos (Kiernan, *Duel*). A agressão, como viram escritores como Walter Scott, era errada, mas o que poderia fazer um homem quando era desafiado por um agressor? Antes que a história desse um longo passo adiante, não havia meio de escapar desse beco sem saída. Esse era um dos terremotos dos quais Shakespeare tinha consciência em sua sociedade, o qual nem ele nem a própria sociedade sabiam como exorcizar.

Como a honra dos cavalheiros, o amor romântico tinha de ser exposto aos limites do risco para justificar seus clamores. O amor e o perigo devem caminhar juntos, tanto para a heroína quanto para o herói. Romeu precisa arriscar a vida para passar uma noite com a amada. Seu grande apelo sobre nós é o autocontrole e a coragem moral que lhe possibilitam recusar o desafio de Teobaldo, mas também somos compelidos a admirá-lo quando ele luta com Teobaldo depois de Mercúcio tomar suas dores e assim perder a vida. Se não fizesse isso, perderia nosso respeito e o seu próprio, e seus direitos sobre Julieta – embora tenha sido, de fato, obrigado a matar o primo de sua amada.

Seu criador deve ter pretendido mostrar seu crescimento gradual, até quando sabe da suposta morte de Julieta e se contenta em proferir apenas nove palavras – "Será possível? Então, estrelas, eu desafio todo vosso poder!" (v.i.24) – em vez dos discursos torrenciais que fazia antes. Imediatamente decide pelo suicídio e age com energia. Na tumba em que se encontra, é tão "selvagem" e "inexorável" quanto Hamlet em uma de suas crises de fúria; ele se volta contra o intrometido "menino" Páris, como se fosse muito mais velho (v.iii). O herói trágico é envolvido por um destino ao qual todo seu ser está ligado; "destino" significa tudo o que o homem, por sua condição humana e também social, é obrigado a fazer e a sofrer.

Julieta deseja ver seu marido como seu "senhor", mas cresce e aprende o autocontrole mais rapidamente que ele. "É uma cena terrível que devo representar só", diz ela antes de tomar a poção do frei (IV.iii.19); aqueles cujos destinos foram determinados pelas estrelas devem ir para seu destino em solidão. Esses amantes mostram seu amor recíproco, escolhendo a morte em vez da vida sem o outro. Racionalmente, isso é loucura; emocionamo-nos com isso porque podemos ser resgatados, por um momento, de nossa torpe existência terrena, pelo espetáculo de qualquer paixão forte o suficiente para monopolizar completamente um objeto extrínseco.

Ninguém na peça pensa em respeitar a proibição que todas as igrejas impõem ao suicídio e, pelo menos em princípio, ao duelo; a atmosfera que nos cerca é pagã. A irreverente anedota de Mercúcio sobre o pároco sonhar com o dízimo poderia ser vista pela platéia como um golpe no mundanismo anglicano (I.iv.79-81). Ela surge não muito depois de uma alusão à condenação dos hereges à fogueira, que lembraria os ouvintes de Roma e da Espanha e de suas crueldades (I.ii.94). Lourenço é um desses "freis", de uma ordem fundada por Shakespeare, cuja vaga nomeação permite que vivam e sirvam por conta própria, respeitados anacoretas que deram as costas ao mundo – inclusive, aparentemente, para a Igreja. Seus "ouvidos anciãos" (I.iii.74) acentuam-lhe o ar de um errante de uma época antiga; o mesmo acontece com suas palavras sobre a velhice e as ansiedades que lhe tiram o sono. É um homem culto, capaz de falar sobre filosofia ou botânica. Pertence, além disso, a uma série shakespeariana de pensadores que tentam guiar e melhorar as aventuras humanas; pode ser comparado, pelo menos de longe, com o Duque em *Medida por medida*, e com Próspero. Sua sabedoria prática não se iguala a suas boas intenções.

Sua religião é uma pálida visão da misteriosa Providência, possivelmente benigna, que parece pairar, às vezes, na mente de Shakespeare; ela, no mínimo, serviu-lhe poeticamente. O alerta de Lourenço sobre "os céus" e "seus altos desígnios" (IV.v.94-5) está muito presente no estilo posterior do poeta; assim é sua exortação a Julieta, sobre o cadáver de Romeu, para que ela venha a "suportar o fardo dos céus com paciência" (V.iii.260-1). O grito de desgosto de Julieta, quando recebe a ordem de se casar com Páris – "Não há clemência nos céus?" (III.v.196) – é um dos muitos apelos a um protetor indefinido na obra de Shakespeare; eles sugerem uma divindade tradicional que se funde com o mito. A resposta, até onde nos permitem os eventos dessa peça, é "não"; os seres humanos precisam buscar a salvação em si mesmos.

O lugar ocupado pela guerra no drama shakespeariano é tomado aqui pela disputa familiar; ocorre-nos que, se a primeira é tola, a segunda também o é. As imagens da explosão de pólvora nos fazem lembrar dessa outra (III.iii.132-3; V.i.64-5). As mortes violentas são necessárias para conduzir ao fim das hostilidades, e os sacrifícios, para terminar uma prolongada maldição. Sobram poucos componentes das famílias rivais, e não estamos muito interessados na reconciliação entre os dois senis cavalheiros. Uma reconciliação mais verdadeira ocorreu entre os mortos, quando Páris, agonizante, suplica que seja enterrado ao lado de Julieta, sendo atendido por Romeu, que, também em suas últimas palavras, pede perdão a seu "primo" Teobaldo (v.iii.73, 101). Mas o peso da peça não recai muito sobre isso, e sim sobre o tema do crime e castigo. Os homens que tiram a vida de outros pela honra do brasão da família são criminosos. "Vede o flagelo que caiu sobre vosso ódio", diz o príncipe para os dois anciãos que perderam seus filhos, acusando-se novamente com sua inadequada seriedade (v.iii.292, 308). A Shakespeare pode ter ocorrido que, algum dia, os homens poderiam aprender a renunciar a rancores sem limites, motivados por nacionalismo ou religião.

Julieta concebe o amor como uma espécie de "riqueza" (II.iv.34), e as últimas palavras de Romeu são ditas quando está prestes a encontrar a "Morte açambarcadora": a morte é a grande monopolizadora, a mandíbula que tudo engole. Além dessas imagens mercantis, há apenas uma vaga sombra de um "problema social": o de que enquanto Verona estava dividida por uma querela entre famílias, essa cidade e o mundo sofriam uma divisão mais profunda entre riqueza e pobreza. Na primeira cena da peça, o suspirante Romeu pergunta, preguiçosamente: "Onde comeremos?" (I.i.172). Ele e seus companheiros nunca tiveram de perguntar: como poderemos conseguir algo para comer? Havia-se decidido pelo suicídio quando parecia começar a pensar que, enquanto os cavalheiros se matam entre si, a fome ceifa a vida dos pobres.

Ele pára na rua, em Mântua, lembrando com detalhes uma botica e seu proprietário, ambos miseravelmente pobres. Essa fala inesperada não é, como sugerem alguns editores, acrescentada para dar ao homem tempo para chegar à porta, porque Romeu o chama apenas no final e ele aparece imediatamente. Seu objetivo dramático – dizer o porquê de ele estar disposto a infringir a lei vendendo veneno – poderia ser obtido com pouquíssimas palavras. Romeu alega impetuosamente que a pobreza e a fome, a "necessidade e a opressão", justificam a infração. Ao receber o veneno, comenta que o ouro com que está pagando é muito pior e mais destrutivo (v.i). Antes, ele falara casualmente sobre o "sagrado ouro sedutor" (I.i.213): agora soa como se fosse Tímon. Parece que seus infortúnios levaram-no a sentir piedade pelos outros. Não existe motivo para que um boticário de Mântua fosse reduzido a esse extremo; no pensamento de Romeu, o faminto de quem ele está comprando a paz deve representar toda a humanidade sofredora.

CAPÍTULO 2

POEMAS

Vênus e Adônis (1593)

O fechamento dos teatros durante parte de 1592 e 1593, em virtude da peste, foi o suficiente para que Shakespeare se voltasse para outro campo, compondo seus dois únicos poemas longos. *Vênus e Adônis* foi publicado na primavera de 1593 e, no ano seguinte, foi publicado *Lucrécia*, cujo nome seria mudado mais tarde, por um sagaz editor, para *A violação de Lucrécia*. Shakespeare chamou a atenção de um jovem nobre, o conde de Southampton, com inteligência suficiente para apreciar os bons escritores e rico o suficiente para ser generoso com eles. Em 1593, ele tinha 19 anos. Os dois poemas foram dedicados a ele, o segundo em termos que sugeriam maior intimidade.

A escolha dos assuntos por seu autor deve ter sido influenciada pelo gosto desses conhecedores da Renascença européia. No Prólogo de *A megera domada* já podemos ter a sugestão de uma típica coleção de quadros. "Vênus saindo do mar" era um dos temas prediletos, e Vênus apaixonada por um jovem também poderia constituir um poema atraente; este e *Lucrécia* tinham o mérito de ser histórias clássicas, apresentando

Shakespeare como alguém nada ignorante, apesar de sua profissão e da falta de estudos acadêmicos. Os dois poemas formam um par e cada um relaciona-se com o desejo físico, primeiro feminino e depois masculino, como se Shakespeare estivesse preocupado com a perigosa violência dessa paixão. Vênus esbanja carinhos a um jovem bonito, porém indiferente; Tarquínio não faz qualquer tentativa de seduzir uma virtuosa esposa e recorre imediatamente às ameaças.

A maior parte de *Vênus e Adônis* ocorre à luz do dia, a céu aberto. Uma de suas melhores qualidades é o frescor lírico de sua resposta, por exemplo, em uma esplêndida e súbita passagem sobre a aurora (853ss.). Por outro lado, a Natureza recebe a aparência ensangüentada do ardor viril pela caça. A seguir, vem uma longa descrição de uma lebre tentando escapar e de cães feridos pelo javali que perseguiam, até que o javali, ou a Natureza, se vinga, matando e mutilando o caçador, Adônis. Lucrécia é comparada à "pobre gazela amedrontada", que desconhece um modo de despistar seus perseguidores (1149-50). Os homens transformam-se em feras predadoras, reflete ela, e outros animais podem ser menos selvagens. Vênus e Adônis são reduzidos metaforicamente a animais, quando ele é convidado pela primeira vez a se satisfazer ou pastar no corpo dela e, a seguir, a imitar um garanhão; seu cavalo dá o exemplo, saltando e perseguindo uma fêmea.

Pode-se supor que os mitos clássicos de aventuras amorosas entre divindades e mortais exaltassem, nos homens da Renascença, a sensação de serem pouco menos que os anjos, ainda que os teólogos proclamassem a toda voz que eram pouco mais que os demônios. Porém, com freqüência, na longa luta travada entre a deusa e o jovem obstinado, Shakespeare parece estar à beira do absurdo, muito possivelmente de modo intencional. Termina com um quê de anticlímax, quando Adônis foge e "Deixa-a só com seu amor, em profunda aflição" (814). Ela se abandona a seus lamentos, gemidos ou cantos, até que se alarma com o pensamento de que Adônis está em perigo na caçada e, por fim, encontra seu cadáver. Com certeza Shakespeare deve ter sorrido quando atribuiu-lhe o pensamento sobre presas ensangüentadas como beijos de javali e como ela, se tivesse aqueles dentes, teria beijado Adônis até a morte (111ss.).

No entanto, há um impulso um pouco mais romântico ou idealizado na paixão dela. No início da história, ela divaga em alto estilo sobre seus vôos; sua declaração de que "O amor é um espírito denso de fogo, / Mas não o suficiente para afundar" (149-50) é a uma antevisão da frase de Cleópatra "Sou fogo e ar". Diante da morte de Adônis, ela maldiz o amor, que daí em diante sempre trará mais tristeza e desatino do que alegria (1135ss.); ela pretende ir para um retiro em sua ilha de Pafos, embora Shakespeare dificilmente tenha pretendido converter a deusa do amor em uma celibatária. Para ele, a deusa expressou o pendor anticontemplativo do Renascimento e repudiou "As vestais carentes de amor e freiras egoístas" (752) que são lamentadas em *Sonho de uma noite de verão*.

Ainda assim, a Idade Média não podia ser simplesmente deixada para trás, nem a inocência pagã ou a isenção diante do pudor podiam ser resgatadas; o amor e todas as suas insígnias tinham de ser alcançados por meio de uma dolorosa peregrinação. Algo assim formaria boa parte do pensamento do Shakespeare dramaturgo. Antes de se afastar da mulher tentadora, Adônis faz um discurso – que soa muito além de sua idade ou de sua experiência – sobre o abismo entre o amor verdadeiro e a luxúria; ele ouvira os alertas sobre os riscos do prazer; Vênus não devia chamar de amor o que sentia, "porque o amor voou ao céu" (793: ele se esquece que o céu é onde mora sua visitante). Vênus é dada a discursos ainda mais inadequados, como acontece com freqüência a todos os personagens das peças. O mito e a vida se chocam com freqüência e estranheza. Ela divaga usando uma complicada metáfora comercial sobre beijos e taxas de juros. Com sua imagem da lebre capturada, ela faz um paralelo humano, como Jaques em *Como gostais* faz com o cervo ferido: os que estão sofrendo são menosprezados e não são socorridos (707-8). Quando ela chega perto dos cães de caça feridos de Adônis, e assusta-se com a visão, imaginando que ele fora morto, Vênus se compara "à pobre gente deste mundo", muito perturbada por "aparições, sinais e prodígios", que inspiravam "profecias tenebrosas" (925ss.). O poeta poderia muito bem estar pensando na inquietação com que os ingleses aguardavam a morte de

Elizabeth, que ocorreria dez anos depois; porém, parece não haver razão para que Vênus se preocupe com isso. O apelo mais improvável que faz a Adônis é o de que ele precisa ter filhos para propagar sua beleza (163ss.). Em seus primeiros sonetos, Shakespeare pregava o mesmo tema para um jovem que se negava ao casamento. Esse paralelo torna mais verossímil ainda a idéia de que o jovem dos sonetos era o patrono a quem o poema foi dedicado.

Lucrécia (1594)

Em contraste, o segundo poema revela sua história em um ambiente fechado, envolto, na maior parte do tempo, na escuridão. Esse clima favorece a tragédia em mais de uma maneira significativa: a morte não vem pelas presas de um javali, e sim pela perversidade do homem. Ainda assim, como um avanço poético, não foi muito marcante para a maioria dos leitores. Saintsbury chegou a julgá-lo inferior a *Vênus e Adônis*, exceto por ser um "exercício acadêmico" ("Poems", p.228). Hawkins comentou o pouco aproveitamento dos elementos poéticos ou heróicos da história, o que resulta em um efeito geral "patético, e não trágico" (p.158). Em uma obra direcionada especialmente para os leitores da corte, pode ser que Shakespeare tenha considerado que um tom muito radical seria inadequado. Levi toma o poema como um estudo "do colapso da sociedade" (p.88), e, na verdade, é o que pode ter sido: o sexo serve como um sismógrafo, e o destino de Lucrécia poderia ser um registro da exploração dos fracos pelos poderosos e das fissões dentro da classe dominante; no entanto, muito pouco disso tudo aparece. Observou-se que *Lucrécia* está muito próximo de *Tito Andrônico* em sua "contemplação fascinada" do desejo e da carnificina; sua concepção de tragédia é vigorosamente crua (Prince, p.xxxvii). Na Inglaterra elisabetana, a idéia de estupro, como o espetáculo do *bearbaiting*,[1] satisfaziam os instintos sádicos. O

---

1 Antiga prática que consistia em instigar cães contra um urso acorrentado. (N. T.)

Tamerlão de Marlowe tinha um gosto especial pelos massacres generalizados de virgens.

Vênus e Adônis tem estrofes simples de seis versos, popular nos escritores de narrativas em verso do período Tudor. Em *Lucrécia*, as estrofes são maiores, com sete versos, mais difíceis em razão da tripla repetição de uma rima. Como salientou Thomas Gray em seu detalhado comentário sobre Lydgate, os poetas elisabetanos já sofriam de alguns problemas gerados pelas modificações de pronúncia desde Chaucer, entre eles um número cada vez menor de rimas disponíveis (p.370-2). Shakespeare era um escritor muito impaciente, era por demais um *improvisatore*, para ser um versificador hábil. Podemos imaginá-lo pensando em si mesmo quando Lucrécia hesita em como iniciar a carta porque tantos pensamentos "se amontoam", como uma multidão de pessoas diante de uma porta, todas querendo entrar primeiro (1301-2). A rima era um desequilíbrio, assim como freqüentemente ocorre nos Sonetos. As palavras "evil" (mal) e "devil" (demônio) se emparelham com regularidade cansativa. Às vezes a sintaxe é distorcida e o significado obscuro.

Lucrécia é consideravelmente maior que seu predecessor e é tão arrastado que, apesar do episódio central, não pode ser chamado de poema dramático. A cada momento a história é atravancada por conceitos deslocados. Os leitores devem ter apreciado essas complicações como algo para exercitar suas mentes. Vênus era volúvel, mas Lucrécia é muito mais, sem dúvida com maior razão. Tudo que seus olhos tocavam, em sua tristeza desesperada, "Muito lhe impressionava" (1106). Seu longo apelo a Tarquínio para poupá-la é uma declamação com pouca força emocional, semelhante a muitos discursos pesarosos dos primeiros Dramas Históricos. Sozinha, ela despeja seus sentimentos atormentados em um solilóquio de 273 linhas, salpicado de todo tipo de ornamentações esmeradas. Com "essa maldita noite criminosa" (970) ela se aproxima da eloqüência parodiada por Píramo e Tisbe em *Sonho de uma noite de verão*.

Lucrécia e seu marido Colatino são o casal ideal, embora não sejam iguais. As mulheres são necessariamente mais fracas. Ela sente-se culpada por não ter oferecido uma resistência enérgica a Tarquínio. Intimidou-se com suas ameaças de matá-la, mas somos lembrados de que ele também a ameaçou com a desgraça. As mulheres, com suas mentes "de cera" (termo usado em *Noite de Reis*), não deviam ser culpadas por atos que, na verdade, são culpa dos homens (1237ss.). No entanto, Lucrécia tem forças para enfrentar o que julga seu dever de suicídio. É um dever, porque ela pertence a seu marido e seu corpo, posse valiosa dele, foi "envenenado" ou "corrompido" pelo ato de Tarquínio. Diferentemente de sua irmã cristã, Julieta, ela discute consigo mesma a questão moral do suicídio (1153ss.). Para ela, o suicídio suscita a questão do corpo e da alma, tão proeminente no pensamento cristão e tratada aqui de um modo que parece propositadamente escolástico. Isto posto, ela pode sentir-se, uma vez mais, "senhora" de seu destino. Seu marido e seus amigos tentam – não com muito empenho – dissuadi-la; a faca liberta sua alma de sua "prisão conspurcada", não sem que, antes, ela lance um pedido de vingança contra Tarquínio, invocando o dever dos cavaleiros de retificar os erros das mulheres (1688ss.). As idéias cristãs e romanas aparecem lado a lado. Colatino é decepcionantemente inerte, deixando a iniciativa para o pai de Lucrécia.

Tarquínio nada tem de romântico e sente apenas paixões animalescas, contra as quais a "razão" é impotente (243). Exceto por seus objetivos, ele tem marcante semelhança com Macbeth – em nenhum outro ponto mais do que quando luta antecipadamente com sua consciência, ou melhor, com a prudência (190ss.). Um tipo de falso orgulho move esses dois homens. Tarquínio diz a si mesmo que apenas os covardes temem um "pano colorido", e que seus escrúpulos nada mais são que medo desprezível. "Os pensamentos são apenas sonhos", até que se transformem em ações. Muito de Shakespeare está condensado nesses impulsos conflitantes. O crime logo é cometido – na escuridão, de modo que não sejamos levados a vê-lo (como aconteceria em uma moderna versão para cinema) – e rapidamente é seguido por reações súbitas de sentimentos, vergonha e autodepreciação. Incontrolável até ser satisfeita, a luxúria é então apenas "um mendigo falido" (703ss.). O horror de Shakespeare pela "luxúria em ação" e o resultado dela é o verdadeiro tema do poema, assim como do Soneto 129. As associações religiosas são persistentes. Sob tal carga de pecado, a alma é uma "princesa" derrotada por "tola insurreição" (719ss.).

Esse poema não é político, como poderia ser, mas tem nuanças políticas e sociais. O vilão é um príncipe (ou rei – Shakespeare é vago) e isso, reitera-se, não desculpa seu pecado e torna-o, sim, mais hediondo. "Os reis, como os deuses, devem governar todas as coisas" – inclusive, fica implícito, a si mesmos – protesta Lucrécia; suas transgressões não podem ser ocultadas (602). Como é freqüente nas peças de Shakespeare, o princípio da monarquia é exaltado, mas seu representante é bastante desprezível. As pessoas comuns têm de sofrer com essa indignidade. Lucrécia, como Romeu, é uma das personagens de Shakespeare que são levadas, por suas infelicidades, a pensar na desgraça dos outros, "Os pobres, aleijados, cegos, coxos" e os que se lamentam sob a opressão: "A justiça festeja enquanto a viúva chora..." (902, 907).

Como em *Vênus e Adônis*, as coisas remotas e distantes caminham lado a lado com a realidade inglesa. O conjunto de imagens destila uma atmosfera de sociedade altamente mercantilista, como a que a Inglaterra estava claramente consciente de ser, porque o processo a estava dominando de forma rápida. Enquanto Tarquínio hesita antes de entrar no quarto de Lucrécia, os mesmos perigos, rochedos, tempestades e piratas vêm à sua mente, como para Antônio em *O mercador de Veneza* (335-6). O tráfico de riqueza parece estar à espreita logo abaixo da superfície da história, como se Shakespeare sentisse que a humanidade de seu tempo – inclusive ele próprio – corresse o risco de perder a alma pelo lucro. O estupro de uma mulher casada é um delito contra o "possuidor" por direito (412-23). Colatino, chocado com o infortúnio de sua esposa, é "o mercador desesperançado desta perda" (1660). Ela lamenta sua felicidade perdida como se fosse um contrato cancelado (934-5).

Há encadeamentos de idéias que estavam se tornando recorrentes em Shakespeare. Uma delas é o enigma sobre a boa aparência esconder um caráter maligno (1528ss.). O mais envolvente de tudo é a obsessão com o Tempo, de maneira mais freqüente como inimigo de tudo o que a humanidade pode fazer em seu mundo. O tempo é "prejudicial", um ladrão e um destruidor, como aparece várias vezes nos sonetos que Shakespeare escrevia; podemos vislumbrá-lo pensando não ter feito muitas coisas na vida até então, e que a idade o pegava desprevenido. Em uma extensa passagem, por um instante, ele parece ter uma visão mais confortadora: "A glória do Tempo" é realizar boas obras ou, por exemplo, colocar um fim em antigas disputas (925ss.). Lucrécia roga ao Tempo que amaldiçoe Tarquínio (967). Mas Shakespeare era dominado por ele, incapaz de chegar a um acordo com ele; podia apenas atirar em torno dele uma profusão tumultuada de imagens.

Em muitos pontos, observam-se ligações entre o poema e várias peças, além de *Macbeth*. As palavras de Lucrécia sobre os deveres do príncipe de ser "o espelho, a escola, o livro" para que os outros aprendam (615-6) são uma versão tosca do louvor de Ofélia a Hamlet. Sabemos menos sobre Colatino do que sobre o cavalariço que leva a mensagem de Lucrécia a ele, um sujeito honesto e humilde, um "padrão de uma era ultrapassada" (1345ss.), de tempos mais honestos que se foram. O fiel cavalariço de Ricardo II e o velho Adão em *Como gostais* eram homens do mesmo molde. A vida em Londres bem podia fazer Shakespeare meditar sobre a corrosão da família causada pela competição egoísta; havia muitas coisas do passado que ele queria resgatar, assim como muitas outras que ele queria abolir.

Tenha ele tomado ou não como verdadeira a lenda da descendência troiana dos ingleses, como muitos faziam, a descrição bastante elaborada e irrelevante do quadro do cerco de Tróia na casa de Lucrécia seria o suficiente para revelar um vivo interesse por esse assunto, anterior a *Tróilo e Créssida*; também pode nos lembrar das previsões terríveis de Vênus sobre o destino reservado ao amor: entre suas maldições está o "fim insípido", o ciúme e a responsabilidade pelas guerras (1135ss.). Shakespeare escreveria peças que continham todos esses elementos. Os dois poemas lançam uma luz lúgubre sobre a condição humana segundo a visão do dramaturgo.

Os poemas eram muito apreciados e foram reimpressos com freqüência. No entanto, o autor não mostrava interesse por reputação literária. Obtivera o sucesso adaptando-se a uma maneira bastante artificial de escrever e dificilmente sentiria-se feliz com o que havia obtido. Hazlitt pode ter ido longe demais ao dizer que esses poemas eram tão "cintilantes e gélidos" quanto um par de iglus; porém, tinha razão ao dizer que a imaginação de Shakespeare só podia se libertar no drama (*Characters*, p.263-6). Quaisquer que fossem as qualidades dramáticas dos poemas, elas se devem somente ao embate das vontades resolutas, como as que sempre o faziam vibrar quando escrevia para o palco. No verso narrativo, para ser lido com calma, ele era livre demais para se deleitar com a linguagem por si própria. Foi redimido dessa tentação – não de uma só vez – pelo teatro, cujas exigências levaram-no a continuar seus contos, em vez de flutuar nas águas estagnadas da descrição. A intuição deve ter-lhe ensinado que apenas no teatro sua genialidade estaria à vontade. Sua mente era muito independente para sucumbir ao apoio dos patrocínios privados, mais caprichosos que as variadas platéias. Podemos inferir que durante 1593-1594 ele também planejava suas próximas peças, ou reunia inspiração para escrevê-las.

CAPÍTULO 3

SONETOS

Em 1609, foi publicada uma coleção de 154 sonetos atribuídos a Shakespeare. No que diz respeito ao mérito literário, eles variavam do ponto mais alto até o mais baixo; de qualquer outra perspectiva, eles estão envolvidos em incertezas maiores que as comumente relacionadas a esse autor. Shakespeare pode ter autorizado sua publicação, embora Dover Wilson provavelmente esteja certo ao pensar que o editor obrigou-o a incluir alguns poemas contra sua vontade (*Sonnets*, p.17-8). Murry (p.93) e Levi (p.94)estão entre os que duvidam que o poeta tenha dado tal autorização. Seus sonetos e os de muitos outros autores devem ter circulado em cópias manuscritas entre um número restrito de pessoas. Francis Meres escreveu, em 1598, sobre seus "sonetos açucarados entre seus amigos pessoais".

A breve moda dos sonetos, inaugurada com o aparecimento da coletânea de Sidney em 1591, terminou em 1600. É seguro supor que Shakespeare participou dela desde a época em que seus poemas longos foram escritos, durante a década de 1590 e mesmo depois. O criterioso Tucker localiza-os no período de 1592-1602, com alguns acréscimos posteriores (p.xxv; cf. Ellrodt, p.43-4; Burton, p.195). Alguns tinham uma profundidade de sentimento e maturidade lingüística parecidas às das "peças problemáticas" [i.e., *Medida por medida*, *Bem está o que bem acaba* e *Tróilo e Créssida*] e das tragédias. Shakespeare pode muito bem ter encontrado, no que para ele começou como um exercício literário ou social, um meio para livrar a mente de sentimentos dolorosos, "as coisas perigosas que pesam no coração" que o médico de Macbeth não conseguiria curar.

De qualquer forma, ele não seguia o plano convencional da corte epistolar a uma dama, real ou imaginária, embora, com freqüência, se possa dizer que ele cortejasse um patrono. Seria descabido para um jovem escritor sem posição social dirigir poemas de amor a uma dama, e ridículo endereçar sonetos a uma mulher de sua própria classe social. Mais tarde, pôde seguir a tradição ao encontrar, ou inventar, uma mulher infiel para exprobrar. Seus sonetos foram excepcionais, também, por não formar uma seqüência unitária; como um todo, não se classificam em qualquer ordem lógica. Há uma seqüência de 17 no início e o que parece ser fragmentos de outros grupos; alguns vêm aos pares, como os de número 27-8.

Ele não deve ter demorado muito para descobrir que fazer sonetos tinha um lado ridículo, mais em sintonia com o primeiro amor de Romeu do que com o segundo, e que essa forma atraía alguns escritores bastante tolos. Um deles é o Armado de *Trabalhos de amor perdidos*, no qual uma safra de poetastros colocou seus sentimentos em 14 versos. O soneto de Longaville, pobre, é escrito para uma "deusa" (IV.iii.58ss.), como muitos outros o eram na época. Supunha-se que as mulheres eram ávidas por bajulação, como os monarcas; embora uma, pelo menos nessa peça, tivesse o bom senso (ao contrário da rainha Elizabeth) de dispensar as torrentes de lisonjas, como "uma incomensurável tradução da hipocrisia" (V.ii.50-1), e um homem tem o bom senso de zombar de uma moda que "faz da carne uma divindade,/ Uma deusa de uma jovem gansa" (IV.iii.73-4). Os esforços do rei com a pena (III.iv.24ss.) têm a qualidade confusa de muitas tentativas do próprio Shakespeare, em que as lindas imagens da Natureza são estragadas por penosas fantasias amorosas.

Os sonetos pertenceram, de fato, a um grande passatempo ou atividade literária da Europa renascentista, e era inevitável que Shakespeare, como os outros, às vezes repetisse as coisas já ditas ou narrasse sentimentos de repertório, há muito embolorados. A análise de Sidney Lee mostra isso em detalhes implacáveis. Era comum a lamúria de escritores de pouco brilho quanto a seus cabelos grisalhos, tivessem eles muitos ou poucos (Lee, *Life*, p.155); eles tinham de soar lúgubres. A idéia tediosamente proposta nos 17 primeiros textos de Shakespeare – de que um belo jovem deveria casar-se e enriquecer o mundo com uma prole à sua semelhança – era um lugar-comum (p.185). Como comentou Philip Sidney, em *Defence of Poesy*, os poetas eram pródigos em garantir a imortalidade a seus patronos: de modo um pouco impertinente, Samuel Butler observou que um nobre com uma ilustre carreira a sua frente não gostaria de ouvir que sua fama dependia de algumas rimas dos versejadores (p.79-80). Os poetas, como os pregadores, condenavam a lascívia, como no Soneto 129 de Shakespeare. Lee, porém, como outros também sentiram, foi muito longe com esse questionamento, dedicando pouca atenção ao que Shakespeare acrescentou. As idéias no Soneto 53 podem ter derivado do neoplatonismo (Lee, *Life*, p.180), mas o salto da metafísica arcaica para os mágicos versos iniciais não pode ser medido. O Soneto 119 empresta duas palavras surpreendentes da grande abertura de Barnabe Barnes, poeta lírico há muito esquecido; no entanto, fazer empréstimos e transfigurar era algo que Shakespeare fazia constantemente.

Alguns dos sentimentos nos Sonetos *devem* ser verdadeiros; a estrutura episódica vaga pode ou não existir, e o melhor argumento para que sejam verdadeiros é que, se o *Fair Man* [Belo Homem] ou a *Dark Lady* [Dama Negra] fossem invenções, Shakespeare poderia ter produzido melhores. Tucker achou que pelo menos em algumas partes, como o Soneto 90, seria quase ceticismo duvidar que ele falava genuinamente por si mesmo (p.xxxiii; cf. xxxv-vi). Para Auden, todos os sonetos, exceto o conjunto inicial, soavam como uma "clara confissão autobiográfica" (p.xxxiv). Lee, por outro lado, muito menos impressionável, pôde detectar "um tom de emoção pessoal" apenas em um ou outro ponto (*Life*, p.168). Isso parece evidentemente errado. Parece também que, mesmo nesses breves poemas, onde poderíamos esperar ficar frente a frente com o Shakespeare vivo, ele ainda usa uma máscara ou apenas permite aos mais íntimos compreender totalmente seu conteúdo.

Ainda não era hora de o poeta revelar todos os seus sentimentos para o público, ou mesmo para um círculo fechado de ouvintes. O que ele dizia assemelhava-se mais a um "monólogo dramático" escrito por Browning do que uma auto-revelação. Não é por acaso que a década de 1590 testemunhou a moda particular do soneto e a maioridade do drama público: um era a sombra elitista do outro. Shakespeare era um dos escritores de classe média que caminhava para o realismo – isto é, a exploração realista do sentimento humano, seja em um quadro naturalista ou não. Como autor de sonetos, nem sempre podia ter certeza de sua situação, resultando disso muitas inabilidades e imperfeições. Observou-se que ele oscilava entre dirigir-se ao patrono de modo familiar, usando o pronome *thou*, e de modo formal, usando *you* – dilema do qual a revolução logo libertaria os escritores, abolindo o *thou* e o *thee* do idioma, uma de suas poucas contribuições para a igualdade.

O quanto do próprio Shakespeare encontra-se em um soneto pode ser mais bem julgado por meio da qualidade do texto; no entanto, os mais belos sonetos são também os mais enigmáticos. Talvez não se possa excluir a possibilidade de que Shakespeare sentia uma certa atração física por homens, assim como uma atração mais forte ainda pelas mulheres. Nesse e em outros contextos, o sentimento real pode estar disfarçado por simulações convencionais. Se ele, como outros, fingiu ser mais velho e mais decrépito do que realmente era, é possível que com freqüência sentisse isso, sob a pressão de uma vida extenuante. Devia ter cerca de trinta anos quando iniciou os Sonetos, com apenas vinte anos de vida ativa pela frente. Na juventude, fora imprudente; em Londres, sua vida pessoal pode ter sido tão turbulenta quanto nos diz. Apesar disso, tornou-se um homem econômico, um investidor perspicaz, um cidadão em boa situação. As tensões entre os dois lados de sua natureza – herdados, talvez, dos pais de temperamentos e antecedentes sociais distintos – podem ter sido bastante agudas em determinadas ocasiões de sua vida.

Apesar de seu sucesso no teatro, pode ter achado que sua profissão era um fardo, quando a comparava, o que seguramente fez, com o suave e gracioso idílio em que viviam seus conhecidos da aristocracia. As amarguras dessa espécie são mais difíceis de fabricar que as decepções amorosas. Um soldado renomado por suas inúmeras vitórias pode cair em desgraça por causa de um só fracasso (Soneto 25): Shakespeare podia estar refletindo sobre as incertezas de sua atividade, e o Soneto 29 parece ser uma mortificação por algum revés. No Soneto 110, assalta-o a idéia de ter feito de si mesmo um "bufão" ou um palhaço para divertir as pessoas; sendo espirituoso, teria sido muito solicitado – às vezes, em círculos nos quais ele, como Hamlet, fora tolo ao extremo. No soneto seguinte, ele se entristece com sua má sorte, que o obriga a ganhar o pão de cada dia por "meios públicos que são gerados pelo público".

Ainda que esse tema não seja promissor, os primeiros sonetos não são desprovidos de poesia. Talvez, ao escrevê-los, em 1593-1594, o poeta pensasse muito em seu filho, e não no filho que ele exortava que seu patrono viesse a ter, assim como em seus netos, que o sucederiam. Algumas palavras no Soneto 13 – "meu querido, sabes / Tiveste um pai..." – combinam com essa leitura; da mesma forma que a expressão usada para seu patrono, chamando-o de "garoto adorável", sugerem um sentimento paternal, mais que qualquer outro. Se isto for correto, a morte de Hamnet, em 1596, abortou essas esperanças; a propriedade New Place, comprada no ano seguinte em Stratford, iria parar em outras mãos, como a coroa de Macbeth, "sem nenhum filho meu para me suceder".

Seja qual for a credibilidade dos detalhes, os sonetos de amor revelam sensações, no mínimo, turbulentas. Shakespeare estava separado da mulher, e era difícil estabelecer uma relação substituta de qualquer tipo. Os atores eram muito admirados pelas mulheres, sem dúvida, mais do que pelos homens; ele poderia adotar um rude desprezo pelas opiniões alheias, uma indiferença em relação aos "pensamentos eminentes" dos outros quanto a seu "sangue alegre" e "frivolidades": "Não, eu sou o que sou ..." (Soneto 21). De fato, ele escrevia comédias, entre outras coisas, e temos evidências de uma vida social despreocupada entre seus companheiros. Shakespeare podia nem sempre estar ansiando por sua saída "deste mundo vil", como no

Soneto 71. Mas os momentos depressivos, é preciso reconhecer, eram bastante pesados.

Todos os que escrevem falam do Tempo, mas Shakespeare falou muito mais sobre ele, de modo que não restam dúvidas sobre o significado pungente que o Tempo tinha para ele, raramente deixando de inspirá-lo. É um tema saliente em 14 sonetos, três dos quais estão no grupo inicial. Como em *Lucrécia*, o Tempo é, com freqüência, uma força negativa, um inimigo: é "nocivo" (Soneto 85), "devorador" (Soneto 86). Ele corre contra o Tempo ou nada contra a maré de mudanças que o desagrada. Para os homens e mulheres daquela época, a religião ajudava a aguçar a consciência sobre o Tempo – a mórbida consciência de uma alma isolada, muito mais que um espírito de solidariedade e confiança. Uma de suas palavras-chave era "eternidade", que lança uma nuvem sombria sobre os Sonetos.

O Tempo traz a morte e o esquecimento: os Sonetos 18 e 19, porém, movem-se para outra idéia trivial, mas conveniente: a de que os versos do poeta conferem imortalidade. Obviamente, é na sua própria imortalidade literária que o poeta está interessado, seja o que for que ele alegue estar dizendo. A ambição da sobrevivência da fama foi um dos legados da Antigüidade ao Renascimento; um de seus sonetos esplêndidos (Soneto 55) – "Nem o mármore nem os áureos monumentos / Dos príncipes..." – é uma imitação de uma ode de Horácio (III.30). O clamor profético de Horácio e sua obra tornaram-se reais; o de Shakespeare também poderia vir a ser.

No Soneto 77 ele presenteia um amigo com um livro em branco, recomendando-lhe que registre seus pensamentos assim que lhe ocorram e, assim, os preserve contra o Tempo. Ele nos dá uma interessante informação subsidiária sobre seus processos criativos ao dizer que os pensamentos assim tornados visíveis assumem uma nova vitalidade. Podemos nos perguntar se ele próprio levava consigo um bloco de papel, nele registrando suas idéias conforme lhe ocorriam – algumas delas para serem aproveitadas onde quer que se encaixassem em um poema ou em uma peça.

Todos os sonetos sobre a fama estão entre os Sonetos 18 e 83, na ordem de publicação; se acreditarmos nisso, pode ser que, posteriormente, Shakespeare tenha vindo a sentir que sua reputação estava garantida. Ou ainda, pode ser que seu interesse por ela tivesse minguado. Com freqüência os escritores não apreciados por seus contemporâneos abandonam a busca de aprovação pelas gerações vindouras. Ele não poderia se contentar com esse tipo de relação fantasmagórica com seus colegas; precisava de um intercâmbio mais concreto, e encontrou-o no teatro. Talvez o fato de ele não ter revisado suas peças para o *First Folio* se deva à ausência de apelos insistentes do teatro para que ele voltasse à ativa.

A maioria de seus sonetos teria tido poucos apreciadores em períodos posteriores se tivessem sido escritos por qualquer outra pessoa. Há muitas repetições monótonas. Os inspirados Sonetos 106 e 108 seguem-se a um grupo de apologias obtusas ao silêncio. A qualidade é bastante desigual. Nem sempre isso é importante quando se procuram sinais do interesse comum de Shakespeare pela vida social que o cercava; interessa muito mais quando perguntamos quais poemas podem revelar os sentimentos mais pungentes do poeta. Poucas pessoas podem duvidar de que a poesia da mais alta ordem, nas palavras de Shelley, "jorra dos mananciais mais profundos do cérebro".

Landor considerou que nenhum dos sonetos era especial. Auden, que questionou e discordou desse parecer, considerou que 49 eram "totalmente excelentes", ao passo que muitos outros tinham belas estrofes (p.xxxiv). Minha contagem chega a 14 sonetos de primeira classe (29, 30, 53, 57, 64-6, 107, 110-1, 116, 129-30, 146); outros 49 têm lampejos de poesia. Os que parecem registrar as reações de Shakespeare ao meio em que vivia fazem parte de um processo histórico complexo que elevava o sentido do homem quanto à sua individualidade e, ao mesmo tempo, quanto à unicidade de cada relação entre uma pessoa e outra. A religião tinha gerado a primeira preocupação com o eu; agora eles estavam prontos para se livrar dos cueiros.

O que se chamou cultura oficial ou "cortesã" era tão elaborada e pomposa quanto um vestido de gala da corte. Nos Sonetos, como nos poemas longos, Shakespeare submetia-se às artificialidades, aos conceitos e às extravagâncias e tergiversações dessa cultura (por exemplo, os Sonetos 24 e 46), vazios de qualquer significado real. Escrever sonetos devia ser uma maneira fácil de construir uma tépida sensação de amor, ressaltou a Elizabeth Bennet de *Orgulho e preconceito*. O piegas Delfim de *Henrique* V escreveu um soneto em louvor a seu cavalo. Tendo sido anteriormente obrigado a escrever tão empoladamente, Shakespeare pode ter tido crises de autoconfiança. No Soneto 55, apresenta-se triunfante, no Soneto 72, envergonha-se do "que produzi", "nada que valha a pena". Durante essa fase, ele era um escritor profissional em formação, abrindo caminho para uma elocução muito mais lúcida e direta do que a alcançada pela maioria dos amadores. O estilo de Sidney nos sonetos, em geral, é tortuosamente crivado de rimas. Além disso, Shakespeare descobria, como Milton pouco depois, como o soneto podia ser melhorado e expandido.

Acompanhando o estilo da corte, havia um certo tom de farsa ou falta de sinceridade que contaminou a própria corte e todas as esferas superiores de ação. Os sonetos de Shakespeare sobre ausência e separação estão, por falta de tema digno de nota, entre os mais insinceros e exagerados. Algumas de suas saudações têm um desagradável traço de servilismo, sejam quais forem as convenções que ele estivesse obedecendo. Em geral, quanto mais próximo chegava da bajulação, mais se distanciava da poesia. Em alguns de seus sonetos dedicados a um homem, o tom era sugestivo de uma associação considerada imprópria na época, mas, segundo as formas de uso da era elisabetana, a palavra "amor" era suficientemente flexível para cobrir uma ampla gama de significados. A dedicatória de *Lucrécia* começa com o "amor" que o autor dedica a seu patrono, significando nada mais que uma amizade calorosa. Falstaff chama Hall de "Meu doce menino", "meu coração", pelas ruas (*1*H.IV, V.iv.44-8).

Se todos os artistas tivessem, como Heine, duas almas em um só peito, isso seria mais verdadeiro para Shakespeare que para qualquer outro. Nos poemas longos predominava a cultura da corte; nos Sonetos, observamos uma luta com novos modos de pensar e de comportamento; nos últimos sonetos, mais realistas, prevaleceram esses novos modos. Nos Sonetos 40 e 95 (ambos contêm a palavra "lasciva"), temos um quadro de vício embelezado pelos encantos aristocráticos que poderiam, fácil e fugazmente, encantar um jovem impressionável do campo. Shakespeare salienta claramente a confusão entre o certo e o errado que isso acarretava – demonstrando pouca aversão, mas seu sentido moral deve ter atuado no sentido de eliminar o elemento estranho. Contudo, a alta cultura é sempre uma fusão, um composto. Shakespeare não estava abandonando velhos padrões, e sim procurando adaptá-los a um amálgama mais duradouro, próprio para os tempos vindouros, e, ao mesmo tempo, enobrecer os padrões de uma ordem social emergente.

As reflexões gerais sobre a vida são a matéria-prima dos melhores sonetos; as pessoas às quais se supõem serem dedicados aparecem em deferência a um padrão prescrito. O estilo é envolvente e "Shakespeare se aproxima mais de Donne do que de Spenser" (Ellrodt, p.43). No estilo "metafísico" de Donne, não se poderia gerar uma verdadeira fusão de culturas; era mais uma mistura de idéias de acadêmicos e escritores profissionais de classe média com as dos cortesãos céticos: os dois grupos concordavam em rejeitar o emocionalismo tolo e exagerado da poesia da corte. Essa convergência pode se apresentar com maior facilidade no plano artístico do que no político, em termos de interesses de classes, mas era por demais intelectual para ser totalmente compatível com Shakespeare. Suas imagens continuavam a pertencer ao mundo perene da natureza e das relações sociais.

Os Sonetos de 1 a 17 foram dedicados a um jovem, aparentemente da classe alta, que pode ter sido – como pensa Tucker, entre outros (p.xxxvii ss.) – William Herbert, terceiro conde de Pembroke, a quem foi dedicado o *First Folio*; no entanto, ele tinha apenas 14 anos em 1594 e um candidato melhor é o conde de Southampton, a quem Shakespeare dedicou seus dois poemas longos. As disputas sobre os pretendentes rivais nunca cessarão porque, como salienta um crítico, tanto um como outro contam com suposições plausíveis (Booth, p.547-8). Essa contenda foi recentemente revista por Wait (capítulo 1)e Calvert (Parte 2). No geral, Southampton parece ter melhores condições, algo que A. L. Rowse, em 1984, considerou perfeitamente óbvio. Com igual confiança, identificou a "Dama Negra" como Emilia Lanier, órfã de um músico italiano da corte, ela própria uma poetisa e "feminista declarada" (*Sonnets*, p.x, xix ss.)

Southampton tinha espírito jovem, aventureiro e excêntrico, fosse ou não capaz de reflexões sérias; como católico e protegido de lorde Burghley, complicou sua vida com um casamento clandestino em 1598. O mesmo homem pode ter sido o receptor de alguns ou de todos os últimos sonetos dedicados a um patrono aristocrático, um amigo íntimo, mas nem sempre confiável. É extremamente difícil desvendar o que nos dizem esses poemas. Podemos perceber quais poemas ou versos são bons, mas podemos apenas imaginar de onde fluem ou de que inspiração se originam. Alguns podem ter sido propositadamente obscuros. Qualquer coisa que constituísse uma alusão política, mesmo que não declarada, tinha de ser atenuada. Como atores, com patrocínio real, Shakespeare e seus colegas eram, a seu modo, figuras públicas, o que os colocava na mira das observações. No início, ele pode não ter se dado conta desse fato. Uma rainha idosa dificilmente teria gostado do Soneto 7, no qual 12 versos falam de como o sol é reverenciado enquanto "sua sagrada majestade" é jovem e fresca, mas quando ele declina em direção ao poente, as pessoas já não lhe prestam "homenagem" e "olham em outra direção". Shakespeare deve ter corrido um certo risco de se comprometer em razão de sua ligação com Southampton, quando o amigo deste, o conde de Essex, foi executado depois da tentativa de golpe em 1601, e Southampton, que estava envolvido, escapou por pouco do mesmo destino.

Em vez de receber a sentença de morte, ele foi mandado para a Torre; o "destino confinado" do Soneto 107 pode perfeitamente estar relacionado a esse fato. A separação lamentada no Soneto 97 é comparada ao gelado inverno; ele exprime um sentimento real ou, pelo menos, tem eloqüência real e pode ser tomado como expressão de simpatia. Vários sonetos, de estilo maduro, são incomuns por suas imagens políticas ou alusões ocultas aos fatos – como o "sopro da servidão descontente", no Soneto 124, que sugere uma conspiração, ou o "informante subornado" do Soneto 125. Eles nos revelam o clima dos últimos anos do reinado de Elizabeth, quando cresciam os temores sobre o que aconteceria se ela morresse. Tudo, na verdade, estava sendo arranjado com antecedência pelos políticos, mas, como admite Samuel Butler, "sob enorme sigilo" (p.140); o público não podia ter conhecimento de que havia muito pouco a temer. A "lua mortal" e seu "eclipse" (Soneto 107) eram comumente utilizados para se referir à sobrevivência da rainha ao "climatério", aos 63 anos de idade, no outono de 1596, ou a sua morte, em 1603. Esta última data é preferível porque as prometidas "oliveiras da vida eterna" ou a paz duradoura estão de acordo com a sucessão tranqüila de James I – que, entre outras coisas, libertou Southampton. Em 1603, como diz Lee, todos os poetas usaram eclipses e oliveiras ostensivamente (*Life*, p.227). Um personagem de Shakespeare previu-os quando relatou a Henrique IV que a rebelião acabara e que a "Paz semeava oliveiras por toda parte" (*2H.IV*, IV.iv.87).

As informações sobre a "Dama Negra" têm um tom realístico, de um modo bastante distinto, embora o assunto seja uma mulher ou uma combinação de várias mulheres. Começam com uma sátira sobre cosméticos (Soneto 127), um lugar-comum, mas que, com Shakespeare, parece mais intimamente ligado à desaprovação em relação aos ricos, que os compravam e usavam, e sobre os cosméticos morais da presunção e da falta de sinceridade. Há mais farsa do que tragédia na situação que se desenvolve, como um autor de comédias não poderia deixar de perceber. Em vista de algumas indecências inseridas, torna-se um tipo de *conte drôlatique*. A mulher é comparada – em uma reminiscência tosca da vida rural, na imagem que mais se estende no todo dos poemas – a uma dona de casa perseguindo uma galinha fugitiva (a rival), enquanto seu filho (o poeta) corre atrás dela (Soneto 143). Mais sério, e mórbido, é o fato de ele não poder evitar o desejo que sente por essa mulher, que ele sabe ser indigna e promíscua. Aqui, o tom (Sonetos 137-8) é impressionantemente "moderno", e sugere um homem experiente de meia idade abandonando essas aventuras – ou Antônio tentando livrar-se de sua submissão a Cleópatra. Por meio de uma mistura de humores e sentimentos, atingimos o simples oposto do amor romântico que paira como um perfume em todas as Comédias. O porquê de ele estar sempre acossado por questionamentos incrédulos nas Comédias, podemos compreender melhor à luz dessas sensações não-românticas registradas nos Sonetos.

No Soneto 152, temos a única alusão ao poeta como um homem casado que está quebrando seus votos. Isso parece remontar a um conjunto de alguns sonetos sobre o remorso, que têm um tom mais genuinamente pessoal do que quaisquer outros. Eles apontam para uma cena melancólica de infidelidade, insensatez, libertinagem. Os penitentes encontravam com freqüência, é claro, uma perversa satisfação em se manter como os "chefes dos pecadores". Os escritores virtuosos de sonetos podiam denunciar a luxúria para que pudessem ressaltar seu amor ideal. Mas a forma sombria da "luxúria em ação" no Soneto 129, "assassina, sanguinária ... selvagem", só pode ter-se originado de experiências sombrias, quer elas pertencessem à fantasia ou à realidade.

Nos Sonetos 146 e 151 existe a antítese cristã básica entre corpo e espírito. De modo semelhante, Sidney escreveu sobre a alma que tinha infecções por causa da "masmorra do corpo", e três de seus melhores sonetos são uma renúncia ao desejo e ao amor (Sonetos 111, 167-8). As palavras do Soneto 147, sobre a "razão" como um "médico" tentando resgatá-lo da "febre" de uma louca paixão, têm uma clara semelhança com as palavras de Iago sobre nossa "razão" ser o freio de nossos desejos lascivos. Como ocorre quase sempre em Shakespeare, o sentimento ético cristão – aqui, ascetismo medieval – sobrevive aos ensinamentos dogmáticos. Todas as reflexões sobre tempo, idade, morte, encontradas nos Sonetos, são totalmente pagãs. No Soneto 13, não há fogo do inferno que aqueça o "frio eterno da morte".

O amor verdadeiro ou a forte amizade são um refúgio contra a devastação do Tempo – um consolo, como dizem os dois belos Sonetos 29 e 30, para todos os reveses e decepções da vida. O Soneto 116, sobre o amor como algo imutável na vida humana, é uma declaração de amor romântico, fortalecido pela fidelidade cristã; ele está embutido entre os poemas sobre o remorso. A abertura, "o casamento de almas verdadeiras", é contradito pelo que se segue, a "alteração" que pode atingir apenas uma delas. Não há nada de "privado" nesses versos, até que, no final, o poeta empenha sua própria fé pela veracidade de suas palavras. Os Sonetos 123-4 repetem o desafio.

O Soneto 109 concentra um impulso que parece ocultar-se aqui e ali nos Sonetos: um desejo de reafirmar para alguém de quem havia se afastado que ainda pensava nele ou nela como uma pessoa muito íntima e querida, e que qualquer "mancha" de "fraqueza" que tivesse poderia ser e seria lavada. Aqui podemos sentir a expressão mais cabal da ligação profunda, romântica mas não simples, de todos os sonetos. O poeta está se voltando, revoltado com os ídolos que seguiu, para um afeto simples, despretensioso e verdadeiro. Não podemos duvidar de que ele é sincero, ainda que precisemos lembrar de que, embora a poesia possa espelhar a verdade, nunca diz toda a verdade e nada mais que a verdade – uma tarefa talvez impossível na linguagem humana.

A oferta que ele apresenta seria mais adequada para uma esposa negligente ou maltratada; algo assim ocorre nas últimas peças de Shakespeare. Se Anne Hathaway fosse tristemente considerada inelegível, a melhor alternativa seria alguma mulher que Shakespeare tivesse conhecido em Londres, com a qual houvesse criado laços íntimos de confiança e carinho. Ela não deveria pertencer aos círculos da moda, ou às facções insinuadas no Soneto 124, mas precisaria ter inteligência e educação suficientes para compreendê-lo; deveria ser mais jovem do que ele, mas não demasiadamente; atraente, mas não arrebatadora – o Soneto 21, uma versão anterior e mais simples do Soneto 130, afirma que ele ama sua dama tanto quanto podia amar alguém, embora não se entregasse, como outros, às ridículas hipérboles. Em versos como esses, podemos perceber uma relação séria, na forma como ele gostaria que se desenvolvessem o amor e o casamento entre "almas verdadeiras". O Soneto 110 fala apenas sobre um "amigo", mas evolui para uma prece de boas-vindas a "um coração puro e amantíssimo" – com certeza, o de uma mulher. No Soneto 116 percebe-se que não é ele mesmo que tem o crédito da fidelidade inabalável de uma "alma verdadeira", e sim essa mulher para a qual ele retorna.

A escolha de imagens feita por um escritor é, sob muitos aspectos, reveladora. Em geral, a melhor parte do soneto shakespeariano consiste dos "apartes" ou metáforas que nascem das generalidades, ao passo que o dístico final, ostensivamente o ponto alto do poema, pode não ter nada a acrescentar. Muitos desses floreios vêm da Natureza, mas podem estar entrelaçados com a observação da vida social. "O prazo do verão é muito curto" (Soneto 18): a palavra "prazo" [*lease*] é onipresente e um lembrete de que os curtos prazos de arrendamento da terra são armas nas mãos dos muitos proprietários rurais que se ocupavam de expulsar inquilinos indesejáveis. A fraseologia mercantilista é notavelmente predominante. O poeta nervoso teme que seu patrono, tomando consciência de seus defeitos, faça um "acerto de contas" e o dispense (Soneto 40). Não é "usura proibida", diz o Soneto 6, adiantar o dinheiro aos comodatários que "pagam o empréstimo com juros".

Durante todo o romantismo existe essa corrente de associações entre propriedade, lei, negócios, dinheiro. As sutis influências da sociedade que se mercantilizava contaminavam a literatura, assim como todas as outras esferas. A mente de Shakespeare volta-se nostalgicamente para "dias passados, antes destes tão ruins" (Soneto 67). Essa colocação pode ser parcialmente dissimulada, mas, como a maioria dos ingleses, ele ainda se encontrava no estágio das reminiscências, buscando os tempos mais felizes, em vez de olhar para o futuro. A ladainha de males sociais do Soneto 66 deixa claro quais eram as corrupções, novas ou antigas, que pesavam em sua mente. Uma linha evidente une esse soneto ao repertório de Hamlet, seguindo em direção a Lear. Sua queixa nunca é sobre a vida humana em si, como dolorosa ou sem sentido: é contra os males que o homem cria e que a desumanizam. Essas queixas poderiam muito bem fazê-lo suplicar por uma firme ligação humana, um paraíso menos necessário para as almas felizes.

Quatro sonetos consecutivos, nos quais comunga com sua Musa (58 a 61), tratam da literatura e refletem sua consciência sobre as rápidas mudanças de gosto e uma necessidade de o autor produzir sempre novidades, se quiser continuar sua trajetória. Obviamente, ele não assume de bom grado todos os novos modismos, e os "tempos melhores" do Soneto 82 têm um tom irônico. Em outro grupo de sonetos (79 a 86), ele enfrenta poetas rivais, que o superam diante do patrono, pelas "tintas pesadas" ou pela lisonja. Nenhuma lisonja poderia ser mais grosseira que algumas das suas próprias, que, no entanto, raramente vão além do elogio da bela aparência de um jovem. No Soneto 86, o melhor desse conjunto, ele faz um tributo enigmático a um competidor, cujo talento superior paralisou suas faculdades inventivas. Muitos pensaram que esse poeta era Chapman (Tucker, p.163; Harrison, p.121). Porém, contra o ar desesperançado de Shakespeare, os sonetos das viagens apontam para as estadas em Stratford que podem ter melindrado um patrono ou conhecidos importantes que desejavam sua atenção constante para com eles.

Aqui, novamente, podemos pensar que o instinto o induzia a voltar para o teatro, onde pisava em solo seguro. Mesmo que seu público o obrigasse, às vezes, como um patrono, a escrever a contragosto, isso era menos humilhante para ele. Em todo caso, o teatro era muito mais estimulante. A distância entre o clima feudal e o moderno era apenas a da mansão de um nobre até o Globe. Nos Sonetos, Shakespeare com freqüência parece viver a vida passivamente – inclinado, como Ricardo II, a se regozijar com os arrependimentos. Quando se compraz em "doces pensamentos silentes" (Soneto 30), retoma as angústias que sofreu, os amigos que perdeu. Em contraste, quando tem o palco como meta, ele é sempre dramático; mesmo quando alguns de seus personagens parecem estar perdidos em discursos, isso acontece sob o domínio de uma forte situação dramática. O teatro era sua salvação contra a introspecção, o soneto era seu meio de imergir em um estado de ânimo que era "doce" por ser solitário.

Como os poemas longos, os Sonetos têm muitos ecos nas peças, nas quais os eventos podem, às vezes, ser vistos como sensações cristalizadas que antes se revestiam com rimas. O Rumor, no Prólogo para *Henrique IV Parte 2*, fala em "Fazer do vento meu pombo-correio". No Soneto 51, o poeta fala de como voltará para casa, usando esporas, "embora montado no vento". Essas repetições verbais são abundantes em Shakespeare, mas uma ligação mais significativa entre os sonetos e *Henrique IV* é uma certa compatibilidade entre o poeta e o gordo cavaleiro. Por absurdo que isso possa parecer, todos os personagens de Shakespeare precisam ser projeções de suas próprias relações com a vida, de um ângulo ou de outro; e o maior escritor cômico e o maior personagem cômico da Inglaterra não deixariam de ter uma afinidade especial. Falstaff é dotado do humor e da inteligência de seu criador. Ele também faz de si mesmo um bufão (Soneto 110) e tem desgosto de si próprio e de suas companhias. Pode ser considerado uma das muitas purgações de Shakespeare, que o libertavam de pensamentos desagradáveis, por meio da transferência para o corpo de outro.

"Estou velho, estou velho", lamenta-se Falstaff, como se estivesse adiantado a seu tempo; e o Presidente do Tribunal discorre sobre como sir John ficou velho e decrépito (*2H.IV*, II.iv.270; I.ii). Aos olhos do juiz, ele é um pervertedor de menores, que assombra o príncipe Hal "como seu anjo mau" (I.ii); Falstaff brinca com a expressão, como Shakespeare o faz no Soneto 144. Se Falstaff tem a dolorosa consciência do envelhecimento, o mesmo acontece com o soberano de quem ele debocha, e os lamentos de Henrique sobre sua debilidade, "este tronco nu e seco" (IV.iv.229), têm o mesmo tom do Soneto 73, com a cena invernal de árvores sem folhas. Os três homens sentem os ventos enregelantes que sopram sobre suas cabeças; rei e poeta também os sentem soprar sobre a Inglaterra. A poesia é gerada nessas confluências entre o pessoal e o social. No final, quando Hal, agora rei, refere-se a Falstaff como um velho "tolo e bufão" (V.iv. 49), podemos ouvir Shakespeare falando de si mesmo, como ocorre em alguns sonetos, sacrificando a auto-estima pelo divertimento de jovens ociosos; ele deve ter tido amargas premonições sobre o declínio até se tornar um bufão aposentado. O ciúme que sentia de outros poetas teve seu análogo na explosão cômica de Falstaff contra Poins, que, de certa forma, é seu rival como companheiro do príncipe (II.iv.238ss.).

No momento em que Falstaff tomava forma, algumas das agitações dos sonetos devem ter se transformado em lembranças que foram transpostas para um tom de comédia. "Uma verdadeira dama", Doll Tearsheet é invocada sarcasticamente, mas percebemos que ela é comum como a estrada de St. Albans (II.ii.166-7). A mulher infiel de Shakespeare pode ser uma dama, mas é "o lugar-comum do mundo todo" (Soneto 137). "Sou carne para seu patrão", diz Doll, ofendendo Pistol com arrogância (II.iv.120-1); podemos imaginar uma Dama Negra afrontando Shakespeare – mas também acalmando-o com algo como a afirmação de Doll a Falstaff: "Amo-te mais do que jamais amei qualquer um desses jovens desprezíveis" (II.iv.271).

Em *Henrique IV Parte 2*, a explicação do arcebispo sobre a rebelião de seu grupo é que a Inglaterra está cheia de "exuberantes almas doentes de felicidade", que tiveram de fazer a guerra civil como meio de cura (IV.i). Como afirmação ou desculpa política, isso é inaceitável (como salientado anteriormente), para não dizer ininteligível. Fica mais fácil compreender como a mente de Shakespeare funciona quando lemos o Soneto 118 e encontramos a mesma lógica aplicada a seus próprios assuntos. Ele cresceu "doente de bem-estar", "pleno de bondade", com seu amor verdadeiro, e procurou companhias piores como alguém que toma um remédio amargo. Se houve, na realidade, uma boa mulher que ele amou, mas desprezou, estamos diante de seu pedido de desculpas.

PARTE IV

AS COMÉDIAS

CAPÍTULO 1

O DOMÍNIO DO CÔMICO

Na década de 1590, enquanto Shakespeare, nos Dramas Históricos, fazia sua língua "ressoar sobre assuntos de Estado", como pretendia Malvólio (NR, III.iv.73-4), ele também escrevia uma série de comédias românticas, precedidas por uma ou duas farsas. Isso era uma marca de sua excepcionalidade: a maioria dos dramaturgos fixavam-se em temas mais sérios, como a guerra (Gurr, *Playgoing*, p.137). Ele deve ter sentido a necessidade de fugir dessa temática, às vezes, em direção a esferas mais amenas. A comédia romântica não era invenção sua; ele teve um importante predecessor em John Lyly, da mesma forma que teve Marlowe em relação aos Dramas Históricos. Lyly foi o homem que "estabeleceu um padrão e deu forma a um modelo", um modo mais artístico que o popular de Peele, de Greene ou de Nashe, mais natural que a *Commedia dell'Arte* italiana, com seus personagens estereotipados (Bradbrook, *Comedy*, p.61ss.). Seu estilo não era um fruto do teatro profissional comum; nas décadas de 1570 e 1580 ele escreveu peças para serem representadas por meninos da Capela Real e do coro da Catedral de São Paulo. Como novelista, pôs em voga um estilo fantasticamente rebuscado de escrever, que foi imitado e também ridicularizado em

Trabalhos de amor perdidos; dois personagens dessa peça são, em parte, copiados de Lyly.

Não se pode dizer que Shakespeare estivesse acrescentando muito talento artístico aos modelos que adotou. As regras ou fórmulas tinham pouco significado para ele. O mais próximo que chegou de uma boa simetria pode ter sido em *Sonho de uma noite de verão*, na qual a humanidade é enfeitiçada e fica livre das responsabilidades sobre seus atos. No entanto, quase todas essas peças são plenas de preciosidades que apenas a criação livre e um abandono à fantasia poderiam ter permitido a Shakespeare reunir. Essa característica das Comédias combina com um desvio do centro de gravidade de Adão para Eva. "Shakespeare não tem heróis", disse Ruskin, "tem apenas heroínas" (p.116). Isso não chega a ser verdadeiro no todo de sua obra, mas se aproxima da verdade nas Comédias. O mundo por elas retratado é feminino em vez de agressivamente viril. Os homens haviam estragado seu mundo e não o regeneraram nem renovaram; em uma espécie de desespero espirituoso com relação a eles, quando Shakespeare escrevia uma comédia ele fazia-os abdicar e deixar as coisas para as mulheres. Nos Dramas Históricos, as mulheres eram peixes fora d'água, tanto as más como as desamparadas. Nas Comédias, elas conseguem ser perfeitamente naturais e, em geral, capazes de dirigir os acontecimentos. Em regra (*O mercador de Veneza*, de várias maneiras, está à parte), seu sucesso é limitado ao círculo em que vivem; não são oficiais recém-nomeados com a missão de sanear o imundo estábulo em que os homens haviam transformado a vida, embora muito pudessem fazer para criar uma nova atmosfera, uma nova esperança.

Convinha aos propósitos de Shakespeare escolher cenários exóticos para todas as Comédias, exceto em *As alegres comadres de Windsor*. Quatro delas se passam na Itália, mas ele não ia para lá, como muitos dramaturgos, em busca de déspotas, envenenadores e figuras melodramáticas desse tipo. Em geral, as coisas são muito inglesas, mas há espaço para um desempenho livre da fantasia, derivado de antigas tradições dos contadores de histórias, dos contos de fada e da magia. De certo modo, somos transportados para o passado; no entanto, como diz Gurr, para os conservadores da época, as heroínas de Shakespeare e sua visão do casamento podiam parecer "uma alarmante novidade" (Gurr, *Playgoing*, p.149). Como nos Dramas Históricos, ele se relaciona menos com a cidadania respeitável do que com os que são hierarquicamente superiores ou inferiores; seu palco é para a pequena nobreza que se dedicava à cultura e para as pessoas comuns de grande senso de humor. É de acordo com isso que o cenário raramente é urbano. Ilíria tem um porto marítimo sem nome, que só visitamos em poucas cenas.

O método de Shakespeare conferiu-lhe a licença de descrever a humanidade sem realismo fotográfico. A sociedade em que vivia estava mudando rapidamente; ele próprio fazia parte do fermento da mudança. Seus personagens sempre se libertam ou escapam dos pesares e vivem experiências imprevisíveis em novos limites, como as heroínas que se disfarçam de homens para serem elas mesmas – ou para se descobrirem. Não há lugar aqui, como nos Dramas Históricos, para atitudes patrióticas, e ele podia falar dos ingleses como estrangeiros com igual liberdade. Cenários fantásticos colocavam um "agente isolante" em relação à crítica social (Byrne, p.209). "Sou um grande carnívoro e acredito que isso prejudica minha inteligência", diz sir André Aguecheek em *Noite de Reis* (I.iii.87-8). Ele é um iliriano, mas comer muita carne era um mau hábito dos ingleses abastados. Há uma crítica às maneiras francesas no insulto de Berowne quanto a Boyet ser um janota afetado, um "*monsieur elegante*" (TAP, V.ii.315ss.) – e também à moral francesa na afirmativa complacente do doutor Caius de que os maridos em seu país não possuem o vício do ciúme (AACW, III.iii.164-5). Se havia a idéia corrente de que os "alemães são homens honestos" (AACW, IV.v.66), eles se saíram muito bem. A Inglaterra, sob todos os aspectos, é mostrada como parte da Europa.

Tendo a Europa como ponto de partida, Shakespeare está livre para deixar a fantasia voar ainda mais alto. Um dos pretendentes de Pórcia é um príncipe marroquino que, como Otelo, é muito cônscio de sua cor e dado a crises de eloqüência. Jactava-se de ter assassinado um sufi, ou xá da Pérsia, com a cimitarra, e fala de outros pretendentes que se dirigiam às pressas para Veneza vindos dos longínquos "desertos da Hircânia" e da "grande Arábia" (OMV, II.vii.41-2). As fadas estão acima de qualquer preconceito de cor: Titânia discute com Oberon sobre um menino hindu cuja mãe era muito amiga dela. Lisandro, em contraste, repele Hérmia por ela ser uma "tártara trigueira" (SNV, III.ii.263), e Cláudio, em *Muito barulho por nada*, pensa em uma mulher de pele escura como uma "etíope" (V.iv.38). Os horizontes continuam a se expandir conforme o tempo passa. Há um novo mapa das Índias e sir Toby chama Maria de "meu metal da Índia", ou ouro (NR, III.ii.76-8; II.iv.15). A curiosidade estende-se até a China, ainda conhecida por seu antigo nome Catai, e "cataiano" já era sinônimo de *trapaça* (NR, II.iii.78; AACW, II.i.130) – uma ilustração da rapidez com que formamos uma opinião desfavorável dos estrangeiros. Os "vapianos atravessando o equinócio de Queubus", na fala sem sentido dos palhaços (NR, II.ii.25-6), pode ser tomada como uma piada sobre os relatos dos exploradores, em geral confusos e artificiais.

Duas peças, *Trabalhos de amor perdidos* e *Como gostais*, são mais fragmentos de conversação, ou exercícios de fala, do que dramas, com apenas um arremedo de trama. Shakespeare saboreava sua paixão pelas palavras e pelas reflexões sobre a vida – gosto partilhado, evidentemente, por muitos freqüentadores de teatro. Seu interesse pelas palavras atingiria também os Dramas Históricos. Bardolph e o juiz Shallow têm um acirrado debate sobre a palavra "acomodar" e Shallow ressalta que "boas expressões são, com certeza ... muito recomendáveis" (*2H.IV*, III.ii.p.68ss.); a senhora Quickly é tão cheia de impropriedades lingüísticas quanto Dogberry. O fato de Shakespeare não desejar ser aprisionado em limites convencionais mostra-se, acima de tudo, na irrupção do gênio cômico na história com Falstaff, e com algo que se assemelha ao trágico, com Shylock. O amor romântico aparece pela primeira vez com brilho total em uma tragédia, *Romeu e Julieta*. Nas comédias, ele nunca se realiza em casa: está lá, por assim dizer, em provação. Shakespeare estava aprendendo muito sobre a vida para ser crédulo. Observava os feitos de sua gente com um desprendimento um tanto cético. Com ele, a realidade invadia um domínio romântico "guardado como um sonho" (Raleigh, p.193). Nos últimos Dramas Históricos, não reviveu o "heróico" ou a fé neste; nas últimas Comédias, ele não deu novo alento ao romântico. Era tempo de ambos darem passagem a outros tipos de drama, outras viagens de descoberta.

CAPÍTULO 2

AS PEÇAS

A megera domada (*c.* 1590)

Esposas problemáticas têm sido a matéria-prima para os mexericos dos homens e para a mitologia masculina; elas já haviam tido um papel no palco inglês anteriormente, nos dramas sacros. A megera de Shakespeare é uma caricatura. Ele dificulta ao máximo que se sinta qualquer simpatia por ela. No início, ela ameaça bater na cabeça de alguém com um banquinho. Amarra as mãos de sua irmã menor, Bianca, e bate nela quando protesta por ser tratada como "serva e escrava" (II.i.2). A seguir, temos Hortênsio, disfarçado de professor de música, queixando-se de que ela tinha quebrado o alaúde em sua cabeça (II.i). Em seu primeiro encontro com Petruchio deu-lhe um tapa na orelha. O tema da peça, em resumo, não é simplesmente um homem intimidando uma mulher, mas uma mulher intimidadora subjugada por um homem intimidador.

Petruchio é uma caricatura de um homem dominador comum. "Ela faz parte de meus bens, meus bens móveis; ela é minha casa, meu mobiliário, meu campo, meu celeiro, meu cavalo" (III.ii.328) – sua atitude de dono da esposa apenas amplifica o que os homens em muitas partes do mundo e em muitas épocas realmente pensam. Ele tem um gênio rude, como diz Grúmio, seu "servo antigo, confiável e agradável", quando Petruchio puxa-lhe a orelha por não entender uma ordem (I.ii). No dia do casamento, ele derruba o padre, provavelmente para mostrar a Catarina o que a espera. Não há nada em seu comportamento em relação a ela que lhe possa dar qualquer direito à estima dela.

Os contos populares parecem exigir uma "moral" (Bethell, p.112) e esta farsa termina com uma – o "lindo discurso" de Catarina, segundo a denominação de um editor vitoriano (Marshall, p.316), anunciando sua rendição servil e obediência incondicional. Shakespeare salienta suas incongruências cômicas fazendo-a falar sobre como os maridos cuidam de suas esposas, de seu "doloroso trabalho em terra e mar": como bem sabe sua platéia, nada poderia estar mais distante dos pensamentos dos ociosos caça-dotes que assolam essas peças. A verdadeira moral da história é que é assim que os maridos devem comportar-se e não como eles se comportam. A brincadeira de Shakespeare tem como alvo o conservadorismo fossilizado em todas as esferas. Quando Catarina chama o bronco Petruchio de meu "senhor", "rei", "soberano", Shakespeare está ridicularizando não só os maridos que se levam muito a sério, como também os reis. Alguns de seus reis ingleses logo aprenderão a fazer discursos sobre sua dolorosa labuta pelo bem-estar de seus súditos.

Surpreendentemente, já 1968, outro editor ainda fazia eco ao contra-senso de Catarina, discorrendo solenemente sobre a submissão da esposa ao marido, como uma lei da natureza, e declarando que, assim, os esposos se tornavam amantes verdadeiros (Hibbard, *Taming*, p.7). Shakespeare tinha de se transformar em um pilar da Ordem tanto no campo doméstico, como no político. Ainda mais tarde, em 1986, um comentarista classificou a submissão de Catarina como o primeiro passo para que Petruchio se redimisse de sua "perversidade obstinada" e para que ela própria fosse "uma verdadeira vencedora na batalha perene" (Bryant, p.113). O mais surpreendente de tudo é a descoberta de uma escritora feminista no *dénouement* de "uma síntese harmoniosa" entre o masculino e o feminino (French, p.85). A mesma autora sustenta que Shakespeare nunca se livrou da convicção de uma desigualdade "natural e inextirpável", que chega a "uma diferença de classes", entre homens e mulheres.

A comédia dos erros (*c.* 1590-1593)

Com as características de farsa que tem, essa peça desmente o novo evangelho de Catarina ao retratar um marido despótico e infiel e uma esposa ressentida. A trama é muito mais bem engendrada, com um significado sério que se mostra de vez em quando em meio à comédia pastelão. Nessa peça, existe uma nítida atmosfera de uma cidade comercial, e há mais que um sopro de referências locais. Na vívida narrativa de abertura sobre as hostilidades entre dois governos que entram em uma guerra de negócios e interdição de produtos estrangeiros, diz-se que os siracusanos são "sediciosos" (I.i.12), ou engajados na rebelião contra Éfeso: quando a peça foi escrita, os holandeses estavam em luta contra a Espanha e, durante o longo conflito, Madri impôs sanções contra o comércio marítimo dos holandeses (ver Israel). "Florins" são mencionados como uma moeda de Siracusa, útil para o comércio oriental (I.i.8; IV.i.4). O estudo que Baldwin fez da peça (*William Shakespeare Adapts a Hanging*) desenterra uma rede de alusões à guerra anglo-hispânica e aos alarmes antipapistas do final da década de 1580.

Há enorme indignação feminista na peça, mas as mulheres ainda não estão em primeiro plano. Sua principal representante, a Abadessa, nada mais faz senão presidir o tolo "final feliz", mais feliz por estar inserido em uma reunião familiar de conto de fadas. Não existe uma comunhão de espíritos entre Antônio de Éfeso e sua maltratada Adriana: ele não é reprovado por sua virtuosa mãe, a Abadessa, e, na última cena, sua esposa mal pode abrir a boca, enquanto sua "cortesã" recebe dele um diamante prometido (pago com o dinheiro de Adriana). Não há perspectiva de que os gêmeos Drômio sejam libertados da escravidão, como recompensa pela longa servidão, para que possam construir uma nova vida juntos.

Trabalhos de amor perdidos (c. 1595)

Esta pode ter sido a primeira comédia totalmente escrita por Shakespeare. Tem uma trama criada por ele, o que não lhe dá muitos méritos; porém, a peça deve ser julgada menos pela história e mais por seus diálogos. Como tem muito dele mesmo, talvez seja mais seguro na maioria dos casos buscar nela traços dos próprios sentimentos do autor. São muitos os paralelos com os Sonetos. Há muito mais ritmo do que em qualquer outra peça. O tema de abertura da Fama como guardiã contra a devastação do Tempo é outra semelhança com os Sonetos, que partilham as imagens de "foice" e "sepulcros brônzeos". Mas a alegria dessa peça pode nos confirmar a suspeita de que, de qualquer maneira, algumas das lágrimas dos sonetos de Shakespeare eram pouco menos que cálidas.

A corte de Navarra poderia ser confundida com uma casa na zona rural inglesa. Não há cidade à vista, mas não faltam um parque e uma leiteria, juntamente com os habituais componentes de um vilarejo: o cura, o mestre-escola e o meirinho. O jovem rei, que conversa muito familiarmente com seu círculo, poderia ser um fidalgo rural que organizara uma reunião literária com seus colegas de escola. Sempre se viu aqui inúmeras alusões locais e pessoais. O nome Armado obviamente lembra a Armada, e o fato de se poder rir de um espanhol absurdo, cheio de pretensões à nobreza, mas sem camisa, encantaria qualquer patriota inglês. A Espanha estava cheia de *hidalgos* polidos e maltrapilhos; mas Armado parece muito menos um arrogante castelhano do que um saltitante francês, uma consagrada figura de galhofa.

Nos Dramas Históricos, todos os competidores são ávidos pelo poder. Nas Comédias, a projeção pessoal, a fama, é o objeto da ambição. As primeiras palavras de Navarra a seus amigos são sobre "fama", "honra", como se quem falasse fosse Hotspur: eles também seriam "conquistadores", ainda que por outros meios. Apoiados por rigoroso autodomínio e abnegação, farão de seu pequeno país "a maravilha do mundo". Podemos sorrir com essa paródia de conceito nacional e com o ideal anacrônico do ascetismo. A escolha entre aprender e amar, Atena e Afrodite, era o tema das canções dos estudantes que remontavam ao século XII

(Waddell, p.199). A cultura renascentista buscou combinar os dois: como Shakespeare repete em muitos contextos, um gentil-homem deveria ser, ao mesmo tempo, cortesão, soldado e erudito. Subjacente a isso estava o ideal de fusão das boas qualidades de diferentes classes educadas. O plano livresco de Navarra é um retrocesso; ele só consegue pensar na erudição árida pelo bem da própria erudição. Quer, como diz o sensato Berowne, estar absorto com "Coisas ocultas e vetadas ... ao senso comum", respaldado apenas pela "autoridade básica de livros de outrem" (I.i.57, 87). Berowne dá uma versão casual da doutrina de Bacon sobre o conhecimento como informação útil, que é adquirido ou testado por meio do empirismo. Ele simboliza a marcha do espírito contra o ranço escolástico.

Privados da companhia de mulheres, esses escolásticos consolam-se um pouco com Armado, que tem "um manancial de frases no cérebro", que se manifesta com tantas "palavras elaboradas" e "palavras inovadoras", que faz que se "ame ouvir suas mentiras", quando conta suas histórias da cavalaria espanhola (I.i.165ss.). Isso pode parecer pouca coisa para os jovens de espírito, mas na Inglaterra a linguagem estava assumindo uma importância incomum e era vista com um respeito que torna mais fácil compreender sua enorme safra literária. A Inglaterra estava crescendo, e a língua inglesa começava a se tornar independente; não haviam passado mais de duas gerações da época em que se esperava que um cavalheiro fosse capaz de conversar fluentemente em latim, como o fazia a rainha Elizabeth. Os amantes do inglês, da estatura de Shakespeare e abaixo dela, aprendiam-no e simultaneamente colaboravam com seu desenvolvimento; essa febre verbal parece ter sido partilhada, em certa medida, por todas as classes sociais. Um brilhante arco-íris de palavras cintilava nos céus, anunciando o fim do dilúvio medieval. A homenagem à língua podia unir todos os homens – e mulheres – instruídos; mais ainda, a mistura da pequena nobreza com a classe média, ou com seus melhores elementos, representava o amálgama de uma nova elite. Esses dois componentes puderam estar mais próximos nesse período de fluxo social do que estariam mais tarde, quando as linhas divisórias de um novo padrão social enrijeceram-se, tendo a linguagem como cimento.

A própria linguagem estava em um ponto especial de seu desenvolvimento, ligada à interação dos estratos sociais, tornando possível a riqueza única da imagística elisabetana (Weimann, *Structure*, p.227). Quando Holofernes, o mestre-escola, depois de revirar quatro outros adjetivos na língua, chega a *peregrino* como *mot juste* para Armado, Nataniel, o cura, pega seu diário para anotar esse "extremamente singular e acertado epíteto" (v.i.14-5). Nataniel considera-se abençoado por estar livre da "ignorância monstruosa"; ele está acima do pobre Dull, o meirinho, que é "apenas um animal" (iv.ii.27). Mesmo Costard, o bufão, está pronto a experimentar sua língua em uma nova e difícil palavra. Esses despretensiosos "intelectuais" de Navarra são o oposto dos homens de Jack Cade em Kent, tão veementemente convencidos de que todo aprendizado é um inimigo. Mas os modos estudados de falar têm suas armadilhas: podem tender à afetação e à verborragia no lugar da razão. A perspicácia pode ser usada facilmente para ofender os outros. O desprezo de Armado pelo vernáculo que ele estraçalha – o "vulgar básico e obscuro" – acompanha sua sedução cavalheiresca de uma garota de classe humilde, com quem tinha falado sobre intenções de casamento (iv.i.60ss.).

Shakespeare ridicularizou todo esse preciosismo, mas também divertiu-se com "o grande festival de linguagens" que ocorria (v.i.38-9). Ele ocupava-se coletando seu prodigioso vocabulário; nunca deixou de ser um experimentador ousado. Podemos entrevê-lo, sob o nome de Holofernes, alçando as asas de seu gênio exuberante, nesse momento mais rico do que seu conhecimento do mundo – "um espírito tolo e extravagante, cheio de formas, imagens, aparências, objetos, idéias, apreensões, movimentos, revoluções..." (iv.ii.72-3).

A mescla de qualidades sociais que ele parece buscar, o refinamento com solidez, tem por acompanhamento os dotes complementares de homens e mulheres. Berowne e a princesa têm muito em comum. Ele é o orador sensato e franco do quarteto masculino; é ele quem lidera o retorno para a aceitação racional da vida e da humanidade. Por seu lado, a princesa é sempre sensível e encantadora, uma suave preceptora de suas damas. No final, ela lhes indica o caminho correto para tratar seus impacientes pretendentes. Ela tem toda a desconfiança de Shakespeare quanto a juramentos sussurrados. "Não confio em vossos juramentos", diz ao rei com sinceridade e impõe-lhe um ano de provação em "alguma ermida abandonada e vazia" (v.ii.784ss.). Poderíamos desejar que ela pensasse em algo mais construtivo para ele fazer. Suas damas insistem, cada uma a sua vez, nos mesmos 12 meses de espera; apenas Berowne recebe uma tarefa útil: visitar os doentes e tentar alegrar "os miseráveis sofredores" com sua vivacidade. A peça parece prometer uma continuação, mas para Shakespeare não foi tão fácil, como o foi para seus personagens, acreditar que o amor poderia sobreviver à provação de 12 meses de separação, isso sem falar em ermidas ou hospitais.

Os dois cavalheiros de Verona (*c.* 1593-1594)

As comédias de Shakespeare contêm pouco de aventura ou feitos intrépidos. Ele havia colocado isso abundantemente nos Dramas Históricos. *Os dois cavalheiros de Verona* é incomum em seu deslocamento para o melodrama, cujo absurdo sugere a moderna pantomima ou opereta. Valentino, o herói, é constrangido por ameaças de um grupo de *banditti* italianos – dois dos quais chamados Moisés e Valério – para que se tornasse seu "rei" ou "general" (IV.i). Alguns dos salteadores são gentis-homens banidos por "crimes insignificantes" da juventude, como homicídio; todos eles desprezam "práticas vis" como roubar mulheres ou pobres. Isso soa como uma versão cômica de Robin Hood, que é citado, junto com seu "frei gordo". No todo, a peça tem muita semelhança com Gilbert e Sullivan, porque sugere reflexões sobre um jorro permanente de humor inglês, que atravessa os séculos.

No Ato V, o estilo de opereta assume o controle total. Proteu resgatou Sílvia, que o rejeita e despreza por ter abandonado seu verdadeiro amor, Júlia (que anda disfarçada de homem). Ele está prestes a violentá-la, quando o verdadeiro amor dela, Valentino, entra e o acusa de falso amigo: a deslealdade de Proteu o aborrece muito mais do que a situação difícil de Sílvia. "Assim são os amigos agora" – toda a amizade se deteriorou (v.iv.63); mas Valentino cumpre o que se prometera e perdoa Proteu, entregando-lhe Sílvia. Ela nada comenta; era um desafio até para Shakespeare imaginar algo adequado para que ela dissesse. Naquela época, cultuava-se a amizade exuberante, assim como o amor hiperbólico; ele estava igualmente pronto para ridicularizar as duas coisas.

As duas jovens merecem um destino muito melhor do que serem abandonadas em tal companhia. Shakespeare, com certeza, gostou de pintar – ou de desenhar – seus retratos, assim como de inventar aventuras extravagantes para elas. A constância de Júlia fulgura brilhante em contraste com a imediata transferência dos afetos de Proteu para Sílvia, a filha do duque. Para uma princesa, Sílvia tinha modos não convencionais e livres, e sua vitalidade e jovialidade colocaram-na entre o grupo seleto de heroínas shakespearianas. Uma de suas qualidades especiais é a virtude, e Sílvia pode até ser chamada de "santa" (IV.ii.5, 41). Em vez de se submeter a um casamento odioso, ela foge, é capturada pelos bandidos e enfrenta essa experiência com coragem; seu grito "Oh, Valentino, isto eu suporto por ti!" (V.iii.15) tem a inflexão de Imogen. Em suas primeiras comédias, Shakespeare criou maridos abrutalhados; nos meandros mais sérios dessa peça, os homens são mostrados novamente sob um péssimo – ou, no mínimo, oscilante – enfoque, ao passo que as mulheres e seu amor são expostos a pedras e flechas.

Sonho de uma noite de verão (1596)

Nessa segunda peça entre as poucas que Shakespeare parece ter feito para si mesmo – um experimento do qual logo se cansou –, ele foi ajudado, na trama intrincadamente entrelaçada, pela magia do reino encantado que conhecia muito bem. É apenas no início que todos os seres humanos agem de acordo com sua própria vontade e têm de ser providos com estímulos. A peça é romântica em virtude de sua poesia e atmosfera, do perfume das florestas enluaradas; a maioria dos seus seres humanos contribui com pouca desavença, ainda que ruidosa. Quando a floresta fica para trás, sobrevivem apenas as lembranças esmaecidas dos acontecimentos, uma revelação evanescente do submundo caótico do comportamento humano, normalmente mantido fora de vista.

Teseu, como diz, cortejou Hipólita com sua espada (I.i.16), da mesma forma que Henrique V ganha sua princesa francesa. Ele é um precursor de Henrique também na visão sagaz e de bom senso; o homem de fala rude e ações diretas pertencia a uma espécie que fascinava Shakespeare por uma série de atrações de opostos. Seja por uma boa natureza ou por política, esse duque de Atenas entende (novamente como Henrique) que as pessoas comuns devem receber o que merecem, sendo necessário mantêlas de bom humor; não obstante, seus cortesãos e sua noiva desprezam os artesãos de mãos calejadas e sua apresentação com desdém compassivo. Esses plebeus são todos súditos muito leais, respirando reverência para com seu governante, que, na Inglaterra, estava entrando em seu crepúsculo. Eles são ridículos apenas porque estão fora da própria órbita; Shakespeare acha vital dar-lhes vida e Bottom é uma pessoa muito mais interessante que qualquer jovem e frágil gentil-homem.

A primeira parte de *Faerie Queene* de Spenser surgiu em 1590, e pode-se suspeitar que Shakespeare tenha contraposto à "Gloriana" uma outra rainha das fadas, despida de ornamentações. Gloriana era também a rainha Elizabeth, e se nosso autor estava ridicularizando o esforçado épico de Spenser, deve ter julgado ser uma postura diplomática deixar claro que sua Titânia *não era* Elizabeth, por meio da inserção de um tributo poético a seu soberano (II.i.55ss.) e dando a Titânia um consorte. O casal real do reino encantado é muito mais convincente do que os amantes humanos; sua discussão é um comentário sobre a fragilidade do amor no casamento. Titânia acusa seu senhor de diversos desvios e diz que Hipólita é sua "amante de coturno" e "amante guerreira"; ele replica, acusando-a de uma antiga ligação com Teseu (II.i.71ss.). "Que tolos são esses mortais!", exclama Puck, mas esse sarcasmo poderia voltar-se contra ele. Entre os dois não há lampejo de afeição; provavelmente são casados há muito tempo. No final, Titânia tem de se submeter, embora ela seja enganada para se render, e não intimidada como a megera Catarina. Pode-se supor que Puck personifica os efeitos fantasiosos do acaso nos assuntos humanos. Ele é o bufão de Oberon, assim como seu *factotum*, e a boca de Shakespeare para algumas críticas sobre o comportamento humano. O momento em que está mais feliz é quando as coisas "aconteciam absurdamente" (III.ii.120): "um duende astuto e velhaco" que adora pregar peças e fazer travessuras (II.i.33).

No início da ação, Hérmia e Lisandro são amantes, mas Demétrio rompera o noivado com Helena – cujo casamento, como ele confessa, contratara, e agora estava determinado a ter Hérmia. Não teve escrúpulos em pedir ao selvagem pai dela que a ameaçasse, porque pela lei, se ela recusasse, poderia morrer ou ir para um convento. Esse tipo de conduta deveria, obviamente, excluir qualquer homem dos benefícios de um final feliz, mas Shakespeare não tem escrúpulos em deixá-lo impune. Helena, fiel como Júlia de Verona a seu indigno favorito, vai para o bosque atrás dele e, na esperança de agradá-lo, trai sua grande amiga Hérmia. Dos quatro, apenas Hérmia se sai razoavelmente bem, e a moral da história parece ser a de que o amor, pelo menos no coração masculino, é fortuito, instável e egotista. Para Lisandro, com a poção mágica nos olhos, sua Hérmia torna-se uma "coisa vil" (III.ii.260). Demétrio diz a Hérmia que gostaria de jogar a carcaça da amante para os cães (III.ii.64).

Pode ser que Shakespeare estivesse tentando ensinar aos homens uma lição de autocontrole; mas as mulheres, como rivais, apresentam o mesmo rancor. O amor romântico é questionado de maneira mais espirituosa quando a poção mágica faz Titânia se apaixonar por Bottom, apesar da cabeça de burro que Puck lhe havia colocado; ela declara sua paixão "à primeira vista" (III.i). Bottom e seus amigos podem ser atores coadjuvantes, mas a peça que apresentam reduz o amor trágico à farsa. No conjunto, o amor nessa peça "surge em forma tão questionável" que precisamos imaginar, como é freqüente, o que Shakespeare realmente pensava sobre ele. Na verdade, ele nunca foi capaz de se decidir.

O mercador de Veneza (1596-1598)

"*O mercador de Veneza* é uma peça-problema?", pergunta Salingar (*Dramatic Form*, capítulo 2). W. Cohen fala da "dificuldade de transformar a peça em algum tipo de significado que possa ser parafraseado" (p.195). Shakespeare não pôde fazer "um todo intelectualmente coerente", concluiu Murry (p.192). De fato, a peça se destaca como um dos casos mais claros em que a história de Shakespeare pode ser tomada apenas como um quadro refratário das rupturas ou tensões sociais, das animosidades de classes em sua Inglaterra, porque é impossível entendê-la de qualquer outra maneira.

Nenhuma outra comédia de Shakespeare, exceto, é claro, *Sonho de uma noite de verão*, contém algo tão fabuloso quanto a cena dos escrínios ou a da libra de carne, das quais muitas versões circularam na Europa – Sinsheimer cita uma da Sérvia (p.79). O teste dos escrínios recebe um colorido moral e sobrenatural quando Nerissa nos diz que o agonizante pai de Pórcia recebeu a inspiração do conhecimento sobre como garantir sua felicidade (I.ii.26ss.). Pórcia não sente que lhe deve gratidão por isso.

Há uma prosa boa e variada nos primeiros três atos, e muito menos no resto. Isso corresponde parcialmente a uma mistura de realismo e fantasia que, sem dúvida, nos surpreende mais do que às primeiras platéias. Quando a realidade se transforma em Shylock, a discordância torna-se extrema para nós. O ódio contra os judeus manteve-se vivo na Inglaterra pela propaganda religiosa, desde sua expulsão, três séculos antes, mas isso conferiu-lhes um aspecto mais demoníaco do que simplesmente perverso, e para um elisabetano comum – mesmo antes de ver esta peça – Shylock seria uma espécie de monstro como Calibã. Para nós, sem Shylock, sua Veneza seria um lugar desinteressante, e depois de sua saída, a peça acaba; o Ato V é apenas poesia lírica e uma piada ligeiramente engraçada.

O drama poético pode ser possível – na verdade, verossímil – apenas quando seus eventos estão livres para flutuar nas marés da imaginação, sem as cadeias das terras firmes. Mas as contradições e improbabilidades multiplicam-se além dos limites aqui. É inacreditável que um filantropo saudável como Antônio se achasse, de repente, sem amigos e sem vintém. Ele não tem uma casa para vender ou hipotecar? Shakespeare tem de deixá-lo como uma figura nebulosa e ambígua, para que não formulemos essas perguntas. Bassânio vai para Belmonte sem lhe contar sobre os escrínios e passa os três meses anteriores à cobrança da dívida desfrutando da companhia e da hospitalidade de Pórcia. Ele está a poucas horas de distância; no entanto, esses devotados amigos nunca pensam em contar um ao outro como estão indo as coisas com eles.

Lancelote Gobo deve ser o aprendiz de Shylock, e não um servo doméstico; caso contrário, seria fora de propósito que seu senhor se queixasse por ele ser "lento como uma tartaruga nos lucros", e Lancelote não hesitaria tanto para fugir (em razão das penalidades em que incorria, rompendo o contrato). Temos de supor que o estabelecimento desse rico negociante judeu consiste de sua filha e de um assistente incompetente – um cristão. Pórcia deseja deslumbrar seu marido e o amigo dele, prestando-lhes um bom serviço, mas a Itália deve ter muito poucos advogados, pois uma jovem dama pode aprender, da noite para o dia, a trabalhar melhor que qualquer um deles. No entanto, sua aparição no tribunal é eficiente para o teatro e isso basta para Shakespeare.

Pórcia é uma dama que mora fora de Veneza, em uma esfera própria, o que aumenta seu magnetismo de estar acima e além do mundo cotidiano. O príncipe do Marrocos exaltou-a como um "santuário", uma "santa", atraindo peregrinos de toda parte (II.vii). Não sabemos como ela atingiu essa reputação magnífica em sua idade. Mas Shakespeare embarcou em uma história que ameaça romper os limites da comédia; as paixões agressivamente masculinas assumem o controle e só podem ser frustradas por um potente encantamento feminino, por uma heroína de contos de fada, que faria o papel – com aparência masculina – de *dea ex machina*.

Para ser assim, Pórcia só ocasionalmente pode ser uma mulher natural. Ela tem as qualidades essenciais de várias heroínas, não totalmente amalgamadas em uma só personalidade. Suas conversas com Nerissa sobre os homens e seus hábitos mostram um conhecimento surpreendente sobre eles; suas piadas, especialmente sobre os anéis perdidos (V.i), podem ser inesperadamente atrevidas. Ela é inteligente e ativa e elabora sozinha um plano para salvar Antônio, logo após garantir a Bassânio que, "por ser uma jovem sem instrução" (III.ii.160), ela sempre dependerá de seu conselho e orientação. Esses dois personagens aprenderam a se amar durante meses, mas é típico de nosso autor que nada disso nos seja mostrado. A maioria das coisas que dizem um ao outro é em tom formal; Pórcia tem gosto por grandes discursos, por demonstrações de eloqüência, e parece mais interessada nas relações entre marido e mulher do que naquelas entre amantes. No início, ela é comparada a sua homônima romana, e as duas devem algo à mesma corrente tributária na imaginação de Shakespeare. "Eu sou metade de ti mesmo" (III.ii.249): todas as esposas reivindicam o direito de conhecer os problemas de seus maridos, de partilhar totalmente suas vidas – um longo passo em direção à reivindicação de igualdade.

Pórcia é parente do renomado advogado Belário. Não sabemos se seu pai possui alguma profissão, se era um grande mercador ou um aristocrata cheio de terras. Em Veneza, essas ocupações não estariam muito distantes entre si, como Shakespeare devia saber. Mas o seu Bassânio é definitivamente apenas um nobre, que havia gasto mais do que possuía para viver em grande estilo e tinha dívidas das quais apenas um bom casamento poderia salvá-lo. Normalmente é chamado de "lorde" e é óbvio que pertence a uma classe mais alta do que qualquer um de seus companheiros. Para ir a Belmonte com um séquito digno dele, ele precisaria de mais três mil ducados. Como admite, nada tem a oferecer a Pórcia, exceto seu nome. Ele é um gentil-homem caça-dotes, de boas maneiras e bem-intencionado, mas não o suficiente para merecer um prêmio desses.

Veneza de alguma forma não é tão alegre quanto deveria ser. Desde o início, Antônio parece cansado de viver como "seu antepassado esculpido em alabastro" (I.i.84). Sua depressão parece vaticinar nuvens obscurecendo o mundo da comédia. Sejam quais forem suas fontes, há ainda a malignidade na perseguição a Shylock e em se orgulhar disso, o que combina com o rancor vingativo do próprio judeu. Graciano, um divertido tagarela, fala com inesperada seriedade – e sem propósito dramático – sobre a saciedade que vem rapidamente com toda felicidade (II.vi.8ss.). Ele pensa na fuga de Lourenço e Jessica; mas suas palavras denotam um tom da desilusão que vem para todos os amantes, inclusive ele próprio. Em Belmonte, Lourenço filosofa sobre a causa da tristeza de Jessica quando ela ouve músicas suaves (V.i.70ss.).

Não é especulação detectar em tudo isso uma morbidez gerada pela competitividade incansável da vida em Veneza, ou melhor, em Londres. Shakespeare vivia em uma selva de cobiças e guerras, com luxo e pobreza caminhando lado a lado, e onde as agruras eram crescentes para os pobres. Essa peça sugere as muitas apreensões que ele tinha sobre o tema da riqueza. É necessário que Antônio não aprecie a vida, assim como as caridades que faz, para que seja perdoado por ser tão rico. De modo oblíquo, a rejeição de Bassânio aos escrínios com ouro e prata, sua fala sobre as falsas demonstrações e pompas do mundo, são um prenúncio de muitos brados nas peças posteriores. Essas atitudes são mais apropriadas a Shakespeare, ou a um Romeu prestes a tirar a própria vida, do que para Bassânio, que, afinal, veio a Belmonte atrás de riquezas.

Shylock, com seu gabardine, pode ter um aspecto místico, mas agrega algo desagradável, bem conhecido dos ingleses: a avareza de garras afiadas dos agiotas. A missão de Antônio na peça é denunciar essa feia realidade, embora isso seja incoerente para um grande capitalista como ele. Ele dá expressão à miséria de uma multidão de infelizes devedores presos à armadilha. Os usurários eram figuras terríveis na Europa do século XVII, e, em certas regiões, foram assim considerados por muito tempo. A Inglaterra estava cheia de devedores e de credores, e muitos escritores denunciavam os agiotas (McVeagh, p.16-9). Seus lucros formavam uma corrente no complexo desdobramento do capitalismo. Antônio despreza e insulta Shylock não porque ele é judeu, como outros em Veneza, mas porque ele tira lucro das desgraças alheias. É por conta de seus "dinheiros" e "costumes" que Antônio o repreende em Rialto (I.iii.104-5). Shylock, por sua vez, não odeia Antônio por perseguir judeus (contra os quais podia instituir ações judiciais), e sim por sua tola benevolência, por emprestar dinheiro sem juros aos que precisam, arruinando o mercado dos usurários. Essa queixa se repete cinco vezes durante a peça – três delas só no Ato III, Cena 1. Antônio atribui a isso a obstinação de Shylock em destruí-lo (III.iii.21-4).

Encarado apenas na condição de um agiota com uma queixa profissional, Shylock nada mais seria que um reles parasita. Como porta-voz de um povo lesado, de um credo insultado, ele se torna algo diferente. Sob o peso da emoção, ele pode transformar seu rancor pessoal em ressentimentos mais amplos de sua comunidade. É natural que ele goste de dizer a si mesmo e a seu correligionário que o fato de ser judeu é o que Antônio odeia nele. "Ele odeia nossa sagrada nação" (I.iii.45) – Shylock não esquece que pertence ao Povo Escolhido e maltratado. O que o direciona do sentimento particular para o geral, e coloca a imaginação de Shakespeare a seu favor e não contra, é a grande e recente ofensa da fuga de sua filha com Lourenço, levando consigo uma parte de suas jóias e de seu dinheiro. O doge sabe que ele tem direito a fazer justiça contra Lourenço como ladrão e participa pessoalmente em uma tentativa de prender o criminoso (II.viii.4-5); o casal culpado, no entanto, foge para Gênova. Logo retornam e são protegidos da lei por Pórcia, em Belmonte; o fato de Lourenço ser um fugitivo da lei é esquecido por todos, inclusive por Shakespeare. Pórcia, então, sai de Veneza para desempenhar seu papel de especialista em leis, deixando Lourenço – de forma muito imprudente, pode-se pensar – encarregado de todos os seus bens.

Shylock vinga-se de Antônio, que, para ele, encarnava toda a injustiça cristã. "Torturá-lo-ei", rosna Shylock (III.i.109-10). Mas agora ele pode assumir um aspecto trágico, porque não pensa mais só em seus próprios ressentimentos, mas identifica-se com sua comunidade, condenada a viver sob uma "maldição" (III.i.79-80). Sua explosão exaltada para dois zombeteiros cristãos no Ato III, Cena 1 é, ainda que em prosa, uma das falas mais eloqüentes que Shakespeare jamais escreveu. Pensando em si mesmo como vítima de opressão religiosa e, como tal, um porta-voz de todo um povo, enobrece a si mesmo e exalta a represália sanguinolenta que planeja – agora, em nome desse povo e em seu próprio. Seu drama eleva-se além do nível comum da "peça de vingança" elisabetana.

O próprio Shylock não é um judeu perseguido; nem os judeus de Veneza têm, coletivamente, rancores tangíveis de que se queixar. Têm sua sinagoga, assim como o direito de praticar sua religião e de ganhar dinheiro na cidade. Quando Shylock começa a falar em nome de um povo injustiçado, só pode estar falando de sua própria história. Shakespeare devia saber algo sobre isso: fazia apenas um século desde a expulsão dos judeus da Espanha e de Portugal. Quando Shylock se recusa a dobrar ou triplicar o reembolso do empréstimo e está pronto a sacrificar o dinheiro emprestado em vez de renunciar a sua libra de carne, o senso de honra agrilhoa-o ao que para ele tornou-se um dever: "Fiz uma promessa ao céu", promessa que não podia quebrar – "Não, nem por Veneza" (v.iv.225-7): palavras curiosamente semelhantes à do príncipe Florisel em *Conto de inverno*, quando se ordena que renuncie a seu amor: "Nem pela Boêmia".

Ainda há algo que as simpatias imaginativas de Shakespeare oferecem, para expandir a figura de Shylock na forma arquetípica que ele tem hoje. A ancestral "Cadeia do Ser", que uniu todas as coisas criadas em uma série única, de cima a baixo (Tillyard, *World Picture*), e ajudava a manter a metafísica da Ordem, pode não ter significado muito para Shakespeare; mas ele tinha alguma coisa pessoal para oferecer em seu lugar: a passagem fácil do particular para o geral, e daí para o universal. "Um judeu não tem olhos? Um judeu não tem mãos?..." Assim também os têm muitos outros malfadados seres com – segundo o pensamento cristão – maiores direitos para si. Shylock chega a se tornar – como Antônio o fizera de forma mais prática e menos ampla – um protetor dos oprimidos. Ele recorda ao tribunal sobre como a Veneza cristã trata seus escravos; ele é o primeiro de muitos judeus que, em tempos modernos, falariam por toda a humanidade. Até mesmo lembra aos venezianos como eles tratam seus animais de carga. Ao dizer essas coisas, ele desafia os direitos sagrados e absolutos da propriedade. Obviamente, não é um revolucionário. Está preocupado apenas em ressaltar que um opressor é tão bom ou mau quanto o outro, que crueldade é crueldade, por mais respeitável que seja o praticante. Seus antagonistas, entre eles Pórcia, ficam sem resposta.

"Um dia de abril nunca foi tão suave" ou bem ornado, comenta um servo de Pórcia, no veio lírico que qualquer personagem em Shakespeare pode controlar quando necessário – como o mensageiro de Bassânio, anunciando sua aproximação e os "presentes de grande valor" (II.ix.86ss.). Nessa peça, o modo aristocrático de viver é pintado com mão mais segura do que antes. E esse modo de vida é caro. Os servidores de Bassânio usam vestes emprestadas. Na Inglaterra, os homens imprevidentes estavam sendo espoliados de suas herdades pelos agiotas. Antônio, parente de Bassânio, é supostamente um mercador, mas nada há nele de mercantil, exceto seus galeões flutuando como sonhos em águas remotas. Não tem sócios, funcionários, livros-caixas etc.; tem somente aventuras arriscadas e credores. Sua generosa oferta de tudo que possui para um esbanjador confesso como Bassânio (I.i.153ss.) é quixotesca.

É claro que Shakespeare sentiu, como muitos escritores do período Tudor, que uma sociedade governada por instintos aquisitivos e pela ambição por dinheiro tinha de ser ruim. Já ganhando seu pão de cada dia no centro comercial da Inglaterra, e em uma época como aquela, ele não queria presenciar uma reviravolta. Como afirmou o bispo Hall, o comércio marítimo era financiado especialmente por empréstimos e seria interrompido se bons cristãos não cobrassem ou pagassem os juros (p.379-80). Era desejável que o comércio exterior fosse romanceado, idealizado, para não perturbar o antigo ideal de uma comunidade ordenada racionalmente. Na colméia do arcebispo, em *Henrique V*, os mercadores que "se aventuravam em negócios estrangeiros" tinham uma contribuição a dar, embora não tenha ficado explícito com que tipo de abelhas se parecem. A administração que Antônio faz de sua fortuna pertence à tradição popular de uma Londres antiga, onde os ricos empenhavam seus bens em boas causas e na caridade.

Shylock, todavia, acha que Antônio é um "esbanjador" (III.i.42). Não tem reservas financeiras, apesar dos muitos riscos de seus negócios, tão bem explicados por seu inimigo (I.iii.21ss.). Antônio tem outros credores ansiosos e acha que os judeus não são os únicos que podem se tornar "cruéis" (III.ii.317). A opinião de Shylock sobre ele está próxima daquilo que os verdadeiros negociantes em Londres, a burguesia puritana implacável quanto à acumulação de dinheiro, pensariam sobre um amador como Antônio em seu meio. De algum modo, Shylock fala também por eles, e os freqüentadores de teatro, avessos a esse tipo de gente, facilmente veriam nele um primo em primeiro grau dos implacáveis usurários do puritanismo. Expressões como "minha austera casa", "espírito parcimonioso", marcam com clareza suas afinidades; assim também sua avareza, sovinice e a aversão austera por espetáculos teatrais, festas, pelos "vis guinchos" dos pífaros e tudo o que se assemelha a "janotismo vulgar" (II.v.30-5). Fiedler tem motivos para vê-lo como um representante do ascetismo puritano, e entende que Pórcia é menos uma cristã do que uma encarnação do hedonismo veneziano (p.109).

Pode parecer contraditório encontrar em Shylock características de alguém que protesta contra a opressão social e de um membro de uma burguesia gananciosa. Na Inglaterra, porém, essa classe movia-se para a oposição às políticas governamentais, assim como à cultura da corte. Historicamente, essa classe, desafiando um regime antigo, sempre buscara partidários para abraçar, pelo menos verbalmente, a causa das massas. Shylock é um daqueles grandes personagens de Shakespeare, cheios de vitalidade própria, usados a serviço de uma alegoria que, no entanto, não seria grande se não tivesse raízes em solo histórico.

Na Inglaterra, o termo "judeu" denotava uma espécie de ofensa. "Se fores comigo à cervejaria, ótimo; se não, és um hebreu, um judeu", diz Launce a seu companheiro Speed (ODCV, II.v). "Seu patife, eles foram presos, cada um deles, ou então sou um judeu e mais, um judeu hebreu", afirma Falstaff (*1H.IV*, II.iv.197-8). As feiticeiras de Macbeth usam "fígado de judeu blasfemo" como um ingrediente de seu caldeirão. Shakespeare traça uma linha entre o preconceito irracional das ruas e uma visão mais esclarecida: a de que o judeu deixa de ser ignóbil assim que abandona seus maus hábitos. Para satisfazer a mentalidade convencional da maioria do público, esses hábitos deviam incluir credo e negócios, e essa união tem de parecer ultrajante. Porém, na Inglaterra e em toda a Europa, os cristãos estavam sendo induzidos ou compelidos a mudar de igreja, e Shakespeare preocupava-se pouco com as coisas da fé.

De qualquer forma, não há nada "racista" na atitude da elite veneziana, desde o doge até o último segmento. O grupo de Jessica recebe as boas-vindas prontamente. Ela é um daqueles personagens improvisados que Shakespeare mostra sob um ou outro aspecto, conforme requer a conveniência dramática.

Lourenço chama-a de "sábia, justa e honesta" (II.vi.56); ela é sábia o suficiente para lhe dar um belo dote – ainda que roubado – e tem bastante cultura para trocar alusões clássicas com seu amante (v.i.1ss.). Lancelote gosta dela, mas ele conheceu a pobreza e está consciente da condição de seu país superpopulado; ele é humoristicamente indeciso acerca das conversões – elas subirão o preço da carne de porco e "já éramos suficientemente cristãos para que pudéssemos viver ao lado uns dos outros" (III.v.19ss.). Mas o casamento de Jessica é mais compreensível se pensarmos nela como filha de um *nouveau riche* inglês. Os casamentos entre herdeiras de classe média e gentis-homens necessitados estavam se multiplicando. Se Shakespeare estivesse buscando uma combinação de qualidades de classe, pode-se supor que aprovasse essas uniões.

Não houve época em sua vida na qual Shakespeare, como se revela em suas peças, sentisse estar vivendo em um ambiente harmonioso; ele era por demais um realista social e jamais incorreria em uma aceitação conformista das coisas como elas eram. Esta peça é um lembrete de um dos períodos nos quais as tensões pressionavam mais agudamente sua consciência. As forças opostas do bem e do mal estão concentradas, mais distintamente do que em qualquer outra comédia, em duas figuras: Pórcia e Shylock. Shylock dá "moradia e nome", adequadamente estranhos e ameaçadores, às forças destrutivas que se infiltram na vida social, tanto quanto Ricardo III arranca de si mesmo a implacável vaidade do feudalismo. A tarefa de Pórcia é derrotar e exorcizar o mal traiçoeiro que grassa em Veneza. Este plano de salvação não consegue ser convincente porque – o realismo de Shakespeare o impele a admitir – o bem e o mal, quando encarnados em formas sociais e humanas, não podem ser separados tão precisamente: eles se entrelaçam, e a vitória moral não pode ser atingida com trapaças legalizadas. Na cena do tribunal, é difícil rejeitar a objeção de Bradshaw de que a referência contínua de Pórcia a Shylock como "judeu" é "uma ofensa friamente deliberada" (25). (O doge se dirige a ele pelo nome.) Pode até mesmo nos ocorrer a suspeita de que o grande discurso de Pórcia sobre a Piedade é elaborado (por ela ou por Shakespeare, o dono do espetáculo) a fim de colocar Shylock em uma situação desfavorável. Recusando-se a mostrar piedade, ele se desqualifica para ter qualquer direito a ela quando precisar – como os conspiradores em *Henrique* V, Ato II.

Nenhum outro personagem, a não ser Falstaff, que é o seu oposto humorístico como crítico ou ridicularizador dos padrões convencionais, pode ter escapado tanto quanto o judeu dos fios manejados por Shakespeare. Seu criador precisa resgatar a peça da ruína ameaçada por Shylock e, de algum modo, satisfaz os espectadores com o final feliz. Os inimigos de Shylock cumpriram seus deveres cristãos, abrindo mão da pena de morte pela tentativa de assassinato, e deixando Shylock com a metade de seu capital. O cristianismo demonstrou sua virtude superior, e, se Shylock é compelido a renunciar à sua religião, isso representa um benefício adicional que lhe era conferido.

O Ato V, que conclui a peça, é muito mais poético do que dramático, e pouco convincente, porque, como diz Levi, a sombra de Shylock cai sobre o jardim de Belmonte (p.169). Outro leitor refere-se à longa passagem sobre música e à associação simbólica para os elisabetanos da música com a ordem em um plano mais elevado, e salienta que ela é necessária para eliminar as dissonâncias da cena do julgamento (Stevens). É realmente uma confissão de fracasso nos convencer de que esse mundo encantador da aristocracia repousa em fundações sólidas. A música e o luar podem tirar nossas dúvidas apenas provisoriamente, permitindo-nos pensar que a entrada de Pórcia no jardim e suas palavras, "Deixai-me ser brilhante" (I.i.130), embora ditas em tom de brincadeira, são promessas de um mundo melhor. A fala sobre "harmonia celestial" não fica bem em um patife como Lourenço. A maldade personificada em Shylock não pode terminar com sua queda, porque não está limitada a ele; de certa maneira, ela infecta toda a ordem social. Não há perspectiva de final feliz para o velho Gobo, que ainda será "excessivamente pobre" (II.ii.48); os escravos continuarão a ser escravos, os devedores ainda estarão atrás das grades. Uma última reflexão deve ser a de que, meio século depois, os judeus são readmitidos na Inglaterra e que a peça de Shakespeare pode ter tido alguma contribuição para isso.

Como gostais (1598-1599)

As discórdias no mundo de Shakespeare mantinham-se, nas primeiras comédias, especialmente no nível da farsa; em *O mercador de Veneza*, elas crescem de modo formidável e são superadas apenas ao serem transformadas em uma linguagem e uma solução típica dos contos populares. A comédia romântica teve um início claudicante com *Dois cavalheiros de Verona*; agora ela estava prestes a entrar em seu breve e instável período de desenvolvimento. *Como gostais* pode ser lida como um recuo em relação à violência de *O mercador de Veneza*, uma continuação da harmonia rapsódica, mas artificial, do jardim enluarado. Em *O mercador de Veneza*, o vilão é frustrado; em *Como gostais*, os virtuosos têm de fugir e se esconder na floresta. Agora existem dois vilões para serem combatidos, em vez de um só; porém, apesar da violência vil, eles se transformam apenas em testas-de-ferro.

Como gostais é a fantasia de Shakespeare sobre o estilo literário-pastoral, bastante persistente em seu apelo aos homens urbanizados. As histórias da vida no campo traziam lembranças legendárias de uma era de ouro, que muitos recordavam, como ele próprio, com nostalgia ou com ironia carinhosa. Um bom e velho duque esteve no exílio durante anos, destronado por seu irmão, mas nem ele nem seus partidários tomaram qualquer atitude para retomar o poder. Eles formam um bando alegre e descuidado, embora a vida na floresta não seja isenta de perigos. A floresta de Ardenas é desolada, como muitas florestas ou áreas silvestres da Inglaterra de Shakespeare; mas, diferentemente destas, ela tem animais selvagens, assim como ovelhas e pastores, ainda que apareçam apenas quando o ponto os chame. Indubitavelmente, o duque foi um bom legislador, mas mesmo assim beneficiou-se das lições das intempéries e do céu aberto: elas lhe ensinaram, e também a Lear, que ele é somente um ser humano, como o resto das pessoas. Segundo esses ensinamentos, seus partidários tornaram-se seus "irmãos no exílio" (II.i.1), como Henrique V e seu "bando de irmãos" no final da guerra.

Como peça de discussão, ela apresenta menos jogos de palavras do que *Trabalhos de amor perdidos*, mas muito mais brilho e humor. As cenas episódicas, de indivíduos ou grupos repletos de suas próprias preocupações ou idéias, sucedem-se. Na falta de atividade masculina na floresta, há um grande espaço para Rosalinda, que foi forçada a seguir seu pai, o duque, no exílio muito tempo depois, para assumir um papel central e encantar-nos e a seus ouvintes; a fonte de sua inteligência e alegria de viver pode jorrar livremente. Há salafrários e intrigas no perverso mundo exterior, mas não precisamos levá-los a sério. *Sonho de uma noite de verão* foi uma peça do luar, assim como *O mercador de Veneza* acabou sendo; *Como gostais* pertence ao dia, à luz do sol e à juventude, como se uma antiga ordem estivesse prestes a sair de cena.

Das duas bondosas primas, antes de seu êxodo da corte, é Célia, herdeira do usurpador, quem toma a dianteira. É ela quem propõe a fuga para a floresta e insiste em acompanhar Rosalinda, que acrescenta a idéia – bastante usada por Shakespeare – de se fantasiar de homem. Na floresta, Rosalinda assume a dianteira. Ela estava acostumada a conquistar aprovação por meio de "silêncio" e "paciência" (I.iii.78), enquanto vivia na corte em sofrimento; agora ela tem liberdade e amor para alegrá-la, assim como ar puro. Célia torna-se a companhia perfeita; agora é sua vez de ser mais tranqüila e reservada, embora nunca sem brilho. Rosalinda é inteligente, perspicaz, encantadora e bem preparada para dirigir os negócios de outras pessoas, além dos seus – como Pórcia, embora os negócios sejam mais frívolos. Facilmente nos convencemos de quão profundo é seu amor (IV.i.200-1). Mas não há a concretização desse amor entre ela e Orlando; isso é deixado para os clientes menos valiosos de Cupido, como Touchstone. Shakespeare mantém sua mais atraente heroína de comédia, ainda vestida como um jovem, discursando a seu amado sobre as alegrias do amor.

Orlando foi privado de educação por causa de um malvado irmão mais velho, embora tenha todos os modos e impulsos de um gentil-homem. Sua fala para o duque exilado é floreadamente elaborada (II.vii). Shakespeare adere à convenção dos contos populares: o sangue azul nasce com os instintos que não precisam de aprimoramento, mas ajuda Orlando a ser um herói desinteressante, ainda que muito respeitável. É honrosa sua preocupação com Adão, seu velho e fiel criado, que com ele chega à floresta esfaimado; depois disso, ele pouco tem a fazer além de versos sobre Rosalinda, gravar seu nome nas árvores e escutar durante horas suas caçoadas, sem reconhecê-la.

Esses recém-chegados à floresta representam a juventude, mas o único companheiro do duque que conhecemos é o idoso e nobre Jaques, um misantropo que insiste em nos lembrar do lado escuro da vida, o que Shakespeare provavelmente não podia esquecer por muito tempo. Na maior parte do tempo, a peça é notavelmente alegre, mas há falas freqüentes sobre "injúrias", o esperado alívio dos descontentes que estão no palco. Célia propõe logo no início uma injúria contra a Fortuna; Touchstone, o bufão, faz o mesmo logo depois (I.ii; II.vii); Jaques, um viciado nessa prática, sente-se impelido, em uma cena, a injuriar os primogênitos do Egito e, em outra, o mundo inteiro e suas misérias (II.v; III.ii.275). A primeira vez que vemos esse filósofo rabugento e jocoso, um dos personagens mais intrigantes de Shakespeare, ele está deitado sob uma árvore, olhando para um veado ferido, que lhe inspira uma torrente de comparações com seres humanos lesados ou negligenciados por seus companheiros (II.i).

Jaques nem sempre parece ter nascido para ser um reformador; contenta-se em nutrir seu desânimo e em debater coisas interminavelmente, enquanto nada faz, a não ser pelo fato de ter escolhido a floresta como lar. Orgulha-se das viagens que fez – provavelmente a "grand tour"[1] – e de sua profunda "ruminação" sobre o que viu (IV.i.17). Todas as profissões, acredita ele, têm sua própria melancolia (IV.i.10ss.): em outras palavras, todos os tipos de atividade levam a desapontamentos, de forma que os homens não devem estabelecer metas para si mesmos. Ele aprecia o encontro com Touchstone e convida Rosalinda para conversar. O duque gosta de sua companhia e de sua conversação séria; Jaques, por sua vez, acha o duque "muito discutidor" ou argumentativo (II.v).

Seu principal tema de discussão (II.vii.46ss.) parece estar relacionado com a controvérsia nascida na década de 1590 sobre a sátira ser um corretivo social ou apenas uma praga. Jaques sente

1 A "grand tour" era uma viagem pelas principais cidades da Europa que os jovens de famílias ricas costumavam fazer como parte de sua educação. (N. T.)

que poderia ser um reformador como satirizador, se tivesse liberdade total de falar para atacar todos os tipos de mau comportamento. O duque argumenta que Jaques foi um libertino em sua época, assolado por todos os vícios e que, ao atacá-los, estaria disseminando-os ainda mais. Jaques não contrapõe réplica e parece aceitar esse relato sobre seu passado. Podemos ouvir o Shakespeare dos sonetos sobre remorso no desgosto de Jaques pela condição humana. Em vez de uma resposta direta, ele recorre ao expediente defensivo dos satiristas: o de que, ao censurar os males morais, ele não estaria atacando nenhum réprobo em especial. Depois de uma interrupção, o duque reflete sobre os pesares humanos, e Jaques faz o famoso discurso sobre as sete idades do homem, que terminam com "criancices e mero esquecimento". Parece que a floresta de Ardenas nada mais é do que um pequeno oásis na grande desolação da existência, como a pequena vela de Pórcia "em um mundo malicioso" (OMV, V.i.91-2). Em alguma medida, Shakespeare deve ter achado que a amargura de Jaques era útil como um contraste à alegria de Rosalinda.

Ele toma uma atitude apenas uma vez, de maneira bastante apropriada, para evitar que Touchstone faça um casamento falso com sua pastora Audrey e com a ajuda do vigário iletrado Oliver Martext, que ela, tendo sido convencida por Touchstone, acredita ser "o vigário da aldeia vizinha" (III.iii). Touchstone é um tagarela desembaraçado, encantado pelos floreios verbais. Ele é o primeiro bobo da corte profissional de Shakespeare, aparentemente um homem de boa origem; aqui, isolado na floresta, ele se sente como Ovídio entre os godos (III.iii). É dedicado a suas duas jovens damas, mas é insensível em relação a sua garota rústica, e é mais franco a respeito de suas necessidades físicas do que a maioria dos homens em Shakespeare. De Touchstone a Orlando, o romântico ambicioso, podemos ver o "amor" em dois estágios de evolução. Um caso mais risível das dores sentimentais é a perseguição de Sílvio a Febe, que está enamorada de Rosalinda disfarçada. Todas essas variações imitam de maneira eficaz o, então em moda, estilo pastoral.

O malvado irmão de Orlando, Oliver, e o malvado pai de Célia, Frederico – que se desavém também com Oliver – sofrem, como Ricardo III, pelo sentimento de que ninguém os ama, e têm inveja da popularidade de outros. O egotismo brutal acarreta seu próprio castigo: um alerta contra o individualismo em suas formas mais anti-sociais. Frederico é "mau e invejoso" (I.ii.229) e odeia Rosalinda porque ela ofusca sua filha. Oliver não pode compreender por que seu irmão é amado e ele próprio "totalmente desprezado" (I.i.153ss.). Esses dois culpados fornecem a Shakespeare, quando ele sente que a conversa alegre já é muito longa, o material para uma torrente de incidentes melodramáticos. São apenas relatados, de fora do palco, o que os torna um pouco menos improváveis. Os mágicos, como as mulheres encantadoras, são perdoados com facilidade, e Shakespeare é o maior mágico de todos; porém, percebemos que até mesmo ele, às vezes, tenta nos enganar.

Como sempre com pressa para concluir a história, ele transforma os ofensores em um par muito virtuoso, que se transforma, como Bottom, em um piscar de olhos. O perdão, em vez da vingança, leva adiante uma das principais idéias em *O mercador de Veneza*, mas aqui tudo é misturado, com Orlando salvando seu irmão de uma leoa. "A bondade é sempre mais nobre do que a vingança" – o cristianismo dignificado ou enxertado no modo de pensar da aristocracia – e a "natureza", ou o parentesco, fazem-no arriscar a vida pelo homem que tentara matá-lo; e Oliver acha a "conversão" tão doce que se torna outro homem (IV.iii). É tentador pensar que a platéia deveria gargalhar com isso, mas seria desagradável ver Oliver receber Célia como recompensa, ambos vencidos pelo amor à primeira vista. Um ano de provação como em *Trabalhos de amor perdidos* é o mínimo que Shakespeare deveria ter feito para apaziguar nossa indignação. Em vez disso, ele é convencional, no sentido que cada moça em uma comédia deva terminar com um marido – uma idéia depreciativa para a nova mulher dos tempos de Shakespeare, porque implica que só o casamento poderia dar algum significado à vida dessas jovens.

Frederico se transforma, ainda mais ridiculamente, quando encontra "um velho religioso" enquanto galopa na floresta para impingir mais sofrimentos aos refugiados (V.iv.157). Uma transfiguração tão repentina como esta é o paralelo espiritual do amor à primeira vista; Shakespeare pode estar insinuando algum ceticismo quanto aos dois. Apesar disso, a peça tem um fio de alusões bíblicas e outras religiosas, que Shakespeare não retira de suas fontes (Armstrong, p.111ss.). Pode ser que o pano de fundo de passeios pela floresta e a vida pastoral tenham dirigido sua mente de volta às cenas do Velho Testamento. Ainda assim, sua pressa em terminar as coisas subtrai um pouco do final, em que ele – ou Rosalinda, em seu lugar –, como um detetive no fim de um filme policial, desembaraça todos os fios emaranhados. Quatro casais se unem; apenas um tem a marca do verdadeiro amor.

Muito barulho por nada (1598)

Depois que saímos da floresta de Ardenas, a comédia faz uma curva da fantasia em direção ao naturalismo. Os tipos de trama dos contos populares ficam para trás; em *Muito barulho por nada*, não há garotas vestidas de homem e, fora a intriga bastante implausível contra Hero, essa é a peça mais vigorosamente realista de todas. Dois terços da peça são em prosa e Benedick, o personagem que, ao lado de Beatriz, nos chama mais atenção, é essencialmente um prosador, que não pensa em participar de uma prova com escrínios para conseguir uma esposa, ou cair adormecido em um bosque entre as fadas. Dom João é um vilão desajustado, adequado à comédia. No entanto, ele causa mais problemas do que uma simples tempestade em copo d'água, como pode sugerir enganadoramente o título. O ciúme masculino sempre foi um assunto muito sério para Shakespeare, cuja prontidão para abraçar a causa das mulheres surge com clareza inigualável quando ele toma o ciúme infundado como alvo. Aqui, o ciúme provoca um desafio para um duelo sério, ainda que, quando as coisas mudam, ele seja evitado, o que, em Shakespeare, constitui uma raridade.

Benedick recebe uma homenagem no início: ele realizou "um bom serviço" na campanha recém-terminada; ele é um "lorde para um lorde, um homem para um homem", um homem que não depende de sua posição social (I.i.45). Seu empregador, dom Pedro, testemunha que ele é "de linhagem nobre, de valor comprovado e honestidade confirmada" (II.i.355-7). Sua perspicácia, como Beatriz gosta de chamar, vai além do "pingue-pongue" verbal das primeiras comédias; absorveu em si mesmo uma vitalidade vigorosa de homem comum. Há muito de Berowne nele, e até um toque de Bottom. Aqui, podemos observar o amálgama que Shakespeare faz das qualidades sociais de uma forma nova e impressionante.

Como gentil-homem, cortesão e soldado, não se pode esperar que Benedick seja empertigado e respeitável. Possivelmente Shakespeare esqueceu, logo depois de as ter escrito, as palavras inesperadas de Beatriz sobre o fato de Benedick ter conquistado seu coração "com dados falsos" (II.i.262-3); uma vez que Leonato e Hero, que estavam ouvindo, não fazem comentários, pode-se considerar que ele era culpado de nada pior do que um flerte, mas a lembrança pode ser amarga para ela. Há outros indícios de queda pelas damas, associados a uma forte aversão pelo casamento. Leonato brinca com isso, e dom Pedro diz que Benedick "cortou duas ou três vezes o arco de Cupido", ou se desfez de seus casos amorosos (I.i.103; III.ii.9).

Beatriz é órfã, ainda que tenha um bondoso tio como guardião, e pode ter cultivado um estilo picante de perspicácia e de maneiras como forma de proteção, improvável em qualquer outra heroína de Shakespeare. Sua aproximação com Benedick é o reverso do amor à primeira vista. Estão acostumados a uma "guerra aprazível" ou a "escaramuças de perspicácia" (I.i.57-9) e a se enfrentarem de igual para igual. Cada um deles orgulha-se de ser admirado pela sagacidade, e suas piadas, às vezes, têm ferrão. Benedick irrita-se por ser acusado de "eterno tagarela" e ainda mais de "o tolo do príncipe", ou bobo da corte (I.i). Beatriz irrita-se porque ele diz que ela rouba suas boas frases de Boccaccio (II.i.114-5). Eles estavam entre os mais queridos personagens de Shakespeare, o que denota que a platéia gostava do espetáculo de um homem e uma mulher discutindo – e em seguida se amando – como iguais, pelo menos da mesma forma como apreciou as grosserias rudes de *A megera domada*. Benedick mantém-se firme em sua indiferença diante do sarcasmo dos outros, quando sucumbe ao amor; nada mais são que "bolas de papel saídas do cérebro" (II.iii.234).

Ele enfrenta quase imediatamente algo mais mortal, quando é conclamado a selar seu amor com um duelo com seu amigo Cláudio, punindo-o pela maneira como tratou Hero. Não lhe ocorre – mas a nós sim – que Beatriz está arriscando a vida dele para fazer justiça à prima. As mulheres das classes mais elevadas eram treinadas a aceitar o código de honra de seus homens, cuja melhor apologia era a de que eles se dedicavam parcialmente à sua proteção. Mas sua abrupta e terrível frase, "Mate Cláudio" (IV.i.288), pressagiou uma revolta emocional das mulheres contra uma moralidade que pesava muito a favor dos homens. Benedick fica sobressaltado, mas já demonstrara sua simpatia pela família lesada (IV.i.243ss.) e rapidamente se convence de que ela está certa. Na próxima vez que se encontram, a primeira pergunta de Beatriz é se ele fez o desafio, como prometera (V.ii), e novamente ela não mostra preocupação com o perigo que ele corre, não mais que dom Pedro em relação a seus dois seguidores. Em termos de dramaticidade, perde-se muito; mas Shakespeare deve ter tido o cuidado de não deixar sua comédia sair dos limites, tornando-a algo diferente.

Hero é mantida em segundo plano; sozinha com suas companheiras, ela pode falar fluentemente; recebe duas das poucas referências da peça sobre a Natureza (III.i), que, de certa forma, parecem adaptar-se a ela. Seu pai fala muito com o irmão sobre a desgraça da filha, e sua dor é genuína, mas sua linguagem é empolada, sem nada dos lampejos trágicos de Shylock. Cláudio tem pouco ou nada que o recomende, e nenhuma desculpa, exceto a juventude; é um pouco mais novo que Benedick. Está interessado na herança de Hero e contente por deixar o príncipe fazer a corte por ele (em parte para agradar o gosto de Shakespeare pelos bailes de máscaras). Ele exibe seus chistes, depois da suposta desgraça e suposta morte de Hero, com uma piada insensível com relação ao pai e ao tio da moça que estavam enlutados, dizendo que eram "dois velhos sem dentes" (V.i.115). Ele e Benedick representam dois tipos distintos de aristocratas, um dos quais Shakespeare está deixando para trás, como frívolo e inútil. Não é somente a juventude de Cláudio que faz dele o que é; ele e dom Pedro mostram o pior de si e provocam Benedick até ele dispensar suas piadas idiotas com firmeza digna e se retirar do serviço do príncipe. É a fala mais impressionante da peça, ainda que sejam apenas meia dúzia de linhas de prosa (V.i).

Novamente, é necessário fabricar um final feliz. Isso é uma

triste incoerência em uma peça que, como *O mercador de Veneza* de uma outra forma, afasta-se tanto da comédia. A comédia leve, sem tensões emocionais verdadeiras, foi algo que Shakespeare manteve em *A megera domada*, *Trabalhos de amor perdidos*, *Como gostais* e *As alegres comadres de Windsor*; mas isso não lhe era natural. Todas suas principais comédias levantaram "questões morais ardentes" que só se resolveram em termos de "engenhosidade teatral" (Salingar, *Comedy*, p.312). Proporcionou muitas gargalhadas a seus ouvintes, mas manteve a porta aberta para a infelicidade.

As alegres comadres de Windsor (1597)

A única comédia doméstica inglesa de Shakespeare, quase toda em prosa, tem sido freqüentemente menosprezada. Saintsbury foi um dos poucos a fazer-lhe justiça (p.189); M. C. Bradbrook reconhece que ela é "o drama mais prosaico que Shakespeare jamais escreveu", mas lembra o tributo de Dryden a ela como a primeira peça realmente bem feita em inglês (*Shakespeare*, p.75-6). Bradley achou que era "muito divertida", mas não gostou da derrota humilhante de Falstaff (p.247-8). De maneira geral, considera-se que a estatura de Falstaff tenha diminuído; na verdade, Londres e a Inglaterra, assim como o fragor dos grandes eventos, são reduzidos a Windsor e às intrigas provincianas. É o paradoxo de Falstaff ser o personagem cômico supremo, ainda que não pertença à comédia. Para ser verdadeiro, ele precisa de um cenário como o de *Henrique IV*, povoado com personagens sérios proclamando suas enérgicas mensagens em versos brancos, para que Falstaff, o arquidescrente, direcione sua sagacidade e se coloque em destaque.

Também muitas de suas falas são brilhantes como sempre. Ele ainda é um homem gordo com carteira magra; uma de suas melhores declarações é uma queixa sobre suas necessidades e os desvios que se lhe apresentam, que comprometem sua "honra" cavalheiresca (II.ii). Ele recorre a um estratagema que permitia aos humoristas elisabetanos terem um tema constante: um plano para tirar dinheiro das esposas dos abastados burgueses, por meio de sua vaidade. "O dinheiro é um bom soldado, senhor, e sempre o será" (II.ii.159): em uma frase, uma sociedade militar torna-se comercial. As metáforas de navios e viagens são freqüentes; as senhoras Ford e Page serão suas Índias Ocidentais e Orientais (I.iii).

Falstaff adota o estilo de uma nova era quando pratica economia ao demitir dois de seus ignominiosos sequazes – uma miniatura cômica da dispersão das grandes famílias feudais na época dos Tudor, e também uma paródia de sua própria demissão por Henrique V. Ele não prevê que lhe darão as costas ao denunciar seus planos. Agora ele tem um pajem chamado Robin, mais um dos jovens precoces de Shakespeare, que também é falso com ele. Essa é uma sociedade em que a confiança mútua e a lealdade estão desaparecendo. Falstaff é um produto dela. Foi um fracasso na vida, é pobre porque escolheu uma vida de liberdade, fora dos limites do convencional, uma vida de prazeres, tranqüilidade e bom humor; ele é o grande "marginal" da literatura. O que esta peça nos oferece é o espetáculo de um homem, muito mais esperto do que nós, que malogra por querer abarcar o mundo com as mãos de uma forma a qual sentimos que nós mesmos podemos fazer.

Podemos também – ao contrário de Bradley – regozijarmonos com sua derrota porque, da mesma forma que sua rejeição pelo novo rei, seu fiasco em Windsor salva sua "inocência" cômica do espectro do pouco sucesso. Os adornos mundanos não servem para ele. Sua maravilhosa sagacidade lhe foi dada para o nosso enriquecimento e não para o dele. Sozinho no mundo, Falstaff não transforma isso em algo patético: ele pode encarar sua situação filosoficamente, sem temer a ninguém, como diz para o mestre Brooks, "porque sei também que a vida é um pêndulo" sujeito ao acaso (V.i). A peça termina em harmonia, de forma mais verossímil do que as comédias melodramáticas; todos estão prontos a ver seus próprios erros e rir deles ou fazer o melhor que puderem, e sir John pode juntar-se à brincadeira.

Em freqüente tom de farsa, essa é uma peça sobre Falstaff, mas, ao mesmo tempo, é um estudo social. As relações entre as classes fornecem a base, especialmente aquelas entre a pequena nobreza e os burgueses – não os nobres, nem os mercadores ricos de Londres: essa Windsor está mais próxima de Stratford do que de Londres. Falstaff despreza os cidadãos, e eles olham com desconfiança para o gentil-homem na periferia da corte e da moda, como ele ou Fenton: um pequeno proprietário de terras como Slender, sem afetações, está mais dentro de suas preferências. Nenhuma dessas classes brilha. Shakespeare esforça-se pouco para polir Fenton, transformando-o em um amante aceitável. Ford é tolamente ciumento, o doutor Caius, o médico, é ridiculamente francês. As mulheres da classe média são admiráveis a seu modo, mas a senhora Page não é mais sensata, ao desejar o doutor Caius como seu genro, do que seu marido, que quer o obtuso Slender.

No final de uma comédia de costumes como esta, em solo inglês, Shakespeare sente-se à vontade para ressaltar suas lições mais diretamente que em suas comédias românticas. Na canção das crianças, vestidas como fadas, ele critica a fornicação: "A luxúria nada mais é do que fogo sangrento" – um texto tão mal escolhido para esse tipo de cantores como a prédica de Adônis a Vênus sobre luxúria e amor. O objetivo de Falstaff não era esse, e sim a obtenção de dinheiro; no entanto, confiou em que as mulheres desejassem ter um caso com ele – o que era um absurdo, como lhe diz a senhora Page; ele próprio confessa a insensatez da "luxúria e da insônia" como algo que deveria ser conhecido "em todo o reino" (v.v.139ss.). Ford parece totalmente curado de seu tolo ciúme. O jovem Fenton, que se casa com Ana Page sem permissão, é eloqüente sobre o pecado de todos os pais que forçam seus filhos a casamentos incompatíveis (v.v.211ss.).

A escolha da real cidade de Windsor para o último aparecimento de Falstaff foi uma homenagem para a rainha, provavelmente por ocasião de uma cerimônia da Ordem da Jarreteira. Elizabeth aparentemente tinha muito senso de humor para se ofender com a última cena, na qual a senhora Quickly, entre todas as pessoas, em versos brancos, pela primeira e última vez em sua vida, chama as "fadas" para abençoar o Castelo de Windsor e seu dono, como Oberon e seu séquito abençoaram o palácio em Atenas.

Noite de Reis (1601-1602)

Noite de Reis pode ser considerada uma peça de 1601, a despedida de Shakespeare da comédia romântica, quando ele já a havia deixado para trás e começara sua caminhada para novos territórios. Ele novamente utiliza recursos que já haviam sido empregados com bons resultados; observa-se até mesmo um ocasional retorno à rima e quase todo o último ato é em versos, o que não é necessariamente exigido pela situação. O que é novo é cômico, e não romântico. A estrutura da comédia de Shakespeare sempre foi elástica, e seu tratamento dos detalhes é despreocupado como sempre. Nenhuma outra de suas heroínas disfarçadas de homem pensa em fingir-se de eunuco e, com certeza, ele esqueceu a falsa aparência de Viola, na hora em que o duque abre sua "alma secreta" para o jovem que se engajara em seu serviço e o escolhe para defender sua causa amorosa junto a Lívia (I.ii.55; I.iv.13-4). Para C. L. Barber, parece que o ato de se transvestir é empregado aqui de forma a "renovar, de modo especial, nosso sentido da diferença" entre homens e mulheres (p.245). De maneira mais clara, ele está entrelaçado no enredo, emaranhado com vários outros componentes, com maior engenho e mais intrincadamente do que em qualquer peça anterior.

Mas a Vida é o grande bobo da corte, ou Puck, e prega peças nos seres humanos, para que eles despertem para a realidade. A paixão do duque tem um tom efeminado e de síncope, como o primeiro amor de Romeu; é uma postura dos ricos, que querem mostrar-se mais dotados de alma do que seus rudes vizinhos. Ele e Olívia precisam ser sacudidos por sentimentos genuínos, tomados de surpresa, como acontece com Romeu quando conhece Julieta. Na conversa entre Viola e Olívia sobre o amor, há perspicácia de ambos os lados, o infalível antídoto de Shakespeare contra o sentimentalismo (I.v.170ss.). Nenhum deles faz alusão ao irmão morto de Olívia, a quem ela dedicara sete anos de luto; Viola não pede desculpas por se intrometer na vida dela, mas simplesmente lhe diz que ela é "muito orgulhosa". Olívia fica meditando com resignação fatalista: "O que está decretado acontecerá". Viola também acabara de perder o irmão, mas ele já fora esquecido, como Olívia em breve seria.

É surpreendente ler que "Olívia é irresistível em sua paixão; a sensibilidade do Duque é encantadora, arrebatadora" (French, p.121). Com menos sentimentalismo, Levin cita a imagem que Johnson tem de Viola como uma "esquematizadora", e duvida se ela é verdadeiramente "romântica e idealista" (*Love*, p.120). Na verdade, ela o é, mas todo romance assumiu uma qualidade onírica. Aprisionado em um triângulo extravagante, ele atingiu um limite além do qual está somente a farsa. Não há nada em nenhuma ligação iliriana que nos interesse. A promessa de Olívia é claramente direcionada para o excesso, uma exibição de si própria semelhante ao voto dos jovens no exílio em Navarra. Quando a vemos pela primeira vez, está se divertindo com o bobo da corte; uma hora depois, está apaixonada. Sempre imprevisível, o amor é agora ainda mais caprichoso; uma abastada dama nobre enquadra-se na mesma categoria que a pastora da floresta de Ardenas, uma paixão por uma garota disfarçada de rapaz. Isso pertence à fantasia tanto quanto as paixões induzidas por poções na floresta ateniense. Para isso, Shakespeare emprega um estilo artificial de diálogo, com alternância de versos, dísticos rimados e pouco sentimento real.

Malvólio, simplório, não é muito mais ridículo no amor do que os que lhe são superiores. A própria Olívia sente que sua "loucura" e a dele não estão muito distantes (III.iv.14-5). A emoção tornou-se histriônica, ou "altamente fantástica" como chama o duque a seu amor (I.i.15). O irmão gêmeo de Viola, Sebastião, quer saber se está fora de si quando encontra Olívia instantaneamente apaixonada por ele. (IV.iii.1ss.); a seguir, vem Malvólio, que pensa estar ela apaixonada por *ele*, protestando que ele é completamente são. Predominam o acaso, as coincidências, a ilusão. Viola fala dos vícios de "nosso frágil sangue" (III.iv.354-5); os seres humanos parecem criaturas sem substância, facilmente derrotadas pela vaidade ou pelas extravagâncias. "É Júpiter, não eu, o autor disso", exclama Malvólio quando vê um brilhante futuro cair em suas mãos (III.iv.86). Isso (usando "Júpiter" por Deus) é a devoção convencional, mas é parte do modo como as heroínas entregam suas esperanças ao destino ou à sorte. A irmã fictícia de Viola "jamais falou sobre seu amor", e definhou (II.iv.110ss.). Em uma sociedade destituída de opiniões ordenadas e de ideais racionais, os indivíduos estão menos preparados para o planejamento e para a consecução de seus objetivos de forma sensata.

Antônio, o capitão de navio, resolve seguir Sebastião em todos os riscos: "Tal é minha adoração por ti" (II.i). À medida que a fé não muito grande de Shakespeare no amor romântico diminui, parece que ele se volta para a amizade entre homens, que havia tratado com humorismo em *Os dois cavalheiros de Verona* e com seriedade em *O mercador de Veneza*. No Antônio de *O mercador de Veneza* e no de *Noite de Reis*, o sentimento é evidentemente mais forte nos homens mais velhos. No que diz respeito à história de *Noite de Reis*, não há necessidade real desse personagem, e sua amizade parece excessiva, o que suscitou a suspeita de Levin sobre uma "atração homossexual" (*Love*, p.142). Mas dá a Shakespeare a oportunidade de censurar Viola (confundida com seu irmão) por ingratidão, deixando-a protestar que esse é o mal que mais detesta (III.iv.345ss.). Pode ser que o poeta estivesse desabafando algum sentido pessoal de dano; a ingratidão é um pecado que aparece com freqüência em sua obra. Acusado de pirataria pelo duque – com o risco de perder a cabeça –, Antônio, em vez de se defender, sai-se com outra tirada sobre "Sebastião", a quem ele havia resgatado do mar, recusando-se a devolver-lhe a bolsa (V.i.75).

Olívia fica furiosa o suficiente para chamar seu tio Toby (o parentesco é incerto; pode ser um primo mais velho) de "rufião", acusando-o de ser um briguento incorrigível (IV.i.55-7). Toby também é parente de Falstaff, embora distante. Não é um pensador e vive em um canto qualquer, não em Londres, o centro do mundo e dos grandes eventos. Nada há de satírico nele, nem muita sagacidade, mas encontramos um humor turbulento; quando toma vinho suficiente, adora a vida, ao contrário dos personagens mais requintados. Ele também é muito pobre; vive à custa de Olívia e toma dinheiro de seu amigo sir Andrew, encorajando-o na esperança de conseguir a mão de Olívia e, com ela, sua fortuna. Aqui aparece a amizade de outra espécie, uma versão cômica de Iago e Rodrigo. Toby não é um poltrão e quando é ferido em uma luta, irritado, revela a Andrew sua opinião sincera sobre ele (v.i.105-6).

Falstaff costumava prometer casamento às mulheres de quem tomava dinheiro; Toby fez mais que isso, casando-se com Maria, como recompensa por enganar Malvólio, que é a inspiração dela. Dessa forma, ele consegue uma companheira ativa e prática, que pode colocar seus negócios em ordem. Ela é a "dama de companhia" de Olívia (I.v.162), não uma mera criada, mas muito longe de ser uma jovem dama como Pórcia e Rosalinda. É o momento de uma mulher de classe mais modesta mostrar o que pode fazer. As damas bem-nascidas passam a sentir que são meros joguetes nas mãos do destino; Maria não filosofa, mas sabe como dar as cartas.

Malvólio, o mais novo personagem da peça, parece ter sido criado pelo próprio Shakespeare. Pertence à classe média e, como muitos outros, é um aspirante ao fascinante círculo da aristocracia. É, com certeza, um administrador confiável e competente; Olívia fica a seu lado contra Toby, e sabe-se que ele é estimado pelo duque (v.i.378-9). É obcecado pela ordem e pela regularidade, intolerante com os prazeres como noitadas barulhentas ou a prática de atiçar cães contra um urso acorrentado, motivo este pelo qual colocou o cavalheiro Fabiano em apuros perante Olívia (II.v.8-9). Além disso, ele consegue colocar Antônio na prisão (v.i.274-5); não sabemos como ou por quê, mas o fato acentua seu modo ranzinza de ser.

Ele se arruina porque sua ambição e presunção fazem-no almejar muito alto, muito rapidamente, e sacrificar o certo pelo incerto. Suas esperanças podem não ser tão ridículas quanto a roupa que Maria o induz a vestir. Ele se auto-intitula "gentil-homem" (IV.ii.84); provavelmente ele vem de uma modesta família da pequena nobreza e, como Fabiano, é um dos "cavalheiros servidores" que eram encontrados em todas as grandes famílias. Os administradores de grandes propriedades, às vezes, tinham grande ascensão, por mérito e por sorte. O erro de Malvólio é simplesmente o fato de não conseguir enxergar as armadilhas, porque ele está cego por excesso de vaidade e não tem nenhum senso de humor. Como lhe diz Olívia, ele "está doente de auto-estima" (I.v.88). Em *Muito barulho por nada*, prega-se uma peça em Beatriz e Benedick, com o propósito amigável de fazer cada um pensar no outro como se estivessem apaixonados. Essa é uma medida da distância entre essa comédia, na qual todos respiram o mesmo ar social, e *Noite de Reis*, em que as classes são separadas e uma peça similar é pregada com intenções nada amigáveis: uma piada, porém, cruel e maliciosa. Não há intuito de reconciliação no final, e Malvólio sai de cena ameaçando vingança indiscriminada.

Ele não deve ser visto com tanta indulgência. Como diz Maria, não é um verdadeiro "puritano" (II.iii.151ss.), movido por princípios dignos de respeito; ele simplesmente não tem paciência para ascender no mundo e então nos diz que "se desligou de suas relações" (II.v.165-6). Os devaneios aos quais ele se entrega são uma perene fonte de hilaridade para os outros, porque – talvez como acontece com todas as fraquezas das quais nos rimos – temos consciência de uma inclinação semelhante em nós mesmos. Sir Andrew representa um aspecto oposto da vida em Ilíria; seus objetivos são comer e beber, dançar e atiçar os cães contra os ursos (I.iii.95). Ele e Toby são interessantes, mas não respeitáveis; Malvólio é respeitável, mas é desagradável. As melhores cenas da peça combinam as diferenças, em uma comédia de alta ordem. Mas a comédia propriamente dita está próxima do fim. Shakespeare foi capaz de, uma vez mais, moldar seus recursos em um padrão novo, cativante, mas que não tinha futuro. Seus opostos pertencem a uma sociedade pronta a se dividir. Entre a postura diletante e a embriaguez da alegria paira a sombra de uma nova ordem. O espírito jovial tão vivo em *Trabalhos de amor perdidos* se esvaiu. As damas definham; é difícil encontrar jovens para elas. O bobo da corte, que deveria espalhar apenas alegria, parece, ao contrário, fazer parte do declínio. A Noite de Reis é o momento em que as alegrias do Natal chegam ao fim.

CAPÍTULO 3

OS TEMAS DAS COMÉDIAS

Espirituosidade e humor

Os puritanos das décadas posteriores a Shakespeare com freqüência não eram seres dotados de humor, como Milton o era se comparado a ele. Quando os homens ainda estão tateando e não vêem um caminho claro adiante, podem rir de si mesmos e de seus dilemas; quando esse caminho parece ter sido encontrado, é o momento de abandonar as brincadeiras. Shakespeare viveu em um tempo em que as tensões sociais eram suficientemente fortes para estimular a literatura, sem subjugá-la. Ele foi brilhante em espirituosidade e humor, uma combinação incomum; talvez, acima de tudo no humor, a aptidão mais democrática e "humana". Seu talento para o cômico ampliou-se em etapas, desde as formas simples, como os trocadilhos e as palhaçadas, até algo mais significativo, que fazia parte de seu comentário da vida que transcorria a seu redor, de um Romeu com suspiros exagerados até um Dogberry em sua função de policial, repleto de auto-estima.

Sejam quais forem suas funções sociais e moralistas, o primeiro objetivo da comédia sempre foi o entretenimento. A esse poder-se-ia atribuir propriedades saudáveis de outro tipo, como ocorre em *A megera domada*, em que uma opinião médica é citada para apoiar a idéia de que "a melancolia acalenta a loucura", ao passo que "alegria e regozijo" dão saúde e "prolongam a vida" (Prólogo, ii.127ss.). A vida, então, deve ser aproveitada, e "não consumida em uma febre de esforços e ambições". Quando Lucêncio chega a Pádua para estudar filosofia, seu criado Trânio observa que Ovídio não precisa ser totalmente eclipsado por Aristóteles (AMD, I.i.29ss.). A recomendação de Graciano sobre a hilaridade descuidada em vez da tristeza morosa tem o mesmo tom (OMV, I.i.79ss.). Uma estrela bailou quando Beatriz nasceu, e ela, com freqüência, "desperta com risos", em razão de um sonho tolo, no qual está triste (MBPN, II.i.308ss.).

A comédia com freqüência tem significado uma classe rindo da outra, mas, de outros modos, ela poderia unir as classes, para que rissem das coisas que agradassem a todos. Isso se aplica especialmente aos elementos mais simples, nos quais está em questão a forma física da humanidade: qualquer um pode tropeçar em um balde. A embriaguez é outro nivelador. Shakespeare não se apoiou demais nela, percebendo a comicidade da raça humana mesmo quando sóbria. Um de seus poucos ébrios é sir Toby Belch, que, ao necessitar de um médico, fica indignado ao saber que o homem está bêbado logo às oito horas da manhã e declara-se um execrador da embriaguez (NR, V.i.197-8). Sem dúvida, alguém na platéia esperava ser agraciado com obscenidades ou impropriedades maliciosas; e os estudiosos que buscaram esses temperos em Shakespeare encontraram-nos (por exemplo, Rowse, *Renaissance*, p.166; Fryer, p.50-6, 81).

Shakespeare começou com a predileção dos camponeses pelas farsas explícitas. É um indicador da continuidade de nosso sentido do que é engraçado o fato de ele tomar emprestado a Plauto um par de gêmeos idênticos para *A comédia dos erros* e que Laurel e Hardy tomaram emprestados dois pares de Shakespeare para um filme muito engraçado chamado *Our Relations*. Em Shakespeare, as personalidades são, com freqüência, confundidas por disfarces, às vezes pela mágica, piorando ainda mais a miopia que afeta todas as percepções humanas com relação aos outros. A essência da farsa, disse Ben Travers, autor das comédias de Aldwych, é mostrar pessoas comuns em situações extravagantes (Rádio BBC 3, 27 dez.1981). Essas situações brotam do acaso, do rompimento imprevisível de nossa rotina normal, que espreita qualquer um de nós. Todos temos premonições desses eventos, e uma clara sensação de que nossas vidas têm sido uma teia de acontecimentos casuais, em geral indesejáveis. Hércules poderia ter sido vencido por um joão-ninguém (OMV, II.i).

O uso habilidoso das palavras tornou-se parte do cotidiano de todos, de alta ou baixa classe, que aspirassem estar na moda ou se dar bem. Tão impressionante quanto a capacidade de crescimento da poesia nos palcos elisabetanos foi a popularidade das apresentações de duelos verbais que surpreedentemente lotavam teatros grandes e parcialmente descobertos. Os espectadores devem ter sido ouvintes bastante atentos, apesar das nozes e maçãs que levavam. As competições de sagacidade deixavam o público pronto para participar de contendas semelhantes e para sonhar com o triunfo sobre seus desafiadores. "Que tempo o nosso", exclama o bobo da corte em *Noite de Reis*: as palavras são sempre viradas do avesso hoje em dia (III.i.11-3). Todos querem ser vistos como "um tesouro das palavras" (ODCV, II.iv.42-3). Viola e Toby entregam-se quase automaticamente a uma troca de expressões em estilo floreado e respostas prontas com trocadilhos (NR, III.i.69).

Existe um axioma entre os jovens de bom gosto em Shakespeare: o caminho para o coração de uma mulher passa por sua suposta predileção pela espirituosidade e pela poesia. Os rivais no amor de Sílvia se atacam com farpas, sendo algumas bastante pueris (ODCV, II.iv). Dizem a sir Andrew, o tolo, que ele deveria ter "tapado a boca" de seu suposto rival "Cesário", abordando Olívia com "alguns ditos bastante espirituosos" (NR, III.ii.21-3). Isso ocorre em uma das passagens em prosa mais fascinantes de Shakespeare, um improviso de doze linhas lançado por Fabiano. Ele não tem um grande papel na peça, mas essa fala é salpicada com toques de imaginação. Os "humoristas" de Shakespeare são especialistas autoconscientes de sua língua, como imaginamos que ele e seus colegas tenham sido. Benedick fica mortificado quando uma de suas piadas cai no vazio, pelo menos, segundo o que diz Beatriz (MBPN, II.i.135ss.). Sem ouvinte melhor que Audrey à mão, Touchstone diz que arrasa um homem o fato de suas investidas caírem em ouvidos moucos (CG, III.iii.5ss.). Jaques está de mau humor quando encontra Orlando na floresta, mas não deixa de ficar impressionado pelas respostas rápidas do jovem (III.ii.252ss.).

Constituía um elogio para as damas que delas se esperasse reações às frases elaboradas e aos tributos em versos. Shakespeare com certeza acreditava que elas poderiam e deveriam ser educadas para tanto, e, além disso, serem capazes de se expressar de forma inteligente. Todos os personagens femininos das Comédias têm de ser sagazes, onde quer que estejam. Conversam e brincam entre si, da mesma maneira que os homens; às vezes, seu senso de humor é muito mais delicado. Apesar de sua devoção cega a Proteu, Júlia não é uma simplória. A descendência familiar da qual Túrio se orgulha, comenta ela, é apenas "de um gentil-homem para um tolo" (ODCV, V.ii). Contudo, é errado, alerta Shakespeare, tanto para homens como para mulheres, usar a língua afiada para ferir o sentimento de outras pessoas sem motivo. Berowne e Beatriz são censurados por isso, embora nunca pareçam maliciosos aos nossos ouvidos.

Beatriz é "lady Desdém": "Suas palavras são punhais e cada uma delas fere" (MBPN, I.i.113; II.i.229). Como diz sua terna prima, seu erro é ridicularizar tanto as qualidades como os defeitos, e não dar valor à "simplicidade ou ao mérito". Assim que ela compreende o quanto é "condenada pelo orgulho e pelo desprezo", em vez de ser admirada, ela resolve mudar (III.i). Toda comédia objetiva, em certo grau, persuadir-nos a ver a nós mesmos como os outros nos vêem, a estarmos mais alertas quanto à existência de outras pessoas. Benedick, como Beatriz, deseja olhar para o espelho de Shakespeare, com os olhos bem abertos. "Felizes são os que ouvem o que dizem sobre seus defeitos e podem corrigi-los" (II.iii.225-6) – mas sem, igualmente, se tornarem frívolos zombeteiros. "Tu achas que me importam as sátiras ou os epigramas?", pergunta ele a dom Pedro (V.iv).

A espirituosidade e a sátira não se afastam com facilidade. A censura dos indivíduos pode facilmente tornar-se crítica, leve ou pesada, de uma classe, de uma sociedade, de uma nação. O governo poderia ser mostrado como uma fachada de falsa benevolência que oculta a ineficácia e coisas piores. O espetáculo de Dogberry e Verges instruindo seus vigias (MBPN, III.iii) é uma esplêndida passagem tanto de história social, como de comentário sobre as autoridades. Especialmente depois do advento de Falstaff, Shakespeare tratava sua audiência com uma forte dose de exposição, ou insinuação, de coisas podres no reino da Inglaterra, mais eficazes ainda pelo fato de Falstaff nunca apresentar um tom moralizador, mas simplesmente se divertir com o que vê. O país também precisa aprender a autocrítica e colocar a casa em ordem. A opinião pública estava sendo formada e as desavenças estavam sendo resolvidas nos debates parlamentares, cujo resultado acabaria sendo a mudança revolucionária. Toby e Fabiano, rindo a valer de sir Andrew, invocam "critério e raciocínio", como "jurados de honra" consagrados pelo tempo (NR, III.ii.14-7).

Malvólio não é o único que se ilude ou é enganado pelos outros, com um falso senso de importância. No Prólogo de *A megera domada*, o mendigo beberrão, Sly, com quem um nobre se diverte instalando-o em um de seus luxuosos aposentos, logo começa a acreditar que realmente é um lorde. Bottom, usando sua cabeça de asno, logo está pronto a se imaginar rei do país das fadas, dando ordens aos serviçais de Titânia como se tivesse nascido para isso (IV.i). Rimos porque nos lembramos de que a vaidade pode agir sobre todos nós, especialmente quando supomos que somos admirados pelo sexo oposto. O próprio Shakespeare, como parece nos dizer no Soneto 87, deve ter tido momentos em que se sentiu, como suas criaturas: "Nos sonhos, um rei, mas ao acordar, nada mais".

A espirituosidade dos eruditos tem o acompanhamento do humor rude e imediato das classes inferiores. No início, isso aparece aqui e ali aleatoriamente, como as contendas em *Os dois cavalheiros de Verona*, que ocorrem entre os criados Launce e Speed. Os palhaços de Shakespeare adoram fazer solilóquios, como seus grandes heróis e vilões. Launce nos conta uma longa história sobre como seu cão mostrou-se inconveniente em baixo da mesa de jantar do duque e sobre como culpou a si mesmo para salvá-lo, submetendo-se ao açoite. "Quantos senhores fariam isso por seu criado?" (IV.i.1ss.). Há um toque verdadeiro, ainda que grotesco, no alto valor que Shakespeare dava à fidelidade; é uma versão plebéia da velha ligação entre senhor e vassalo. Outro longo discurso cheio de pilhérias nos mostra Launce fingindo trocar uma palavra por outra – "seu velho vício, ainda", queixa-se Speed – e termina com Launce repentinamente relembrando que tem um recado urgente para dar ao companheiro (III.i.276ss.).

Pode-se coligir mais e mais do humor que surge dos contatos entre as classes, de suas atitudes distintas diante da vida, de suas opiniões sobre si próprias e sobre os outros. No interior do país, os maneirismos sociais podem permanecer pouco diferenciados, exceto nas classes altas. Falstaff percebeu que o juiz Shallow e seus criados, por estarem continuamente juntos, pensavam e falavam exatamente do mesmo modo (*2H.IV*, IV.i.62ss.). A vida e a sofisticação urbanas catalisaram a mudança, e muito dos primeiros diálogos cômicos de Shakespeare vêm daí. Os criados geralmente ridicularizam seus senhores, embora a crítica social seja mantida em tom suave. Em *A comédia dos erros*, dois escravos têm o raciocínio no mínimo tão rápido quanto seus donos. Gostamos de ver nossos superiores, ou inferiores, sendo ridicularizados, porque isso fortalece nossa auto-estima. Em *Sonho de uma noite de verão*, os erros crassos dos artesãos desempenhando seus papéis na peça e, em *Trabalhos de amor perdidos*, os que estão representando amadoristicamente os Nove Paladinos atraem comentários irônicos dos espectadores aristocratas. Shakespeare nos convida para que nos reunamos a eles para rir dos aldeões desajeitados, ainda que amigavelmente. O velho Gobo e seu filho, em Veneza, cometem disparates quando tentam proferir frases feitas. Dogberry emprega erroneamente as palavras até a perfeição. Eles não estão confinados às classes inferiores; Slender, em Windsor, comete tantos erros quanto Evans, sem a desculpa de ser galês. Qualquer espectador poderia se gabar por saber o verdadeiro sentido de uma palavra mal utilizada, ou poderia tentar descobri-la. Através desse prisma, o teatro serviria como escola, como ocorre quando Holofernes dá uma aula de ortografia (*TAP*, VI.i.17ss.).

Em *O mercador de Veneza*, a peça em que a comédia corre o maior risco de entrar em colapso, pode-se ver, como uma marca das tensões sociais, que a sagacidade tem uma distribuição mais desigual que antes. Os três personagens masculinos principais não se aventuram a demonstrá-la. Shylock é muito mal-humorado; Antônio é muito taciturno; Bassânio, talvez, muito exaltado para se aproximar do humor. Pórcia não tem essas inibições. Abaixo deles, Lancelote faz brincadeiras com Lourenço, amigo de seu novo senhor, Bassânio, até que Lourenço, com certa impaciência, cala sua boca chamando-o de "comediante" (III.v.26ss.). Mas esse é virtualmente o fim da jocosidade plebéia nessas peças, como se a vida tivesse endurecido para os pobres, não permitindo que tivessem gosto por ela. Eles podem nos divertir, mas não intencionalmente. Quando chega a Ilíria, Shakespeare os abandona.

Embora o palhaço do palco seja muito desajeitado para se adaptar à sociedade convencional, o bobo da corte é muito esperto para desejar ou valorizar isso. Ambos são intrusos que impedem que o mundo da peça fique sem janelas. Eles continuam a tradição do Carnaval, perdida na Europa protestante, de um pequeno período do ano no qual as regras podem ser desobedecidas, pois a maioria está fantasiada. Shakespeare faz uso de várias figuras que, de certo modo, assemelham-se aos bobos da corte. Puck pensa que é um bobo da corte do reino das fadas: "Faço graça para Oberon" (que facilmente ri das peças que ele prega) (SNV, II.i.44). O servo de Armado, Moth, é muito precoce para ser um pajem confiável; ele e o servo de Falstaff em *As alegres comadres de Windsor*, ou ainda, o de *Henrique V*, têm um ar de aprendizes de bobo da corte, exceto pelo fato de sua perspicácia ser endereçada a nós e não aos seus senhores. Acima de tudo, é claro, há o próprio Falstaff.

Os bobos da corte profissionais aparecem mais tarde, em *Como gostais* e *Noite de Reis*. Pertencem a uma raça em extinção, assim como muitas outras coisas da antiga parafernália feudal; eles acompanhavam uma era antiga, fora do palco da história. Esse duo shakespeariano está a serviço de damas que deveriam estar mais interessadas do que os homens em manter vivos os antigos costumes e que tinham mais tempo para se entreterem. Sua situação social é indeterminada. Célia admoesta Touchstone, enquanto ainda estão na corte, e ele diz algo desairoso sobre o pai dela, que pode render-lhe o açoite (CG, I.79-80), da mesma forma que Lear faz com seu bobo. Rosalinda chama-o de "tolo palhaço" (I.iii.130). Parece que Shakespeare, ao escrever o primeiro ato, resolveu dar a Touchstone um toque cavalheiresco que o torna ímpar na floresta, onde ele, muito mais que os cortesãos, sente-se isolado da civilização. "Preciso de carne e vinho para ver um palhaço", ele nos diz, quando desnorteia seu tosco rival nos afetos de Audrey, com uma torrente de longas palavras (V.i.10). Sua caricatura do código de duelos (V.iv) tem algo em comum com a conversa derrisória de Falstaff sobre a Honra.

Feste também é bastante letrado. Sua fala sem sentido, admirada por sir Toby, pode ser considerada uma paródia da dicção pretensiosa ou dos jargões aprendidos, tão em moda. Rabelais tinha predileção por palavreado sem sentido; ele era um homem da Renascença ridicularizando a verborragia escolástica, assim como Shakespeare. Com uma alegria muito menos natural que Touchstone, Feste é uma pessoa enigmática. Sua escaramuça em relação a sua protetora é artificial; às vezes ele fala melhor quando está fora da casa dela, sozinho. Fica ausente sem sair (NR, I.v.1ss.); perambula em busca de palpites e tem Malvólio para importuná-lo. "Suas bobagens estão ficando velhas e as pessoas não gostam delas", alerta Olívia com alguma seriedade, depois que Malvólio maldosamente afirma que ele foi vencido, em um concurso, por um "tolo comum" (I.v). Esses concursos de humor parecem ter sido bem populares, mesmo nas cervejarias, e esperava-se que um bobo da corte "falasse para vencer", como o dr. Johnson.

Mas o que se destaca nessas últimas peças da série é a discordância de classes e eras, mais do que qualquer entrevero entre os indivíduos. Mais uma vez, ao contrário de Touchstone, Feste não se liga a ninguém. Sua canção final, ainda que freqüentemente considerada não-shakespeariana, transpira uma vaga desilusão, uma nota de fracasso e melancolia, intensificada pela recorrência "do vento e da chuva". Pode ser que Shakespeare tenha sentido, às vezes, que suas próprias brincadeiras estavam ficando fora de moda. Então, por via das dúvidas, ele se retiraria das comédias.

Homens e mulheres

A compreensão que Shakespeare tinha dos seres humanos poderia ajudá-los a compreenderem a si mesmos; ao fazer isso, os obstáculos para o entendimento entre homens e mulheres poderiam diminuir, ajudando-os a verem a si mesmos como partes complementares de uma comunidade global. Nas Comédias, as relações entre os seres humanos são o tema principal, porém não de forma isolada de outros aspectos da vida e de suas muitas variações. Shakespeare não se apóia, como muitos outros autores, no "amor", como um propulsor universal, um combustível para trazer criaturas inertes à vida. Com ele, o amor é um aspecto de uma personalidade que tem conexões com as formas de comportamento, a cultura, a religião e a classe. Em geral, está ligado à crítica social, assim como a agitações emocionais; geralmente, estamos em companhia de pessoas jovens, como Yum-yum em *The Mikado*, "muito conscientes", que estão sentindo as tendências de uma nova época e tentando se acostumar a ela. Essas peças estão cheias de discussões sobre casamento e amor; refletem uma sociedade que está mudando, assim como os Dramas Históricos espelham um sistema político em evolução.

Na mente elisabetana, polarizada como sempre pela estrutura de classes, as relações dos homens com as mulheres poderiam ser idealizadas até a exaustão, ou reduzidas a um nível mínimo. Shakespeare atingiu o equilíbrio entre o ideal e o mundano, coisa que poucos outros escritores conseguiram. Como outros poetas elisabetanos, ele pensava em muitas coisas ruins para dizer sobre as mulheres, mas ele (ou Romeu), ao que parece, foi o primeiro a chamar uma mulher de "anjo" (Hughes, p.224-5). Ele se aventurou na crítica aos pontos fracos das mulheres, seus cosméticos e perucas, e toda a matéria-prima utilizada pelos satíricos e pelos moralistas. Mas quando Viola, meio abobada, pergunta a Olívia, referindo-se a uma pintura do rosto dela, se "tudo aquilo era obra divina", Olívia pode responder: "Pintado com cores firmes" (*NR*, I.v.240-2). "Uma lei perigosa contra a gentileza", observa Berowne sobre uma proposta de privar de suas línguas as mulheres que se aproximassem da corte (*TAP*, I.i.128):

isso relaciona-se ainda mais com as damas. Ainda assim, no todo, quase todas as mulheres das Comédias, diferentemente daquelas dos Dramas Históricos, ganham nossa estima e afeição.

As mulheres esclarecidas formaram, como é costume atualmente nos países "em desenvolvimento", uma espécie distinta de "classe média em ascensão". As "novas mulheres" de Shakespeare eram uma combinação imaginativa de antigos e novos modos de viver, idéias e valores, e a educação liberal que Bianca recebe, em *A megera domada*, visa reunir todos esses elementos. Eles combinam um lampejo aristocrático e uma prontidão – menos agressiva do que nos Dramas Históricos – para liderar, com as virtudes da classe média alta. A espirituosidade, que também significava inteligência, constitui boa parte de seus dons naturais. "O amor comumente desgasta as características da Espirituosidade", escreveu Nashe (p.85), e se as mulheres das Comédias estão reivindicando igualdade mais plena, nesse plano elas estão atingindo seu objetivo mais rapidamente.

Shakespeare estava em consonância com os escritores da classe média que defendiam a santidade da família, com cuidados especiais em relação à conduta feminina, mas impingindo bom comportamento aos homens também. O flerte cortesão foi criticado no Soneto 66, cuja "virtude da donzela rudemente prostituída" significaria uma donzela pobre arruinada por um homem rico; nas Comédias, há pouco espaço para esse tipo de prática, exceto para ser ridicularizada nas cenas de Touchstone cortejando Audrey. Não há mulheres más. As heroínas são virtuosas por natureza, são auto-suficientes, além do alcance de qualquer guardião ou dama de companhia. Uma das qualidades que Orlando admira em Rosalinda é a castidade, embora, na verdade, não esteja certo dela (CG, III.ii.10). Para satisfazer as exigências de Benedick, a mulher precisa ser, entre outras coisas, "justa", "sábia" e "virtuosa" (MBPN, II.iii.25ss.). Amor e luxúria estavam entre as antípodas de Shakespeare, e sua idealização do amor romântico era uma crítica ao comportamento que, com freqüência, deve ter observado na classe alta, da qual estava próximo.

Em termos mais amplos, era um impulso de refinar as maneiras pelas quais os sexos se consideravam e se tratavam. Não se espera das jovens, como ocorreria com suas descendentes da era vitoriana, que não vejam os atrativos masculinos. "Uma bela perna e um belo pé", assim como dinheiro, diz Beatriz a dom Pedro, é um dos atributos que elas procuram (II.i.13-4). Mas isso é uma piada, e essas coisas, quando faladas a sério, são passíveis de pertencer à farsa. O discurso de admiração de Febe sobre "Ganimedes", a Rosalinda disfarçada, mostra que ela "o" via com detalhes, não desprezando a forma das pernas "dele" (CG, III.v.119). Os homens acreditariam facilmente que estavam sendo investigados de forma apreciativa. Os olhos da senhora Page "viajaram de tal forma por meu corpo", declara Falstaff, que pareciam queimá-lo como vidro em brasa (AACW, I.iii).

As razões ostensivas de Shakespeare para colocar suas jovens damas com tanta freqüência em trajes masculinos nem sempre são claras; mas há uma suposição de que as mulheres sozinhas, sem disfarces, não estariam seguras. Rosalinda propõe armar-se com um machado e com uma lança (CG, I.iii.114ss.). Sílvia, em *Os dois cavalheiros de Verona*, é ameaçada com o mesmo destino de Lucrécia. Mas, mesmo assim, não é surpresa que Catarina, em *A megera domada*, acredite que uma mulher deva ter "espírito para resistir, se não quiser sofrer abusos" (III.ii.218-9). Nas Comédias, as mulheres estão sujeitas, muito mais que os homens, a todos os tipos de infortúnios e provações; talvez porque, aos olhos do poeta, elas tenham mais significado para o futuro humano. Fugindo da tirania dos pais, Hérmia desperta na floresta ateniense, encontrando-se só, abandonada pelo amante (SNV, II.ii). O modo como essas desafortunadas desafiam o destino e, às vezes, se sobrepõem a ele, tomando o controle, é uma manifestação feminina em si mesma, um presságio do futuro.

As vestimentas masculinas podem se parecer muito com uma alegoria do doloroso envelhecimento da mulher. Algumas das que usam esses trajes estão conscientes do passo que dão. Júlia tem escrúpulos sobre seu "vestuário imodesto" (ODCV, V.iv.106). Parece que Shakespeare reconhecia energias e aspirações nas mulheres em conflito com o isolamento decoroso que se esperava que tivessem. Para serem totalmente mulheres, precisam fingir que são homens: um paradoxo sobre o qual pode-se dizer que Shakespeare tenha condensado todo o dilema da feminilidade e emancipação modernas. Quando Pórcia, recém-subjugada, saúda

Bassânio como "seu senhor, seu governante, seu rei" (OMV, III.ii.166), temos a lembrança desagradável de Catarina ajoelhando-se diante de Petruchio. Mas é ela quem salva a situação quando surgem os problemas; e em seu retorno triunfante a Veneza, ela está pronta para uma querela fingida, em vez da "humildade e da quietude recatada" que os maridos esperavam das esposas, assim como os monarcas de seus súditos.

Sendo os homens o que geralmente são, não é fácil para as mulheres optar entre serem muito autoconfiantes, como Beatriz, ou muito recatadas. Helena garante a Demétrio que ela é seu "cão fiel" e que o ama ainda mais porque ele a rejeita (SNV, II.i.203ss., 242-3). Isso é desagradável, como seria Catarina, se levássemos a sério a submissão dela. Uma mulher que se submete à opressão de um sistema injusto de casamento não é, como diz Adriana, melhor que um asno (ACE, II.i.13-4); mas a alternativa pode ser uma rispidez pouco afável. Ela tem uma concepção sincera sobre como deveriam ser marido e mulher, "indivisíveis, incorporados"; não é demasiado rebelde ao pensar que a mulher, como mais dependente, apóia-se no homem como a videira se enrola no olmo (II.ii.110). Os versos brancos tornam esse discurso muito impressionante, e os dísticos rimados da peça são quase todos destinados ao efeito cômico. Tornamo-nos conscientes de uma triste discrepância entre um alto ideal de casamento e a amarga realidade em que ele se encontra.

As mulheres estão certas em desconfiar do que o amor significa para os homens, e querem ter segurança quanto à sua sinceridade. As quatro damas francesas suspeitam de que os quatro cavalheiros de Navarra estão brincando com elas, e resolvem pagá-los na mesma moeda. Rapidamente percebem que tiveram êxito e a princesa pode acusar os homens de serem "perjuros", porque quebraram o voto quando encontraram com as mulheres (TAP, V.ii.346). O significado subjacente a suas palavras é o de que não se deve confiar nos homens quando eles falam de amor. Berowne protesta, dizendo que não estão brincando, e repreende sua Rosalinda, como Benedick faz com Beatriz, por ser demasiadamente sarcástica e por fazer as "coisas sábias parecerem tolas e as coisas ricas parecerem pobres" (V.ii.378).

Do mesmo modo, os homens estão sujeitos a uma forte tentação e freqüentemente dão vazão a ela. Há conversas francas sobre o lado carnal do amor, como a alusão nada romântica de Berowne a Cupido como o "Rei das braguilhas" (III.i.183). Em Ardenas, o duque, criticando Jaques, fala do "ferrão embrutecido" do qual era escravo antes (CG, II.vii.66). Armado cede com relutância ao desejo pela meretriz camponesa, Jaqueneta, por esnobismo, e não por escrúpulos morais. "Não há um anjo mau, e sim amor", reflete ele (TAP, I.ii.165-6), e logo sabemos que engravidou a moça. Outro caso assim é o de Audrey, ansiosa por tornar-se "uma mulher do mundo" por meio do casamento com Touchstone, do qual ele tentava esquivar-se (CG, V.iii). O comentário de Jaques é realista e cínico: sua viagem de amor "Precisa de provisões só para dois meses" (V.iv.188-9).

Todos os homens são infiéis, de acordo com a ama de Julieta. A confidente de Júlia, Luceta, previne-a antes que saia de casa, sobre o tanto que os "homens enganadores" iludem as mulheres com suas lágrimas e queixumes; Júlia recusa essa suspeita "vil" e está segura da fidelidade de Proteu, da "infinitude" de sua devoção para com ela (ODCV, II.vii) – cômica ironia, porque já sabemos que ele não é fiel. Proteu tem alguns lampejos de consciência, mas se satisfaz com um solilóquio em que diz que está certo para ele se desvencilhar de Júlia em favor de seu novo amor, Sílvia, e também que está certo em ver seu amigo Valentino como um rival e um inimigo. "As promessas incautas devem ser quebradas por cautela" (II.vi). A pobre Júlia, ao ir encontrá-lo, tem de ouvi-lo namorando Sílvia. É esta que o reprova como "perjuro, falso e desleal" em relação a sua noiva e a seu amigo (IV.ii). O amor de Júlia sobrevive inabalado. "Por amá-lo, devo perdoá-lo", ela suspira (IV.iv.95). Shakespeare parece quase considerar o amor de uma mulher, quando comprometido, algo como o próprio voto de matrimônio, que, por uma questão de honra, ela não pode trair.

O duque tem certeza de que o amor de sua filha Sílvia por Valentino logo acabará (III.ii). Engana-se: seu amor é à prova dos sofrimentos da prisão, mas a recompensa é pequena. Em algum ponto do processo criativo, Shakespeare deve ter pretendido dar uma conclusão séria, e o tema do amor e da amizade competitivos era uma predileção entre os elisabetanos. Deplorando a ruína da amizade nesses tempos ruins, Valentino se parece com um Tímon adolescente; sua homilia sobre a virtude do arrependimento e o dever do perdão foi escrita em linguagem bastante solene (v.iv). Mas o escritor deve ter compreendido que a história estava à beira do absurdo, decidindo dar-lhe um fim precipitado. De qualquer maneira, a peça é uma fantasia sobre a constância e a inconstância, e as duas heroínas levam os louros da vitória. Sua moral pode ser lida nas palavras finais de Proteu – "Oh, céus, fosse o homem constante e ele seria perfeito!" (v.iv.110-1). A constância como virtude importante aparece em muitas peças posteriores de Shakespeare, em todos os tipos de relacionamento. Sua influência ao longo do tempo deve ter contribuído bastante para um padrão aceito do amor romântico que evolui para o fiel amor do matrimônio, tendo um efeito profundo sobre a conduta social, especialmente a da classe média.

Da vida em família, pouco nos é mostrado abaixo do nível das classes superiores, nas quais há valores como propriedade, dignidade e discrição social. Em comparação com os Dramas Históricos, a família de classe alta da comédia é muito menos densa e unida: o indivíduo não está incrustado nela, e o grupo não constitui um microcosmo da sociedade. A comédia tem de tratar homens e mulheres, na maioria jovens, como indivíduos; eles precisam ser bastante flexíveis e manobráveis. Os homens mais velhos nessas peças, especialmente os militares severos do tipo tradicional, são viúvos; as crianças são órfãs de mãe; algumas filhas e, nas últimas peças, filhos, não têm sequer pai. Várias jovens não possuem ligações familiares visíveis: Júlia, Helena, Olívia e (ao que parece) quase todas as jovens de *Trabalhos de amor perdidos*. Shakespeare deve ter decidido logo de início que, em *Os dois cavalheiros de Verona*, seria melhor que Júlia não tivesse pai – um pai de peso é suficiente em uma peça – esquecendo-se, porém, de eliminar as duas alusões que faz a ele (I.ii). Na floresta, Rosalinda casualmente menciona a Célia que no dia anterior havia encontrado o pai no exílio e que trocaram algumas palavras – mas "para que falamos dos pais?": ela só consegue pensar em Orlando (III.iv). Ela e seu pai se separaram desde que ela era criança; Shakespeare ainda poderia ter desenvolvido uma união emocional, se quisesse.

Quando pais e filhos vêm à baila, o pai mais merecedor é o velho Egeonte, em *A comédia dos erros*, que criou um filho e saiu à procura do outro perdido. Em *A megera domada*, o observador astuto tem certeza de que Vicêncio não concordará em ceder sua grande propriedade e nem se contentará, em "sua frágil idade", em sentar-se à mesa de seu filho como um dependente (II.i.39-63). Mas seu filho Lucêncio, depois de lhe pregar uma peça nada filial, para não dizer criminosa, obtém seu perdão com mais facilidade do que sua fugitiva noiva Bianca obteve de seu pai. O Antônio de *Os dois cavalheiros de Verona* é um autocrata mais típico, que ordena a seu filho Proteu que abandone a corte em busca da fortuna dentro de 24 horas e não admite protestos: "Porque o que quero será, e ponto final" (I.iii).

É mais provável que pais e filhas tenham desavenças quanto a questões que envolvem casamento, que, em geral, giram em torno de *status* ou riqueza. Os pais representam a visão de uma sociedade em que os rendimentos estão em primeiro lugar. Um dos pretendentes de Bianca, Grêmio, é um "velho cavalheiro", mas, por ser bastante rico, pode ser o escolhido aos olhos de Batista, mais do que qualquer outro (AMD, I.i). O pai de Sílvia, o duque de Milão, é igualmente materialista. Sabe perfeitamente que a filha ama Valentino e odeia Túrio, mas prefere Túrio "simplesmente porque suas posses são enormes", segundo a reclamação de Valentino. Age quase da mesma forma que Lear, quando ameaça renegá-la, deixando que "sua beleza seja seu único dote de casamento", por frustrar-lhe a esperança de ser "amparado pela filha carinhosa" na velhice (ODCV, III.i). Essa esperança dificilmente se harmoniza com o casamento com Túrio ou qualquer outro; o duque tem raciocínios paralelos, tornando sua falta de lógica clara para todos que o escutam. Ao criar esses retratos de proibição, Shakespeare estava participando no debate público em uma época na qual a opinião sobre a família estava agitada e aberta a influências saudáveis.

O pai de Hérmia, Egeu, é da mesma estirpe que o de Sílvia. O duque Teseu, em outros aspectos um governante sábio e benfazejo, chega ao máximo do conservadorismo quando se trata da autoridade paterna. O pai deve ser visto "como um deus", diz a Hérmia: "você nada mais é que um boneco de cera/ Por ele esculpido" (SNV, I.i.47-50). James I adorava dizer a seus súditos que os reis eram como deuses; o adágio de Teseu completa a tríade deus, rei e pai. Shylock não poderia ser diferente; tem uma rígida visão de *patria potestas*, como qualquer gentio, e acredita que sua filha está "condenada" por ter fugido (OMV,III.i.30) com um cristão, levando os ducados dele consigo. Sua casa tem sido um "inferno" para se viver, diz Jessica (II.ii.2). Em um cenário judaico, Shakespeare está livre para pintar a miséria da vida com matizes ainda mais sombrios, em que a filha odeia o pai e se vinga do mesmo modo insensível que é próprio dele.

Beatriz é uma órfã, o que lhe permite crescer como um espírito livre e como feminista. Sua enérgica fala a Hero sobre a mulher ter escolhas próprias e dizer "Pai, como *me* agrada" (MBPN, II.i.48ss.) destina-se a nós e não à pudica prima. Hero se contenta em casar rapidamente, e parece que não faz diferença para ela se o marido for dom Pedro ou o conde Cláudio. Não ocorre a Leonato consultá-la. Ele apresenta retificações quando recusa a acusação contra ela e se dirige ao príncipe com fúria cega. Porém, parte de sua raiva, e também a de seu irmão, é o que sentem como chefes de uma *família* que foi desonrada; a honra será restaurada por Cláudio, que concorda em casar com outro membro da família. Desse ponto de vista antiquado, que até mesmo Beatriz não repudia em prol de um final feliz, Hero é, no mínimo, tanto um apêndice familiar, como uma pessoa com sentimentos próprios. Anne Page pertence ao círculo da burguesia, que se move mais rapidamente que a aristocracia em direção à idéia de liberdade individual de escolha. Ela zelosamente adverte seu amante Fenton para que ele busque a aprovação do pai (AACW, III.iv), mas tem determinação firme contra os pretendentes que seus pais preferem. Sílvia fala por todas as jovens com idéias modernas: "os céus e a sorte ainda recompensam com desgraças" a "união não sacramentada" pelo amor (ODCV, IV.iii).

Além da senhora Page, a única mãe das Comédias é a Abadessa de *A comédia dos erros*, que ficou separada da família desde a infância dos filhos pelas tempestades e naufrágios que

Shakespeare, como Próspero, podia criar à vontade. Suas jovens damas que olhavam o amor e o casamento com romantismo não mostram ansiedade pelo futuro: ter filhos, envelhecimento precoce, morte dos recém-nascidos, suas próprias vidas, em geral, abreviadas. Egeonte pode falar sobre as "punições agradáveis que as mulheres suportam" em virtude do pecado de Eva, mas uma mulher, nessa mesma peça, Luciana, permanece solteira por temer os "problemas do leito matrimonial" (ACE, I.i.46; II.i.27). Os pensamentos sobre esses problemas podem explicar uma parte das apreensões de Shakespeare a respeito do romance de amor. As mães ausentes deixaram pouca descendência. É difícil encontrar adolescentes, e, em *A megera domada*, *Como gostais* e *Muito barulho por nada*, eles são inimigos. Em outras obras de Shakespeare, irmãos e irmãs significam mais um para o outro do que qualquer outro parente, mas nas comédias há pouco dessa relação (Kiernan, "Relationships"). As relações mais felizes são entre primas: Rosalinda e Célia, Beatriz e Hero.

A idéia de uma certa liberdade de escolha no casamento, pelo menos de direito a uma recusa, ganhava terreno na Inglaterra. A disseminação da escolaridade a reforçava, e algumas correntes, mesmo de pensamento religioso, eram favoráveis. Lutero considerou o consentimento de um casal, e não a sanção paterna, a condição essencial para o casamento (p.305). Shakespeare estava ajudando a acelerar a tendência, apresentando-a de maneira mais persuasiva do que qualquer outro. Em duas das peças mais "burguesas" o princípio é admitido, pelo menos de forma abstrata. Quando Petruchio e Batista trocam informações sobre seus recursos e concordam quanto ao dote e o acordo, o mais velho inesperadamente acrescenta que Petruchio deve garantir o amor de Catarina – "porque isso é o mais importante" (AMD, II.i.129). Possivelmente ele teme uma explosão se ela não estiver de bom humor. Em *As alegres comadres de Windsor*, perguntam ao tolo Mestre Slender, apoiado pelo senhor Page como genro, se ele acha que pode amar Anne e, como diz rudemente seu primo Shallow, "com um bom dote, casar com ela". Ele acha absurdamente difícil captar o sentido das palavras de Shallow (I.i. 206ss.).

A comédia dos erros é outra peça urbana e mercantil, mas a insatisfeita Adriana casa-se ao estilo feudal: sendo uma protegida da corte e com fortuna, foi prometida por seu tutor a um homem que salvara a vida dele em uma batalha. Sua tristeza é que, tendo conseguido suas propriedades, ele a negligenciava e gastava seu dinheiro com outras mulheres. Todo o conforto que ela conseguia era conselhos para que se submetesse pacientemente. Mas "não há esporas para levar o amor até aquilo que ele abomina", como diz Júlia perto do final de *Os dois cavalheiros de Verona* (V.ii). Sílvia é a mais eloqüente de todos quanto à repulsa diante de um casamento forçado e dos males que ele acarreta. Sua "própria alma abomina" o rústico Túrio, e ela acha que é seu dever e desejo fugir dele (IV.iii). Hérmia prefere enclausurar-se a se submeter a uma "servidão indesejada" (SNV, I.i.79ss.). De uma forma poética exaltada, observando Bassânio escolher o escrínio, Pórcia o vê como se ele fosse Hércules lutando contra o monstro marinho e resgatando a donzela troiana do sacrifício (III.ii.53ss.). Nessa fantasia, a donzela é ela mesma; o monstro é o pretendente indesejado que vai tomá-la se Bassânio falhar.

O bom sir Eglamour ajuda Sílvia a fugir porque sabe que ela tem inclinações "virtuosas" (ODCV, IV.iii). Assim são todas as bravas defensoras de seu sexo e de seus direitos em Shakespeare, e isso dá peso a sua causa. Seus protestos são repetidos por um de seus amados, Fenton de Windsor (AACW, V.v.231ss.). Apesar de ser um personagem sem importância, ele fala por Shakespeare ao censurar os pais de Anne, em uma linguagem seríssima e até solene; de todas as lições da peça, essa é a mais ressaltada por Shakespeare. É seguro dizer que, nesse texto, ele sempre prega com total convicção uma verdade negativa sobre o casamento; no que diz respeito ao lado positivo, a confiança no amor romântico para unir os casais, ele não tem tanta certeza. Em ambos os lados, a experiência o confirmou.

Beatriz tornou-se a mais independente e determinada de todas: não fazia objeção a um ou outro homem como marido, e sim ao pensamento de casar com qualquer homem que fosse "subjugado por um pedaço de terra" (MBPN, II.i.55-6). Ela muda de idéia em favor de Benedick, ele próprio um adversário do grilhão matrimonial. Ele é um homem observador e inteligente (na verdade, vemos o jovem lendo um livro), além de espirituoso;

como muitos personagens de Shakespeare, ele está pronto a falar dos problemas do tempo em que vive. "O tempo da boa vizinhança" – de sentimentos comunitários, de companheirismo – se foi, diz ele: os homens são rapidamente esquecidos, atualmente, também por suas viúvas (V.ii).

Os solteirões como ele têm suas razões para temer o destino de serem empurrados para um casamento ou serem aprisionados nele. Ele os privará de alguns divertimentos despreocupados; pode prendê-los e impossibilitar sua carreira. Valentino, saindo de casa, pensa no amor como algo que põe um fim ao desenvolvimento e à "esperteza" da juventude (ODCV, I.i.45ss.). Pode ser uma insensatez, uma tentação, que, como Circe, altera as formas próprias do homem. "Júlia, tu me transformaste", lamenta Proteu, e fez "perder meu tempo" (I.i.66-7); esse ressentimento pode ser tomado para explicar por que seu amor por ela esfriou tão rapidamente. "Tu te metamorfoseaste com uma patroa", comenta o servo de Valentino (II.i.28-9), como se também ele lesse Ovídio.

Às vezes, os finais felizes de Shakespeare exigem casamentos precipitados, contra seu provável discernimento, mas ele sempre desaprova qualquer antecipação de casamento dos casais enamorados. Quando Lisandro, na floresta, quer dormir ao lado de Hérmia, ela insiste em que fiquem separados, e ele assente (SNV, II.ii.45ss.). Quando Hero é acusada de ter sido seduzida, seu noivo cheio de razões declara que *ele* não é culpado pelo "pecado" dela (MBPN, IV.i.46ss.). Além de seus próprios sentimentos como pai de duas garotas deixadas em Stratford com a mãe, que havia sido imprudente, Shakespeare tinha de pensar antecipadamente na crítica dos moralistas. "O sangue novo não obedece velhos decretos" (TAP, IV.iii.214): as palavras de Berowne apontam para a dificuldade que assolaria a geração antiga, da mesma forma que fizeram a Polônio.

Na ausência de atrizes, qualquer peça elisabetana provavelmente tinha mais personagens masculinos que femininos; essa é uma das razões pelas quais Shakespeare tem poucos casais casados para apresentar. O matrimônio tem um lugar proeminente nas farsas, mas então se retrai para o reino encantado e para Windsor. A maior parte do que vemos no casamento não é atraente, acima de tudo porque permeado pelo desejo masculino de dominação, pela convicção que o homem tem do direito e do dever de afirmar sua superioridade. No Prólogo de *A megera domada*, a idéia básica é dada quando o lorde instrui seu pajem, vestido como a dama de Sly, a mostrar serviço humilde e amoroso, como toda boa esposa deve fazer. No final da peça, Petruchio pode jactar-se da "terrível regra e da correta supremacia" que ele estabeleceu para a esposa; o pai dela delicia-se ao ouvir isso (V.ii.108). Ford de Windsor afirma que uma esposa "revoltada" incorre em danação (AACW, III.ii), exatamente como pensam os reis sobre os súditos rebeldes. Oberon aborda Titânia como "leviana imprudente" e a faz lembrar de que ele é seu "senhor" (SNV, II.i.63).

Em *A comédia dos erros*, as relações maritais fornecem o único tema sério em toda a comédia pastelão. A infelicidade de Adriana é um bom exemplo dos males que um casamento sem amor acarreta. Ela é amargurada em razão do comportamento do marido, e sua língua ferina torna-o ainda pior. Ele deve ser mais velho que ela; e para a irmã, ela se refere a ele como "deformado, torto, velho, empedernido" (IV.ii). Ele adora a proprietária da estalagem Porpentine, "uma dona de boas falas, / Bonita e esperta" (III.i.109-10). Adriana compreende o quão indigno pode ser um marido ao pensar que o corpo da esposa está "contaminado" pela luxúria de outro homem: ela argumenta que ele deveria ter igual preocupação com relação aos sentimentos *dela* (III.ii.130ss.). Sua irmã solteira, Luciana, diz-lhe categoricamente que em toda a Natureza, assim como na esfera humana, a fêmea é e deve ser submissa ao macho (II.i.18ss.). Ainda assim, Luciana faz um longo apelo a seu cunhado (ou ainda, a seu irmão gêmeo, por engano) para tratar a irmã melhor ou, pelo menos, fingir carinho e esconder seu comportamento irregular. As mulheres são facilmente enganadas, conclui ela (III.i.124ss.). A Abadessa mostra ainda menos simpatia com a esposa enganada quando Adriana lhe diz que reprova o marido por sua conduta perdida e inútil, dia e noite, em particular e em público. "Os clamores venenosos de uma mulher ciumenta" são mais malignos do que benignos, acrescenta a Abadessa (V.i.58ss.).

Nas Comédias, como nos Dramas Históricos, há uma desconfiança disseminada em relação à fidelidade conjugal. Leonato está apenas brincando com as juras de sua esposa quanto a Hero ser realmente sua filha (MBPN, I.i.99ss.), mas esse é o tipo de piada que nenhum pai moderno faria publicamente e na presença da filha; a freqüência com que as coisas desse tipo são ditas aponta para a prevalência da insegurança entre os maridos elisabetanos. De acordo com Beatriz, os tradicionais chifres do diabo dão-lhe o ar de um "velho corno" (II.i.40). Dom João, o Bastardo, partilha da convicção de Benedick de que um homem que casa "fica noivo da inquietação" (I.iii). Seu próprio nascimento irregular pode dar-lhe uma posição melhor para censurar a sagrada prisão do casamento.

Isso ocorre também em outras peças. Uma das canções do final de *Trabalhos de amor perdidos*, supostamente cantada por um cuco [*cuckoo*], faz uma alusão clara aos velhos maridos traídos [*cuckolds*]. Em *Como gostais* é recorrente a idéia de que toda mulher nasce infiel. Touchstone está sempre pronto para gracejar sobre o casamento e suas penas, os chifres, que aguardam os homens de todas as classes. "Só os homens pobres? Não, não; o mais nobre veado os tem tão grandes quanto o cervo mais desprezível" (III.iii). Para o perpicaz bobo da corte, as palavras são reveladoras, e o comentário sobre a aristocracia é desrespeitoso. Uma canção sobre a morte de um veado inevitavelmente tem um refrão sobre os chifres destinados a toda a humanidade (IV.ii). A própria Rosalinda, apaixonada e cantando o amor, se entretém falando sobre esses apêndices como conseqüências naturais do casamento (IV.i.50ss.). Os defensores da liberdade de escolha poderiam, é claro, afirmar que eram conseqüência da prisão forçada do casamento ou do estupro legalizado.

Os ciúmes masculinos se desdobravam em lamúrias que, em geral, eram ferozmente antifemininas. A desconfiança generalizada poderia se transformar com rapidez em desconfiança de uma determinada mulher. Cláudio é uma presa fácil de uma grande decepção, como ocorre posteriormente com Otelo – uma armadilha talvez proposital de Shakespeare para soar como não convincente. O mestre Ford ilude a si próprio com espontânea alegria, e, como Póstumo em uma peça posterior, impõe testes à esposa. Todos os personagens masculinos e ciumentos de Shakespeare sofrem de medos infundados e apresentam-se de forma tola ou odiosa; seu criador está alertando os maridos da platéia para não caírem nessa areia movediça. Suas repetidas lições devem ter contribuído de alguma forma para tornar esse comportamento menos comum, convencendo o público de que, nas palavras da senhora Page, "Esposas devem ser felizes e honestas também" (AACW, IV.ii.98).

Amantes

O individualismo, voluntário ou não, apresentava um efeito de segregação que levava à imediata procura de novos laços para substituir os antigos. Eles podiam ser procurados em parcerias de cunho prático, ou, mais emocionalmente, em amizades generosas ou no amor ideal, como meios de união com um mundo cada vez mais estranho. Era a força inconstante dessa necessidade social que emprestava energia a essas relações que, de outra forma, não teriam substância, como consideram os céticos. A amizade e o amor são animados pelo mesmo espírito e seus nomes podem ser trocados. Berowne dirige-se à mulher que ama como "amiga"; Maria usa essa palavra para seu amor posto à prova (TAP, V.ii.404, 830). Os homens nunca hesitam em falar de seu "amor" por outros homens.

Em *Os dois cavalheiros de Verona*, e durante algum tempo em *Muito barulho por nada*, observamos o rompimento de uma amizade masculina. Nas Comédias, os laços estreitos parecem mais naturais entre as mulheres – em geral, jovens, mas em Windsor ocorrem entre as de meia idade e são mais prosaicas; são mais fortes quando os personagens são parentes próximos. Menos íntimas são as relações cordiais de Júlia e Pórcia com suas "criadas". Porém, as amizades femininas, assim como as masculinas, podem soçobrar quando o ciúme vem à baila. Helena foi a "doce companheira de folguedos" de Hérmia, mas está pronta para traí-la e frustrar sua fuga. O afeto de infância das duas é lembrado de modo tão tocante (SNV, I.i.214ss.; III.ii.198ss.) quanto o de Rosalinda e Célia. As lembranças nem sempre são sentimentais. Helena lembra que sua colega de escola se transformava em uma "megera" e em uma "fera" quando ficava com raiva (SNV,III.ii.323-5) e isso parece ser verdadeiro.

O amor é a fonte da poesia nessas peças, mas seu significado é enigmático: pode ser uma união firme por toda a vida ou uma fugaz ilusão. Parece que Shakespeare achava com freqüência que um amante está condenado a "reverenciar sombras e adorar formas falsas" (ODCV, IV.ii.126). O amor pode parecer ilusório porque, em geral, era um passatempo aristocrático – a ocupação dos ociosos, disse Napoleão – e porque era, de certo modo, uma novidade. O amor romântico também ajudou a inspirar poemas e lendas, mesmo sob os véus do Oriente; mas agora, homens e mulheres moderados encontravam-se caminhando ou sendo impelidos para o mundo do faz-de-conta. Lucêncio fica atônito ao descobrir que se apaixonara por Bianca à primeira vista (AMD, I.i.147ss.). O amor instantâneo, é claro, poupa tempo, e o tempo no teatro é precioso. Também elimina as explicações que Shakespeare teria de dar sobre *por que* A se apaixonou por B; mas não podia ocultar alguma incerteza sobre seu significado.

Um sofrimento que os amantes em Shakespeare raramente tiveram, exceto os injustos, é o veneno crônico dos sonetistas, o amor não correspondido. Orsino é um dos raros sofredores, e não devemos levar sua autopiedade a sério. Outra raridade é um amante saber que tem um rival nas afeições de sua amada, tanto em Shakespeare como em outros escritores. Shakespeare trata essas situações pelo lado cômico ou unilateralmente; ele parece achar que a mulher que hesita entre dois pretendentes não é capaz de um amor verdadeiro. Touchstone e Guilherme são rivais pela mão de Audrey; Orsino, ao ameaçar de morte "Cesário", como seu rival por Olívia, está ameaçando uma moça que logo estará se casando com ele (NR, V.i.124ss.). Cláudio, momentânea e tolamente, vê um rival em dom Pedro (MBPN, II.i). Túrio não tem vez com Sílvia, ou Demétrio com Hérmia, ou o doutor Caius com Anne, exceto por terem a autoridade paterna a seu favor. Os únicos candidatos a uma luta decisiva real são Valentino e Proteu, e Shakespeare despreza a oportunidade em prol da contenda entre Palamon e Arcite.

No colóquio de abertura de *Os dois cavalheiros de Verona*, Valentino fala sentimentalmente sobre as angústias do amor e como são maiores que suas alegrias, como se Shakespeare estivesse revivendo os humores que o alimentaram nos Sonetos. Valentino sente-se superior a seu amigo apaixonado; mas quando os dois se encontram novamente, ele confessa sua rendição aos "pensamentos imperiosos" do amor e à penitência das lágrimas e das noites insones (II.iv.128ss.). Agora é a vez de Proteu se divertir com a derrota de seu amigo. Como ocorre com freqüência, Shakespeare vê o amor de modo humorístico, e não do ponto de vista romântico. Berowne é outro que, tendo zombado de Cupido, fica desesperado quando sucumbe ao amor (TAP, III.i.172ss.). A emoção real pode ser sentida em seu discurso sobre Rosalinda para si mesmo, que faz lembrar a todos os leitores da "Dama Negra". No nível inferior, Armado é outra vítima relutante. É "ignóbil que um soldado se apaixone", lamenta ele (I.ii.57).

Shakespeare não gostava de mostrar amantes cômicos juntos, tendo de pensar nas coisas que diriam um ao outro. Célia compara as juras e versos dos amantes às momices de um desajeitado corredor em terreno inclinado (CG, III.iv), um espetáculo que Shakespeare deve ter testemunhado. Valentino dá ao duque, que finge estar apaixonado, uma aula sobre a arte de namorar, com presentes e lisonjas como elementos mais importantes (ODCV, III.i.93ss.); um conjunto mecânico de truques que Shakespeare também deve ter presenciado. São raras as cenas de namoro entre os três casais de *O mercador de Veneza*, e mal ouvimos os arrulhos. Cláudio deixa que dom Pedro faça a corte por ele; Orsino emprega "Cesário" como seu representante. Júlia se apaixona por uma carta de Proteu (ODCV, I.ii); quando os vemos juntos, já confessaram seu amor e estão prestes a se separar. A separação pode ser mais inspiradora em termos poéticos do que o encontro. Valentino não fala com Sílvia e, sim, sobre ela, quando declara que é "um homem rico por possuir essa jóia / Como vinte mares" (II.iv.167-8).

Era o mais extravagante culto ao amor que parecia irracional aos olhos das pessoas sensatas e, provavelmente, tinha efeitos dúbios sobre seus acólitos. Teseu associa o amor aos vôos poéticos e à loucura (SNV, V.i.7ss.). O amor trágico de Píramo e Tisbe era um conto muito apreciado na época de Shakespeare (Frye, *Shakespeare*, p.30); ele zomba do amor com um estilo bastante improvisado. Em *Sonho de uma noite de verão,* as inconstâncias e incertezas da emoção humana são aceleradas por poções mágicas, pelos diferentes humores de um ano condensado em uma hora. Na primeira cena, Lisandro fala profeticamente do amor que se esvai como um raio de luz no céu escuro: "As coisas brilhantes tão rápido se apagam" (I.i.149). É irônico que, depois de a poção ter sido colocada em seus olhos, ele desperte dizendo para si mesmo que o "raciocínio" o fez compreender a verdade: é de Helena que ele gosta mais, não de Hérmia (II.ii.117ss.). Pode ser que Bottom esteja comentando a esse respeito quando salienta que "razão e amor, hoje em dia, raramente andam lado a lado" (III.i.136-7).

Orsino abre *Noite de Reis* com reflexões sobre o amor, em estilo altamente poético – ou musical –, ainda que um pouco vazio; ele conclui chamando suas emoções de "fantasia". Quando o vemos no final da peça, apaixonado por outra mulher, concordamos com ele. Antes, dissera a essa outra mulher que a esposa devia ser mais jovem que o marido, porque os homens são mais volúveis e inconstantes, e a beleza da mulher não dura muito. Minutos depois, diz o oposto: as mulheres são mais inconstantes, ligam-se apenas pela sensualidade, pelo "apetite", um caso de "paladar" (II.iv.29ss., 93ss.). Portanto, ele anseia por uma mulher que ele sabe ser, como todas as mulheres, indigna dele.

Entre todas as comédias, *Como gostais* é a única em que tudo o que é "romântico" é mantido sob grande questionamento e zombaria, e são apresentados novos pontos de vista sobre as relações entre homens e mulheres. Rosalinda, extremamente apaixonada, é o espírito líder nessa brincadeira. Quando encontra Orlando na floresta e sem hesitação finge ser um "criado atrevido", ela ri da confissão da paixão dele – "O amor é meramente uma loucura" – e encarrega-se de curá-lo; ele deve cortejá-la, como faria a sua amada, e ela o trataria mal e o faria voltar à realidade (III.ii.293ss.). É uma invenção cômica interessante. Célia pode ser igualmente esperta, provocando Rosalinda da mesma maneira quando ela tem um acesso de dúvida sobre o amor de Orlando: "A promessa de um amante não é mais forte que a palavra de um taberneiro" (III.iv). Provavelmente, nenhuma dessas jovens princesas sabe muito sobre os taberneiros e seus ardis – Shakespeare geralmente é descuidado na escolha das imagens adequadas para seus falantes – mas Rosalinda entende muito bem.

Neste ponto, acabamos de ver Touchstone tentando atrair Audrey para um falso casamento. Uma de suas máximas é "a poesia mais verdadeira é a mais fingida", especialmente sobre o tema do amor (III.iii); isso é um golpe nas imitações palpitantes do verso amoroso da era elisabetana. Febe repele a queixa de Sílvio de que sua crueldade o está matando (III.iv.83ss.); Rosalinda afirma a Orlando que a idéia de homens morrendo de amor é mera fábula literária: a desaprovação de uma donzela "não mata nem uma mosca" (IV.i.105). Uma das canções em um banquete na floresta de Ardenas fala em ingratidão, amizade vazia e amor tolo (II.vii.173ss.). E mesmo homens e mulheres que amam de verdade, Rosalinda alerta Orlando, mudam rapidamente quando se casam (IV.i.138ss.). Como ela sabe? Shakespeare está novamente emprestando a seus personagens jovens um fundo de sabedoria que está fora do repertório deles. Quando Rosalinda está pronta para o desfecho, os amantes, cada um por sua vez, professam uma paixão verdadeira. Surpreendentemente azeda com isso, ela interrompe o coro amoroso – "isto é como ouvir lobos irlandeses uivando para a lua" (V.ii).

Um dos recursos de Shakespeare para criar um distanciamento cético é deixar os velhos terem lembranças, como algo incompreensível, dos amores de sua juventude que, para os jovens, soam engraçados. O velho Corin, o pastor de Ardenas, uma vez se apaixonou e exibiu-se de maneira tão selvagem quanto Sílvio; isso também ocorreu com Touchstone (II.iv) e até mesmo com Polônio. Outro modo de trazer o romance exagerado para a simplicidade é transpô-lo da aristocracia para os plebeus. Ele está à vontade apenas nas alturas: ver trabalhadores braçais falarem do amor é ridículo. Sílvio tem recursos suficientes para comprar uma fazenda, mas, como um cisne encantado falando em versos pastorais, ele é uma piada. O "amor" de Touchstone por Audrey parodia as mais refinadas emoções em Ardenas (Bethell, p.93). Ainda mais abaixo, a descrição muito simples de Launce sobre a ordenhadora pela qual está apaixonado é mais desagradável que divertida (ODCV, III.i.261ss.). Drômio de Siracusa fica horrorizado com o fato de a cozinheira considerá-lo como seu, a mesma mulher com quem seu irmão gêmeo flertava, "uma criatura muito rude" (ACE, III.i.194ss.). Em Veneza, ouvimos casualmente que Lancelote tinha uma mulher "negra" ou "moura" com uma criança (OMV, III.v.35ss.).

Uma leve, mas corrosiva, avaliação do amor invade as Comédias. Pode ser um meio para uma avaliação crítica das classes superiores da sociedade, cujo principal valor ostensivo é, em geral, o amor. De modo semelhante, a crítica da Honra nos últimos Dramas Históricos representa um ataque ao mesmo castelo por um ângulo diferente. O amor dos cortesãos é um passatempo, um alívio para o tédio. Em contraste, para os cidadãos em ascensão ou para a classe puritana, com um significado na vida, era nesta vida que o amor tinha de ter lugar. Assim, o amor ficou menos declamatório, mais sóbrio e também mais firme.

Com a exceção de uma desmiolada como Audrey, as mulheres não buscam riqueza ou *status* ao escolherem o homem certo. Atrás do sorriso de um amante pode estar à espreita um caça-dotes, embora isso seja raro; acontece especialmente na esfera comercial de Pádua e Veneza. Não se espera que os gentis-homens usem a bolsa na cinta; entretanto, não era demérito que tivessem um interesse inteligente por dotes e heranças; ao contrário, era um dever familiar "casar bem". Lourenço quer o dinheiro de Jessica – ou melhor, de Shylock –, mas, como Bassânio, desempenha de modo convincente o papel de apaixonado. Embora Cláudio seja cuidadoso ao se certificar de que Hero é uma herdeira, não hesita em rejeitá-la quando pensa que ela não é digna de ser sua esposa. Não há dúvidas de que Bassânio e Pórcia se casariam mesmo sem riquezas, se o destino não os tivesse pego pela mão. Para o público de Shakespeare, e também o de Jane Austen, que os bem-nascidos se tornassem mendigos por causa do amor era um fato considerado mais excêntrico do que admirável. O amor de Orsino é muito "nobre" para ser afetado por coisas mundanas: ele não está interessado nas "terras sujas" de Olívia (NR, II.iv.80ss.) – mas fica claro que ele não precisa delas.

O romance e o humor são entretecidos. São aspectos interativos do mundo que Shakespeare contempla. Seu evangelho é o que Carlyle gostava de chamar de "veracidade": a ilusão e a decepção devem ser banidas, e a verdade, o genuíno, trazidos à tona. As peças nos deixam a convicção de que o amor verdadeiro existe, mas deixam também uma suspeita de que as imitações baratas são mais numerosas.

Os avanços em qualquer época trazem novas perspectivas, visões atormentadoras ainda não compreensíveis. Estas se ligam mais prontamente às esferas privadas da vida, aparentemente menos refratárias do que as coletivas. No início da Europa moderna, da mesma forma que ocorreria novamente dois séculos depois de Shakespeare, no romantismo, um ideal de amor perfeito entre homem e mulher oferecia-se como um símbolo. Iluminou especialmente a mulher, como um meio de redenção. O estudo histórico paralelo de Shakespeare mostrava-lhe o pouco que se podia confiar nos grandes homens para que conduzissem a humanidade para o lado oposto à selvageria. E pouco se podia esperar das mulheres dos grandes centros, que competiam com os homens e tinham de se comportar como eles. Na intimidade, poderiam ser bem diferentes; de qualquer forma, era mais fácil para um poeta vesti-las com essa aura de promessa. Como sempre, por muito tempo, elas foram exóticas e estranhas para os homens. As mulheres foram compelidas a aprender mais sobre os homens, especialmente sobre seu lado pior, do que os homens precisaram saber sobre as mulheres (o que pode explicar por que a maioria dos romancistas de hoje são mulheres). Em um tempo de horizontes em expansão, a imaginação poderia encontrar nelas a incorporação de suas idealizações. A rapsódia de Berowne sobre elas é um panegírico sobre o Amor, que enche os deuses de "harmonia", e sobre a poesia do amor, capaz de "arrebatar ouvidos selvagens" e amolecer os tiranos (TAP, IV.iii.341ss.). O Shakespeare que escreveu isso ainda era mais um poeta do que um dramaturgo ou pensador. Poder-se-ia objetar que qualquer mulher assim tão transcendental seria, como disse Beatriz sobre um marido da realeza, muito suntuosa "para se usar todos os dias" (MBPN, II.i.307).

Os aristocratas autores de sonetos lisonjeavam as mulheres para seduzi-las ou simplesmente para entretê-las. Era mais provável que uma avaliação mais sincera emergisse nos níveis sociais medianos, entre os que estavam subindo socialmente, aspirando a mais sucessos e conscientes da necessidade do reforço das habilidades femininas. Shakespeare pode ser reconhecido entre seus professores e porta-vozes. Essa valorização da mulher não era algo que pudesse ser realizado de modo direto, embora já se defendesse mais educação e liberdade para elas. No horizonte paira um sonho nebuloso do futuro, que partilha um elemento de significado real com todas as carregadas fantasias da história. Shakespeare usou histórias que se assemelhavam um pouco aos contos populares, em que as heroínas em apuros eram uma constante; nesse quadro, o amor romântico poderia movimentar-se na terra, sem macular suas asas. Seus olhos estavam voltados para um futuro que podia ser imaginado; a escrita naturalista concentra seu interesse no aqui e no agora. Para manter o romance livre do sentimentalismo piegas, ele deu sagacidade e encantos suficientes a cada uma das heroínas para que pudessem se olhar e, às vezes, rir de si mesmas e de seus amores.

"Quão profundo é meu amor!", exclama Rosalinda (CG, IV.i.201). É por esses toques do acaso, muito distintos dos envolvimentos convulsivos do palco ou das telas modernas, que Shakespeare nos transporta para um estado em que as inércias comuns da mente são moldadas. Não é o amor correspondido que ele quer conjurar, e sim a situação de estar amando e olhando com esperança e felicidade para o futuro. Rosalinda é a melhor expressão disso. Seu amor ardente é devotado a um homem sobre o qual ela pouco sabe, como na maioria dos casos de amor das Comédias. O amor romântico só pode ser desencadeado pelo desconhecido; ele deve mais ao desejo de acreditar do que a qualquer motivo para acreditar. Ainda, Rosalinda e Orlando conhecerão um ao outro de maneira superficial e, ainda que não haja um objetivo comum para partilharem, irão juntos para o exílio, vivendo uma espécie de provação, um teste, como exige o amor. Pode-se esperar que seu futuro seja bom, como até o soturno Jaques planeja (V.iv.185).

Parece que Shakespeare pensava que um pintor deveria esforçar-se para superar a Natureza mostrando-nos, por exemplo, um cavalo de verdade, perfeito como nunca visto (*Vênus e Adônis*, 289ss.). Ele deve ter sentido o mesmo sobre sua própria arte. Ele desenhava suas heroínas valendo-se de sua própria imaginação, ou senso de possibilidades, mais do que tomando por base a vida real. Tentava (não de modo proposital e esquemático) assumir o controle sobre as essências da ordem antiga, aprimoradas e refinadas, para transfundi-las para as veias da classe média; ele conseguia melhores resultados com as mulheres porque elas e suas capacidades ainda não tinham sido totalmente exploradas.

Amar de forma condescendente era um objetivo que ele apreciava, mas amar sinceramente é mais fundamental. Nenhuma afeição honesta e simples deve ser rejeitada. Rosalinda interrompe Febe com uma censura indignada: Sílvio tem mais a recomendá-lo que ela; ela precisa aprender a "agradecer aos céus, jejuando, pelo amor de um bom homem" (CG, III.v.35ss.). O fato de o amor poder ser considerado um nivelador sempre fez parte da atração do romance dos contos populares sobre a humanidade, aprisionada em seu zoológico civilizado, com jaulas para cada uma das espécies. Olívia choca-se pela indignidade de ser rejeitada por um jovem que, embora bem-nascido, nada mais é que um "criado" do duque, mas ela não pode abandonar os esforços para vencê-lo (NR, III.i). Na floresta de Ardenas, restaura-se alguma coisa da igualdade da idade de ouro. "Meu orgulho caiu com minha fortuna" (CG, I.ii.240): Rosalinda, como seu pai, teve de aprender algumas coisas e deve a elas parte de seu modo amigável com todos e com cada um. Quase todas as heroínas são bem-nascidas, mas nem todas têm boa sorte, e algumas são infelizes, presas pelo destino a nosso humilde nível ou coisa pior. A privação das vantagens externas permite que suas qualidades inatas se destaquem.

Os homens nunca morreram por amor, garante Rosalinda a seus ouvintes; algumas mulheres podem fazê-lo, parece ser o pensamento de Shakespeare. Em *Trabalhos de amor perdidos*, a princesa refere-se, e o mesmo acontece com Viola, a uma irmã que morreu de melancolia por uma decepção amorosa (V.ii.13ss.), o que vem a ser um bom motivo para que ela agora procure o amor com cautela. É sempre algo que deve ser tomado seriamente (exceto nos "finais felizes"). *Trabalhos de amor perdidos* é uma proscrição de toda a falta de sinceridade ou das frivolidades entre homens e mulheres. Para que se beneficiem da crescente liberdade que a sociedade lhes concede, as mulheres devem fazer uso dela com sabedoria. Além disso, o amor não deve ser egotista e isolador; deve ter um caráter social e também privado. Rosalinda se ocupa em consumar os casos de outros habitantes da floresta. (Shaw chamou-a de "uma fantástica boneca de açúcar", por seus penares [p.26].) Quando Pórcia salva a vida do amigo de seu marido, e Beatriz encontra Benedick pronto a arriscar a vida em defesa dos inocentes, o mesmo princípio assume uma forma mais grave. Como ocorre em toda a ficção romântica, está implícito – se, como regra, não está afirmado – que as provas e tribulações sofridas pelos amantes, como na *Flauta mágica*, são a garantia da felicidade futura.

A princesa em *Trabalhos de amor perdidos* foi poupada dessas dores, exceto em forma simulada, mas ela combina dádivas românticas com habilidades práticas. Foi enviada para Navarra pelo pai, o rei da França, em uma importante missão diplomática, séculos antes da indicação de qualquer mulher para cargos em embaixadas. (Na verdade, logo somos levados a esquecer que haja qualquer negócio a ser tratado.) Há um tom feminista em suas palavras suaves: "só podemos glorificar/ Toda mulher que domina seu senhor", ou marido (IV.i.39-40). Por consideração aos atores amadores, ela vence a relutância do rei de Navarra em deixar que eles se apresentassem e aborrecessem os convidados (V.ii.513ss.). Ela tem o sentimento humanitário, que é tão forte na Marina de *Péricles*, e coloca a caça ao veado na mesma categoria de "crimes" de "glória" cometidos pelos governantes em suas guerras (IV.i.24ss.). Ela encarna o ideal da feminilidade – virtuosa, inteligente e culta –, que faz Berowne pensar no amor como a origem de toda inspiração, valor e arte, e nas mulheres, como a fonte do "verdadeiro fogo de Prometeu" (IV.iii.286ss.). Toda a peça é uma convocação para que as mulheres se mostrem dignas desses elogios e dessas expectativas.

Júlia e Sílvia merecem totalmente as jóias poéticas a elas dedicadas como recompensa. Júlia empreende sozinha a busca por seu amante, um "peregrino" do amor "de coração sincero" (ODCV, II.vii.9). Sílvia é elogiada de ambos os lados. É "muito justa, muito verdadeira, muito sagrada" ou virginal para ser seduzida por suas adulações, percebe logo Proteu (IV.ii.5-6). Júlia também elogia Sílvia como "uma dama virtuosa, delicada e bela", mesmo que faça justiça a si mesma, não considerando sua beleza nem um pouco inferior (IV.iv.178ss.). No entanto, quando as coisas vão mal, pela vileza ou brutalidade dos homens, não há nada que possam fazer para acertá-las. Beatriz pode agir por meio de sua influência sobre Benedick. Eles são iguais tanto nas qualidades como nos defeitos, e ela é uma das poucas heroínas que realmente consegue um marido digno dela. Pórcia foi chamada de "a visão de ... uma humanidade que ainda está por vir" (Sinsheimer, p.91; cf. p.13) – título que merece nos momentos de inspiração, pelo menos, mas que deveria ser conferido coletivamente às heroínas de Shakespeare.

Em algumas das primeiras peças, as mulheres não tinham adquirido a faculdade de guiar os companheiros e dirigir os eventos; no final, elas a perdem. No entremeio, logram alguns triunfos, ainda que limitados. No mundo da comédia reina o acaso ou há grandes oscilações, e os indivíduos, bons ou maus, debatem-se em meio às ondas, da melhor maneira que podem. O que as luzes brilhantes podem fazer é formar círculos de boa vontade, de alegria e de esperança. Rosalinda faz isso na floresta. Ela nada tem a ver com a derrota da perversidade: Shakespeare destitui os dois vilões, fazendo deles bons homens, por meio de alguns truques de cena. Uma sociedade tão deformada como a dele não podia ser redimida por poções mágicas que ele aspergisse sobre homens e mulheres; as profundas discordâncias não podem ser resolvidas. Em cena, as sombras obscurecem a luz do sol ou da lua. Sobrevém a atividade de um futuro trágico no lamento de Lisandro sobre "Guerra, morte ou doença", prontas para destruir (SNV, I.i.142) – como já ocorria nos Dramas Históricos.

Em todos os tempos e lugares em que foi apreciado, o amor teve mais significado do que simplesmente o de relações entre dois seres humanos; em certo grau – raramente de forma tão distinta quanto em Shakespeare – ele fez parte de uma esperança brilhante de um futuro melhor para a humanidade, de progresso para a libertação e para a harmonia. Não poderia brilhar com qualquer luz constante. Nenhuma das três uniões no final da última Comédia é edificante. Olívia casa-se precipitadamente com um estranho, confundindo Sebastião com sua irmã gêmea "Cesário", e impelida por uma "alma muito ciumenta e muito insegura" (NR, IV.iii.22ss.). Como disse Puck sobre os que estavam enfeitiçados por Oberon, o destino dos amantes pode mudar “absurdamente” (SNV, III.ii.121).

Tendências sociais

Como crítico social, pode-se observar que Shakespeare tenta – sem dúvida, mais por instinto do que por intenção – delinear um padrão de comportamento verdadeiramente “aristocrático”. Nos Dramas Históricos, ele estava preocupado com a conduta nos altos postos, nos grandes assuntos; nas Comédias, voltava-se para assuntos mais particulares. Nos dramas, começou com tipos tradicionais e, aos poucos, procurou investir neles uma nova consciência. Nas comédias, começou com homens e mulheres de classe média abastada, seja qual fosse sua verdadeira situação, e dotou alguns com os traços mais finos de uma posição social superior.

No início, como diz Byrne, ele precisava aprender como viviam os ricos e poderosos, além de refletir sobre como deveriam viver. O elaborado Prólogo de *A megera domada* sugere que ele pensava em uma peça totalmente inglesa, mas não se sentia à altura disso e transportou-a para Pádua. Enquanto aprendia, foi acusado de bajular a aristocracia por sua preferência evidente por ela, pelo menos enquanto tema, em comparação com qualquer coisa que sua galeria sobre a vida da classe média pudesse apresentar. O que fazia, contudo, não era “idealizar” a classe superior, e sim oferecer-lhe ideais para que se formasse: “Precisamos ensinar a nossos mestres”. E, na verdade, seus primeiros retratos nem sempre foram atraentes.

A tarefa de reunir as melhores qualidades e princípios de uma classe antiga e de uma nova não poderia ser simples. Um perfil inicial de um gentil-homem modelo, que não era jovem, é sir Eglamour, segundo a descrição de Sílvia. Ele é “valente”, “sábio”, “completo”, e um marido tão fiel que, quando a esposa morresse, devotar-se-ia à “pura castidade” (ODCV, IV.iii). Uma receita mais madura é a de Olívia, ao reprovar Malvólio por sua rapidez autocentrada de tomar a ofensiva. É melhor ser “generoso, inocente e ter bom gênio” (NR, I.v.88ss.) – ou seja, livre de suspeitas e rancores. Em *Como gostais*, como posteriormente nos romances, homens e mulheres tinham de penetrar na desolação para recuperar a liberdade de pensamento e dominar os venenos ou armadilhas da vida convencional, como ocorreu com Frederick e Oliver.

Uma indicação do pouco que era necessário para impressionar o espírito comum é o elogio a Fenton feito pelo proprietário da estalagem em Windsor: "Ele volteia, ele dança..." (AACW, III.ii); o que mais se pode esperar de um cavalheiro? Mais ao gosto de Shakespeare está a importância concedida às boas maneiras nas peças, não como autopromoção, mas como um indicador de respeito por si mesmo e pelos outros. Ainda que disfarçada, Viola tem um porte que imediatamente impressiona Olívia e confirma que ela é bem-nascida, como diz; quando Olívia casa com o irmão de Viola, Orsino garante que ela não errou: "com certeza, ele tem sangue nobre" (NR, V.i.263). A única evidência são as boas maneiras de Viola, que, no tempo de Shakespeare, eram cada vez mais um certificado de nobreza.

De modo oposto, embora isso não seja tão convincente, o sangue nobre contribui para as boas maneiras, como no caso de Orlando. O sangue azul é indelevelmente azul; um tema útil para os contos populares – não só aqui – para o Shakespeare contador de histórias, mas mesclado com a idéia retrógrada de uma classe alta como uma casta superior. O feudalismo encorajava isso. A primogenitura reservava bens apenas para os filhos mais velhos, mas a condição de nobre estendia-se a todos os filhos; e a multidão de filhos mais novos que foi enviada para várias partes mundo, muitos dos quais para Londres na condição de aprendizes, espalhou a crença do berço de ouro que poderia ser sua única qualidade. Assim fizeram muitos proprietários de terras cujos bens haviam diminuído, com medo de afundar no populacho.

Seu ponto de vista encontra um porta-voz inesperado no pretendente de Pórcia, o príncipe de Aragão. A nobreza pode ser arrancada de seu poleiro pelos ventos da mudança, mas não pode perder seu "mérito" ou virtude intrínseca, apenas esperando ser restituída a seu lugar de direito. Ele é um legitimista, que defende a "verdadeira semente da honra" ou, ainda, a elite com terras contra as "bárbaras multidões" de novos-ricos das massas de "baixos camponeses" (OMV, II.ix.31ss.). Tudo isso representava uma conhecida queixa da época Tudor, alimentada pela revolução sem precedentes na propriedade de terras na segunda metade do século: uma queixa sobre a ascensão de joões-ninguém, a decadência de famílias tradicionais, a confusão entre as classes sociais. A dignidade decaída sempre pode parecer bem em comparação com a desfaçatez dos novos-ricos. Mas não somos chamados a concordar com Aragão. Ele está para escolher o escrínio errado, e sua fala nos conta o porquê. Bassânio não tem essas pretensões de direito divino, embora seja um caso óbvio de homem bem-nascido afundado em dívidas e na iminência de perder tudo.

O ponto de vista de Shakespeare, muito mais moderno, é o do dever de cada homem de fazer o máximo com seus dons e suas oportunidades, como se ele próprio o fizesse. A era em que viveu foi muito conturbada na história social inglesa, mas, em todos os níveis acima dos mais humildes, foi um tempo de oportunidade e competição. Cada indivíduo deve abrir seu próprio caminho, ou será empurrado para os cantos. Aquiles precisa continuar lutando e William Shakespeare precisa continuar escrevendo peças, ou os louros da vitória logo desvanecerão. Os favoritos da realeza disputavam uma posição na corte; em cada paróquia, os vizinhos discutiam sobre quem merecia ser chamado de "Gentil-homem" ou "*Esquire*".[1]

Mesmo os jovens com futuro aparentemente seguro devem compreender que, para ser alguém no mundo ou mesmo garantir a sobrevivência, precisavam encontrar uma profissão. Essa era uma lição que todas as classes proprietárias da Europa tinham de aprender, em geral, de modo doloroso. Os novos exércitos eram seu grande recurso, mas havia cada vez menos espaço neles para os caipiras iletrados como os aristocratas prussianos até que fossem impelidos a se submeter à educação; eram homens como Benedick que eram desejados como oficiais. O sucesso em qualquer caminho da vida exigia preparação. O próprio Orlando compreende do quanto foi privado, nas primeiras palavras de

1 Título imediatamente inferior ao de cavaleiro. (N. T.)

Como gostais. Um gentil-homem, como diz Valentino, precisava estudo e educação "completos, no caráter e na mente" (ODCV, II.iv.60ss.) e, por isso, precisa lançar-se ao mundo. "A juventude dentro de casa sempre tem faculdades mentais domésticas": ele lamenta por seu amigo Proteu, acorrentado pelo amor da "frivolidade sem forma" (I.i.2, 63). Pantino ressalta para seu patrão, o pai de Proteu, algumas das várias profissões adequadas aos jovens: exército, universidade, exploração de "ilhas distantes"; sua própria sugestão é mais antiquada, ou seja, Proteu deve engajar-se na corte do imperador, "participar de competições e torneios" e "conversar com nobres" (I.iii).

Em Stratford, Shakespeare conhecera gentis-homens do campo, de inteligência obscura: as comédias contêm uma seleção desses broncos – Túrio, Slender, sir Andrew Aguecheek. As grandes posses de Túrio são dignas de pena, por pertencerem a esse tipo de idiota (ODCV, V.ii). Ele se transforma em um poltrão, como sir Andrew. Nesses personagens, Shakespeare satiriza uma grande parte da pequena nobreza da Inglaterra que, em grande número, estava decaindo na escala social pelo fato de não saber como administrar suas propriedades nessa nova era. Desse grupo de pessoas saía um bom número de "patos" dos quais a sátira social elisabetana estava repleta.

Não havia muita distância entre os proprietários e um tipo desagradável sobre o qual Shakespeare tem muito a dizer, embora seja característico dele não os colocar no palco. Consistiam da escória ou de parasitas da nobreza ou homens que fingiam possuir uma certa posição ou, ainda, simples rufiões; eram os "fanfarrões" que, com freqüência, faziam alvoroço nas ruas de Londres. Rosalinda e, desnecessariamente, Pórcia, disfarçando-se, resolvem enfrentar esses "covardes viris" (CG, I.iii.121; OMV, III.iv.63ss.). Outro testemunho é o indignado discurso do velho tio de Hero sobre os jovens da época, entre os quais ele considera estar Cláudio – "Rapazolas fanfarrões, janotas, brigões", que "mentem e enganam e escarnecem, depravam e caluniam" (MBPN, V.i.94-5). Havia muitas coisas no redemoinho da vida em torno de Shakespeare das quais ele não gostava. Pode ser que até mesmo ele tenha sido ocasionalmente molestado nas ruas.

Armado é um espécime mais inofensivo das camadas decadentes de uma antiga ordem: uma caricatura da afetação aristocrática, uma encarnação do absurdo na cultura da corte. Sua incapacidade de fazer contas é uma piada não sobre sua aritmética ruim, como às vezes se infere, mas sobre seu pseudo-refinamento: ele não sabe dizer quanto é três vezes um porque esses cálculos estão abaixo dele – "Não sou bom em contas: isso é adequado ao espírito de um taberneiro". Ele não era melhor na hora de pagar seus criados. Os jogos arriscados, por sua vez, são característicos dos gentis-homens, parte do "verniz de um homem completo" (TAP, I.ii.39-42). Os comentários cáusticos de Berowne sobre Boyet, um *cavalier servente* que "conhece o truque / Para fazer minha dama sorrir", podem ser tomados como a opinião de Shakespeare sobre esses parasitas dos grandes proprietários. Em Ardenas, o duque banido e seus amigos lembram de sua vida na corte com sentimentos mistos; o pretensioso bobo da corte anseia por ela como um paraíso perdido. Qualquer um que não estivesse na corte, ele afirma ao bucólico Corin, teria maneiras rudes e, portanto, seria proscrito (III.ii.11ss.).

Jaques pergunta ao belo Orlando se ele não adulava as esposas dos ourives para conseguir anéis (CG, III.ii.268ss.). Os cortesãos necessitados adulando as cidadãs frívolas eram um alvo-padrão. A míngua do dinheiro impele Falstaff a se juntar a esse grupo, tentando fazer valer sua condição de cavaleiro. Sua derrota para as mulheres da desprezada classe de negociantes torna sua decadência ainda mais estrondosa. Para sir John, um marido burguês, ainda que próspero, é um mero "camponês" e um divertido passatempo. Ele tenta conquistar a senhora Ford, como Touchstone faz com Audrey, com a idéia de que, se ficasse com ele, ela logo brilharia na corte (AACW, II.ii.261; III.iii). Ele falha. No entanto, entre as classes que representavam, havia sempre uma linha divisória tênue. A senhora Page deseja dar a mão da filha ao doutor Caius porque ele não só é bem-nascido, mas tem "amigos poderosos na corte" (IV.iv.88-9).

Somos apresentados a nobres, bons e maus, vistos pelos olhos dos criados ou por meio da interação entre ambos. No topo da escada de serviço estavam os servidores gentis-homens e as criadas das *damas*, em geral pinçados do grande conjunto de filhos e filhas mais novos e solteiros. Shakespeare mistura as coisas quando faz o lacaio de Lucêncio em *A megera domada* chamar

Trânio de "companheiro" depois que este fala com Lucêncio como tutor e amigo, fazendo citações em latim (I.i). Pantino em *Os dois cavaleiros de Verona* pode ser considerado um mordomo. Júlia discute sobre seus pretendentes com a inteligente e letrada Lucetta e, ao abandonar a casa, deixa-a encarregada da casa e de tudo que há dentro dela (II.vii). Nerissa é a criada de Pórcia, mas destinada a casar com o cavalheiro que acompanha Bassânio, Graciano. Hero tem duas criadas que fazem parte da vida social dos donos da casa.

Uma língua ferina ou a tendência para fazer piadas com um senhor tolerante poderiam ser uma recomendação em um criado despretensioso. Nesse papel, ele foi o sucessor do bobo da corte e o antecessor de uma longa linha de criados da raça de Sam Weller. Speed está brincando com Proteu, amigo de seu patrão, na primeira cena de *Os dois cavalheiros de Verona*. Ele sabe usar uma linguagem requintada e fala até em versos rimados de catorze sílabas, cujo uso, segundo ele, aprendeu em alguma coisa que lera (II.i). As trocas de piadas têm seu ponto alto quando refletem pontos de vista sociais contrastantes. Speed reclama com o apaixonado Valentino sobre sua indiferença quanto à hora de jantar: o amor alimenta-se com o ar, mas "eu sou nutrido por comida" (II.i).

Antônio de Siracusa elogia seu Drômio como "Um vilão confiável", cujos "gestos divertidos" dissipam suas preocupações (ACE, I.ii.19). Um termo ofensivo pode se transformar em afeto. Berowne usa a palavra "escravo" duas vezes, em conversa casual com o bufão Costard (TAP, III.i, 149, 160), com bom humor e não com a arrogância típica dos Dramas Históricos. Os plebeus podiam usá-la entre si; Launce chama seu companheiro de criadagem de "escravo sem modos" (ODCV, III.2). Ele próprio é um simplório atrapalhado a quem Proteu, quando irritado, ofende como "camponês filho de uma meretriz" e "palerma idiota" (IV.iv). Podemos tomar esses parvos como recém-chegados das áreas rurais ou de pequenas cidades, em contraste com a esperteza londrina nata. Estão no palco para que se ria deles, embora, às vezes, nos façam rir dos outros. A conversa vacilante de Sly sobre seus ancestrais que "vieram com Ricardo, o Conquistador" (AMD, Prólogo.i) denota uma pernóstica pretensão familiar na

Inglaterra, como nos tempos antigos. Lancelote Gobo, como nativo de Veneza, esteve no teatro e assimilou a linguagem bombástica apreciada pela juventude. “Essas tolas gotas deixam meu espírito ensopado”, exclama ele, para explicar que chorava sua separação de Jessica (OMV, II.iii.13-4). Pistol tem vôos mais arrebatados de falta de senso, tudo o que ele e seus companheiros possuem para conservar o humor. Esses detentores do cavalheirismo decaído não têm futuro; como muitas outras coisas no mundo de Shakespeare, eles são os sobreviventes moribundos do passado.

Touchstone, o bobo da corte, xinga Corin de “seu palhaço” na floresta (CG, II.iv). Rosalinda e Célia, que estão com ele, são muito mais educadas, o que geralmente ocorre com as heroínas das Comédias. Há um ar encantador de camaradagem nas piadas entre a princesa e o guarda-caça em *Trabalhos de amor perdidos*, em versos rimados (IV.i.10). Mas, com o passar do tempo, ocorre um afastamento. A pequena nobreza aprende a usar a espirituosidade em seu meio. Uma coexistência mais antiga e fácil entre as classes está desaparecendo ou sendo rompida sem cerimônias. Shakespeare deve ter visto, com muita freqüência, “um velho desprezado atirado pelos cantos”, como seu Adão em *Como gostais*, brutalmente dispensado por Oliver; ele dá a Orlando as pequenas economias de toda uma vida e o acompanha até a floresta. Adão é a pessoa mais verdadeiramente religiosa das Comédias (com a exceção, talvez, de Shylock), com uma crença profunda no paraíso. Dessa forma, ele é um puritano que sempre foi parcimonioso nos gastos e manteve a saúde, levando uma vida simples e abstêmia (II.iii.42, 47).

Nos Dramas Históricos, a vida da classe média era quase um vazio. A Itália nunca foi completamente feudal como a França e a Inglaterra, e isso deixou diferenças que devem ter sido claras para Shakespeare nas fontes às quais ele recorria. Ainda assim, os modos de viver da classe média apareciam apenas ocasionalmente nas Comédias; por outro lado, a influência daquilo que poderia ser livremente chamado de idéias e qualidades da classe média está se ampliando de maneira razoavelmente constante. A fixação do ponto médio da escala social dependia dos antigos marcadores de nascimento e de classe; agora, havia uma alternativa para essa classificação: o dinheiro. Aqui também parece que a preferência de Shakespeare era o ponto eqüidistante. O contentamento com uma competência modesta era uma antiga doutrina, freqüentemente repetida pelos escritores elisabetanos. Nerissa ri dos suspiros de sua senhora e preza o ouro: "pelo que vejo, eles são tão errados que ou comem demasiado ou jejuam" (OMV, I.ii.5).

Um mal-estar parece pairar sobre os tesouros acumulados da rica Veneza. Os dois homens ricos ficam tristes, e a dama rica sofre com a instabilidade das vontades excêntricas de seu pai. A primeira fala de Antônio, primeira da peça, começa: "Sinceramente, não sei por que estou tão triste". As primeiras palavras de Pórcia são "Juro, Nerissa, meu pequeno corpo está fatigado deste grande mundo" (I.ii.1-2). A melancolia inexplicável de Antônio parece um pressentimento de tristezas vindouras; a riqueza parece uma coisa não natural e doentia, um fardo para o possuidor, como a coroa é para um rei, além de ser corruptora da sociedade. Os lucros dele advêm dos quatro oceanos; tudo o que tem de fazer é esperar e receber. Para esse homem, a vida pode parecer irreal, uma miragem ou "Um palco", como diz, "onde cada homem deve representar um papel" (I.i.78).

As "ordens inferiores" aparecem de maneira mais nítida do que as classes médias, mas não coletivamente. Raramente há alusões, exceto pelo estrangeiro Shylock na sala do tribunal, ao sofrimento dos pobres como uma classe. Bottom e seus amigos são o único grupo de carne e osso de trabalhadores braçais. Não são instruídos, porém não são ignorantes como um todo – sobre teatro, por exemplo. Bottom sabe quais papéis estão em moda; Quince tem alguma compreensão sobre o trabalho do produtor e deseja um prólogo "escrito em oito e seis" (SNV, III.i). Esses "artesãos grosseiros" (III.ii.9) têm mais bom senso do que as pessoas de boas famílias que se perseguem nos bosques, e sua companhia nos traz uma mudança bem-vinda. Uma vez mais, ouvimos plebeus lutando com palavras novas: Flute tem de corrigir Quince quando este usa *paramour* (amante) em vez de *paragon* (modelo) (IV.ii).

Somos lembrados de todas as maneiras que o mundo da Comédia pertence a um antigo e decadente estágio de feudalismo.

Isso é muito claro em *Trabalhos de amor perdidos*. A carta de Armado para o rei começa com uma torrente de cumprimentos para "Deus terrestre de minha alma" (I.i.218-9), forma pela qual os escritores de sonetos se dirigiam a suas musas ou a seus patronos. Com mais de um toque irônico, a princesa manda um recado para o rei, dizendo que ela e sua festa esperam "como pretendentes humílimos, sua majestosa vontade" (II.i.34) – isto é, queria saber quando ele estaria pronto para recebê-la. Shakespeare provavelmente teve de passar por isso de forma desagradável; o Soneto 57 diz:

> Sendo seu escravo, que mais posso fazer além de me debruçar
> Sobre as horas e momentos de seu desejo?

Rosalinda ameaça atormentar Berowne obrigando-o a "adular, e implorar e procurar, / E a esperar um momento, observando os tempos" (IV.ii.61ss.): a dama orgulhosa era a réplica feminina do aristocrata pedante fazendo seus clientes renderem homenagens. A corte e os cortesãos eram a mesma coisa. Sílvia dirige-se a seu admirador Valentino e a seu amigo recém-chegado como "servos" (ODCV, II.iv).

Da mesma forma que Shakespeare nos faz ver o burburinho das ruas indiretamente, pela descrição vívida e com alguns cômicos imitadores como Pistol, ele não nos mostra muito da burguesia, mas, de modo mais sutil, nos dá a conhecer muito sobre como a sociedade está sendo *aburguesada* ou permeada pelo dinheiro e pelas atividades que geram o dinheiro. A beleza do verão pode ser chamada de "cara" apenas em uma sociedade em que tudo tem um preço. O herdeiro impaciente está "boquiaberto" diante de seu patrimônio; Teseu compara a Lua, cujo lento minguar atrasa seu casamento, a uma velha "que aos poucos dilapida a renda de um jovem" (SNV, I.i.5-6). As imagens e frases irregulares em *Trabalhos de amor perdidos* mostram que a remota Navarra respira o mesmo ar que Atenas. O desagradável Boyet é "mascate da espirituosidade", ao passo que Berowne e seus amigos "vendem por atacado" (V.ii.317): uma das muitas comparações esclarecedoras, por ser tão incoerente com os personagens. Em Pádua, um pai está ansioso para casar a filha mais velha e assim, como um merceeiro, desfaz-se de um "bem" em que há muito "investe" (AMD, II.i.321).

Em Veneza, Antônio sofre a humilhação de ter de seguir o judeu em quem cuspira nas ruas e suplicar misericórdia. Na selva do fazer-dinheiro, não há piedade para os desfavorecidos como vemos outra vez, de forma metafórica, em *Como gostais* (II.i.45), quando Jaques se apieda de um veado ferido e descobre "mil comparações" sobre as quais pode fazer reflexões morais. Elas se transformam em dinheiro, propriedade e sórdida cobiça. Uma delas pode sugerir que o poeta está pensando nos problemas dos negócios de seu pai: o sofredor é abandonado por seus "amigos diletos", que não têm benevolência para poupá-lo da "má e destruidora bancarrota". São comparados a "cidadãos obesos e gordurosos": palavras cheias de repugnância aristocrática pela burguesia, como a fala de Jaques, pouco depois, sobre os trajes e adornos luxuosos das esposas dos cidadãos ricos (II.vii.75-6).

A *megera domada* é abundante no que Trollope, em *The Kellys and the O'Kellys* (capítulo 1), chamou de "particularidades que sempre interessaram aos gentis-homens que buscam dinheiro e amor ao mesmo tempo". O pai de Petruchio acabara de morrer, deixando-lhe uma propriedade, mas ele quer mais, e está preparado para casar com qualquer mulher pelo dinheiro (I.ii.48ss.). Hortêncio prevê que Catarina encontrará um marido apesar de seu temperamento, porque seu pai, Batista, está oferecendo um excelente dote, e "há bons homens no mundo" que aceitarão esse tipo de barganha (I.i.27-9). Batista oferece sua filha mais nova, Bianca, para aquele que for mais rico e ficamos sabendo tudo sobre os recursos do pretendente. Lucêncio, ou Trânio como seu procurador, passa o dia jactando-se de sua grande riqueza (II.i). Hortêncio desiste de Bianca e imediatamente se transfere para uma rica viúva que há tempos vinha recusando. Pode jactar-se de ser um "gentil-homem", o que é atraente para ela (IV.ii).

Fenton confessa, em Windsor, como Bassânio em Belmonte, que foi um perdulário; pior ainda, foi dado a "esbanjar" e às "más companhias"; seu interesse por Anne Page começou com pensamentos sobre o dinheiro do pai dela (ele e Shakespeare podem ter esquecido de que ela tinha um irmão mais jovem), mas assegura-lhe que agora está muito mudado (AACW, III.iv.5).

Fenton é "muito bem-nascido" para o gosto do senhor Page, embora provavelmente não o fosse para o da senhora Page. Bassânio admite para Pórcia que toda sua riqueza corre em suas veias (OMV, III.ii.255-6). Em resposta, ela não esquece de dizer-lhe que, com sua aliança, está dando a ele suas posses, assim como a si própria (III.ii.168). Ele ganhou o velocino de ouro que havia em sua mente em Veneza (I.i.70-1) e ao qual seu companheiro Graciano, sem tato nenhum, recorre na presença de Pórcia.

Os negócios ultramarinos são lucrativos, mas arriscados, por motivos políticos e outros. Na abertura de *A comédia dos erros*, o velho Egon de Siracusa é condenado à morte por se aventurar em Éfeso, em virtude de uma querela entre os dois estados. Em *A megera domada*, um habitante de Mântua é enganado com uma história que diz que os navios de Mântua em Veneza estão sendo apreendidos e todos os mantuanos em Pádua, uma cidade veneziana, serão executados (IV.iii). Antônio de Veneza fica muito triste pela perda dos navios, mas nem ele nem ninguém mais tem uma lágrima sobrando para derramar pelos infelizes marinheiros que perderam a vida, ou foram capturados como alguns vistos pelo amigo de Shylock, Tubal (OMV, III.i.97-8). O capitalismo desumaniza; é o mercantilismo que importa e não os homens. Como ocorre com freqüência, podemos nos perguntar se Shakespeare quer que percebamos isso ou se ele mesmo percebeu. Mas um acorde habitual de seu comentário social é tocado pela frase de Dogberry: "os homens crescem com o coração endurecido e nada fazem pelo amor de Deus" (MBPN, V.i.314-5). Um devedor não deve ser invejado, mesmo que Shylock não esteja em seu encalço. Sabemos de um devedor que foi preso e de sua dolorosa condição na cadeia, mantido em "penas piores que o Inferno" por um carcereiro impiedoso – "Um demônio, uma fera" (ACE, IV.ii.32ss.).

Tirará minha vida, se me tirar o dinheiro pelo qual vivo, protesta Shylock para o doge (OMV, IV.i.371-3). Muitos pequenos agricultores ingleses expulsos das terras arrendadas ou de sua participação nos vilarejos poderiam ter feito a mesma queixa. Em *Como gostais*, uma comédia excelente, há várias referências aos males sociais: eles são necessários para explicar por que os rigores da vida na floresta – o duque, diferentemente de sua filha, parece não ter teto para abrigá-lo – podem ser mais toleráveis que os da "civilização". Shakespeare romantiza o passado quando contrasta as virtudes de um "mundo antigo" com o presente mercenário. Orlando sai-se tão mal como o filho pródigo sem merecê-lo (I.i.35-7). Mesmo em Ardenas, os refugiados encontram um senhor "avarento", ou fazendeiro rico, que não tem a menor intenção de alcançar mérito por meio de generosidade para com os outros (II.iv.73ss.). Sidney Lee não tem dúvidas de que Shakespeare tinha em mente as tristezas dos camponeses de Warwickshire, a localidade onde havia nascido. (*Stratford*, p.278-9).

Nessa peça, temos um quadro antitético da sociedade reminiscente, de certa forma, dos Dramas Históricos. Acima de todos, entre as classes privilegiadas, estão os enredos de ódio fraternal e fratricídios; abaixo, um bobo da corte acompanha seu senhor ao exílio, como Adão segue Orlando. As coisas viraram de ponta-cabeça; os que estavam no alto tornam-se dependentes dos que estavam em baixo. O companheirismo selvático e a resistência alegre não são um prognóstico realista para o século vindouro; constituem um devaneio sobre um tempo melhor, no qual as benesses da Fortuna cega serão "igualmente concedidas" em vez de "extremamente mal distribuídas" (CG, I.ii.29ss.). Mas não existe uma aurora desse tempo no final das Comédias; em *Noite de Reis*, a ordem social está se desmantelando ou se diluindo em brumas.

Negócios de Estado

Das Comédias, surge um quadro incoerente de governo. Por um lado, a autoridade fica cada vez mais impessoal e formal; onde quer que ouçamos falar nela (nunca a vemos)ainda ativa, pode-se esperar desmandos. Contudo, embora as rebeliões e guerras civis tenham cessado, nas ruas tudo ainda é desordem, porque a autoridade não tem força, segundo as falas obsessivas de Shakespeare, sobre os fanfarrões e arruaceiros barulhentos.

Pórcia tem algumas palavras gentis e convencionais sobre "a apreensão e medo dos reis" (OMV, IV.i.189), mas essa linguagem está deslocada na Veneza republicana e nada há de apreensivo nos governantes que entram no palco das comédias de Shakespeare. Vivemos uma era pós-absolutista, quando a função do governo, em tempos de paz, era pouco mais que redigir e manter a lei. Atados aos costumes, os governantes são monarcas constitucionais ou presidentes, incapazes de infringir mesmo a pior das leis pela melhor razão. Em Veneza, o doge não pode ignorar o contrato de Shylock para salvar a vida de um bom homem e, em Atenas, Teseu não pode desprezar uma lei que possibilita a um pai executar uma filha desobediente. Em Éfeso, o duque apieda-se de Égon, mas não pode isentá-lo do rigor da lei. O absolutismo não alterou o fato de a Inglaterra e a Europa estarem repletas de antigas e rançosas leis, quase impossíveis de serem eliminadas sem uma revolução.

Somos então incitados a desejar que os governos sejam mais capazes de iniciativa e ação, ainda que as alusões casuais ao poder sem amarras apontem para o desagrado e para a suspeita que "a corte" e seus cidadãos habitualmente inspiraram na Inglaterra. Madressilvas que impedem a passagem da luz solar são como "favoritos que os príncipes tornam orgulhosos" (MBPN, III.i.9ss.). O bom duque de *Como gostais* compara a vida livre da Natureza, que proporciona ensinamentos sobre a realidade, em vez de lisonjas, com a "pompa colorida" da "maligna corte" (II.i.1ss.). É sempre curioso pensar na rainha Elizabeth ouvindo falas como essas – a menos que fossem abrandadas para agradá-la.

As Comédias situam-se em um presente pacífico em vez de, como nos Dramas Históricos, em um passado sem lei. Shakespeare aceita como verdadeira a "paz dos Tudor" e, às vezes, faz que ela soe mais completa do que é na realidade. Ele dizia ao governo e ao público como eles *deviam* comportar-se. Com certeza, o respeito pela lei e pela legalidade crescia, mas há um certo exagero bem-humorado quando Sly, o funileiro, ameaçado com a prisão por dever a um oficial da paróquia, alega que vai "responder com a lei". Os criados dos Capuleto querem ter certeza de estar do lado da lei, mas logo depois estão lutando com os criados dos Montechio. O aparato de cumprimento das leis é mínimo, como de fato ocorria na Inglaterra. Localmente, é creditado aos ilustres, como o juiz Shallow ou o policial Dogberry, que consideram que o melhor meio de lidar com um ladrão é nada ter a ver com ele (MBPN, III.iii). Parson Evans é contra a notificação de um tumulto ao Conselho Privado, porque "O Conselho, veja bem, quer ouvir sobre o temor a Deus e não sobre um tumulto" (AACW, I.i.32ss.).

Mesmo quando um príncipe tem um papel importante, não é como um manipulador do poder. Shakespeare faz de seu duque de Milão um monarca ridículo, assim como um pai odioso; ele próprio persegue sua filha, em vez de mandar a guarda, e é capturado por uma corja de bandidos. Dom Pedro parece um membro de um divertido grupo de convivas. Benedick refere-se a ele e a Cláudio como um par de "cavalinhos de pau" (MBPN, III.ii). Apenas em *A megera domada* e *As alegres comadres de Windsor* não há chefe de Estado visível, mas em *A comédia dos erros*, *Sonho de uma noite de verão* e *O mercador de Veneza* os três políticos, clássicos ou republicanos, são figuras que impressionam. E o "Poderoso Teseu", como sua corte o chamava (SVN, V.i.38), tem apenas um pequeno Estado paternalista para administrar, como os muitos Estados alemães. Apesar de suas conquistas, as leis de sua Atenas não iam além de sete léguas fora da cidade. O rei de Navarra ouve da princesa que, por seu isolamento e sua desistência de "manter a casa", ou os deveres da hospitalidade, está cometendo um "pecado mortal" (TAP, II.i.104). Ela o trata como um cavalheiro do interior. Os deveres do governo não vêm à baila; ele não os tem.

Ilíria é um país semelhante. "Quem governa aqui?", pergunta Viola, que naufragara em sua costa (NR, I.ii.23). A resposta deveria ser "Ninguém". O duque Orsino talvez seja apenas um governador e, em um determinado momento, reduz-se a um conde (III.i.37). No início, desnuda seu coração apaixonado para seus cortesãos e os incita a se unirem a ele para repousar em "adoráveis leitos de flores". Obviamente, ele nada tem de melhor a fazer. Ele está mais à vontade quando saúda afavelmente o bobo da corte como "meu bom companheiro" e recompensa sua sagacidade com uma pepita de ouro (V.i.10-1, 27-8). Teseu insiste em assistir à peça dos trabalhadores, apesar do aviso de que não vai ser grande coisa, e faz uma alusão óbvia aos progressos de Elizabeth, com seus discursos de boas-vindas que são lidos pelos que sofrem de medo do palco, e assim por diante (SNV, v.i.81ss.).

Ao lado de sua companheira de viagem, a realeza, a guerra havia recuado para o segundo plano. Ouvimos falar em duas batalhas, ambas anteriores à peça. Em *Muito barulho por nada*, logo de início ficamos sabendo sobre uma alegre vitória, com poucas baixas, e sobre o rebelde, irmão de dom Pedro, já ter sido perdoado. Antes do início de *Noite de Reis*, ocorrera uma batalha naval; a divisão dos despojos de guerra foi realizada pelos atacantes, mas a maioria dos bens foi devolvida, com objetivo de reatar os negócios (III.iii). As imagens podem ser de guerras distantes. Puck viaja "mais velozmente que uma flecha de arco tártaro" (SNV, III.ii.101). Existem, porém, toques mais realistas, que às vezes sugerem uma repulsa contra as brutalidades da guerra. A comparação feita por Berowne de uma cidade capturada com ajuda de incêndios, mas também destruída por eles (TAP, I.i.146), pode ser a lembrança de algum acontecimento recente na França ou na Holanda. A glória e o crime sempre andam lado a lado (TAP, IV.i.31). Jaques descreve um soldado como belicoso, praguejador, corajoso, mas com nada melhor na vida, senão buscar "a efêmera reputação" (CG, II.vii.48-52).

Ainda assim, Shakespeare é um admirador da coragem viril, que pode mostrar-se totalmente apenas quando a própria vida está por um fio. Ele nunca se cansa de ridicularizar a coragem fingida; podemos duvidar se qualquer outro escritor de seu tempo revisitou com tanta freqüência esse tema. Sir Toby, que não é um covarde, ressalta como as blasfêmias e maneiras altivas têm maior efeito que o espírito audacioso (NR, III.iv.180ss.). Shallow não se jacta por ser um lutador, mas gosta que fique claro ter sido ele um "grande lutador" em seu tempo, e que poderia fazer "quatro adversários grandes fugirem como ratos" (AACW, II.i.202-4).

Valentino, Orlando, Benedick, Sebastião, todos eles mostram coragem diante de nossos olhos e, assim, provam a si mesmos que são dignos das damas que Shakespeare criou para eles. O duque Orsino elogia a bravura de Antônio no lado inimigo da batalha naval; ele próprio tomou parte na luta, o que lhe confere um ar mais corajoso do que mostrara até então (NR, V.i.50ss.). Petruchio fala de suas experiências com tempestades no mar e campos de batalha, com o fogo de "grandes canhões", como uma evidência de que não sucumbiria à língua de uma mulher (AMD, I.ii.201ss.).

A preferência do próprio Shakespeare é pela coragem dos homens mais civilizados. Seu desejo instintivo era refinar tudo o que tocasse. Ele evoca repetidamente a associação renascentista entre a guerra e as letras. Navarra é um lugar calmo, mas Longaville ganhou o direito de ser exaltado como um homem "bem dotado nas artes, glorioso nas armas" (TAP, II.i.45). A primeira menção a Bassânio refere-se a "um erudito e um soldado" (OMV, I.ii.108), no que podemos acreditar mesmo sem nunca o termos visto com um livro ou com uma espada na mão.

Marte e Vênus estavam muito próximos no panteão de Shakespeare. Mesmo "o implacável e terrível deus da guerra", gaba-se ela para Adônis, foi seu "cativo" e "escravo" (VA, 97ss.). Amor e guerra, ou ainda, a capacidade de submeter-se ao teste da guerra, estão relacionados entre si como dois valores primordiais da vida; há suficiente irreverência na frase que ouvimos de Toby, sobre "abordar" uma mulher, como se fosse um navio a ser tomado. Entretanto, poder-se-ia esperar que as mulheres admirassem a coragem masculina, uma vez que elas freqüentemente dependem dela. De acordo com Proteu, "falsidade, covardia e indecência" são as três coisas que elas mais desprezam nos homens (ODCV, III.ii.32-3). Antes da luta em *Como gostais*, Célia e Rosalinda tentam dissuadir Orlando, mas uma vez que a contenda tem início, esperam ardentemente que ele vença, e é seu desafio ao campeão que leva Rosalinda a se interessar por ele. Dificilmente teria ganho a luta com as palavras, porém, mais tarde, como forma de compensação, Shakespeare lhe dá a luta com uma leoa, fora do palco. "Não há nenhum motivo neste mundo para o amor nascer", afirma sir Toby, que seja mais persuasivo para as mulheres do que "a repercussão do valor de um homem" (NR, III.ii.36-7); buscando isso, sir Andrew é levado a desafiar "Cesário", seu rival pela mão de Olívia.

Nos episódios de duelo, a ambivalência dos sentimentos de Shakespeare sobre a violência e o derramamento de sangue apresenta-se com maior clareza. Zomba do duelo diversas vezes, ainda que este continue sendo para ele a *ultima ratio* para um gentil-homem, como a guerra o é para um rei. Com base nisso, um homem honrado estava acima de qualquer lei, exceto a da honra. Apenas um poltrão como sir Andrew se preocuparia, ao lançar um desafio, em "se resguardar da lei", segundo as palavras sarcásticas de Fabiano (NR, III.iv.168-9). Como o antagonista é, na verdade, uma moça, todo o quadro não tem sentido. O mesmo ocorre, pelo menos superficialmente, quando o elegante Armado é desafiado por Costard, o bufão. Costard incorpora o bom senso do anti-herói: "Que a paz esteja comigo e com todo homem que ousar não lutar" (TAP, I.i.225-6). No entanto, quando surge um evento sério, é ele quem está pronto para lutar e não o cortesão. Ele gosta de Jaqueneta, e Armado brincou com os sentimentos dela. Costard vem à vila em defesa da moça, como um Benedick de origem humilde.

Desafiado por Valentino, Túrio replica, com sensibilidade suficiente, que não arriscará a vida e um membro por causa de uma moça que não liga para ele; o pai dela, o duque, considera esta uma atitude "degenerada e vil" (ODCV, V.iv.132ss.). Quando Lisandro e Demétrio falam asneiras um depois do outro nas obscuras florestas, bradando sobre a covardia um do outro, parece que Shakespeare está criticando os homens que apregoam o amor pelas lutas, quando não há ninguém contra quem lutar. Touchstone gosta de discursar sobre a "honra" (CG, I.ii.56ss.) e sustenta sua reivindicação de nobreza com uma história humorística sobre como, certa vez, quase teve de se bater em duelo por criticar o corte da barba de um cortesão (V.iv.45ss.). Seu palavreado sem nexo sobre as "sete causas" – censura moderada, desmentido direto etc. – é pouco mais tolo que os pedantes livros escritos na Itália e outros países sobre os mínimos escrúpulos das leis de Honra.

O doutor Caius, o provocador, envia um desafio para o pároco Evans, que apóia Slender pela mão de Anne Page. Desafiar um pároco nesses termos não era apropriado, mas Evans é um galês guerreiro, como Fluellen. Ele pede ao proprietário da estalagem da Jarreteira para medir as armas; o alegre anfitrião faz que os oponentes esperem um pelo outro em lugares diferentes – Caius, cheio de ameaças sanguinárias, Evans, não tão belicoso. Quando o anfitrião confessa sua pequena trapaça, todos ficam amigos novamente (AACW, III.i). Sir Andrew pensa que é uma esperteza desafiar um homem e, a seguir, deixá-lo esperando no local do encontro (NR, II.iii.132ss.). Logo é empurrado por amigos fiéis a encarar o encontro, assim como muitos outros homens em toda a história dos duelos. "As leis do duelo o eximem de agir de outra forma", pronuncia solenemente sir Toby (III.iv.305). Mais tarde, quando Andrew cai diante de Sebastião e é derrubado, ele ameaça apenas "uma ação por violência pessoal, se é que existem leis em Ilíria" (IV.ii.33-5). Toby está tão desgostoso que toma a querela para si. Segue-se um duelo e ele é ferido, mas não se ofende. Sebastião, recém-casado com Olívia, precisa desculpar-se por ferir seu parente (V.i.208ss.): um paralelo cômico com Romeu lutando com o primo de sua amada.

Em todo esse tom burlesco, o duelo é mostrado em seus aspectos absurdos; apenas em *Muito barulho por nada* há um desafio sério, lançado por um motivo sério e pelas razões mais dignas. Tem mais peso ainda pelo fato de vir de Benedick, porque parece que ele tem uma reputação de evitar prudentemente as querelas desnecessárias. Esse é o único sentido que pode ser dado às palavras de troça de Pedro – ditas para que as ouvisse – sobre como ele se mantém fora de perigo "com um temor deveras cristão" (II.iii.188ss.). Benedick é reconhecidamente um soldado corajoso. Sua filosofia é a de Shakespeare: "Não há valor verdadeiro em uma falsa contenda" (V.i.120).

A religião está em maré tão baixa quanto sua aliada, a realeza. Não é mencionada como um empecilho para o casamento de Pórcia com o príncipe muçulmano do Marrocos. Nem ela nem nenhuma outra pessoa pensa em agradecer aos céus pela libertação de Antônio, como Henrique V teria feito indubitavelmente. Há inúmeras alusões religiosas distribuídas pela obra e uma delas, sobre um herege queimado vivo, é um lembrete de que a religião não era motivo para risos (MBPN, I.i.218-20). Um amor imprudente, agora renunciado, é uma "heresia" abandonada (SNV, II.ii.145-6). As virtudes de Orlando são "traidores sagrados e benditos" para ele, porque os homens maus tiram partido delas (CG, II.iii.13): aqui, há um forte ar de conspiração católica, o fantasma da Inglaterra elisabetana. Há discursos emprestados com bom humor dos sermões ou obras devotas, que recebem uma zombaria na canção final de *Trabalhos de amor perdidos*, sobre como "a tosse abafa a voz do pároco". A maioria das frases sobre a Providência são tão perfunctórias quanto "tudo está em Suas mãos, acima de nós", proferido pela senhora Quickly (AACW, I.iv). As paixões humanas são muito fortes para se curvarem, exceto "por uma graça especial" ou auxílio divino, diz Berowne para seus amigos (TAP, I.i.152).

As palavras que mais se sobressaem são o apelo patético de Hero a Deus, como único protetor que lhe resta, contra a "catequização" ou interrogatório a que é submetida. Sua resposta é o bom conselho de um compadecido padre, um homem que pode ver a verdade porque, ficamos sabendo, aprendeu no livro da vida, assim como por meio de leituras (MBN, IV.i). Shakespeare acha usos convenientes para os padres católicos, como lhe permite uma ambientação italiana, em *Os dois cavalheiros de Verona*, por exemplo, quando Sílvia escapa indo até a "cela do frei Patrick" ostensivamente em busca de confissão (IV.iii). Esses homens são sempre bem-intencionados e tentam ser prestativos; de qualquer forma, eles são melhores homens de Deus do que os orgulhosos prelados dos Dramas Históricos. Algum sentimento católico vindo de sua família pode ter ajudado Shakespeare a tratá-los de forma benigna.

"Sir" Natanael, em *Trabalhos de amor perdidos*, tem um ar bastante inglês, do tempo em que os clérigos anglicanos não impunham muito respeito. Ele parece ser um "cura" regular, ainda que Berowne refira-se a ele como "padre iletrado" (V.ii.540). Em Ardenas, um verdadeiro padre iletrado ou impostor prega sua peça: "sir" Oliver Martext. Feste sempre tem piadas sobre o clero (NR, IV.ii.4ss.) e não tem escrúpulos quanto a se disfarçar de clérigo. Na Igreja da Inglaterra as crenças também eram discutíveis. A salvação pela fé em vez de por boas obras era o princípio da Reforma, mas os Trinta e Nove Artigos foram criados para serem ambíguos, sendo nessa época calorosamente contestados. Maria, rindo de Malvólio, inadvertidamente assume o lado dos protestantes, quando diz que o bom cristão "deve ser salvo por acreditar de maneira correta" (III.ii.69).

Acontece o mesmo com a princesa em *Trabalhos de amor perdidos*, quando ela considera "heresia" pensar em ser "salva por mérito" (IV.i.21-2), mas no enredo dessa peça está oculta uma certa chacota sobre o pensamento católico. A ambição do rei de Navarra em ganhar fama pelo estudo austero é uma paródia das esperanças católicas de ganhar o céu com rigores ascéticos e automortificação. O protestante acreditava no sóbrio autocontrole, durante a vida ativa e útil, e não em demonstrações de asceticismo. Seus mentores não favoreciam os votos privados como os que o rei de Navarra conquista de seus amigos para que se juntassem a ele. Parece haver uma pilhéria sobre o casuísmo, uma disciplina em que a habilidade ou enorme sutileza dos jesuítas era inquestionável, quando os outros três acólitos recorrem a Berowne para encontrar uma desculpa plausível para que eles quebrem o voto, "algum lenitivo para o perjúrio" (IV.iii.286).

Shakespeare tem igual satisfação em fazer zombarias com o campo oposto, dos "puritanos", geralmente acusados de austeridade hipócrita. Quando Bassânio previne Graciano contra sua grande leviandade e "espírito volúvel", Graciano promete ser o máximo da discrição em Belmonte e sempre ter um livro de preces no bolso. Martext, o padre apócrifo, se consola com um pio jargão, após ser repreendido por Jaques; ninguém, diz ele em tom de desafio, pode "insultar-me por minha vocação" (CG, III.iii). Para o puritano, seu trabalho, fosse qual fosse, era destinado a ele por seu capataz celeste. (Falstaff faz piada dizendo que o saque em estradas é sua "vocação".) Há uma referência depreciativa, em *Noite de Reis*, a um grupo de puritanos radicais, dissidentes da Igreja da Inglaterra: os "brownistas" ou seguidores de Robert Browne (III.ii.31).

Shakespeare tem sido acusado de ter sido muito duro com Malvólio, quando o chama de "puritano" egoísta e mundano. Parece querer deixar claro, por meio da astuta Maria, que Malvólio não é um puritano em nenhum sentido religioso (*NR*, II.iii.153ss.); talvez quisesse também deixar claro que não era um antipuritano, quando faz que o estúpido sir Andrew diga que gostaria de bater em qualquer puritano como em um cachorro, o que até mesmo Toby acha surpreendente (II.iii.147ss.). Malvólio sabe como ser, às vezes, um "tipo de puritano" (II.iii.146); não há contradições entre isso e sua ambição de ser um grande homem, circundado por criados obsequiosos. Ele pertence a uma classe média "que se move para cima", pronta a desafiar a pequena nobreza iletrada e a andar com seus próprios meios. Ele gostaria de ser o "conde Malvólio", consorte de uma rica herdeira; não gosta da vida despreocupada de sir Toby, mas, uma vez aristocratizado, pode-se esperar que se comporte tolamente, aparecendo com meias amarelas e insígnias cruzadas. Carlos I achou que a peça deveria chamar-se *Malvólio*; ele pode ter percebido nela alguns traços de seus próprios oponentes puritanos. Toby acusa Malvólio de pensar que, por ser virtuoso, não deveria haver mais festas com bolo e cerveja (II.iii.120-2); a república inglesa estava apta a tornar a proibição de bolos e cerveja substitutos para a reforma dos males mais graves, associados à riqueza e à pobreza.

Embora haja poucas demonstrações de piedade formal nessas peças, o perdão e a reconciliação são, às vezes, tidos como um ideal: Valentino é seu primeiro defensor. Mas a mensagem não se ajusta às peças em que os vilões são os personagens mais cômicos e os finais felizes são uma piada. O caso de Shylock é a exceção, porque duas religiões são colocadas como opostas. Observa-se que é ilógico que Pórcia aborde um judeu com o argumento cristão de que deveria estender a outros o perdão pelo qual suplicamos. Se, no entanto, colocarmos suas palavras em uma construção mais favorável, elas são realmente dirigidas a seus companheiros cristãos. É preciso incutir neles desde o início do julgamento a idéia de que, quando chegar sua vez de ter o açoite nas mãos, eles sejam mais capazes do que um descrente de enfrentar um desafio moral. Alguns deles reagem e mostram, como diz o doge, "a diferença entre nosso espírito" e o de Shylock (OMV, IV.i.364). O triunfo brutal de Graciano sobre o inimigo derrotado é o espírito do cotidiano do "cristianismo"; o verdadeiro cristianismo deve transcender isso. Todas essas coisas só podem ter um lado; Shylock é derrotado, mas não é mais purificado que Malvólio. Sua conversão forçada não tem sentido. São os cristãos inexpressivos que Shakespeare está convertendo, levando-os a praticar o que pregam.

Epílogo

Não há dúvidas de que seria simples identificar o drama "sério", histórico ou trágico, com a fragmentação de uma ordem antiga, e a comédia com uma nova ordem, que se desenvolvia para substituir a antiga. Na realidade, os elementos antigos e os novos entremeiam-se em ambos, assim como o bem e o mal, ainda que, no caso da comédia, o que observamos é a decadência gradativa e não o colapso repentino. O contraste saliente está entre as atitudes para com a vida ou filosofias de vida. Ao assistir a um drama "sério", "olhamos para o antes e o depois e lamentamos por aquilo que não existe", segundo Shelley. Na comédia, contentamo-nos com o presente. Ainda assim, o presente não é estacionário; o hoje também faz parte de um processo de mudança. As próprias peças dessa série estão se alterando. Como se observa com freqüência, elas fazem uso repetitivo dos mesmos dispositivos, em especial do disfarce de uma jovem como homem. O que se altera o tempo todo não são os materiais que Shakespeare utiliza, ou seja, a mecânica da composição, e sim o colorido, a atmosfera, a perspectiva, a essência de cada texto.

Boa parte da espirituosidade expressa nessas comédias é apenas diversão, mas há uma impressão cumulativa de seu funcionamento ao lado de um pensamento novo, mais sensato, que foge do limbo das coisas desgastadas e sem significado. Um fogo latente está consumindo as velhas tolices. Em geral, pode-se escutar Shakespeare rindo da sabedoria desvanecida dos dias passados. "Diversos filósofos afirmam que os lábios fazem parte da boca" (AACW, I.i.215-6): o pedantismo escolástico que Bacon estava eliminando soa absurdo quando expresso no inglês estranho de um pároco galês. Assim é também a lição de latim que dá ao jovem William; as confusões com palavras da senhora Quickly tornam o texto ainda mais engraçado (IV.i).

Algo muito semelhante acontece com os credos nutridos pela superstição popular, com muita freqüência patrocinada e explorada pelos eruditos, leigos ou religiosos. Sem colocar Shakespeare apressadamente ao lado do racionalismo, podemos ver bem suas referências ao sobrenatural apontando nessa direção. Antífolo de Siracusa logo se convence de que Éfeso deve estar cheia de "feiticeiros das forças negras", "feiticeiras assassinas de almas" e assim por diante (ACE, I.ii.97ss.), quando sabemos que esse atordoamento é simplesmente o resultado de estar com o Drômio errado. Os contemporâneos simplórios de Shakespeare estavam prontos para explicar todas as coisas que não davam certo como causadas por magia. Pinch é um infeliz emaciado que se dedicara à cartomancia e ao oculto por desejar uma vida melhor (V.i.238ss.). Com o exemplo do infeliz Antífolo de Éfeso, Shakespeare ressalta o quão facilmente um cidadão poderia ser considerado um lunático ou possuído por um demônio (V.i).

Geralmente recorria-se à magia "branca" para ajudar a encontrar coisas ou pessoas perdidas (Thomas, cap.7-8). Orlando parece pouco surpreso quando Rosalinda afirma que ela fará aparecer sua musa perdida para ele, com artes secretas aprendidas de um mágico "de grande sabedoria" mas "não amaldiçoado" (CG, V.ii); certamente ela não acredita que ele a leve a sério. O senhor Ford acredita que uma velha na casa é uma feiticeira (AACW, IV.ii); com certeza isso faz parte da insensatez deixada pela desconfiança em sua mulher. Aqueles que pregam peças em Ilíria fingem pensar que Malvólio está possuído por um demônio, e Fabiano sugere chamar a "sábia" que era encontrada em todas as vilas inglesas (NR, III.iv).

Um processo duplo estava ocorrendo, como nos Dramas Históricos em outro plano, ou seja, o de Shakespeare querer desvendar mais a realidade de sua Inglaterra e refletir sobre quais partes valia a pena preservar e sobre o que deveria ser eliminado. Seu principal campo de especulação era a área em que a aristocracia menor ou a pequena nobreza, e a cultivada classe média, se encontravam e, em vários níveis, se mesclavam. Castiglione, em seu livro sobre o homem do mundo ideal, queixava-se que entre os franceses apenas as virtudes guerreiras eram admiradas (p.88, 93). Shakespeare valorizava-as muito, mas também procurava por outras e buscava reunir coragem e honra, sensibilidade e erudição. Teve tanto sucesso que uma boa parte do pensamento de toda a Inglaterra posterior e da Europa sobre os "gentis-homens", e sobre o que deveriam ser, deve ser creditada a ele.

Nas Comédias, o que vemos são os melhores predicados e os piores defeitos da juventude. Os jovens cavalheiros de Shakespeare não são corrompidos. Não os vemos trapaceando, bebendo ou flertando em vão. Uma censura que ele transmite a essa classe na Inglaterra – que não se aplica a nenhum de seus personagens – é a de que são muito interessados em roupas e modas estrangeiras. "O jovem barão da Inglaterra" que é um dos pretendentes de Pórcia é ridículo porque suas vestes são uma mistura de três países, embora ele não conheça nenhum idioma estrangeiro (OMV, I.ii.64ss.). Shakespeare deve ter reconhecido que os ressentimentos contra uma classe superior afloravam mais agudamente quando ela começava a parecer estrangeira.

Ele queria que seus jovens fizessem algo com seus dons; quanto a isso, não difere muito de um pregador e escritor puritano como Perkins, sempre indignado com os jovens ricos e com seus sequazes, meros parasitas. Alguns dos homens de Shakespeare podem ser proprietários de terras, mas isso não é enfatizado e os ocasionais, como Túrio, cuja única qualidade é a "sujeira" que possui, não nos invoca estima. A maioria deles tem ou pretende ter alguma profissão; mas sua existência padece de certo vazio. No final, depois de Benedick, Shakespeare parece se cansar de seus jovens e prefere a companhia dos idosos, entre os quais os imerecidamente pobres da antiga ordem: Falstaff e sir Toby.

Podem ser observados alguns enxertos de qualidades complementares entre homens e mulheres, assim como entre as classes. As mulheres também deveriam ter instrução, inteligência, liberdade de expressão e coragem, se não física, moral; os homens deviam ter mais da sensibilidade e da simpatia das mulheres. As mulheres continuam atraentemente diferentes dos homens – muito mais que nos Dramas Históricos, em que os sexos estão próximos apenas nas ambições e no egoísmo impiedoso. Agora, que são suas qualidades e não seus defeitos que os aproximam, o amor pode ter significado verdadeiro. Alguma coisa distinta da idéia de mulher como redentora do final do romantismo apresenta-se esporadicamente nas Comédias, assim como nas últimas peças de Shakespeare. No final das Comédias, nada mais resta além da evolução dos gentis-homens. Rosalinda fantasiada de homem poderia ser rainha da floresta, mas Viola descobre que seu disfarce causa problemas e precisa admitir a "fragilidade" de seu sexo tão impressionável, dos "corações de cera das mulheres" (NR, II.ii.25ss.). Ela e Olívia – e também Anne Page – não têm confidentes e são as heroínas mais solitárias.

Shakespeare não tem predileção pelo padrão estereotipado do vilão contra o herói, quer nas comédias quer nas tragédias. Isso implicaria uma distribuição simplista do bem e do mal, elementos que, na realidade, são dispersos, sejam latentes ou ativos, em toda a estrutura social. Só em Veneza temos o que parece ser uma antítese direta entre a comunidade como um todo e os intrusos malignos. Shylock, porém, não é um vilão verdadeiro, um ser humano que elege o mal. Em vez disso, o drama mostra como os homens de qualquer tipo podem agir mal, sem se sentirem mal com isso. Das injustiças diárias da vida social, desprezadas por força do hábito, a que nos leva mais próximos de uma revelação é a acusação de Shylock contra os venezianos – a qual ninguém responde – de uso cruel dos escravos e dos animais de carga. Shylock frustra-se com muita facilidade, mas exorcizar essas discórdias é muito mais difícil. A música das esferas que ouvimos no Ato V parece ser uma harmonia dos céus, que na Terra não deve ser procurada.

Como um provinciano de cidade pequena, que transitava entre Londres e Stratford, Shakespeare faz muito uso dos atalhos entre a cidade e o campo nas Comédias. Mesmo quando a localização é urbana, muitas cenas passam-se em jardins. *Sonho de uma noite de verão* e *Como gostais* são eminentemente rurais, embora como de costume os personagens venham da cidade. Não estamos nem perto de Tímon, que sacode a poeira de Atenas de seus pés; mas existe grande sensação de desgosto com a humanidade, ou com os problemas de sua vida social, para tornar o exílio sob as árvores e sob as estrelas uma boa troca. Apenas se retirando para um acampamento utópico nos recantos selvagens, como os poetas do romantismo sonhavam fazer, é que os homens podem recriar o companheirismo perdido.

Mas é apenas no plano da fantasia que Shakespeare pode pensar, de vez em quando, em atrasar o relógio ou em adiantá-lo. As Comédias terminam com uma peça muito encantadora, mas demasiado romântica, assim como *Henrique V* é extremamente heróica. Ela precisa do sincero esforço terreno de sir Toby e seu grupo, como antídoto para os refinamentos artificiais. De modo adequado, Shakespeare transfere sua cena para além da Itália, para uma Ruritânia fruto de sua imaginação.

PARTE V

A VIDA REVELADA

CAPÍTULO 1

ACASO E DESTINO, SINA E CASUALIDADE

Não seria surpreendente se um homem que devotasse tanto de sua energia, como Shakespeare o fez ao escrever peças, que memorizasse partes das peças de outros homens, desempenhando todos os tipos de papéis, fosse, às vezes, assombrado por uma sensação de irrealidade. Ele provavelmente sentiria isso mais nas Comédias, pura ficção, do que nos Dramas Históricos, baseados em fatos. "Falas sobre o nada", exclama Romeu, interrompendo o discurso sobre a rainha Mab de Mercúcio, que concorda com ele: "É verdade, falo de sonhos" (REJ, I.iv.96). *Sonho de uma noite de verão* está cheia de questionamentos sobre os dois domínios da existência, o real e o imaginário, e sobre o significado que a poesia, entre os dois, pode ter. Teseu é, de fato, um anglo-saxão; ele despreza as histórias dos apaixonados como ilusão e os compara com a pena do poeta que transforma o "evanescente nada" em palavras (V.i.2ss., 208). Os melhores atores são apenas sombras, declara ele, assim como os piores, e o Epílogo ecoa suas palavras: "Se nós sombras vos ofendemos...". A força do sentimento entre os espectadores, arrebatados pela força da linguagem, poderia torná-los criaturas de carne e osso – pelo menos por alguns momentos.

"A imaginação cria/ A forma de coisas desconhecidas..." (SNV, v.i.14-5). "Imaginação" não era uma palavra nova, mas estava assumindo novos significados, como aconteceria posteriormente para os poetas românticos, tornando-se um *daimon* ou gênio poderoso. Mas que coisas desconhecidas ela estava trazendo à luz? Podemos nos aventurar a pensar que Shakespeare via mais profundamente, nos recessos da vida humana, de onde surgiriam pensamentos e sentimentos do futuro. Ele pode ser ouvido ponderando sobre a imaginação, e sobre si mesmo como um artista criativo, na longa meditação do prisioneiro Ricardo II, no qual a alma, simbolizando instinto e emoção, é a parceira dominante, e o cérebro, ou razão, é seu ajudante: "Meu cérebro é a fêmea de meu espírito..." (v.v.1ss.; cf. Knight, *Imperial Theme*, cap.xi).

As coisas históricas, como a coroa de Ricardo, eram reais, mas elas ou seu significado estavam mudando; as formas familiares estavam à deriva ou sendo arrastadas por uma irresistível corrente. Em um longo solilóquio, durante uma batalha, o infeliz Henrique VI cisma com o Tempo e sobre o quão suave e tranqüilamente ele deve fluir; ao invés disso, transformou-se em uma torrente furiosa na Inglaterra rasgada pela guerra (*3H.VI*, II.v.1ss.). O mesmo se deu com a Inglaterra e com a Europa de Shakespeare. Conseqüentemente, seus contemporâneos preocupavam-se, muito mais que alguns de seus antepassados, com os processos de mudança e com o que estes trariam. Nenhum espírito foi mais sensível para eles que o de Shakespeare, quase a ponto da obsessão. Muitas vezes "a mão deformada do Tempo" (ACE, v.i.300) foi destrutiva para ele. Para o indivíduo consciente do escoamento da vida, o Tempo é um tirano, como nos Sonetos; do ponto de vista coletivo, pode ser uma dimensão fértil e orgânica da vida. "O Tempo é a ama e o criador de todo o bem" (ODCV, III.i.243) – mesmo se essas palavras são ditas por um falso amigo que procura enganar.

A habilidade de Shakespeare sobre a "manipulação do tempo" no palco foi elogiada (Beckerman, p.157). O tempo como tema de discussão é bastante perceptível em *Como gostais*, naquelas agradáveis horas de lazer na floresta, quando se poderia supor que ele tivesse adormecido. Como pretexto para abordar

Orlando, Rosalinda disfarçada pergunta-lhe a hora: o que poderia isso interessar em Ardenas? Porém, isso dá uma abertura para a conversa inteligente sobre como o tempo às vezes passa lentamente e, às vezes, voa, como para o ladrão que vai para o patíbulo (III.ii): uma estranha escolha de assunto para uma criatura jovial que conversa com o homem que ama. Em outra cena, ela refere-se ao Tempo como "a velha justiça, que experimenta e testa todas as coisas" (IV.i.194-5). Orlando pensa nas "arrastadas horas do tempo" (II.vii.111).

Em outra floresta, até mesmo as fadas aprenderam a medir o tempo em frações de minuto (SNV, II.ii.2). Durante séculos, a religião, o comércio e a guerra tinham ajudado a dar à Europa um sentido de maior urgência em relação ao tempo do que em qualquer outra região. Foi a Europa que inventou os úteis relógios mecânicos, e agora produzia relógios de bolso (ver Landes). Em Shakespeare, os relógios são proeminentes. Jaques está encantado com a visão de Touchstone consultando o relógio de bolso e falando categoricamente sobre a passagem da vida e do tempo (CG, II.vii.12ss.). No devaneio de Malvólio, de casar-se com uma condessa e destacar-se entre seus criados, ele dá corda em seu relógio, com um indubitável ar de vaidade (NR, II.v.59-60). Um relógio poderia ser um símbolo de *status*. Outro que também possui um relógio é o pároco; o instrumento o mantém consciente de sua trajetória em direção à morte (V.i.161). Berowne compara uma esposa a um relógio que sempre funciona mal (TAP, III.i.189-90), como acontecia com muitos dos primeiros relógios. Em *Rei João*, o Bastardo fala do "Velho tempo, esse regulador dos relógios, coveiro calvo das horas" (III.i.324).

Podemos supor que Shakespeare possuía um relógio e precisava olhar para ele com freqüência. Seja qual fosse seu método – ou falta de método – de trabalho, ele podia se identificar com o sentimento, de muitos homens ocupados de sua época, elevado pelo puritanismo a um princípio religioso, de que qualquer perda de tempo era censurável. O rei de Navarra abre *Trabalhos de amor perdidos* com metáforas confusas sobre a busca de reputação como uma forma de preservação contra o "Tempo, corvo devorador" e "a lâmina afiada de sua foice". "O relógio me censura com a perda de tempo", diz Olívia se autocensurando quando Viola não dá ouvidos a seus cortejos (NR, III.i.132). As primeiras palavras do príncipe Hal a Falstaff, que acorda e pergunta pelas horas, são: "Que raios você tem a fazer com o tempo hoje?" – e ele termina essa cena com a garantia de que o encontraremos "Resgatando o tempo quando os homens menos pensarem que o farei" (*1H.IV*, I.ii.3ss., 209). De fato, quando se torna rei, ouvimos dizer que ele está economizando o tempo com muito cuidado. Temos aí um monarca entrosando com uma virtude que é típica da classe média. Mesmo Hotspur, o cavaleiro, é tocado no final pelo reconhecimento puritano de que "O tempo da vida é curto", como diz aos amigos antes da batalha (V.ii.83). Quando está morrendo, suas últimas palavras são sobre como "O tempo, que nivela todo o mundo/Precisa ter um fim" (V.iv.82-3) – precisa acabar para ele, com sua morte, ou para o Universo, como prevê Próspero? Apenas Falstaff mantém sua indiferença cavalheiresca, exceto nos momentos em que sente a mão fria transformando-o em um velho. "Deixai que o tempo tome forma, e lá estará o fim" (*2H.IV*, III.ii.331-2), dizendo isso ele conclui sua fácil aceitação do mundo e de todas as suas injustiças, entre elas as que podem beneficiá-lo.

Para usar bem o tempo, um homem deve aprender como as coisas acontecem e como podem ser previstas ou controladas. Escrevendo tantas peças sobre a história, Shakespeare provavelmente formulou muitos pensamentos sobre suas forças motivadoras. Teria concordado com o astuto arcebispo de Henrique V quanto à era dos milagres ter passado, sendo necessário encontrar explicações racionais (I.i.67-9). Shakespeare parece ter pensado que as coisas aconteciam por meio de processos lógicos, continuamente em ação; a longo prazo eles "moldarão o acontecimento" (MBPN, IV.i.234).

As pessoas comuns ainda pensavam em termos de forças externas, estranhas ao homem e mais claramente manifestas pelas estrelas. As noções tradicionais de um teatro cósmico, cheio de signos e milagres, ainda eram mantidas pelos eruditos, embora o bom senso estivesse batendo à porta. Shakespeare estava pronto para fazer uso delas, pelo menos como apoios para seu próprio teatro. Quando Titânia e Oberon discutem, a Natureza entra em desordem (SNV, II.i.82ss.). Podemos rir, como Hotspur, dos augúrios dos quais Glendower se orgulha por terem acompanhado seu nascimento; talvez um pouco menos quando Henrique VI lembra, nas últimas palavras antes de ser abatido por Crookback, da "tempestade abominável" que marcou o nascimento monstruoso de Ricardo (3H.VI, V.vi.46ss.). Quando Henrique IV está morrendo, seus filhos falam dos presságios que as pessoas comuns tinham (2H.IV, IV.iv.120ss.). As profecias eram onipresentes na época de Shakespeare e assim permaneceram por muito tempo, em geral, com fundamentos astrológicos, e mais do que nunca durante as guerras civis e o Interregno, quando faziam parte da propaganda política (Thomas, índice: "Interregnum").

Não é necessário muito esforço para nos convencermos de que Shakespeare estava entre os que tinham uma visão mais racional dessas coisas. Ele usa fantasmas, em *Ricardo III*, e uma parafernália semelhante, mas são meros adornos, ficando fora da ação; ou, se a conjuração de espíritos em *Henrique VI Parte 2* for uma exceção, ela é muito inicial e primitiva. Essas coisas podiam ser eficazes, e podiam ser esperadas pelo público, mas Shakespeare as manipula de modo que venham a minar a credulidade. Clarêncio é movido por força de profecias e histórias de conspiração e de magia; sabemos que elas foram inventadas por Ricardo para envenenar o espírito de seu irmão Eduardo IV e este as aceita porque está cada vez mais "doente, fraco e melancólico" (R.III, I.i.32ss., 136). Quando Ricardo acusa seus oponentes de utilizarem magia para fazer seu braço deformar-se (R.III, III.iv.67ss.), assumimos que ele está mentindo, e os espectadores fazem o mesmo, sabendo que o braço sempre fora deformado.

As profecias prevêem o futuro para os homens; uma maldição pode determiná-lo. Muitas maldições são lançadas nos Dramas Históricos, atingindo seu auge em *Ricardo III*, no qual as mulheres, reduzidas à inutilidade, lançam maldições que se cumprem uma a uma. Pelo menos alguns oponentes de Margaret sentem um arrepio de medo, como Buckingham, quando a advertência contra Ricardo faz seu cabelo ficar em pé (I.iii.246ss., 303). Em passagens como essa, os versos estilizados fazem parecer que os falantes estão proferindo mais do que seus próprios pensamentos, estando, de alguma forma, "inspirados".

Constrói-se uma sensação de destino iminente. Mesmo Ricardo, com toda sua vibrante energia, pode ser derrotado pela previsão de um bardo irlandês (IV.ii.100ss.). Mas não há necessidade de acreditarmos que algo está acontecendo a não ser por causas naturais. Esses homens dos Dramas Históricos são direcionados pela ambição cega e por ódios, motivo pelo qual não podem sonhar em se libertarem; sem ter qualquer ideal mais elevado, suas vidas são tão insignificantes que eles pensam instintivamente que um Destino cego os está excluindo. "Escoam os últimos grãos de areia de minha vida", diz York quando é capturado. Sua luta impotente nos lembra um pássaro ou um coelho capturados, uma visão mais familiar para os elisabetanos do que para o homem moderno (*3H.VI*, I.iv). "Ao que o destino impõe", diz a si próprio seu filho Eduardo, quando chega sua vez de ser preso, "os homens devem ceder" (IV.iii). Um pouco depois, temos, agrupados: "a malevolência da Sorte", "a malícia da Sorte", "as estrelas" (IV.vi). O pensamento habitual do mundo como um "palco" poderia fomentar um sentimento do ser humano como nada mais do que um títere.

Há muito pouco nos Dramas Históricos que possa sugerir Fé na Providência; ela vem naturalmente apenas para os homens capazes de se sentirem dignos de ajuda divina, e estes são poucos. Há momentos em que Shakespeare, como poeta e não como pensador, se aproxima da idéia – não própria – de uma maldição que paira sobre a casa de Lancaster, como na casa de Atreus em Sófocles, em razão de um crime ancestral. Henrique luta contra ela diante de Agincourt, lembrando que seu pai fora um usurpador. Dramaticamente, aqui a maldição vem de forma muito natural. Ele coloca de forma religiosa o que é, na verdade, uma concepção pagã, da mesma forma que o faz com suas opiniões sobre a guerra, a conquista e a fama. Um senso mais extremado de destino ou de missão faz Crookback sentir, quando fere Henrique VI, que essa é uma tarefa para a qual ele foi "ordenado" (*3H.VI*, V.vi.58). Quando ele diz a Elizabeth, mais tarde, que não o culpe e sim ao destino, ela responde em termos religiosos: "a graça que evitamos faz o destino" (*R.III*, IV.iv.218-9) – os homens podem se libertar do grilhão do destino se escutarem a consciência.

Shakespeare tornava-se um historiador verdadeiro quanto aos objetivos, embora nem sempre quanto aos métodos: estudava o passado para compreender melhor o presente e o que era necessário para tornar o futuro melhor do que ambos. Na Guerra das Rosas, ficou evidente para ele que a rosa vermelha vicejava principalmente no Norte da Inglaterra, e a branca, no Sul; estava mais claro que nunca que Hotspur e seu partido nortista eram os mais feudais e anacrônicos, como os condes rebeldes de 1569. Diana Vernon em *Rob Roy*, cujos ancestrais eram partidários da casa de York, acusa o dramaturgo de ser partidário da casa de Lancaster. Na verdade, ele não toma partido; era claro que ambos os lados eram ruins ou muito mais ruins do que bons. O sucesso *teria* de favorecer uma causa justa; essa era a convicção de Henrique VI (*3H.VI*, II.ii.45-6, 62), mas seu triste destino o contesta. No final, nenhum dos lados vence; destruíram-se mutuamente e abriram caminho para uma nova e melhor administração, com o candidato mais útil ao país no comando. Depois de tantos altos e baixos, a legitimidade significa pouco. O "Tempo", contudo, por mais que possa ser personificado como um espírito direcionador, está se transformando em "História"; a "profecia" torna-se reconhecível com uma mudança no pensamento humano, com o poder de mudar uma situação.

A literatura devota estava repleta de histórias de "julgamentos especiais", que os céus imputavam aos pecadores. Um pedreiro se embebeda em um dia santo e, no dia seguinte, cai da escada e quebra o pescoço. Aqui, a intenção do Todo-Poderoso é cristalina, mas com freqüência era tão obscura que a teologia tinha de se apoiar na idéia dos propósitos inescrutáveis de Deus. Esses propósitos cobriam todas as coisas, mas aos olhos comuns, eram indistingüíveis da atuação das estrelas ou da Sorte, que eram as verdadeiras divindades do homem renascentista. A figura alegórica de Spenser da Mutabilidade, em *The Faerie Queene*, desafia Júpiter pelo domínio do Universo (parte 2, livro 7).

Antes que se pudesse formar uma visão secular e científica, as velhas noções míticas tinham de dar passagem para o reconhecimento do que era simplesmente casual, o acontecimento desmistificado, por um lado, e, por outro, de amplos padrões de mudança, arrebatando consigo eventos ocasionais. O Soneto 115 fala dos "milhares de acidentes" do Tempo, que alteram a mente dos homens e "mudam os decretos dos reis". Nas Comédias, o acaso sempre deve ser esperado. As intrigas de Borachio começam com o fato de ele ouvir uma conversa por acaso, e terminam com ele sendo ouvido da mesma forma. Na tragédia, o acaso com freqüência é mais prejudicial. Romeu e Julieta perecem porque o surto repentino da peste impede que uma mensagem chegue a Mântua. Isso, porém, não é contrário ao veio do drama. Era muito improvável que uma união secreta como a deles não chegasse ao desgosto. Como disse Lukács, Shakespeare trata essa casualidade "com soberana desenvoltura": não entra em conflito com a "atmosfera de necessidade" carregada de sina da peça (*Historical Novel*, p.120-1). Naqueles tempos, a "Fortuna", às vezes, podia ser usada como o que agora denominaríamos de "código", um esconderijo para as *in*fortunas auto-inflingidas da humanidade. "Sob a ficção dessa deusa cega", escreveu Nashe, "objetivamos a loucura dos príncipes e dos grandes homens na dispensa das honras" (p.136).

O acaso não pode ser eliminado, mas pode ser habilidosamente levado em consideração. Desígnios inteligíveis tomam forma em meio à confusão, com causas e conseqüências que podem ser confrontadas. Isso fica mais patente em *Henrique IV*, com sua vida política mais moderna e visão crítica. Quando Henrique está relembrando com desânimo a previsão do deposto Ricardo II sobre uma confusão em nível nacional, Warwick o anima dizendo que essas previsões não têm fundamento incompreensível. Do conhecimento do passado, podemos predizer,

> Quase infalivelmente, o desenvolvimento essencial das coisas
> Ainda por nascer, que repousam preservadas em suas sementes
> E em suas frágeis origens,

mas vem a se tornar "o resultado e o florescer do tempo". "Então tais coisas são necessárias?", replica o rei. "Então, enfrentemo-las como necessidades" (*2H.IV*, III.i.67ss.).

Os desafios exigem vigilância e energia; os problemas podem ser esmiuçados e resolvidos. Os homens podem ter uma visão racional das coisas ou das situações quando se sentem capazes de dominá-las. Em *Henrique VI Parte 2*, a "necessidade" enclausura os homens, mas o lado vencedor confia em seus recursos, ao passo que os perdedores ficam cada vez mais vulneráveis. "Somos súditos do tempo", diz Hastings de modo fatalista, concluindo uma discussão sobre os planos dos conspiradores (I.iii.110). "A corrente do tempo", pensa o arcebispo, o está conduzindo, e a seus amigos, para um arriscado canal, o que não lhes deixa escolha.

Sem ser um pioneiro nisso, Shakespeare estava desenvolvendo uma abordagem racional que era, ao mesmo tempo, profundamente imaginativa. Seus personagens tinham atrás de si "toda a filosofia renascentista da história" (L. B. Campbell, p.225), ou seja, a crença nela como uma ciência útil. Vivendo nessa época, ele deve ter adotado essas idéias com uma mente renovada e mais inquiridora, além de revesti-las com uma linguagem esplêndida. As coisas mudavam cada vez mais rápida e drasticamente, com o advento de uma sociedade em que o dinheiro iria tornar-se todo-poderoso e os velhos laços estavam enfraquecidos ou rompidos.

Qualquer época de alterações profundas provavelmente tem pressentimentos indistintos do que virá, e também uma mistura de alívio e arrependimento quanto ao que está sendo deixado para trás. Em retrospectiva, na biografia que fez do marido, um funcionário do Parlamento que morreu na prisão depois da Restauração, no fim do reinado de James I e poucos anos após a morte de Shakespeare, sendo ela ainda jovem, Lucy Hutchinson escreveu: "A terra estava, enfim, em paz – se é que aquela quietude pode ser chamada de paz, pois mais parecia a superfície calma e lisa do mar, cujo útero escuro já está impregnado com uma terrível tempestade" (p.2). Shakespeare, recorrendo a Morus por meio de Holinshed, escreveu algo notavelmente semelhante quando fez seu cidadão nervoso em *Ricardo III* notar que, diante da proximidade de qualquer grande transformação:

> Por um instinto divino, a mente dos homens suspeita
> Dos perigos futuros; assim como vemos
> As águas se elevarem antes de perigosa tempestade
> (II.iii.p.41)

As palavras podem soar arcaicas, como as do Soneto 117, sobre "a alma profética/ Do grande mundo, sonhando com coisas do porvir". No entanto, essa "alma" é quase uma metamorfose em algo mais secular e tangível: a opinião pública e o direcionamento de observadores meticulosos, capazes de divisar antecipadamente o desvio dos acontecimentos futuros. A admoestação de Warwick a Henrique IV repete-se em *Tróilo e Créssida*, feita por Nestor aos outros chefes dos clãs gregos que cercam Tróia. Os grandes acontecimentos são precedidos por pequenos "indicadores" nos quais se pode ver:

> O pequeno vulto da massa gigante
> Das coisas que estão por vir.
> (I.iii.339-40)

Em *Rei João*, "olhos de bebê" e "o gigante mundo enfurecido" são imagens próximas (V.ii.56-7). Shakespeare gostava do epíteto "gigante"; este sempre expressava seus sentimentos sobre o enorme e assustador complexo de coisas contra o insignificante ser humano. No entanto, isso não é um poder em si mesmo, um monstro com força vital própria; é a imagem que homens e mulheres têm da vida social que coletivamente construíram, ou das mudanças reverberantes que eles criam ou não conseguem impedir. Não é uma divindade externa ou o destino, mas algo que ainda não sabem enfrentar com sensatez. Desse ponto de vista, que Shakespeare compartilhou com os pensadores mais progressistas de sua época, eles não viviam uma "era em extinção" (AMD, Prólogo, ii.62), o último capítulo de um mundo que desaparecia; eles estavam em uma viagem de aventura em direção ao futuro, quando os homens saberiam como viver melhor.

CAPÍTULO 2

EM DIREÇÃO AO TRÁGICO

A crença de Shakespeare na capacidade da raça humana em progredir deve ter sido forte; na mesma medida em que reconhecia seus fracassos e as barreiras que estes constituíam contra a melhoria da condição humana, o custo terrível de qualquer movimento na direção de um futuro mais brilhante. Aí assenta a essência da tragédia. Desde o início, ele tinha um impulso para o trágico; seu "período trágico" seria uma intensificação disso, um eclipse do espírito cômico e não uma nova criação. Além de seus próprios humores obscuros, entonações sombrias faziam parte do que o público queria ouvir dele, a princípio sob a forma de melodramas tão grosseiros quanto a maioria dos nossos atualmente. Enquanto as condições de vida pioravam para muitos, outros prosperavam, o que ampliava a disseminação dos ressentimentos e da culpa. As histórias de figuras eminentes e de sua queda poderiam dar expressão a uma sensação difusa de instabilidade, como se tudo estivesse dentro do caldeirão de onde qualquer coisa poderia emergir ou, ainda, um estado de espírito com elementos trágicos e revolucionários. Além dessas tarefas indigestas com o espírito das massas e o seu próprio, Shakespeare aprenderia gradualmente a destilar o espírito da tragédia, na forma mais elevada que a humanidade já conheceu.

Seus dois poemas longos eram narrativas "trágicas". Anteriormente, ele havia composto (ou refeito) duas peças trágicas. Alguns dos Dramas Históricos, como *Ricardo III*, foram intitulados "Tragédias", e sem dúvida quaisquer assuntos importantes de Estado podem ser considerados dentro desse domínio. Em *Ricardo III*, Buckingham garante a seu confederado que, quando precisar controlar o público, ele saberá como "imitar o maior trágico" (III.v.4ss.). A rainha de Eduardo IV, indagada sobre a razão de sua entrada abrupta e dos cabelos em desalinho, responde que vem "Marcar [fazer?] um ato de trágica violência" (II.ii.29): seu marido está morto e o perigo paira no ar.

Nos primeiros Dramas Históricos, as longas diatribes ou "vitupérios" são uma tentativa afetada de atingir as alturas do trágico, onde um dia serão ouvidas as denúncias tonitruantes de Lear e Tímon. "Bem que eu poderia maldizer durante toda uma longa noite de inverno", grita o banido Suffolk – mesmo se tivesse de ficar "nu no topo de uma montanha" (*2H.VI*, III.ii.335-6). Esses arroubos, nas mulheres, soam mais naturalmente, porque, em geral, elas devem sofrer sem ser capazes de agir. "Rogo-te que me deixeis maldizer durante um momento", diz Joana D'Arc quando é capturada (*1H.VI*, V.iii.43). Shakespeare também usou meninos, vítimas indefesas de outro tipo, Artur ou os príncipes na Torre, como um coro, lamentado os males do mundo – assim como outros jovens, como Moth em *Trabalhos de amor perdidos*, fazem-nos rir pelas tolices dele. Os elisabetanos achavam a *linguagem* tão mágica que revestir os problemas com palavras, por si só, já trazia alívio. Hamlet estava sempre pronto a "desdobrar seu coração com palavras".

Hazlitt considerou os eventos históricos excessiva e dolorosamente reais para constituírem temas adequados à tragédia, que requer "perigos e sofrimentos fictícios" (*Shakespeare*, p.186). Isso soa mais como um argumento contra os temas contemporâneos, demasiadamente próximos das vistas do espectador. A Guerra das Rosas estava longe o bastante do teatro de Shakespeare, da mesma forma que para nós; exceto pelas grandes tragédias históricas, ele precisou ir muito longe, até a Escócia medieval ou ao mundo antigo. Os lordes feudais do século XV, nascidos para a vida perigosa e, em geral, tendo morte dolorosa, eram fecundos em sugestões trágicas, quando não efetivavam essa tragédia. Eles ofereciam um espetáculo de energia febril exaurida na busca da supremacia que, ao ser atingida, tornava-se cinza em suas mãos.

O binômio poder–avidez seria um dos grandes temas trágicos de Shakespeare. Nos Dramas Históricos, ele observou seu desenvolvimento para um tipo de loucura, o delírio de uma classe moribunda. No longo solilóquio de York sobre seus planos (2H.VI, III.i.331-83), ele está tentando "furtar-se" à dúvida ou à "pálida face do medo"; chama a si mesmo de "louco", sua luta frenética pelo poder é "vício nascido da loucura". Isso, finalmente, se intensifica até o pesadelo do isolamento de seu filho Ricardo III, perto de seu fim, e, em seguida, é traduzido por Shakespeare em *Henrique* V no poder–ambição desequilibrado de uma nação em busca da conquista. Nessa ocasião, o Estado moderno estava sendo constituído: o homem no trono, Henrique IV, e seu filho podem ter mais segurança, mas são separados de seus seguidores de uma nova maneira. Os dois não são "trágicos", mas a solidão fazia parte de qualquer castigo trágico dos protagonistas.

Nas peças anteriores a *Henrique* IV, entre as convulsões da ordem feudal agonizante, os indivíduos ocasionalmente são tocados pela Musa trágica. Talbot é um deles e tem momentos de eloqüência, mas a maior parte de sua retórica rimada faz que pareça menos como um homem e mais como uma férrea máquina bélica rangendo, que é como os franceses o vêem (*1H.VI*, I.iv.47ss.). Henrique VI é demasiado patético e inativo para ser trágico; no entanto, até os inimigos se comovem com as lágrimas de York sobre o cadáver de seu filho mais novo e suas últimas horas e morte são obviamente criadas como trágicas (*3H.VI*, I.iv). Essa impressão que temos deles deve-se ao pouco que fizeram ou disseram para ganhar nossa simpatia. Warwick mostra grandeza mais autêntica, ainda que, como York, pouca espiritualidade. Seu último longo discurso – sempre um teste rigoroso de qualidade, como as últimas palavras que as multidões londrinas adoravam ouvir dos criminosos no patíbulo – é bom, ainda que excessivamente elaborado. Ele nos diz que, afinal, tudo é "terra e pó" (*3H.VI*, V.ii.5ss.).

Ricardo III não tem permissão de se dirigir a nós dessa forma. No entanto, admirando sua vitalidade feroz e seu humor sardônico, não podemos testemunhar sua queda sem um certo abrandamento de nossa "mal-humorada virtude". Sua deformidade física e sua amargura condenam-no a ter uma participação nisso. Perto do desfecho de *Rei João*, tanto o rei como o Bastardo passam a apresentar uma intensidade de discurso bastante trágica. Porém, não há outra situação semelhante, apenas um rei com consciência pesada morrendo envenenado; nada há que justifique o lamento veemente de seu sobrinho por ele. Ao contrário, há uma descida para o absurdo, quando nos dizem que João, após os delírios no leito de morte, está cantando como um cisne agonizante (V.vii). Com Ricardo II, desencadeia-se o espírito trágico. Ele é um homem vazio, que vive de simulação e autopiedade, em vez de – como Hamlet – aprender a autocrítica.

Depois dele, uma nova Inglaterra luta pela existência, inoculada com humor e ceticismo, especialmente quando isso vem de Falstaff. Agora, o tempero dos valores feudais está perdendo seu sabor. O que resta dele é legado a Hotspur. De um ponto de vista, *Henrique IV Parte 1* é sua tragédia, como *Júlio César* é a de Bruto. Ele assemelha-se a Macbeth por ser um guerreiro famoso do Norte, um defensor de seu país, até ser desencaminhado, por outros e por seu próprio temperamento precipitado, para a traição. Não chega a isso tanto pela ambição, mas por sua natureza anacrônica; é um cavaleiro errante em busca de fama, em um mundo que está se tornando comercial, em que não há lugar para ele fora de seu hábitat natural, a região fronteiriça entre a Inglaterra e a Escócia. Nos Dramas Históricos, Shakespeare pesquisa a transição do feudalismo anárquico para a monarquia despótica, porém popular; esta elimina muitos males, mas também, como um tributo necessário, algo heróico e grandioso, que ele claramente admira e lamenta.

Pelo fato de as qualidades de Hotspur terem sobrevivido a seu tempo, tornaram-se mórbidas e excessivas. Quando fala da guerra como "esporte" e se diverte com o pensamento de Marte "ensangüentado até a orelha" (I.iii.299; IV.i.116-71), ele soa como um simples assassino (é assim que Hal zomba dele), como Talbot. É condenado pelas leis de seu próprio modo de vida arcaico e sente a mão do destino sobre si: "Vou para onde devo ir" (II.iii.107). Conforme a batalha se aproxima, seu grito, "O Juízo Final está próximo", parece misturar as sombras de um destino trágico com uma excitação febril (IV.i.134). Ele se desgasta precipitadamente, traído ou abandonado por alguns de seus aliados, e perece – um sacrifício para o progresso. Suas últimas palavras, como as de Warwick, terminam com "pó": todas as coisas pelas quais havia lutado estão se desfazendo em nada. O que sobra é uma reconciliação simbólica entre o herói morto e seu antagonista. O príncipe Hal teve de voltar ao passado, e distanciar-se de Eastcheap, para encontrar seu inimigo; rapidamente, em um campo atacado, podem partilhar a bravura comum. Fiel a sua missão de preservar e mesclar, Shakespeare resgata alguma coisa do imprudente Hotspur, transferindo-a – de maneira não muito convincente – para o calculista Henrique V.

Na Parte 2, não há nada parecido com isso; não há lutas para acender a centelha da tragédia, apenas uma nervosa excitação, de um lado, e decepção, de outro. Existem momentos em que o rei Henrique fala em tons trágicos (por exemplo, III.i), mas ele é um homem muito ocupado, esgotado e irritadiço, para sentir a tragédia por muito tempo e morre em seu leito, atormentado, mas bem-sucedido. Hotspur foi o grande perdedor, Henrique V é o grande vencedor, que imediatamente eclipsa o outro não-conformista, Falstaff. É hora de um recomeço, mas nenhum se abre para Shakespeare, exceto uma guerra agressivamente patriótica no exterior. Aqui ele está sendo fiel à história, mas o novo começo, moralmente, é tão anacrônico quanto qualquer coisa que Hotspur pudesse pensar; ele não leva a nada além de sua busca por "honra" ou fama. Andamos em círculos e voltamos para o início, com Talbot tentando conquistar a França; a única diferença é que as bravatas de Henrique atingem, às vezes, um padrão melhor.

Na constituição mental de Shakespeare deve ter havido um fundo de alegria esperançosa. Ele tinha sucesso como escritor e no campo financeiro, se não em todos os outros aspectos; tinha também interesse permanente pela humanidade e simpatia por suas dificuldades, adquirido, talvez, com a vida em Stratford e não em Londres. Sua imagem favorita da natureza era o nascer do sol, como o dia nascendo diante de Bosworth (R.III, V.iii.86-7)ou as boas-vindas de dom Pedro à aurora, depois da vigília noturna em *Muito barulho por nada* (V.iii). Ainda assim, Shakespeare foi chamado de "o grande pessimista" (Clark, p.xvi). Suas Comédias mostram bem o quão tolos e egoístas os seres humanos podem ser; seus Dramas Históricos mostram o quão pavorosos e horrivelmente infelizes eles podem ser. Há uma forte infusão de barbarismos em uma comédia como *Sonho de uma noite de verão* e também há insensatez em um Drama Histórico como *Henrique IV*. Nas Comédias, a divindade invocada é o Amor, mas, desde o início, sem fé sincera em sua *bona fides*; nos Dramas Históricos, a fé na monarquia tem caminhos variados.

Dois quadros opostos da Inglaterra aparecem nos Dramas Históricos: um ideal, sobre como o país deveria ser, e um pessimista, de como ele era. Esses quadros aparecem juntos na grande fala de Gaunt. Como um todo, a Inglaterra está sendo repensada e o que se vê é deficiente. A investida predatória de Henrique V pelo Canal não poderia ser uma fuga; a esperteza de Falstaff não podia dar novo sopro de vida à comédia, e não fazia parte da sua vocação consertar as coisas em um mundo errado, a não ser precipitando sua desintegração. O drama histórico precisa caminhar para a tragédia; a comédia deve dirigir-se para a "peça- problema".

Shakespeare não estava sozinho ao se direcionar para uma paisagem sob céus ameaçadores. Como diz L. C. Knights, "um tipo especial de melancolia" estava se instalando na literatura inglesa em torno de 1600, e sua raiz jazia nas condições sociais (p.315, 323); não se tratava de uma simples postura de *fin de siècle*. Um de seus apêndices era a crescente agitação que a religião provocava na virada do século. Com as emoções que fomentou, com o exame de consciência às vezes agonizante que exigiu, ela incentivou a rabugice e a preocupação com os estados psicológicos, que poderiam preparar o terreno para um novo tipo de drama.

Porém, as hostilidades entre crenças rivais ajudavam mais do que nunca a gerar dúvidas sobre a religião nas mentes emancipadas, entre as quais podemos citar Shakespeare; a libertação das muletas da fé, com suas fáceis meias-respostas a todas as perguntas, era uma condição necessária para o maior avanço do drama. Shakespeare poderia tatear em direção a uma tênue sensação de "Providência", mas sua crença constante era na humanidade, apesar de todos os seus pecados e imbecilidades; uma crença sem a qual todas as tragédias teriam caído no niilismo. A Espanha, ao contrário, foi prolífica em dramas, mas incapaz de atingir a tragédia genuína, porque a fé, guardada pelo dragão da Inquisição, nunca poderia ser questionada, pelo menos abertamente, e porque, pela mesma razão, a Espanha não caminhava para a revolução, e sim para a decadência. No mundo de Shakespeare, o grito de Constância, "Armai-vos, armai-vos, ó céus!" (RJ, III.i.107) poder-se-ia disfarçar na vociferação de Pistol, depois de apanhar de Fluellen: "O inferno se agitará por isso!" (H.V, V.i.68).

Shakespeare atingiria sua visão trágica completa quando a Inglaterra estava prestes a entrar nas décadas de revolução. Estas não conduziram a uma explosão como a de 1789, veloz e repentina, mas a uma guerra civil prolongada entre duas minorias. A consciência nacional dividida, revelada pelo conflito, tinha raízes comuns muito anteriores ao florescimento do drama que, por sua natureza, divide o palco em duas facções. Graças a essa divisão, e pelo fato de o desenvolvimento social e econômico ainda ser imaturo, os problemas que a Inglaterra enfrentou na década de 1640 estavam muito interligados e disfarçados pelas deliberações fantasmagóricas da religião e pela substituição da moral pela reforma social. Decorre disso que o conflito estava destinado a ser mais fértil em esperanças e idéias do que em ganhos tangíveis. Como os enredos das Comédias de Shakespeare, a revolução foi interrompida, deixando metade das questões no ar.

Ainda assim, a "Grande Rebelião" ajudou a acelerar, e a tornar em grande parte irreversíveis, as mudanças na Inglaterra, que, vistas em conjunto, merecem ser chamadas de revolucionárias. Por si mesmos, os eventos da guerra civil podem ser vistos, através de um prisma, como simbólicos ou alegóricos, como a queda da Bastilha, em 1789; melhor ainda, como cenas de um drama que imprimiu um contorno humano às marés impessoais da mudança. Foi um drama no qual os homens lutaram com paixão, mas com pouca clareza sobre por que lutavam, como os "exércitos ignorantes entrechocando-se à noite", de Matthew Arnold. Talvez uma grande parte do que se pode chamar "história visível", em contraposição à parte maior, oculta, tenha feito parte dessa ordem "dramática" ou simbólica.

BIBLIOGRAFIA

(Esta bibliografia inclui somente nomes de autores e obras citadas no texto.)

ADAMSON, J. S. A. The Baronial Context of the English Civil War. *Transactions of the Royal Historical Society*. 1990.

ARMSTRONG, E. A. *Shakespeare's Imagination*. London, 1946.

AUDEN, W. H. "Introduction" to Signet Classic edn. of *Sonnets*. New York, London, 1964.

BALDWIN, T. W. *The Organization and Personnel of the Shakespearian Company*. Princeton University Press, 1927.

_________. *William Shakespeare Adapts a Hanging*. Princeton University Press, 1936.

BARBER, C. L. *Shakespeare's Festive Comedy*. Princeton University Press, 1959.

BECKERMAN, B. *Shakespeare at the Globe 1599-1609*. New York, 1962.

BENTLEY, E. R. *The Profession of Dramatist in Shakespeare's Time 1590-1642*. Princeton University Press, 1977.

BERRY, E. The Histories. In: WELLS, S. (Ed.) *The Cambridge Companion to Shakespeare Studies*. Cambridge, 1986.

BETHELL, S. L. *Shakespeare and the Popular Dramatic Tradition*. London, 1944.

BOAS, F. S. *Marlowe and his Circle*. Oxford, 1929.

_________. *Queen Elizabeth in Drama and Related Studies*. London, 1950.

BOOTH, S. *Shakespeare's Sonnets*. Yale University Press, 1977.

BRADBROOK, M. C. *The Growth and Structure of English Comedy*. London, 1955.

_________. *The Rise of the Common Player*. London, 1964.

BRADLEY, A. C. *Oxford, Lectures on Poetry*. London, 1909.

BRADSHAW, G. *Shakespeare's Scepticism*. Brighton, 1987.

BROWER, R. A. *Titus Andronicus*: Villainy and Tragedy. In: HEILMAN, R. B. (Ed.) *Shakespeare: The Tragedies, New Perspectives*. Englewood Cliffs, N. J., 1984.

BRYANT, J. A. *Shakespeare and the Uses of Comedy*. Kentucky University Press, 1986.

BURKE, P., PORTER, R. (Ed.) *The Social History of Language*. Cambridge, 1987. [Ed. bras. *(História social da linguagem)*. São Paulo: Editora Unesp, 1997.]

BURTO, W. "Preface" to Signet Classic edn. of *Sonnets*. New York, London, 1964.

BUSH, D. *English Literature in the Earlier Seventeenth Century 1600-1660*. Oxford, 1945.

BUTLER, M. *Theatre and Crisis 1632-1642*. Cambridge, 1984.

BUTLER, S. *Shakespeare's Sonnets Reconsidered* [1899]. London, 1927.

BYRNE, M. St. C. The Social Background. In: GRANVILLE-BARKER, H., HARRISON, G. B. (Ed.) *A Companion to Shakespeare Studies*. Cambridge, 1934.

CALVERT, H. *Shakespeare's Sonnets and Problems of Autobiography*. Brauton, 1987.

CAMPBELL, L. B. *Shakespeare's Histories*. University of California Press, 1947.

CAMPBELL, O. J. A *Shakespeare Encyclopaedia*. London, 1966.

CASTIGLIONE, B. *The Book of the Courtier*. London: Everyman, 1966.

CHAMBERS, E. K. *The Elizabethan Stage*. Oxford, 1923. 4v.

CHAPLIN, C. *My Autobiography*. London, 1964.

CLARK, K. *Civilisation*. London, 1969.

COHEN, W. *Drama of a Nation: Public Theater in Renaissance England and Spain*. Cornell University Press, 1985.

COLERIDGE, S. T. *Essays and Lectures on Shakespeare*. London: Everyman, s. d.

COLLINSON, P. *The Religion of Protestants: The Church in English Society 1559-1625*. Oxford, 1984.

CONRAD, J. *Chance*. Nota do autor. New York, 1921.

COOK, A. J. *The Privileged Playgoers of Shakespeare's London, 1576-1642*. Princeton University Press, 1981.

COUGHLIN, P. (Ed.) *Spenser and Ireland*. Cork, 1989.

COUNCIL, N. *When Honour's at the Stake: Ideas of Honour in Shakespeare's Plays*. London, 1973.

CRUICKSHANK, C. G. *Elizabeth's Army*. London, 1946.

DANIELL, D. Shakespeare and the Traditions of Comedy. In: WELLS, S. (Ed.) *The Cambridge Companion to Shakespeare Studies*. Cambridge, 1986.

DEKKER, T. *The Guls Hornbooks & The Belman of London, 1608-9*. O. Smeaton (Ed.). London, 1904.

DOBRÉE, B. Shakespeare and the Drama of his Time. In: GRANVILLE-BARKER, H., HARRISON, G. B. (Ed.) *A Companion to Shakespeare Studies*. Cambridge, 1934.

DOLLIMORE, J. Introduction. In: DOLLIMORE, J., SINFIELD, A. (Ed.) *Political Shakespeare*. Manchester, 1985.

DRYDEN, J. *Dramatic Essays*. London: Everyman, s. d.

ELLIS-FERMOR, U. *The Frontiers of Drama* [1945]. 2.ed. London, 1946.

ELLRODT, R. Shakespeare the Non-Dramatic Poet. In: WELLS, S. (Ed.) *The Cambridge Companion to Shakespeare Studies*. Cambridge, 1986.

ELTON, W. R. Shakespeare and the Thought of his Age. In: WELLS, S. (Ed.) *The Cambridge Companion to Shakespeare Studies*. Cambridge, 1986.

FIEDLER, L. A. *The Stranger in Shakespeare*. St. Albans, 1974.

FORD, B. (Ed.) *The Age of Shakespeare*. Harmondsworth, 1955.

FRENCH, M. *Shakespeare's Division of Experience*. London, 1982.

FRIPP, E. I. *Shakespeare Man and Artist*. Oxford, 1938.

FRYE, N. *Fools of Time: Studies in Shakesperian Tragedy*. Toronto, 1967.

_________. *On Shakespeare*. R. Sandler (Ed.). Yale University Press, 1986.

FRYER, P. *Mrs. Grundy: Studies in English Prudery*. London, 1965.

GOLDSTONE, J. A. *Revolution and Rebellion in the Early Modern World*. University of California Press, 1991.

GOSSON, S. *The School of Abuse* [1579]. London, 1841.

GRANVILLE-BARKER, H., HARRISON, G. B. (Ed.) *A Companion to Shakespeare Studies*. Cambridge, 1934.

GRAY, J. W. *Shakespeare's Marriage*. London, 1905.

GRAY, T. *Poems, Letters and Essays*. London: Everyman. 1970.

GREG, W. W. *Henslowe's Diary*. London, 1904.

GURR, A. *The Shakespearean Stage 1574-1642*. Cambridge, 1970.

_________. *Playgoing in Shakespeare's London*. Cambridge, 1987.

HALE, J. War and Public Opinion in the Fifteenth and Sixteenth Centuries. *Past and Present*, n.22, 1962.

HALL, J. *Works*. Oxford, 1937. v.VIII.

HARBAGE, A. *Shakespeare's Audience*. Columbia University Press, 1941.

HARBAGE, A. B. *Annals of English Drama, 975-1700*. Rev. por S. Schoenbaum. London, 1970; Sylvia S. Wagonheim (Ed.). 3.ed. London, 1989.

HARRISON, G. B. (Ed.) *Sonnets*. Ed. rev. Harmondsworth: Penguin, 1949.

HART, A. *Shakespeare and the Homilies*. Melbourne, 1934.

HAWKINS, H. *The Devil's Party: Critical Counter-Interpretations of Shakespearian Drama*. Oxford, 1985.

HAZLITT, W. *Characters of Shakespeare's Plays, 1817*. London: Everyman, 1906.

HAZLITT, W. *Lectures on the English Poets, 1818*. London, 1924.

HEILMAN, R. B. (Ed.) *Shakespeare: The Tragedies, New Perspectives*. Englewood Cliffs, N. J., 1984.

HEINEMANN, M. How Brecht read Shakespeare. In: DOLLIMORE, J., SINFIELD, A. (Ed.) *Political Shakespeare*. Manchester, 1985.

________. Political Drama. In: *Cambridge Companion to English Renaissance Drama*. Cambridge, 1990.

HEYWOOD, T. *An Apology for Actors*, 1612. London, 1841.

HIBBARD, G. R. (Ed.) *Three Elizabethan Pamphlets*. London, 1951.

________. *Penguin edn. of The Taming of the Shrew*. Harmondsworth, 1968.

HILL, C. *Intellectual Origins of the English Revolution*. Oxford, 1965, 1980.

________. *The World Turned Upside Down*. [1972]; Harmondsworth, 1975.

HOLINSHED, R. *Holinshed's Chronicle as Used in Shakespeare's Plays*. A., J. NICOLL (Ed.). London, 1927 e 1969.

HOLLAND, H. H. *Shakespeare, Oxford, and Elizabethan Times*. London, 1933.

HOLT, J. C. The Ballads of Robin Hood. *Past and Present*, n.18, 1960.

HUGHES, G. *Swearing: A Social History of Foul Language*. Oxford, 1991.

HUTCHINSON, L. *Memoirs of the Life of Colonel Hutchinson*. London: Everyman, 1908.

ISRAEL, J. I. *Dutch Primacy in World Trade 1585-1740*. Oxford, 1989.

JAMES, M. English Politics and the Concept of Honour 1485-1642. *Past and Present*, Suplemento n.3, 1978.

JONSON, B. *Timber: or, Discoveries*, [1641]. In: HERFORD, C. H. et al. (Ed.) *Works*. Oxford, 1947. v.8.

KELLY, J. T. *Thorns on the Tudor Rose*. Mississippi University Press, 1977.

KELLY, M. *Village Theatre*. London, 1939.

KETTLE, A. Introduction. In: KETTLE, A. (Ed.) *Shakespeare in a Changing World*. London, 1964.

KIERNAN, V. G. Human Relationships in Shakespeare. In: KETTLE , A. (Ed.) *Shakespeare in a Changing World*. London, 1964.

KIERNAN, V. G. *The Duel in European History: Honour and the Reign of Aristocracy*. Oxford, 1988.

________ . Why was Early Modern Europe Always at War? In: CHRISTENSEN, S. T. (Ed.) *Violence and the Absolutist State*. Copenhagen, 1990.

KINGHORN, A. M. *Medieval Drama*. London, 1968.

KNIGHT, G. W. *The Imperial Theme*. Oxford, 1931.

________ . *This Sceptred Isle: Shakespeare's Message for England at War*. Oxford, 1940.

________ . *The Crown of Life*. 2.ed. London, 1948.

________ . *The Sovereign Flower: Shakespeare as the Poet of Royalism*. London, 1958.

KNIGHTS, L. C. *Drama and Society in the Age of Jonson*. London, 1937.

KRIEGER, E. *A Marxist Study of Shakespeare's Comedies*. London, 1979.

LAMB, C. *Works*. FITZGERALD, P. (Ed.). London, 1876. v.iv.

LANDES, D. *Revolution in Time: Clocks and the Making of the Modern World*. Harvard University Press, 1983.

LANGSAM, G. G. *Martial Books and Tudor Verse*. New York, 1951.

LEE, S. *Stratford-on-Avon*. London, 1890

________ . *A Life of William Shakespeare*. 4.ed. London, 1925.

LEGGAT, A. *Shakespeare's Political Drama*. London, 1988.

LEVI, P. *The Life and Times of William Shakespeare*. London, 1988.

LEVIN, R. *New Readings vs Old Plays: Recent Trends in the Reinterpretation of English Renaissance Drama*. Chicago University Press, 1979.

________ . *Love and Society in Shakespearian Comedy*. Delaware University Press, 1985.

LIFSHITZ, I. M. *Literature and Marxism: A Controversy by Soviet Critics*. New York, 1938.

LINDENBERGER, H. *Historical Drama: The Relation of Literature and Reality*. Chicago University Press, 1985.

LOCKHART, J. G. *Life of Sir Walter Scott*. Edimburgh, 1936-1939.

LUKÁCS, G. *Studies in European Realism*. London, 1950.

LUKÁCS, G. *The Historical Novel*. London, 1962.

LUTHER, M. *Table Talk*. London, 1857.

MCVEAGH, J. *Tradefull Merchants: The Portrayal of the Capitalist in Literature*. London, 1981.

MARKHAM, G. *The Muster-Master*. In: HAMILTON, C. L. *Camden Miscellany*. London, 1975. 4ª série, v. xxvi.

MARSHALL, F. A. (Ed.) *The Henry Irving Shakespeare*. Toronto, London, 1888. v. 2.

MAUGHAM, W. S. *A Writer's Notebook*. Harmondsworth, 1949.

MELCHIORI, G. *Shakespeare's Dramatic Meditations: An Experiment in Criticism*. Oxford, 1976.

MORE, Sir T. *The History of Richard III*, c. 1513.

MORGANN, M. *Essay on the Dramatic Character of Sir John Falstaff*. 1777.

MOROZOV, M. On the Dynamism of Shakespeare's Characters. In: SAMARIN, R., NIKOLYUKIN, A. (Ed.) *Shakespeare and the Soviet Union*. Moscou, 1966.

MORRIS, C. *Political Thought in England: Tyndale to Hooker*. London, 1953.

MUIR, K. Shakespeare and Politics. In: KETTLE, A. (Ed.) *Shakespeare in a Changing World*. London, 1964.

________. Changing Interpretations of Shakespeare. In: FORD, B. (Ed.) *The Age of Shakespeare*. Harmondsworth, 1955.

________. Shakespeare the Man. In: *A Garland for Shakespeare*. Jalpaiguri, 1964.

________. *The Singularity of Shakespeare*. Liverpool, 1977.

MUIR, K., O'LOUGHLIN, S. *The Voyage to Illyria: A Study of Shakespeare*. London, 1937.

MURRY, J. M. *Shakespeare*. London, 1936.

NASHE, T. Pierce Penilesse His Supplication to the Devil', 1603. In: HIBBARD, G. R. *The Taming of the Shrew*. Harmondsworth : Pengin, 1968.

OBELKEVICH, J. Proverbs and Social History. In: BURKE, P., PORTER, R. (Ed.) *The Social History of Language*. Cambridge, 1987.

PALMER, J. *Political Characters of Shakespeare*. London, 1957.

PERKINS, W. *The Whole Treatise of the Questions of Conscience*, 1636.

PHILIPS, J. E. *The State of Shakespeare's Greek and Roman Plays*. New York, 1940.

PRINCE, E. T. (Ed.) The Poems. In: ________. *The Arden Shakespeare*. London, 1960, 1969.

PRIOR, M. E. *The Language of Tragedy*. New York, 1947.

RABKIN, N. *Shakespeare and the Problem of Meaning*. Chicago University Press, 1981.

RALEIGH, W. *Shakespeare*. London, 1907.

RENNERT, H. A. *The Spanish Drama in the Time of Lope de Vega*. New York, 1909.

RIBNER, I. *The English History Play in the Age of Shakespeare*. Princeton University Press, 1957.

RONSLEY, J. *Yeat's Autobiography*. Harvard University Press, 1968.

ROSSITER, A. P. *English Drama from Early Times to the Elizabethans*. London, 1950.

ROWSE, A. L. *Shakespeare's Sonnets* [1964]. 3.ed. London, 1984.

________. *The Elizabethan Renaissance: The Life of the Society* [1971]. London, 1974.

RUSKIN, L. *Sesame and Lilies* [1865]. Orpington, 1889.

RUTHERFORD, M. (W. H. White). *More Pages from a Journal*. London, s. d.

RYLANDS, G. Shakespeare the Poet. In: GRANVILLE-BARKER, H., HARRISON, G. B. (Ed.) *A Companion to Shakespeare Studies*. Cambridge, 1934.

SACCIO, P. *Shakespeare's English Kings*. Oxford, 1977.

SAINTSBURY, G. Life and Plays, and Poems. In: *Cambridge History of English Literature*. Cambridge, 1943. v.5, Parte 1.

SALINGAR, L. *Shakespeare and the Traditions of Comedy*. Cambridge, 1974.

________. *Dramatic Form in Shakespeare and the Jacobeans*. Cambridge, 1986.

SAMARIN, R., NIKOLYUKIN, A. (Ed.) *Shakespeare and the Soviet Union*. Moscou, 1966.

SAMS, E. *Shakespeare's Edmund Ironside: The Lost Play*. Aldershot, 1986.

SCHOENBAUM, S. The Life of Shakespeare. In: WELLS, S. (Ed.) *The Cambridge Companion to Shakespeare Studies*. Cambridge, 1986.

SCHOPENHAUER, A. *Selected Essays*. B. Bax (Ed.). London, 1888.

SCHUCKING, L. L. *Character Problems in Shakespeare's Plays*. New York, 1922.

SCOTT, W. *The Monastery*. Edimburgh, 1820.

_________. *Anne of Geierstein*. Edimburgh, 1829.

_________. *Journal, 1825-32*. Edimburgh, 1890.

SHAW, G. B. *Shaw on Shakespeare*. E. Wilson (Ed.). Harmondsworth, 1961.

SHEAVYN, P. *The Literary Profession in the Elizabethan Age*. Manchester, 1909.

SIDNEY, Sir P. *Selected Writings*. R. Dutton (Ed.). Manchester, 1987.

SINSHEIMER, H. *Shylock*. London, 1947.

SMALLWOOD, R. L. Shakespeare's Use of History. In: WELLS, S. (Ed.) *The Cambridge Companion to Shakespeare Studies*. Cambridge, 1986.

SMIRNOV, A. A. *Shakespeare: A Marxist Interpretation*, 1934. [Ed. inglesa, New York, 1936].

SMITH, D. N. *Shakespeare Criticism: A Selection*. Oxford, 1916.

SPURGEON, C. *Shakespeare's Imagery*. Cambridge, 1935.

STAFFORD-CLARK, D. *Psychiatry To-day*. 2.ed. Harmondsworth, 1963.

STEVENS, J. BBC Programme, 22 November 1964.

STEVENSON, L. C. *Praise and Paradox: Merchants and Craftsmen in Elizabethan Popular Literature*. Cambridge, 1984.

STONE, L. The Educational Revolution in England, 1560-1640. *Past and Present*, n.28, 1964.

STRIBRNY, Z. Henry V and History. In: KETTLE, A. (Ed.) *Shakespeare in a Changing World*. London, 1964.

SWINBURNE, A. C. *A Study of Shakespeare* [1874-1876]. London, 1918.

TAWNEY, R. H. *Social History and Literature*. London, 1949.

THACKERAY, W. M. *The Memoirs of Barry Lyndon, Esq*. London, 1844.

THOMAS, K. *Religion and the Decline of Magic*. London, 1971.

TILLYARD, E. M. W. *The Elizabethan World Picture*. London, 1943.

________. *Shakespeare's Historical Plays*. London, 1944.

TREVOR-ROPER, H. *The Gentry*, 1540-1640. London, 1953.

TROLLOPE, A. *Thackeray*. London, 1879.

TUCKER, T. G. (Ed.) *The Sonnets of Shakespeare*. Cambridge, 1924.

TURGENEV, L. S. *Literary Reminiscences*. London, 1959.

UNDERDOWN, D. *Revel, Riot, and Rebellion ... England 1603-1660*. Oxford, 1985.

VALBUENA PRAT, A. *La vida española en la Edad de Oro*. Barcelona, 1943.

VAN DOREN, M. *Shakespeare*. London, 1941.

WADDELL, H. *The Wandering Scholars*. 7.ed. London, 1934.

WAIT, R. J. C. *The Background to Shakespeare's Sonnets*. London, 1972.

WARNER, M. *Joan of Arc*. London, 1981.

WEINANN, R. The Soul of the Age: Towards a Historical Approach to Shakespeare. In: KETTLE, A. (Ed.) *Shakespeare in a Changing World*. London, 1964.

________. *Structure and Society in Literary History*. London, 1977.

WELLS, S. (Ed.) *The Cambridge Companion to Shakespeare Studies*. Cambridge, 1986.

WHITMAN, W. What Lurks Behind Shakespeare's Historical Plays. In: *Democratic Vistas*, 1871. London: Everyman, 1939.

WILLCOCK, J. *The Life of Sir Henry Vane the Younger*. London, 1913.

WILLEY, B. *The Seventh Century Background*. London, 1934.

WILSON, J. D. *The Essential Shakespeare*. Cambridge, 1942.

________. *Life in Shakespeare's England* (Anthology). Harmondsworth, 1944.

________. *Shakespeare's Sonnets*. Cambridge, 1963.

WINSTANLEY, L. *"Othello" as the Tragedy of Italy*. London, 1924.

WRIGHT, L. B. *Middle Class Culture in Elizabethan England*. London, 1935.

WRIGHT, L. B., LAMAR, V. A. *Titus Andronicus*. New York, 1967.

ÍNDICE REMISSIVO

SOBRE O LIVRO

Coleção: Biblioteca Básica
Formato: 14 x 21 cm
Mancha: 23 x 42 paicas
Tipologia: Goudy Old Style 11/13
Papel: Pólen 80 g/m² (miolo)
Cartão Supremo 250 g/m² (capa)
1ª edição: 1999

EQUIPE DE REALIZAÇÃO

Produção Gráfica
Edson Francisco dos Santos (Assistente)

Edição de Texto
Fábio Gonçalves (Assistente Editorial)
Armando Olivetti Ferreira (Preparação de Original)
Ingrid Basílio e
Maria Ângela da Silva Bacellar (Revisão)

Editoração Eletrônica
Ysayama 3 de Publicidade

Impressão e acabamento:

bandeirantes
on demand